愿你在社会网络分析的
议论世界中尽享研究之趣.

新时代
学术进阶丛书

陪你解锁
社会网络分析

理论、实操与范例

刀熊　著

清华大学出版社
北京

图书在版编目（CIP）数据

陪你解锁社会网络分析：理论、实操与范例 / 刀熊
著. —北京：清华大学出版社，2024. 8. —（新时代
学术进阶丛书）. —ISBN 978-7-302-66897-8

Ⅰ. C912.3

中国国家版本馆 CIP 数据核字第 2024HG0584 号

责任编辑：顾　强
封面设计：周　洋
版式设计：张　姿
责任校对：宋玉莲
责任印制：刘海龙

出版发行：清华大学出版社
　　　　　网　　　址：https://www.tup.com.cn，https://www.wqxuetang.com
　　　　　地　　　址：北京清华大学学研大厦 A 座　　　　邮　　编：100084
　　　　　社 总 机：010-83470000　　　　　　　　　　邮　　购：010-62786544
　　　　　投稿与读者服务：010-62776969，c-service@tup.tsinghua.edu.cn
　　　　　质 量 反 馈：010-62772015，zhiliang@tup.tsinghua.edu.cn
印 装 者：三河市东方印刷有限公司
经　　销：全国新华书店
开　　本：187mm×235mm　　　印　张：22.75　插　页：3　　字　数：396 千字
版　　次：2024 年 8 月第 1 版　　　　　　　　　　　印　次：2024 年 8 月第 1 次印刷
定　　价：118.00 元

产品编号：095711-01

欢迎来到社会网络分析的缤纷世界

在过去的几个世纪，全世界的社会科学家都在努力做着一件事：寻找理解人类社会的方式方法。

人类社会变化如此之快，科技进步的影响融入人们日常生活和工作的方方面面，以至于那些静止、单一、孤立地看待社会生活的视角已经不再适用。

人类以前所未有的方式被各种有形和无形的网连接在了一起：微信和电话让我们随时可以找到对方，互联网让个体事件被全世界看到，发达的交通运输和供应链让地球另一边的商品几天后就降落在你家门口……

"外部"的概念在不断扩展，"边界"的限制在不断延伸，"连接"的效应无处不在——它们以一种加速变幻的形式将社会系统中的个人、组织一层一层缠绕、联结、捆包在一起。正如英国诗人约翰·多恩所言："这世界上没有一个人是一座彻底隔绝的孤岛。"生在世间，我们就被嵌入大大小小、多种多样、纷繁复杂的关系之中，不论我们承不承认、意识到或没意识到。

社会网络分析作为一种学科视角和分析方法，就在这样的大趋势下应运而生，迅速发展，进入越来越多社会科学学者的视野之中，并被越来越多地应用到社会学、传播学、管理学、经济学、心理学、政治科学、公共政策等社会科学的各个领域，为传统学科与研究视角带来了大量新鲜的能量和思路（图序-1）。

自 20 世纪中期以来，关注社

社会学	人类学	心理学	脑神经学	生态学	组织学
人力资源	历史学	政治科学	公共管理	商业管理	犯罪学
艺术学	传播学	经济学	公共健康	金融学	国际贸易

图序-1　社会网络分析的跨学科属性

会网络和使用社会网络方法的学术论文呈近似指数级增长，社会网络研究的方法和工具得到不断的创新和发展，越来越多的社会科学学者对了解和使用社会网络分析去解决社会现象产生兴趣，新的分析软件和方法工具也不断推出，科技的迅速发展和电子计算机的广泛使用为社会网络分析方法的大范围推广提供了可能。图序 -2 与图序 -3 展示了过去 45 年间社会网络分析相关的论文在社会科学领域的迅猛增长。

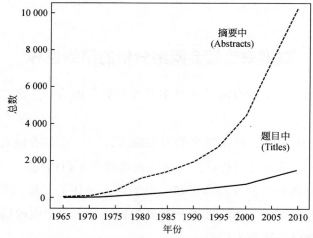

图序-2　社会科学中以"社会网络"为关键词的研究的增多[①]

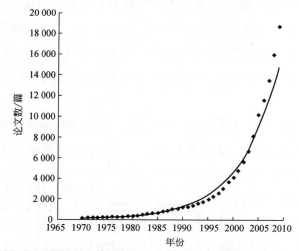

图序-3　谷歌学术索引收录的题目中包含"社会网络"字样的论文增长[②]

---

① 资料来源：David Knoke
② 资料来源：Links Workshop

我自己最开始接触社会网络分析，是在读博初期跟导师一起用它来研究森林火灾中跨政府部门的沟通协作以及如何提升跨部门的社会健康服务。在接触之初当然非常懵懂，只觉得看到网络地图兴奋有趣，它让纷繁的关系变得一目了然，在学术会议上也总是引起在场学者的兴趣。此后慢慢读到不同学科的学者使用社会网络分析构建对人际关系、组织间关系、社会服务运作、跨部门协作等各个层面社会系统的研究后，才了解到原来社会网络分析包含如此丰富的工具和方法，可以以此来审视社会现象。随着接触到越来越多的相关研究，我感觉被带入到充满生机的汪洋大海。

回想自己在入门研究方法的初期就被带到了社会网络分析的面前，不得不说是一种幸运。我觉得社会网络分析是把我带进科研之路的第一台"游戏机"。我从这里第一次品尝到了做科研的乐趣，第一次透过网络研究这扇小天窗看见一片大天空，也第一次得到了学术研究上的自我确认和他人确认，拥有了做科研的信心。

现在回想，社会网络分析能充当这个角色绝不是巧合。社会科学中的很多理论和方法，其实或者边界模糊，或者程序复杂，当我们作为初级学者冲进一片陌生的学术森林时，很容易对什么是"做研究"这件事感到一头雾水，不辨方向、茫然失措。而社会网络分析的研究恰恰很适合给新手研究者一个轮廓相对清晰、步骤相对明确、逻辑链条相对明朗、操作起来相对有条理的学术入口。

此外，社会网络分析的研究重点充分迎合这个时代世界越来越平、人和人之间距离越来越近的趋势。万能的社交媒体、电子通信、互联网，将我们这些本来毫不相干的血肉之躯变成一个个以各种方式连接起来的节点，蝴蝶效应让东半球的"牵一发"在西半球引起"动全身"，交通工具和通信工具把货物和信息在地球上来回搬运，永不停歇。几十年前的"六度人脉"理论在今天早已降低到"三度"或"四度"的距离，你和我之间的距离变得如此之近。

如果你是正在入门的学者，网络科学是你绕不开的"热词"，为了读得懂文献看得懂网络地图，你起码应该系统地了解一下社会网络分析方法的基本要素和来龙去脉。

如果你是有志于在社会科学领域持续深挖的研究者，那么学习和掌握社会网络分析方法及相关理论能为你打开新的学术视野、带来新的研究思路，让你重新理解社会现象和手中的数据。

如果你是对世界充满普遍好奇的人，你也应该了解一下社会网络分析的基本思维，你会发现自己对世界和自身都有了更全面而准确的理解，看待人际关系、组织关系的视角从此将不再相同。

我们学习研究方法当然是为了更好地解决问题，做出更好的研究。我自己当年在接触社会网络分析的初期感到很苦恼，因为很少有一本书能将社会网络分析的基础概念、研究设计和具体实操整合在一起，彻底打通脉络。在撰写这本书时，我使出"洪荒之力"，把社会网络分析研究最重要的三条技能主线进行了合并，即：

（1）社会网络分析的基础概念及理论框架；

（2）社会网络分析实证研究的设计、数据收集、问卷设置；

（3）社会网络分析中对数据的实操。

本书的目的是带你入门社会网络分析，我希望读者在学习完本书之后，不仅读得懂社会网络论文，能设计优质的社会网络研究，而且能够独立使用 UCINET 分析数据、汇报结果，最终完成一篇高质量的学术论文。实用、有用、好用是我撰写本书时追求的写作风格——我希望这本书不玄不空、言之有物，让你觉得社会网络分析可爱而有趣，无论你是正处在选题、数据收集、研究设计阶段，还是正在苦恼数据分析的具体步骤和如何产出一篇高质量的论文，我都希望本书给你带来切实有用、有章可循、清楚翔实的引导和帮助。

本书按这三条主线共分成三大部分。在第一部分中，我们以基础概念为主线，会介绍什么是社会网络，什么是连带、节点、个体网络、整体网络，什么是网络中心度，有哪些重要的网络中心度等；第一部分也会介绍用于描述社会网络的特征与属性，并探讨不同的网络凝聚性量测。本书的第二部分会系统介绍常见的社会网络理论，比如结构性嵌入理论、弱连接理论、结构洞理论等，并从设计社会网络分析研究的视角来讲解如何思考样本选取、如何选择数据收集方法、如何设计关于网络关系的问题、如何利用档案型数据等。在第三部分中，我们则将重点放到数据实操上，详细讲解如何使用 UCINET 这款软件实现网络数据的导入与清理、转换与处理、制作网络图、进行 QAP 与 MR-QAP 分析等操作，并详细展示每一种操作的步骤，示范如何对软件分析结果进行正确解读和使用。第三部分结尾则以网络分析为主题，对如何读文献、设计研究、整合理论、写论文进行了整合。

本书的各个部分都为你提供了大量的示范内容、案例论文、操作指南，从而让书中的基础概念、理论框架和操作方法得到真正的理解和应用。我在书中选取了大量优秀的社会网络分析研究，并从多个社会科学领域的视角为你提供案例。希望读者通过阅读本书，可以写出一篇合格的社会网络分析论文。

我从社会网络分析研究中得到的万千喜悦，期待在本书中慢慢与你共享。

目 录
CONTENTS

V

第三部分　使用 UCINET 进行社会网络分析研究的实操讲解

01

第一部分

社会网络分析的基本概念与核心体系

　　在本书的第一部分中，我们将探讨社会网络分析最基础的概念，描述网络的常见特征量测，并理解它们之间的关系。我们将从社会网络分析研究的总览出发，来具体探讨和理解网络连带、网络主体、个体网络、整体网络、网络中心度、网络属性等诸多重要概念在社会网络分析研究中的角色和作用。

第1章

总览：初识社会网络分析

1.1 我们与社会网络

生在世间，万象可联。

社会网络分析是什么？简单来说，它是一套通过关联性的视角看待社会现象的方法，是一套对关系型数据进行分析的工具，是一种通过强调关系、嵌入性，以及更大的环境系统来理解世界的思路方法。

我们任何一个人从生下来开始，就不是一座孤岛。我们一直在与身边的其他个体建立各种形式的连接关系：小时候跟父母、兄弟姐妹、亲戚、邻居产生对话、模仿、学习等互动；成长中我们慢慢扩大了社交圈，跟同学建立友情关系，一起追星、一起逃课；青春期我们跟闺蜜或兄弟分享心事和秘密；求职阶段我们利用家人和老师的人脉为自己联系工作；工作后我们利用熟人关系和过去的客户关系拓展新的业务……图 1-1 为人际网络关系的示意图。

我们的生活中增加了朋友、同事、领导、客户、偶像、敌人等各种关系，我们成为社会系统的一部分，为别人服务，也接受他人提供的各式各样的服务。我们与不同个体产生不同的交互形式，建立不同的

图1-1　个人之间的网络关系示意图[①]

关系联结，这些联结有强有弱，这些关系有好有坏，有些关系长久、有些关系短暂，有些关系是正式的、有些是非正式的，有些是我们自主选择的、有些是被安排的……

但无论我们是否察觉到，我们每一个人都被各种各样、密密麻麻的人际关系、组织关系、社会关系、国家关系所包围和影响。没有任何人是彻底遗世而独立的个体，我们都被缠绕和嵌入到一张张有形或无形的社会关系网络中。

① 资料来源：壹图网

这就是社会网络研究的底层逻辑：我们每个人都会受到各种社会关系的影响，而这种从关系出发的视角能够帮助我们解释诸多有意义的社会现象和社会问题。

例如，为什么有的大学毕业生找工作容易，而有一些人比较难？

例如，为什么有些公司经理会有更多的晋升机会，而另一些却无法得到领导和同事的认可？

例如，如何协调不同个人、组织在合作中的沟通方式，才能让合作的效果最优化？

例如，为什么有些错误的信息和观念会在人和人之间快速传播？

例如，为什么人会受到其所处社会环境的影响，又怎样受到他人的影响？

例如，那些著名的艺术家、作家、画家、学者分别处在怎样的社会关系中，从而影响了他们的创作和成就？

……

每个人都被嵌入有形或无形的关系网络中，如图 1-2 所示。

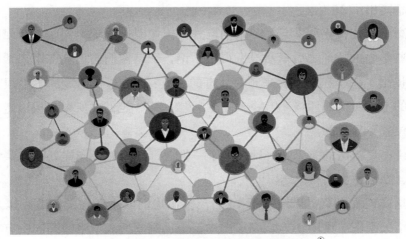

图1-2　个人被嵌入更大的社交网络关系[①]

不仅人和人之间网络密布，任何公司、政府机构、学校、社区、城市、国家也都离不开跟其他社会主体的互动，无一例外地嵌入于更大的网络系统之中。网络分析的视角让我们看到组织之间的资金如何流动、城市之间的政策如何互相影响、国家间的贸易和资金如何往来……从朋友圈消息的扩散到导演更喜欢与影视圈哪些明星合作，从社会学里研究婚姻关系、血缘关系、经济关系，到传播学里研究八卦和绯闻的传播——社会网

① 资料来源：壹图网

络分析的视角让我们不仅从事物本身出发去理解世界，而且从事物与外界的联系来理解世界。

社会网络分析的最大特点是通过重视和强调社会系统中的"关系"来理解社会现象，是把目光转向人和人、组织和组织、国家与国家之间的关系，是重视这些"关系"对个体、组织、社会的特征、现象、行为的影响，是开始用动态的、多变的、开放的系统视角，而不是静止的、孤立的、封闭的系统视角来解释社会中的现象。

1.2　社会网络分析方法的兴起和发展

20 世纪上半叶，一位叫雅各布·莫雷诺（Jacob Moreno）的社会学学者被邀请去解决一起高中生连续离校出走的事件——1932 年的秋天，位于纽约的哈德逊女子高中离奇地出现学生们不断从学校逃走的事件，在短短的两周之内先后有 14 名学生离校出走，这比平时的概率高出了 30 倍。

于是该高中的校长立刻发起了一系列调查，想探明这些学生到底怎么回事，可是研究了一圈这些学生的特征之后依然没有得出结论，于是他们邀请莫雷诺来帮忙。莫雷诺在调研后，提出了一个在当时看来颇为新奇的观点：这些离校出走的学生跟其他学生并没有属性上的不同（例如性格、年龄、品质、爱好等），她们之所以离校出走，是由其所处的"网络位置"导致的。

换句话说，莫雷诺的意思是，即使换了一批人，她们如果同样处于这些学生所在的网络位置上，她们也会离校出走。

为什么这样说呢？莫雷诺绘制了 14 名离校出走的学生所在的宿舍，以及这些宿舍中成员的网络关系图（见图 1-3）。在该图中，他用圆圈代表学生（圆圈中有名字首字母缩写的是离校出走的学生），用直线及虚线表示这些学生之间的好感度。这张图成为社会网络分析研究历史初期一张里程碑式的网络视觉化地图。

如果你是哈德逊高中的校长，当一位社会科学家把这张图拿到你面前，你能从中得出怎样的结论呢？

这张图展示出，这 14 名学生并不是孤立的，而是以某种关系形态连接到了一起。她们可能没有意识到，自己其实处于一张更大的关系网络之中，嵌入到了某种互相影响的观念网络里。

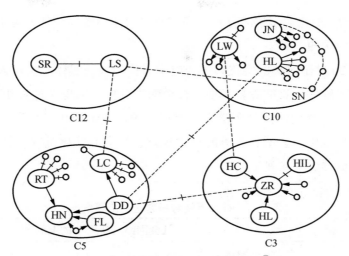

图1-3 莫雷诺绘制的网络关系[①]

　　莫雷诺指出，"离校出走"这个想法是可以通过这些关系网络蔓延的——当一个人身边跟她关系好的人离校出走，当她更深地嵌入到这样一个蔓延着此种想法的人际网络时，她就更容易受到这种观念的影响。换言之，人们总以为脑中的想法都是"自己的"，殊不知每个人所嵌入的人际网络在不知不觉中影响了他们慢慢滋生的思考和见解。

　　莫雷诺使用这种思路的开创性在于，他甚至不需要知道每个"圆圈"所代表的个体到底是什么样子，也就是她们的家庭背景、性格脾气、学习成绩、生活习惯、课余爱好……他仅仅利用个体所在的外在环境关系，就能够推测出该个体可能做出的行为——因为她们被嵌入到了一个会限制和影响她们的更大网络之中。利用这样一张网络，莫雷诺就能够预测处于图中哪个位置的学生有更高的风险成为下一个离校出走的人。

　　这种解释个体行为的"外在关系"视角跟当时研究者惯用的"内在属性"视角形成了鲜明的对比，也凸显了社会网络分析研究的重要特点：强调利用个体所在大环境中的网络位置，而不是个体本身之间的差异，来解释个体的行为、表现、结果。

　　其实，在莫雷诺之前，早在19世纪，社会学的学者如格奥尔格·齐美尔（Georg Simmel）、埃米尔·涂尔干（Émile Durkheim）以及马克斯·韦伯（Max Weber）就都曾提出利用结构型视角来理解人类行为的观点。莫雷诺则首次提出"社会关系测量学"（sociometry）这一概念，强调采用视觉化的方式去展现社会关系的结构。随后，20世纪下半叶，密歇

---

① 资料来源：Borgatti et al., 2009

根大学、哈佛大学、加州大学尔湾分校等高校研究团体不断推动学者对不同的网络模型、理论和分析工具的认知。

同时，随着 20 世纪科技的突飞猛进、电子通信和社交媒体广泛进入普通人的生活，以及电子计算机与软件工具的蓬勃发展，社会网络分析方法也在过去几十年间走出了社会学和心理学领域，受到越来越多学者的重视，被广泛地应用到各种各样的社会环境、组织环境、政治环境中，去解释人类的行为规律、社会的优化机制。表 1-1 列出了不同年代社会网络分析方法的发展重点。

表 1-1　社会网络分析方法的简要发展

年代	社会网络分析方法的发展
1930 年代	社会关系测量学
1940 年代	心理学（定义了小群体的概念）
1950 年代、1960 年代	人类学（亲属关系研究）
1970 年代	社会学（小世界理论，弱关系）
1980 年代	IBM 个人计算机的兴起（计算机分析软件出现）
1990 年代	方法的广泛传播（UCINET 等多款网络分析软件发布，多个领域的网络分析研究出现）
2000 年代	物理学重新使用

注：资料来源于 LINKS Workshop。

如今，社会网络分析已经被不断带入新的领域，其研究的重点和方法也被不断拓展。以下是几个近年来不同学科内社会网络研究的例子（见图 1-4）：

（1）研究艺术家之间的友情关系（艺术史）。

（2）研究高等院校雇哪些其他学校的博士毕业生。

（3）研究好莱坞演员的合作关系。

（4）研究外科医生向患者推荐 HRT（一种激素替代治疗）。

（5）研究孤独感与人际关系。

（6）研究肥胖症与人的友情网络的关系。

（7）研究美国 2004 年民主党与共和党党员博客超链接关系网络。

（8）研究弗朗茨·斐迪南大公遇刺前后西方国家关系图。

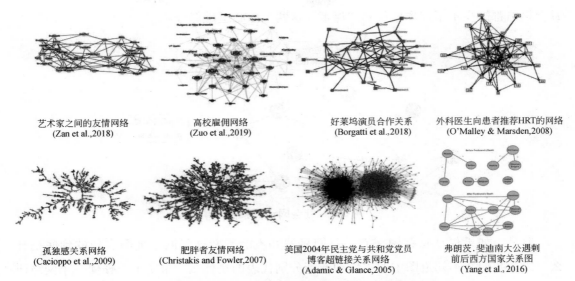

艺术家之间的友情网络
(Zan et al.,2018)

高校雇佣网络
(Zuo et al.,2019)

好莱坞演员合作关系
(Borgatti et al.,2018)

外科医生向患者推荐HRT的网络
(O'Malley & Marsden,2008)

孤独感关系网络
(Cacioppo et al.,2009)

肥胖者友情网络
(Christakis and Fowler,2007)

美国2004年民主党与共和党党员
博客超链接关系网络
(Adamic & Glance,2005)

弗朗茨.斐迪南大公遇刺
前后西方国家关系图
(Yang et al., 2016)

图1-4　近年来在不同学科使用社会网络分析方法的例子

1.3　社会网络的核心概念

从下一节开始，我们将详细展开介绍网络分析的核心概念。为了方便后续的阅读，这里先为以下社会网络核心概念提供关于其定义和关系的初览。

我们先从最基础的概念说起——到底什么是"社会网络"？

1."社会网络"的简单定义

所谓社会网络（social network），是指由社会中的主体及他们之间的连带关系所构成的关系网络（见图 1-5）。在这个定义里我们看到两种重要的元素：

（1）"网络主体"（network actor，也译为"行动者"），即网络图中的"节点"（nodes），通常可以是个人、小组、群体、公司、城市、国家等人类社会中重要的研究对象。

（2）"网络连带"（network tie，也译为"联结""关系"），即网络图中的"连线"（lines），是指主体之间某种形式的关系，比如友情关系、恋爱关系、亲属关系、工作关系、组织间共享资源的关系、国家的联盟关系等。

例如，图 1-5 中的网络地图（network map）由 10 个网络主体和 13 条网络连带组成，圆点用以指代"主体"，直线用以指代"连带"。这就是一份典型的网络地图，任何一个社会网络都缺少不了"主体"和"连带"这两个核心组成部分。

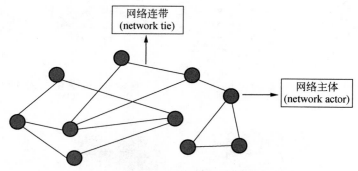

图1-5　社会网络关系图示

但是，如果仅从这张图来看，我们显然并不能判断这张网络地图表现的到底是什么，因为我们并不知道图中的主体和连带分别代表的是什么。事实上，任何一个网络研究首先都需要清楚定义其所关注的这两个组成部分是什么，然后再开展论述。

2."网络连带"的简单定义

网络连带的英文是"network ties"——在英文中，"ties"一词的含义是"线""鞋带""纽带"，那么网络中的"连带"，即是在一个网络中将不同个体连接起来的纽带。我们常说的"人脉关系""友情网络""家庭网络"，都体现出人和人被某一种"连带"连接起来的状态，而连带的具体性质在不同研究中可以千差万别。

在 2.2—2.3 节，我们会具体讨论如何从以下 5 个重要的维度理解和思考一个研究中的网络连带（见图 1-6）：①如何定义；②如何确定方向性；③如何测量；④如何计算关系数量；⑤如何测量连带强度。

图1-6　网络连带的学习重点

3."网络主体"的简单定义

所谓社会网络中的主体（actor，也译为"行动者"），即社会网络分析中我们所关注的作为社会实体的研究对象。在一张网络地图中，网络主体被标记为"节点"（node），通常在网络地图中用圆圈或方格来表示。

最常见的网络主体包括个人、小组／团体、组织、城市、国家这五大类（见图1-7），而具体的研究主体又可以进一步细分，例如某个班级的学生、某个城市的食品制造企业、某个省份的所有警察局、某种社会制度的国家……

个人（individuals）
高中生、某公司员工、政府官员、
老年人、某种族个体等

小组/团体（groups）
家庭、兴趣小组、公司某部门、
非正式团体等

组织（organizations）
公司、政府、警察局、非营利组织、
邮局等

城市（cities）
湖北省的城市、所有省会城市、所有
县级市等

国家（countries）
亚洲国家、欧盟国家、非洲国家等

图1-7　网络主体的分类

我们将在 2.4—2.5 节对网络主体进行专门的介绍。

接下来，本书就围绕以上核心概念展开介绍。

第2章　细观"网络连带"与"网络主体"

本章我们将详细介绍网络连带和网络主体这两个核心概念，并由此出发，开始理解社会网络及其基本特征。

2.1　什么是"网络连带"

说到社会网络研究，我们首先想到的就是把一个个主体连接到一起的那些"线"。的确，跟其他种类的社会研究相比，社会网络分析的一大特点是关注"关系"，并利用与"关系"相关的属性和变量来解释社会现象。而在社会网络分析的语言体系下，这种关系被称为"网络连带"（network ties）。本节，我们先介绍网络连带的基本性质和常见分类。

1. 连带的性质

"网络连带"是在社会网络中将节点联系在一起的关系指代，形象一点说，"网络连带"就是把社会生活中看不见的关系显性化、外部化的表现方法。无论是朋友关系、同事关系、球友关系、战友关系，还是组织间的合作关系、资助关系、合资关系，在社会网络研究中，我们都可以将其凝聚在"网络连带"中进行研究。

在我们设计一个网络研究时，首先要思考的问题就是"我所研究的网络连带的性质是什么"。换言之，在我们的研究里，我们想研究的是哪种"关系"？（见图2-1）

比如，在未加说明的情况下，图2-1中从主体A指向主体B的连带可能表示以下任何关系：

（1）学生之间的友情关系；

（2）同事之间的信任关系；

（3）师生之间推荐工作职位的关系；

（4）微信好友之间发消息的关系；

（5）明星之间有合作演出的关系；

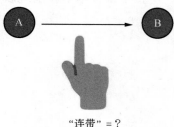

"连带" = ?

图2-1　连带的含义

（6）教授共同发表学术文章的合作关系；

（7）公司并购重组的关系；

（8）共同抗击自然灾害的政府部门之间的通信关系；

（9）某个国际联盟里国家之间互惠互利的关系。

虽然看上去只是简单的线条，但连带其实可以代表许多不同性质、不同内涵的关系或互动——这些关系或互动的内核将以我们的研究问题和研究兴趣为导向，同时会受到我们所关注的 "网络主体" 性质的影响（详见 2.4—2.5 节）。

2. 连带的常见分类

为了方便大家理解社会网络研究中可以研究的社会关系，我们将常见的网络连带分为四大类：社会关系、互动关系、共存关系和流动传播关系（见表 2-1）。了解这四种关系类型将帮助我们有效地设计出研究问题和研究程序，并能写出思路更加清晰的论文。

表 2-1 连带的基本分类

分类	具体例子
社会关系（social relations）	亲属关系 同事关系 情感关系（如恋人关系） 认知关系（如脑中所认知的他人之间的关系）
互动关系（Interactions）	商品交易往来 见面、会面 邮件往来 互动活动（如一起吃午饭、一起喝茶等）
共存关系（co-occurrences）	共同会员（如连锁董事） 活动的共同参与者 同质性（如相似的喜好、学历背景）
流动传播关系（flows）	想法和信息的传播 传染病的传播 商品流通

注：本表改编自Borgatti S. P., Everett, M. G., & Johnson, J. C. (2018). Anclyzing social notwarks. Sage.

下面我们分别介绍这四种关系类型，看看自己想研究的 "关系" 到底属于哪种类型。

1）社会关系（social relations）

社会关系是最常见也最好理解的一种网络关系研究对象。在大多数情况下，当我们使用社会网络分析方法时，首先想到的就是人和人的 "社会关系"，比如血缘关系、熟人关系、好友关系、同学关系、同事关系、恋人关系、师生关系、邻居关系、微信好友关系、同乡关系、校友关系等。

当研究对象是个体时，我们可以设计出很多不同的关于社会关系的问题，比如以下这些：

（1）一个班级里学生之间的友情关系网络是怎样的？

（2）一个公司里同事之间的同乡网络是怎样的？

（3）来自同一个省份的大学同学更容易成为好朋友吗？

（4）研究生在选择导师时，哪些因素会更容易导致师生关系（即新连带）的建立？

（5）家庭关系网络中哪些人更有话语权或具有高中心度？为什么？

（6）哪些人的微信好友数量很多、覆盖度很高？为什么？

2）互动关系（interactions）

即便主体之间没有社会意义上所定义的具体关系，他们也可能经常产生各种类型的互动，而这种互动会把人和人、组织和组织、国家和国家连接起来，因此以这样的互动关系为连带，也会形成重要的社会网络。比如，信息沟通、资源往来、邮件往来、短信往来、商业交易、见面聊天、一起开会、一起看电影、一起吃午饭、一起旅行……这些活动在本质上都是"互动关系"，当主体之间产生互动的时候，他们之间或者有信息的流动，或者有熟悉感、信任度的增加，它们把人和人、组织和组织、国家和国家连接起来，形成有亲疏远近的关系，让主体处在不同的网络位置之下，因此这些互动关系具有很多社会研究上的意义。

以下都是关于"互动关系"的研究问题：

（1）哪些国家之间有更多的商业往来，为什么？世界各国的国际贸易关系网络是怎样的？

（2）某一年里世界各国领导人互相访问的网络是怎样的？

（3）学术协会里会员见面开会的网络是怎样的？

（4）一个班级里的同学之间，哪些人会有更多的短信往来？

（5）研究项目小组中每个成员之间每周邮件沟通、短信沟通、见面沟通的网络分别是怎样的？

（6）一个城市的非营利组织互相共享信息的网络是怎样的？

（7）房地产商之间某一年内互相推荐客户的关系网络是怎样的？

3）共存关系（co-occurrences）

我们可以使用社会网络分析去研究人和人、组织和组织、城市和城市等节点之间的共存关系，比如商业管理中的连锁董事的研究、关注参加共同协会对人和组织行为模式影响的研究都属于这一类。连锁董事（board interlocks）是一个典型的共存关系的社会网络，图 2-2 就是一个连锁董事的例子。

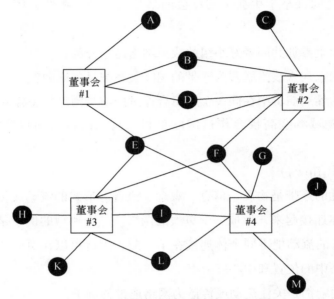

图2-2 以董事会为例的"共存关系"

在这张图中，方框代表 4 个不同公司的董事会，而圆圈代表 13 名不同的公司高管，直线代表该公司高管是某个董事会的成员。

我们看到，图中有一些管理者只是一个公司的董事会成员，但有些管理者同时担任两个甚至三个公司的董事会成员，这就产生了两个不同层面的社交网络：①在个人层面上看，不同的高管被"加入同一个董事会"的身份连接在了一起，因为在同一个董事会上意味着他们会认识彼此、会见面、会互动。例如，A、B、D、E 是 1 号董事会的董事，因此有了连带关系；C、B、D、E、F、G 是 2 号董事会的共同董事，所以他们之间也有了连带关系。②在公司的层面上看，不同公司因为共享一些相同的董事会成员，使得这些公司之间有了连带关系。例如，1 号和 2 号董事会共享 B、D、E 三名高管，这三名高管自然会了解两个公司的共同情况，并且会将彼此的信息互相传递，因此这两个公司就有了连带关系；再比如，2 号董事会和 4 号董事会共享 E、F、G 三名董事，因此这两个公司之间也有了连带关系。

　　社会生活中有很多类似的共存关系的例子，都可以用社会网络分析的方法进行研究。例如以下这几个：

　　（1）一个大学里哪些社团因为共享最多的学生会员而产生紧密的连带关系？一所大学里所有社团之间共享学生会员的社会网络是怎样的？哪些社团的中心度最高，为什么？

　　（2）一个公司里参加共同爱好小组的成员网络是怎样的？

　　（3）以不同国家加入政治联盟为连带的国际关系图是怎样的？

　　（4）好莱坞的签约演员中在同一个剧组合作过的演员网络是怎样的？

　　（5）在物理领域哪些高校合作过国际项目？它们的科研项目共同申请网络是怎样的？

　　4）流动传播（flows）

　　最后一类常见的连带是物质、信息、观念、流言等形式的流动或传播。这种流动和传播会把不同主体连接起来，形成一个更大的网络。一个典型的例子是某种传染病的传播网络——传染病的流动把不同个体连接在了一起，因此可以在更大范围内勾勒出不同主体在该传播网络中的位置和中心度。

　　以下的研究问题都是关注流动或传播为网络连带的例子：

　　（1）假新闻在某城市居民之间流传和推广的路径是怎样的？

　　（2）服装时尚在工业圈如何传播和推广？

　　（3）社会习俗、文化认知、政治机制在不同国家之间的传播路径是怎样的？

　　（4）八卦新闻如何在学生宿舍 / 公司内部 / 居民社区里传播？

　　（5）对某个新型社会现象（如单身主义）的观念如何在人群中发生推广和演变？

　　（6）男生宿舍楼里流行"偷电"行为的个人行为网络是怎样的？

　　（7）微信朋友圈、微博、豆瓣等社交平台的假新闻是如何传播的？

　　（8）哪些个人、社区、群组更容易受到假新闻、错误信息的影响？

　　以上四大类是最常见的连带种类，在具体的论文中，我们需要把"社会网络"的概念和自己具体的研究兴趣结合起来，设计出能够使用社会网络分析方法解决的具体问题。

2.2　网络连带数量：主体拥有的连带越多越好吗

社会网络研究的一大特点是关注社会中的"关系"和主体间的连带，那么问题来了，连带的数量通常对主体有什么影响呢？连带越多越好吗？连带的多寡对解释网络现象有何意义呢？

我们先看一个例子：小白和小红是两名同班级的大学生，在一次研究中她们被要求描述自己的个人支持网络（personal support network）里都有哪些人时，小白说有"爸爸"和"妈妈"两个人，小红说有"爸爸""妈妈""男友""闺蜜""队友"5个人。由此，小白的个人支持网络中有 2 条连带，而小红有 5 条连带，如图 2-3 所示。

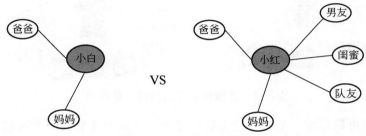

图2-3　个人网络举例

两个人连带数量的多寡能告诉我们什么呢？在假设这两个人所有其他方面的属性和环境因素都相同的情况下，通常我们可以做出以下推论：

（1）当遇见困难的时候，小红可以寻求帮助和支持的人可能比小白多；

（2）当需要得到一个问题的答案时，小红得到信息的渠道可能比小白多；

（3）小红在困境中的复原力（resiliency）可能比小白更高；

（4）小红的幸福感可能比小白更高；

（5）小红可能比小白更快找到工作。

注意，以上都是得出的推论，或者我们可以称为研究假设（hypothesis），而不是结论。

我们为什么可以做出这些推论或假设呢？因为现存的社会网络研究告诉我们，多元的、稠密的人际关系经常在某些社会情境下能够增加个人获得信息、获得心理支持、抵抗外界困难、提升复原力、体验幸福感的概率。那么基于这些研究，我们就可以考虑从"个体连带数量"这个方面对其他变量进行推论和假设，并通过数据收集和分析去验证这些假设。

再举一个例子，大家有没有思考过，微信好友的数量能告诉我们什么信息。如果想以此来设计研究问题，可以用它来研究什么呢？

比如，假如一个人的微信里有 150 个好友，另一个人有 1500 个好友（见图 2-4）。我们如何依据该信息设定一些研究问题及假设？我们能否推论两个人的一些性格特征、行为特征？当这两个人处于某些不同的情境之下，我们能否推断他们行为上的区别呢？

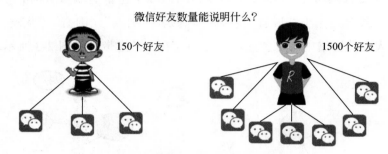

图2-4　以微信好友为例的个体网络

例如，我们可以思考一下，在以下这些方面，这两个人会有哪些区别：

（1）找工作的时候，谁可能更先找到？为什么？

（2）当他们身处的城市忽然发生火灾需要撤离，哪个人可能更先得到消息？

（3）两个人同时为一个项目募集款项，哪个人可能募捐到的更多？

（4）两个人分别组团队创业，哪个人的项目可能更成功？为什么？

（5）两个人在朋友圈分享租房信息，哪套房子可能更快被租出去？

（6）两个人如果都是做汽车销售工作，谁的销售业绩可能更好？……

但是仅从好友数目来推断这些变量，是否准确呢？事实上，社会网络分析视角的特别之处，就在于强调利用"关系"视角来推断个体特征的作用——在上面的这两个例子中，我们并不知道这两个人的年龄、性别、工资收入、受教育程度、所从事的工作领域等因素，可是从社会网络分析的角度来看，我们即便仅仅从连带数量和性质上，也可以对很多重要变量进行假设，这种强调去关注"关系"的研究视角就是社会网络研究的底层价值观。当然，在具体研究中，连带的数量可能只是我们众多自变量的一个，但这不妨碍我们通过连带数量去设定一些有意义的研究假设。

顺着这个思路，网络连带数量可以用于分析和预测一系列个人、组织等主体层面的特征，并帮助我们产生出相关的研究假设（见图 2-5），比如去预测一个人的有效人脉、朋友的数量、收到信息的多寡和速度、所能接触到的职业机会和赚钱机会、可以利用的有形及无形资源、工作绩效的好坏、幸福感、身体健康情况等。

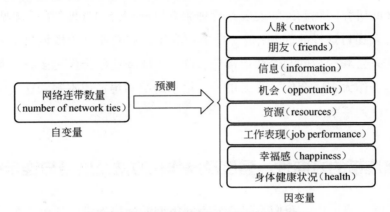

图2-5　网络连带数量可以解释的因变量

网络连带的数量一定越多越好吗？这两个例子貌似都指出连带更多就会朋友更多、信息更多、资源更多、机遇更多，那么网络连带的数量如果一直增加，一个人各个方面的情况也会越来越好吗？如果不是，在什么情况下连带越多越好？在什么情况下不是这样？这些问题并没有统一的结论，也可以成为我们研究中的重点，在具体社会情况中进行分析。

从直觉上我们大概会感觉到，主体的某种连带数量不见得是越多越好——事实上，任何关系都需要花出维护成本，而太多的关系数量可能导致缺乏足够的精力建立强连接、对时间和资源的利用效率低下、网络内有大量的冗余连带、呈现主体信息过载等问题（见图 2-6）。

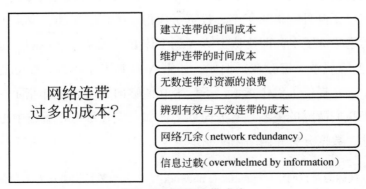

图2-6　网络连带成本

任何个人和组织的资源都是有限的，因此如何高效地用好有限的资源来实现个人或组织的目标，而不是一味地扩张连带数量，才是有意义的问题。连带数量的平衡点在哪里？对于主体来说有什么区别？什么情况下连带越多越好？什么情况下并不是这样？这些都是有意义的研究问题。比如说公共管理领域里研究公共管理部门和非营利组织之间的合作，就有人提过这样的问题：有一些非营利组织或企业会积极地与多个政府部门合作，而有一些只会和少数的几个政府部门合作——那么这些合作越多越好吗？越多样化越好吗？还是合作太多或合作方式太单一会增加组织的维护成本呢？这些问题要在具体的实证数据中得到答案。

2.3 网络连带的方向性、强度及操作化方法：连带与连带有不同吗

在社会网络的研究中，我们不仅研究不同类型的网络连带，通过连带数量来理解主体的行为特征，而且重点关注连带的方向性、强度及操作化。这一节我们继续讲解关于连带在网络研究中的重要基础知识。

1. 网络连带的方向性

从方向性（directionality）上来说，我们将连带分为有向连带（directed ties）和无向连带（non-directed ties）两种类型。依此，如果一个网络的连带是有方向性的，那么该网络也被称为有向网络（directed network），反之则称为无向网络（undirected network）[①]。

"方向性"为连带增加了一个信息维度：对于有向的连带来说，我们不仅能知道两个主体之间存在某种关系，还可以知道这种关系具体的发起方和接受方是谁——比如谁向谁寻求了帮助、发了邮件、借出了书、投资了项目、出口了货物、发出了邀请、寻求了帮助等。在以上这些例子中，即使从主体 A 到主体 B 的关系是存在的，也并不意味着从主体 B 到主体 A 的关系一定存在。例如，如果 A 向 B 发了邮件，B 可能并没有回复 A 的邮件；如果 A 向 B 提供了工作指示，不代表 B 能够向 A 提供工作指示。因此，我们要注意的是，如果我们研究的关系是有方向性的，那么应该尽力在研究中把方向性准确地体现在研究设计、数据分析和网络图绘制中。

---

① 注：无向网络也被称为对称网络（symmetric network），因其矩阵数据沿从左上角到右下角的对角线对称而得名。

反之，有一些关系根本不存在方向性，一旦存在就是双向的、对称的——比如，是否一起进餐、一起创业，是不是同事关系、恋爱关系，是否一起参加了某类学术会议，是否都是某个协会的成员等。在这些情况下，A 和 B 之间的连带就属于 "无向连带"，如果错误地加入了方向性信息，就会让人迷惑。

当我们的研究重点是 "主观体察到的关系"（例如，"哪些人在我心目中算朋友"），而不是 "客观存在的关系"（例如，"哪些人在过去一周给我发过邮件"）时，因为我们不能假定主体之间相互的感受一定是对称的，就很可能出现 "A 觉得 B 是自己的朋友"，而 "B 不认为 A 是自己朋友" 的情况，这时候使用有向连带是更有意义的。

表 2-2 为我们展示了两种连带的区别：在左边展示的有向网络中，我们能看见每一个线条上都带有箭头，从一个节点指向另一个节点，即指示连带的方向性；而右边无向网络中没有指示这种方向性。因此，左侧的网络为有向网络，右侧为无向网络。

表 2-2　有方向性与无方向性的网络关系对比

有方向性的网络关系	无方向性的网络关系
例如： ·发邮件 ·寻求帮助 ·捐款 ·发出邀请 ·提名奖项 ·拨打电话 ·贸易出口	例如： ·一起吃饭 ·一起开会 ·同事关系 ·同学关系 ·恋爱关系 ·合作开发商业项目 ·共同拥有某公司股票

2. 网络连带的强度

连带关系的不同还体现在连带的强度（strength of ties）上，这是连带的另一个重要属性。

社会网络学者通常根据把连带分为 "二值化连带"（binary ties）和 "多值化连带"（valued ties）两类——二值化连带表现在数据上，只有 "0"（无关系）或 "1"（有关系）

这两种数值，也就是说在表现主体之间关系时，研究者只关心他们之间"有"或"无"某种关系，而不关心关系的具体强弱。而在多值化中连带里，研究者会在数据上体现出连带的强弱程度，例如用"从1到7"的数值来体现友情强度，用"从不""偶尔""有时""常常""总是"来体现见面频率，或直接用客观存在的连带的绝对数量（如8个朋友、10个同事、5个同学等）来体现连带强度。表2-3总结了二值化连带与多值化连带的主要异同。

表2-3　二值化连带与多值化连带的比较

二值化连带	多值化连带
1= 存在关系（existing relationship） 0= 不存在关系（non-existing relationship）	用数字表示关系的强弱 例如： 1= 弱关系（weak relationship） 2= 中等强度关系（moderate relationship） 3= 强关系（strong relationship）
只关注个体之间是否存在某种关系	不仅关注某种关系是否存在，而且关注存在关系的强弱

在网络关系图中，对于二值化的网络而言，不存在连带粗细的区别；对于多值化的网络来说，研究者使用直线的粗细能够一目了然地体现出关系的强弱（见图2-7）。

此外，我们也可以直接使用数字来指示一张网络图中连带的强度，如图2-8所示。

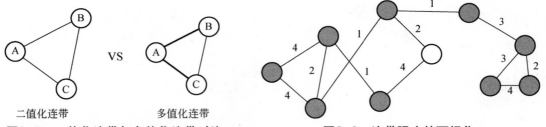

二值化连带　　　　　　　　多值化连带

图2-7　二值化连带与多值化连带对比　　　　　图2-8　连带强度的可视化

虽然多值化连带能让研究者拥有更详细的关系信息，但事实上不是所有关系都需要使用多值化来体现，在很多研究中我们只关心两个节点之间是否存在连带关系，例如两个现在是同事的人是否曾经是同学关系、两个组织是否在同一个联盟之下、两个国家是否使用同一种政体等，这些连带都更适合使用二元而不是多元的方式来表现。

网络连带的强度能告诉我们哪些信息呢？在很多情形下，两个主体之间更强的关系意味着：

（1）两者互动更多，彼此更了解；

（2）两者之间的信息沟通和流动更畅通；

（3）两者的信任度、好感度更高；

（4）两者的依赖程度更高；

（5）两者的关系更难破坏，关系的韧性更高；

（6）两者的关系可能更持久；

（7）两者的同质性（homophily）可能更高；

（8）两者进行合作的成功率可能更高。

然而这些都不是绝对的趋势，在不同社会领域、研究对象、研究情境下都会有差别，也正是因此，我们所关注的社会关系中"连带强度"这个变量可能衍生出多种研究的推论和重要的假设，是值得探索的研究问题。"强关系"一定更好吗？"弱关系理论"告诉我们并不是这样。这一部分我们将在 7.2 节做具体介绍。

此外，准确测量出多值网络的强弱也并不是一件易事，我们将在第六章介绍社会网络的量测时进行具体讲解。

3. 网络连带的操作化

不同的两个学者即便研究同一种关系，也可能采用完全不同的方式去测量，这就涉及如何进行网络连带的操作化（operationalization）问题——如何在真实的世界中得到研究者所关注的抽象概念的证实观察结果。由于我们所关注的社会关系常常是一些抽象的、可以从多角度理解和定义的关系（例如"信任""亲密度""友情"），因此如何准确合理地对连带进行操作化是社会网络研究中的重头戏。

我们拿"友情关系"这个常见的连带来举例。假如我们被安排去研究一个公司里同事之间的友情关系网络并画出网络关系图，我们应该如何测量出哪些人之间是朋友，以及不同友情连带的强弱呢？

这看上去似乎很容易，实则不然。"友情"对于不同人来说意味着不同的概念，对于什么算是"友情连带"，研究者与受访者之间、受访者与受访者之间可能都无法达成百分之百的共识。对于有些人来说，在活动上见过一面、加过微信就算是"朋友"关系，而有人会把共同经历大风大浪的人才看作是"朋友"。另外，学者对最佳的量测方式也并没有完全统一的意见，有些学者认为客观的、可观测的量测才是最佳的，而另一些学者可能认为受访者主观汇报的、主观感受到的关系就是最好的量测。

因此，在不同的研究中，对"友情"这个连带的操作化测量可以有多种不同的方式，比如：

（1）互相为对方的微信好友；

（2）在过去一年中平均每个月至少见一次面或打过一次电话；

（3）一起从事某种爱好，如打篮球、唱歌、玩游戏等；

（4）参加过彼此人生重大事件，比如婚礼、为孩子庆生、父母生日宴会等；

（5）主体个人提名的好友即被认定为友情关系；

（6）每个月在一起共度的休闲时光不小于 5 小时；

（7）将以上多个维度合并而形成指数型量测。

我们会发现，即便我们确定了连带的属性（"友情"），要清晰地界定连带的操作化依然要花费不少心力。此外，像"信任关系""合作关系""恋爱关系""资助关系""支持关系"等这些常见的连带关系也都并不存在标准的、完美的、统一的可操作化方式，而往往要求研究者在阅读此前相关文献的基础上，结合自己研究的具体情境来创造合理的量测。这一部分的具体内容我们会在第 8 章进行详细讲解。在这里我们应记住进行操作化的两个基本原则：

（1）操作化方式应"符合常识"（make sense），比如，"一起从事过兴趣爱好"通常可以看作友情的指标，但"一起工作过"就不能很好地体现朋友关系。

（2）应阅读并依托相关文献，了解其他学者是如何对某种具体关系进行操作化的，并在合适的时候加以借鉴、更改、引用。

2.4 什么是"网络主体"

在本章的前三节，我们介绍了网络连带的核心知识；接下来的两节，我们来看看网络分析研究中的另一个重要组成部分——网络主体。

社会网络中的主体（network actor），也译为"行动者"，即在网络分析中我们所关注的社会实体的研究对象。换言之，我们研究的是关于谁的关系，谁就是我们研究中的主体。在一张网络关系图中，网络主体被标记为一个个"节点"（node）。那么，在具体研究中，如何寻找自己想要关注的主体，又能研究关于他们的什么问题呢？本节我们来介绍 5 种常见的主体类型。

1. 以 "个人" 作为网络主体

将 "个人" 作为网络主体进行研究是网络研究中最常见的研究类型，社会网络分析方法在起源的时候最先关注的就是人和人之间的关系。

例如，无论我们想研究一个班级中同学友谊的关系、一个公司中邮件往来的关系，还是一个微信群里信息发送对象的关系，所要研究的主体的本质都是 "个人"，而所要研究的关系也就放在了 "人与人" 这个层面之上。图2-9示意了个人为主体的社会网络。

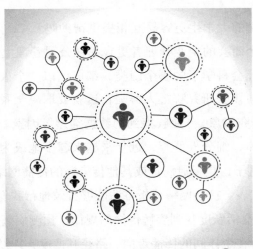

图2-9 个人为主体的网络示意图[①]

在 "个人" 这个类别下又可以做不同的细分，比如，我们可以研究：

（1）学生、IT从业者、政府官员、企业家、教师、销售员……（拥有某种职业的 "个人"）。

（2）老年人、中年人、青少年、幼儿……（某个年龄段的 "个人"）。

（3）中国人、韩国人、日本人、英国人、泰国人……（拥有不同国籍的 "个人"）。

（4）低收入者、中收入者、高收入者……（拥有某种收入的 "个人"）。

（5）初中毕业、高中毕业、大学本科毕业、大学本科以上……（拥有某种学历的 "个人"）。

很多社会科学学科的研究重点都是 "人"，在这种情况下，使用社会网络分析方法可以问出很多有趣的问题，比如：

[①] 图片来源：壹图网

（1）什么样的大学生社交最活跃？

（2）什么样的企业主管容易占据跨公司社交网络的高中心位置？

（3）人脉多的公务员有哪些业绩上的优势？

（4）销售员的业绩跟认识客户的数量正相关吗？

（5）一个公司里年龄接近的人更容易成为职场外的朋友吗？

（6）公司里的导师关系（mentorship）更容易出现在同性别之间、同乡之间、校友之间吗？

（7）来自同一个省份的大学生更容易互相提供帮助吗？

（8）同时隶属于某个商会的企业管理者更容易在公司管理上使用相同的策略吗？

无论我们的学科是社会科学下的哪个门类，都可以以"个人"为单位设计出有意义的网络研究问题。具体应该去研究哪类人群呢？这就要取决于我们自己的研究重点、关注的领域、能接触到的研究对象、方便收集到的数据类型等因素。我们看到，在世界范围内，少数群体、弱势群体、细分人群等，近年来越来越多地成为社会研究中的重点。另一个这几年广受关注的例子，是新冠病毒或其他传染病的传播网络，该类研究也是以"个人"为网络节点的典型代表。社会网络分析方法能够有效地帮我们通过关注人跟人之间的关系、互动以及个体的社交活跃度找到疾病传播的规律，预测疾病传播的走向。与此类似，我们也可以研究"流言"在个体间的传播走向、路径和速度，以及流言的传播是如何影响个体行为的。很多的人类行为都受到其他人的影响，比如流行趋势、消费习惯、社会认知等；而社会网络分析方法能够帮我们记录和推测出他人的观念与行为如何影响不同的个体、流行文化如何推广、创新型产品如何被普及、什么样的人更容易接受新观念等。

2. 以"小团体／群组"（groups）作为网络主体

第二种常见的主体形式是"小群组"或"小团体"。例如，家庭、公司里的部门，班级里的学习小组、学校里的学生社团、组织内部的非正式关系小团体、电子网络上的兴趣小组、尚未注册的社区活动群组等。这些看起来独立的小组或小团体，往往跟其他类似的小团体、外界组织、社区有着千丝万缕的联系——比如小组之间共用相同成员、不同群组之间共同开展互动、小组之间共享某种资源、小团体之间友好或敌对的关系、社团之间人员变动往来、兴趣小组之间信息的流动等。因此，当我们把目光聚焦在群组这个分析单位上，就能同样从社会网络的角度来理解这些小组的特征、构成、表现，以及对外界环境、其他社会中主体的影响。

以下列举了一些以群组或小团体为网络主体时，可以关注的研究问题：

（1）一家公司里不同部门之间的关系是怎样的？为什么有些部门的关系亲近，有些部门的关系疏远？哪类部门跟其他部门关系最紧密，为什么？

（2）某个小区不同家庭之间的互动关系是怎样的？哪些家庭之间有紧密互动？为什么有些家庭在社交中很活跃？网络中心度高对该家庭的生活产生了哪些积极和消极的影响？

（3）学校里的哪些学生社团组织共用成员？哪些社团组织经常跟其他社团合作？为什么它们有更高的网络中心度？这对该社团的绩效产生了哪些影响？

（4）组织里面正式的架构和非正式的人际关系有多大的重叠？什么样的员工更容易跟其他部门的员工合作？不同部门的人一起团建、一起吃饭对促进部门间合作有影响吗？

图 2-10 展示了小团体 / 群组之间网络的示意图。

图2-10 群组的网络关系示意图[①]

这里要强调的是，在社会科学中，对群组和小团体的关注并不是新现象，但是，社会网络分析的贡献在于把我们所研究的"小群组"或"小团体"放在一个更大的关系网里去研究。换言之，建立了网络视角后，我们就意识到一个小群组或小团体并不是一个"封闭系统"（closed system），而是跟外界组织、相似团体有着各种各样的关联，这种关联或者是信息、资源的共享，或者是具体的合作，或者是各种不同类型的会面、沟通、互动。社会网络分析的视角提醒我们，这种更大层面内的网络关系将会影响该小群组的特征和表现，这种跟其他小群组的连带作用是不容忽视的。

---

① 资料来源：壹图网

3. 以"组织"(organizations)作为网络主体

第三类常见的网络分析研究是以"组织"作为网络主体，例如警察局、消防队、市政厅、工厂、房产公司、财务集团、修车行、超市、俱乐部、职业协会、社会公益机构、宗教组织、红十字会、学校、科研机构、图书馆……这些正式的商业部门、政府部门、非营利部门的组织都是社会网络分析可以研究的对象。

社会网络分析可以广泛地被应用到去理解组织的特征、表现、发展、选择、战略、收入、困境、结构设置、文化、对外依赖等多种变量，也可以研究跨组织之间的关系。例如，在公共管理领域，研究政府和非营利组织之间的合作关系、跨政府部门信息共享、跨非营利组织资源共用、联合救灾中组织关系形式与强度、跨学校联合申请研究经费等，这些例子都是以"组织"为网络节点的研究。

例如，在笔者过去的研究中，笔者与合作学者分析了参与 2016 年阜宁风灾救援行动的组织合作网络图，图 2-11 展示了我们研究中组织之间在救援期间所形成的沟通网络——图中的每个方框代表一个参加救援的组织（政府机构或非营利组织），图中的直线指代"信息沟通"连带。我们在该研究中，利用不同组织在更大范围内进行跨组织沟通的网络的嵌入性，去解释该网络主体在救援中的表现，这就是一个典型的以组织为网络主体进行研究的例子。社会网络分析的视角让我们看到组织之间绝不是互相独立的，它们的很多选择、策略、结果也不是互相独立的，而是受限于它们所处在的网络位置、嵌入性、周围密友的属性以及该网络的其他特征。

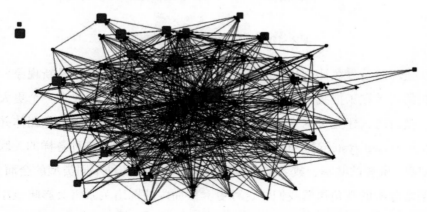

图2-11　组织作为网络主体的研究举例：政府及非营利组织合作应急救援网络研究[1]

---

[1] 资料来源：Yang & Lu, 2022

社会网络分析强调,要想真正理解组织的行为及其结果,不仅要关注组织的内部特征(如战略特征、组织架构、组织文化、领导风格、员工培训和管理方式等),而且要使用网络思维理解该组织处在一个怎样的"大环境"下,嵌入到了一个怎样的"外部网络",以及跟外界的其他组织之间如何产生联系、互动、合作、冲突,如何从外界收取信息,如何被其他组织影响、模仿,如何学习组织行为、获取及投放组织资源等。

在社会学、管理学、传播学、公共政策、组织行为等多种社会科学领域,以"组织"为网络主体的研究都十分常见,例如,以下研究问题都是以"组织"为网络主体:

(1)哪些公司更容易合作、共享资源、沟通信息?有更多关系对公司有哪些影响?

(2)哪些医院之间共享服务资源(service network)?哪些医院之间会提供转诊服务(referral network)?这对不同医院的绩效产生了什么影响?

(3)由贷款银行、装修公司、第三方托管公司、第三方房屋检查公司等组织所组成的购房交易网络是怎样的?什么样的公司在网络中更活跃,中心度更高?

(4)哪些组织更喜欢共同申请政府项目基金?

(5)哪些公司在商业合作网络中的中心度更高?中心度高的公司会受到什么影响?

(6)哪些组织会参加某一行业的商会?跟不在商会网络中的公司相比,它们的组织策略有何异同?

(7)某一次灾害的灾难应急系统或紧急管理体系是怎样的?哪些组织参加了救援?哪些组织的中心度高,为什么?

(8)同一个城市的"985"院校的学科设置方法如何发生相互之间的影响和传播?

通过社会网络分析的方法,我们可以计算不同组织在一个网络中的中心度(详见第3章),从而把中心度作为自变量,去预测该组织的特征、行为、结果(因变量)。

(1)从优势角度来看,社会网络分析的研究指出,那些在网络关系中更活跃、中心度更高的组织往往能更快获取重要信息,得到更好资源,具备更大影响力,获得更多机会,更容易成为领导者,也更容易获得领域内其他组织的认可和尊重。

(2)从劣势角度看,近年来的组织行为学和管理学研究也指出,处在高中心度的网络位置可能意味着组织会受到来自外界的更多影响、束缚、趋同性压力、结构性限制(例如同辈压力),这也许意味着组织在文化、策略、创新方法、管理方式等方面会受到一定的来自非理性、非经济因素的压力。

4. 以"城市"（cities）作为网络主体

社会网络分析同样可以应用于更大的视角，例如研究城市之间的关系或解释城市的特征。

比如，我们可以采用社会网络分析来研究：

（1）城市之间的交通运输线（航空/铁路/公路/水运等）与城市之间的政策合作关系；

（2）跨城市业务往来（资金流向、设立分销点、派出驻地团队、大型项目合作等）及对不同城市的影响；

（3）城市之间人口流动情况与城市网络中心度的关系；

（4）不同城市在其省内的邮件/快递的流动网络的中心度及其影响；

（5）以某个历史事件为线索将不同城市串联起来的关系图（如军事联系、商业联系、人口迁移等）；

（6）共同拥有某种自然条件、社会属性或外部环境的城市之间的关系网络；

（7）不同省份之间城市的互动、合作网络。

在以上的这些研究问题中，网络节点变成了"城市"，也就是我们关心城市与其他城市的连接关系，并且将这种关系融入对城市的理解和探讨中去。比如，哪些城市之间有更多的人口流动，为什么？哪些城市流出人口最多？哪些城市流入人口最多？哪些城市最常与其他城市有经济或贸易合作？哪些城市之间有最多的邮件或快递流通，这些流通性对该城市产生了哪些影响？我们也可以研究不同城市是否曾经被某一个历史事件、某一个商业演出、某一个艺术展览所串联在一起，形成一个城市网络。

有了这种把城市作为节点的视角，我们就可以利用一系列网络中心度、整体网络或个体网络分数据分析方法，来回答很多复杂的城市研究问题。

5. 以"国家"（countries）作为网络主体

以国家作为网络节点的研究跟以城市作为网络节点的研究有很多类似之处，区别是研究中的分析单位是"国家"，而关注的关系是"国家之间"的关系。例如，去关注：

（1）不同国家之间学者跨国进行学术合作的关系；

（2）不同国家之间的贸易往来关系；

（3）不同国家之间的经济合作关系；

（4）不同国家之间的战争关系；

（5）不同国家之间的政治结盟关系；

（6）不同国家之间的进出口关联；

（7）不同国家之间的飞机通航关系；

（8）创新技术、工具、政策在不同国家之间扩散的关系。

　　例如，学者 Yang 和同事们研究了弗朗茨·斐迪南大公遇刺前后西方国家关系，其研究的网络主体就是"国家"，如图 2-12 所示。

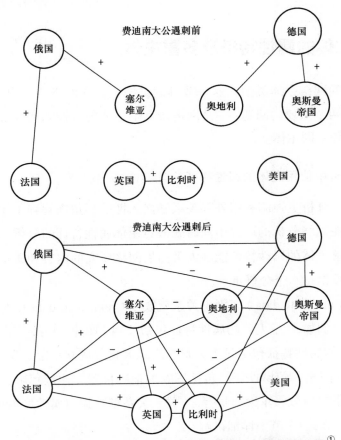

图2-12　弗朗茨·斐迪南大公遇刺前后西方国家关系图[①]

　　关注国际视野问题的学者强调，在地球这张大网络里任何国家都不是孤立的个体，在经济、文化、军事、科技、艺术、教育、学术研究等领域都会和其他国家产生千丝万缕的联系，有合作，有互助，有竞争，有冲突。那么根据自己的研究兴趣，我们可以确定具体的连带关系，以此作为基点来理解国家政策、行为、特征。

---

① 资料来源：Yang et al., 2016

以上 5 种常见的网络主体向我们展示出社会网络分析应用的广泛性。事实上，网络分析方法绝不仅限于在研究以上 5 种主体时使用，它同样可以被拓展使用到研究事件、地点、行业、区域、思想、文化、技术、程序、活动等其他主体类型的关系之中，例如，行动者网络理论（Actor-Network Theory）在这方面进行了很多探讨，并提出行动者也可以是非人的物体。在本书中，我们主要利用以上 5 种较为传统的主体类型进行举例和探讨。

2.5　网络主体的属性特征及多重主体

介绍完基本的网络主体类型，这一节继续讲解主体在网络研究中的重要基础知识。本节我们将探讨两个重要的问题：一是网络研究中主体的属性如何表现，二是如何在一个研究中探讨多种不同主体。

1. 在网络分析中使用主体的属性特征

虽然社会网络分析更强调利用外部关系和嵌入性的视角来解释主体对象，但是这绝不是说我们无法在网络分析的研究中同时融入对主体属性特征的分析、展现或解释。事实上，关注和了解主体的属性特征能够大大拓展网络研究的内容和质量。在具体的数据分析中，属性型数据是一个分析重点。

属性型数据（attribute data）区别于关系型数据（relational data），它是展示主体"属性特征"的数据，例如，"个人"的属性特征包括性别、职业、年龄、工作单位、出生地、民族等；"组织"的属性特征包括员工数量、组织人物、成立年限、营收额、组织文化、领导风格等；而"国家"的属性特征包括国家的地理位置、建国年限、政治体制、人均生产总值、国民幸福指数、军事力量等。（关于关系型数据与属性型数据的区别和特点，我们会在本书 9.2 节、9.3 节中详细讲解。）

了解主体的属性特征能怎样帮我们进行网络分析研究呢？

（1）在整体网络中，使用主体特征作为自变量去解释网络中心度、网络连带、网络凝聚度等因变量。（例如，什么样的组织更容易在商业联盟中建立更多的合作连带？是不是男性比女性在公司邮件网络中的中心度更高？）

（2）在个体网络中，分析主体与密友的属性特征及其之间的差别，去理解主体为什么会做出某种行为、选择、表现。（例如，直系亲属中教师的比例越高，一个人越容易成为教

师吗? 一个非营利组织的资助网络中政府机构越多, 该组织越容易呈现财务上的健康吗?)

（3）在分析网络结构及将网络关系进行视觉化时, 通过不同网络位置、不同凝聚度的主体特征来寻找对所关注问题的解释、规律、趋势和潜在的研究假设。

在这里, 我们具体说一下第三点。在使用视觉化方法表现个体关系时, 我们可以通过一定的方式标注主体的属性, 从而让网络特征更加一目了然。例如, 假设研究一个社区单元楼里几个居民之间的友情网络, 并同时在该网络上标记出主体的职业, 那么我们有两种方式: ①利用颜色表示节点的特征, 比如橙色代表教师、蓝色代表军人、红色代表护士等（见图 2-13, 彩图见本书插页）; ②利用节点的大小来表示节点的特征, 比如用更大的圆圈表示更高的收入、受过更高的教育、收到更多的提名等（见图 2-14, 彩图见本书插页）。当然, 我们也可以选择同时使用以上两种方法指代多种属性（见图 2-15, 彩图见本书插页）。

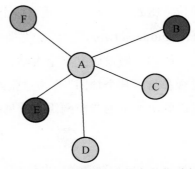

图2-13 用颜色表示节点特征（例如, 节点的不同颜色指代不同职业）

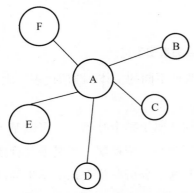

图2-14 用大小表示节点特征（例如, 节点的大小表示个人工资收入高低）

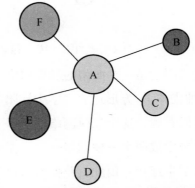

图2-15 同时使用颜色和大小来表示节点特征（例如, 节点的大小表示工资收入, 节点的颜色表示主体的职业）

关于如何利用 UCINET 进行网络关系图的视觉化, 我们将在第 11 章具体介绍。这里先强调两点: ①在设计研究问题时, 我们应该有意识地将主体属性特征融入对网络关系问题的构建中; ②当我们设计研究和收集数据时, 通常不能只设计和回收关系型数据, 而应该同时获取属性型数据。

2. 含有多种主体类型的网络分析研究

除了在一个研究中只关注一种主体，我们是否可以在一个研究中关注多种网络主体的关系呢？

答案是肯定的。当研究中只有一种分析单位（比如只有"个人"、只有"组织"或只有"国家"）时，我们研究的网络被称为一模网络（one-mode network）；如果有两种分析单位（比如"个人"，以及这些个人所归属的"组织"），那么这样的研究被称为二模网络（two-mode network）。以此类推，我们也可以设计出三模网络甚至四模网络[①]。

例如，假设研究某个大学宿舍里 8 名学生社团参与情况的重叠网络，我们用"学生是否参与了某个社团"作为这张网络中的连带，通过了解这 8 名大学生参加了哪些社团，可以画出如下的二模网络图（见图 2-16）。

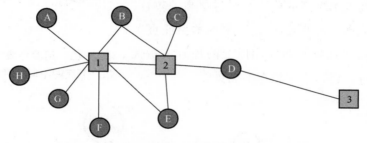

图2-16　包含两种主体的网络关系图示范

这张图就是一个典型的二模网络，图中呈现了两种不同的主体：圆形代表"大学生"（第一种主体），方形代表"学生社团"（第二种主体）。

我们看到，这个二模网络既展示了这些学生分别从属于哪个社团，又可以基于这种关系单独生成两个一模网络——一是哪些大学生共同参与一个社团，二是哪些社团被相同的大学生连接。由此，我们既可以计算出"个人"这个分析单位上每个学生的网络中心度，也可以计算出"社团"这个分析单位上不同社团的网络中心度。二模网络提供的信息为研究一种以上的分析单位提供了可能。

在本章，我们从网络连带和网络主体这两个重要概念出发，介绍了网络分析研究中连带和主体的基本定义、属性、分类、意义等方面。在下一章，我们将把目光转向一个社会网络的层面，来介绍个体网络与整体网络，以及如何思考建构这两种不同视角的社会网络分析研究。

①注：实际研究中三模及以上的网络并不常见。

第 3 章

社会网络分析中的两大网络类型："个体网络"与"整体网络"

了解了网络分析中最基本的元素主体和连带之后，接下来我们讨论最常见的网络分类类型：个体网络和整体网络。

3.1 解析"个体网络"

1. 什么是个体网络（ego network）

个体网络（或译为"自我中心网络"），是指由一个中心主体（即"ego"，译为"自我"）和与其直接相连的密友（即"alter"，也译为"近邻"），加上每个密友之间的连带所组成的网络。图 3-1 展示了个体网络的示例，我们看到这张网络图中含有一个被标为"ego"（中心主体）的节点，并标出了该中心主体所有的密友。

有哪些个体网络的例子呢？例如，研究者想调查北京市民平均每个人有几个好朋友以及好友的性别组成，于是随机抽取了 500 个市民，并要求他们填写自己好友的姓名。

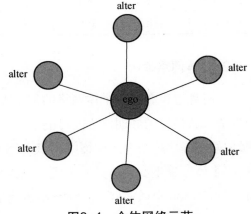

图3-1 个体网络示范

研究者把从 500 个市民那里收集的数据合并后整理在表 3-1 里，随后依据该信息，研究者可以分别画出 500 个不同的个体网络——这 500 个网络图的中心主体分别是这 500 个市民，而密友的组成会随着每个市民好友的不同而变换。

我们注意到，在这个例子中，研究者并不关心所有北京市民之间或这 500 人之间有没有友情关系，而是关心每个个体自己的朋友圈，其组成和特征是怎样的。事实上，大部分个体网络中的中心主体之间是没有关联的——比如在这个例子中，随机抽取的 500 个市民大概率上是互相不认识、没有任何关联的，因此，研究者只可能了解其个体网络信息，但无法知晓整体网络信息。反之，如果研究者想知道某个网络边界内所有人之间的友情关系（例如一个班级），那么该研究者所关注的应该是"整体网络"（详见下一节），而非个体网络。

表 3-1　随机抽样 500 个北京市民的友情网络（个体网络）

	密友 1	密友 2	密友 3	密友 4	密友 5	密友 6	密友 7
市民 1	张三	李二	小刘				
市民 2	花花	浩浩	四柱	蓉蓉			
市民 3	笑笑	丽丽	小莲	小紫	大英子	静静	谷玉
市民 4	双儿	阿兴	芳芳	同同			
市民 5	向阳	才英					
市民 6	建国						
市民 7	凯泽	明辉	袁亮	文林	英哲		
⋮							
市民 499	嘉禾	璇子	婉娜	贝丽	怡科	寒玉	
市民 500	朵儿	玉堂	力行	孜孜	乐康	小六	大志

2. 个体网络举例

我们身边还有哪些个体网络的例子呢？"微信好友圈"就是典型的个体网络——我们每个人微信里的好朋友之间可能不认识，但是所有人都通过微信跟我们连接。因此在"微信好友圈"这个个体网络中，"我"（微信用户）就是这个网络的中心主体（ego）。当"中心主体"发生变化，其密友成员也会跟着变化。比如，假设小明有 150 个微信好友，而小白有 1500 个微信好友，那么小明就是其"微信好友个体网络"中的中心主体（ego），这 150 个跟他有连带的人就是他的"密友"；同理，小白是其"微信好友个体网络"中的中心主体，通过微信连接着 1500 个他的"密友"（见图 3-2）。

通过研究个体网络能为研究者带来哪些信息呢？举例来说，当我们有了小明和小白的微信好友个体网络，就可以比较他们的个体网络规模、组成、互动频率等，从而得出关于小明和小白的一些推论。例如：

（1）网络规模：小白的个体网络规模大于小明，那么小白是否可能有更多的信息来源渠道、资源获取渠道以及更大的社会影响力？

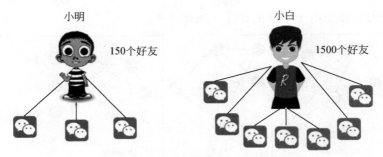

图3-2　以微信为例的个体网络

（2）网络组成：两个人的密友组成在职业、性别、年龄、地域、价值观、技术能力、收入等各方面是怎样的？多样性程度如何？

（3）互动特点：两个人与其密友之间的互动频率和互动特点是怎样的？比如，小明可能与其 1/3 的密友每周都至少联系一次，而小白跟其 1/30 的密友每周联系一次。

除了"微信好友"这个个体网络，很多其他关系的个体网络也非常值得研究，例如：

（1）一个人的家庭关系网络；

（2）一个人的社会支持网络；

（3）一个新员工在职场寻求建议的网络；

（4）一个公司在业务合作上的跨公司网络；

（5）一个艺术家的资助网络；

（6）一个非营利组织的捐款网络；

（7）一名研究者的论文合作网络。

个体网络的研究设计应用十分广泛，例如，Perry 等研究者（2017）对比了认知能力正常、轻度认知障碍和患有痴呆症的老年人各自的社交个体网络，发现患有痴呆症的老年人的个体网络更加封闭，更可能是由亲属而非朋友组成，网络规模也更小。图 3-3 最左边显示的是该研究中认知正常的老人的社交网络，最右边显示的是患有痴呆症的老人的社交网络。通过这项研究学者获得了两个方向的启发：一是认知障碍的退化可能会影响老年人的社交方式和支持网络的内部结构，导致社交圈不断缩小；二是社交圈的缩小和变化也可能导致认知障碍的加剧。

个体网络的研究设计也可以用于纵向研究（longitidunal study），从时间维度上体现个体网络的变化。例如，学者 Erin (2015) 研究发现，当个人的宗教信仰由基督教转换为伊斯兰教时，其个人社交圈在宗教信仰的转变过程中失去了密切联系的朋友和亲人，而这些关系的丧失主要是由于亲友的排斥（见图3-4）。

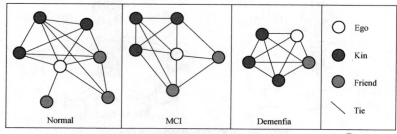

图3-3　老年痴呆患者与健康老年人的个体网络对比[2]

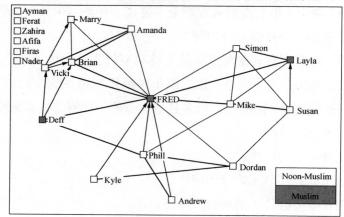

Fred在改变宗教信仰前的社交网络

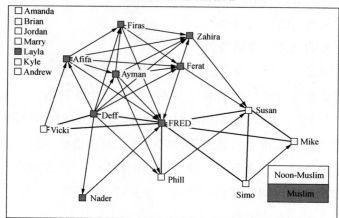

Fred在改变宗教信仰后的社交网络

图3-4　宗教信仰改变前后个体网络的变化[1]

---

① 资料来源：Perry et al., 2017

② 资料来源：Erin, 2015

3. 个体网络的特点

跟关注整体网络的研究相比，关注个体网络的研究具有以下特点：

（1）个体网络研究的焦点在以某一个主体为中心的网络里。

（2）个体网络的数据收集通常比整体网络更容易，只需要从"中心主体"出发即可完成（例如，让小明和小白分别回答他们的微信好友都有谁）。

（3）个体网络中的中心主体之间不必有连带（例如，小明和小白即便不认识，我们依然可以得出各自的个体网络，这不会影响数据准确性）。

（4）因为上面这些特点，个体网络的研究对"中心主体"视角的依赖性较大（因为数据主要来自每一个中心主体的自我汇报）。

（5）整体网络数据可以转化为个体网络数据，但反之不然。

（6）个体网络数据无法解答网络中心度及整体网络趋势等问题。

总结来说，个体网络的重点是去展现并关注某个具体的主体的所有直接连带关系，所以它总是以某个主体为关注点，而不是以所有主体之间的关系为关注点。

3.2　解析"整体网络"

1. 什么是整体网络（whole network）

在很多研究中，我们要关注的不只是单独的个体与其密友之间的关系，而是要关心某个范围内多名个体之间完整的关系，比如：

（1）一个小学班级中同学之间的友情网络；

（2）一个公司所有员工之间的邮件往来网络；

（3）某城市所有政府机关之间的公共服务合作网络；

（4）某商会下不同企业成员之间的业务往来网络；

（5）某次灾后应急救援中所有参与组织之间的信息沟通和协同救援网络。

在这些例子中，仅仅知道某一个单独个体的网络是不足够的，研究者更关注的，往往是从整体的角度看，该网络边界内所有个体之间的关系是怎样的——这种网络研究被我们称为对"整体网络"的研究，或对"全网"研究，英文为"whole network"或"complete network"。

比如，我们知道小明和小白同是某个大学足球队中的队员，假若我们需要研究该球队中 11 名成员之间的友情网络，那么这时我们的关注点就不只是小明和小白，而是这所有的 11 个人中是否存在友情关系，这种情况下我们要研究的就是"整体网络"，而不是个体网络（见图3-5）。

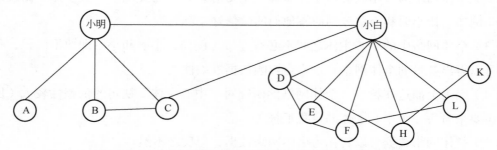

图3-5　某大学足球队11名队员之间的友情关系整体网络

假设图 3-5 是研究者绘制出的该足球队的友情整体网络，那么我们即能够判断这 11 个人中任何两个人之间的关系是不是好友。此外，我们还能计算出每一个网络中主体的网络中心度、连带数量、结构嵌入等特征。因此，整体网络比个体网络能为研究者提供的信息更多。当我们知道了一个网络是整体网络，必然能从该网络中抽取出个体网络的数据；但是反过来，个体网络的数据却通常无法给出整体网络的信息。

2. 整体网络举例

有哪些整体网络的例子呢？比如，在一个班级中有 50 个学生，如果研究者想研究所有学生之间的友情关系整体网络，那么就可以要求学生们分别填写自己好友的姓名，然后把数据合并后整理在像表 3-2 这样的表格里——我们注意到这张表格中的"密友"跟上一节中个体网络表格中密友的特点有所不同，这张表格中每个人提名的"密友"都是这个班级的同学，他们也会填问卷，也会列出自己的朋友是谁。也就是说，个体网络中的"中心主体"（ego）同时会成为其他学生个体网络中的"密友"（alter）。我们依此可以得到这个班级里 50 人之间任何两个人是否存在友情关系的信息。

以下研究题目也是整体网络研究的例子：

（1）研究一个公司内部所有职工之间的友情关系；

（2）研究一个城市里所有政府部门之间的通信关系；

（3）研究一个商会内部所有成员组织之间的业务往来；

（4）研究一个大学里所有社团之间共用学生成员的情况；

（5）研究联合国常任理事国成员之间的政策合作网络；

（6）研究一个村落内某个传言在不同家庭之间的流动；

（7）研究某公司所有理事会成员之间非正式互动的网络。

表3-2　一个班级50名学生各自的友情网络（整体网络）

	密友1	密友2	密友3	密友4	密友5	密友6	密友7
学生1	学生53	学生24	学生3	学生4	学生6		
学生2	学生3	学生5	学生7	学生12	学生39	学生50	
学生3	学生24	学生5	学生32	学生8			
学生4	学生15	学生18	学生5				
学生5	学生7	学生2	学生4	学生25	学生29	学生39	
学生6	学生45	学生33	学生19				
学生7	学生5	学生18	学生31	学生49			
⋮	……	……	……	……	……	……	……
学生49	学生7	学生23	学生33	学生45	学生47		
学生50	学生6	学生7	学生15	学生19	学生20	学生30	学生32

整体网络的研究设计的应用十分广泛，我们在1.1节中列举的网络研究的例子大部分都是对整体网络设计的研究，例如研究好莱坞演员的合作关系（Borgatti et al., 2018），研究美国2004年民主党与共和党党员博客超链接关系（见图3-6），研究高校之间对博士生的雇佣关系（见图3-7），研究弗朗茨·斐迪南大公遇刺前后西方国家关系（Yang et al., 2016）等。

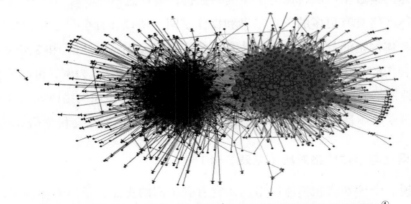

图3-6　美国2004年民主党与共和党党员博客超链接关系网络[①]

---

① 资料来源：Adamic & Glance, 2005

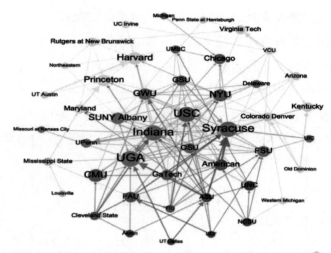

图3-7 美国部分高校公共政策学院之间的雇佣网络[①]

3. 整体网络的特点

与个体网络相比，整体网络具有以下特点：

（1）要求研究者确定一个明确的网络边界（network boundary）。（详见 6.4 节）

（2）比个体网络研究对数据的要求更高，常常在数据收集上更复杂、问卷设计难度更高、对问卷反馈率要求也更高。

（3）整体网络数据能够支持关于网络结构、网络中心度等更多网络特征的分析。

（4）整体网络数据可以转化为个体网络数据，但反之不然。

由于整体网络具有更多的关系信息和操作空间，所以在社会科学研究中，越来越多的学者使用整体网络的分析方法进行社会关系的研究。Provan、Fish 和 Sydown 三位学者从跨组织间合作的视角综述了整体网络研究的特点，以"组织"为例，讲解了在一个学科内去思考整体网络研究的方法。表 3-3 展示了三位学者对跨组织网络研究的分类。无论从作为研究中自变量还是因变量的角度，整体网络都能大大扩展社会科学研究的可能性。

4. 整体网络与个体网络对比（见表 3-4）

总结来说，个体网络和整体网络的研究有着不同的重点，虽然整体网络的数据从理论上讲都可以转化为个体网络的数据，但是整体网络的数据收集更复杂、参与者负担更

[①] 资料来源：Zuo et al., 2019

大、对问卷反馈要求更高，因此在操作层面未必总是最好的选择。另外，很多研究情境下，中心主体是互相之间没有任何关联的独立个体，因此采用整体网络的研究是不合理、不现实的。反之，个体网络能够实现随机抽样和可推广性，但是其可研究的问题有一定的限制，例如无法探讨整体层面的网络中心度或网络结构。

表 3-3　跨组织网络研究的分类

		因变量（结果变量）	
		单个组织	多个组织
自变量（解释变量）	组织层面的变量	从二元互动关系（dyadic interactions）研究对组织的影响	研究一个组织对一个跨组织网络的影响
	关系或网络层面的变量	研究一个网络对组织的影响	研究多个整体网络或整体网络之间的互动

资料来源：Provan et al., 2007

表 3-4　整体网络与个体网络对比

	整体网络	个体网络
是否能体现节点的网络位置？	是	是，但限于跟直接连带的关系
是否能测量中心主体的间接连带及缺失的连带关系？	是	否
是否能应用随机抽样？	在节点层面上不能实现，在网络层面上可以实现	是
是否具备可推广性？	在节点层面上和二元分析上会有问题	是
是否能实现受访主体的匿名？	不能，只能实现机密性	是
是否受限于主体的数量？	是	否
是否会受到缺失数据的影响？	是，会严重受到影响	是，但影响较小
是否受限于网络边界的确认？	是，通常只研究一个定义域（domain）下的所有关系	否，可以研究多重定义域或不同环境下的关系
数据来自中心主体（ego）还是密友（alter）？	同时来自中心主体和密友	来自中心主体
数据丰富性	数据信息量更大，可转化为个体网络数据	数据信息量更小，无法转化为整体网络数据
可研究的问题	网络主体的中心度、整体网络的结构、凝聚度，以及个体网络能研究的所有问题	以独立的中心主体为焦点的个体网络的组成、特征、结构等
数据收集复杂度	问卷复杂，受访人负担大	问卷较简单，受访人负担较小

注：资料改编自Perry et al., 2018

在介绍了网络分析的基本概念后, 本章我们开始介绍一个重要的网络概念: 网络中心度。网络中心度是体现社会网络分析优势的一个"明星"概念, 它体现出主体在一个网络中的嵌入性, 是一个针对整体网络研究的概念, 并被广泛地应用于社会科学各个领域的研究中。网络中心度有多种不同的测量方式, 这一章我们介绍 4 种最常见的中心度测量: 点度中心度、中介中心度、紧密中心度、特征向量中心度。

4.1 何为网络中心度

当面对一个整体网络的关系图时, 我们会看到一些主体处于网络关系的中心位置, 而另一些主体处于比较边缘的位置。为了区分开主体在一个网络中的嵌入程度, 学者创建了"网络中心度"(network centrality) 这个概念。网络中心度通常能够体现出一个主体以下方面的特征:

（1）活跃度: 中心度越高的主体, 在该网络中就越活跃、跟其他主体之间的关系越紧密。

（2）重要性: 中心度越高的主体, 在该网络中就越重要, 对网络结构的贡献越大。

（3）嵌入度: 中心度越高的主体, 在该网络中嵌入到更大的关系里的程度越高。

有了中心度这个概念, 我们就可以在一张大的整体网络里去比较不同主体的活跃度、重要性、嵌入度, 从而了解如何促进人际关系、优化网络结构、促成合作和合作的结果。

准确地说, 网络中心度并不是"一个概念", 而是"一组概念"——因为学者们去理解"重要性"的路径是不同的。这就像当有人问我们: "你的家庭成员中谁最重要? "我们可能首先会反问: 你说的是哪种'重要'呢? 经济贡献最大? 对家务贡献最大? 在感情上投入最多? 还是把家庭成员凝聚在一起的能力? "

同样, 一个节点在网络中的重要度也无法简单地一概而论。例如, 在研究犯罪网络和恐怖分子之间的关系时(Krebs, 2001), 有些恐怖分子跟其他人的连带数量更多, 有些人处在连接不同小团体的核心位置，有些人是具有某种特质的关键主体，如图4-1所示。又如，在对孤独感的研究中，Cacioppo等学者揭示了孤独感是如何在人群中传播的，如图4-2所示。在这两个例子中，我们都无法简单地以一种标准来定义哪个主体更重要、哪些更不重要，而是需要给出"重要"的标准，即明确所使用的中心度的种类。这些通过不同方法计算而来的网络中心度量测，为在不同研究情境、不同研究目的下对主体社会角色的研究提供了重要方法。

图4-1 美国"9·11"劫机恐怖分子交互网络示意图[①]

① 资料来源：Krebs, 2001

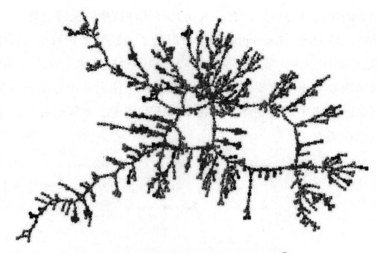

图4-2　孤独感关系网络示意图[1]

4.2　点度中心度

接下来，我们来介绍第一种最常见的网络中心度量测：点度中心度。

我们先来看一张简单的网络图：假设在下面的网络关系图（见图4-3）中，A、B、C、D、E分别代表一个人，直线代表"友情关系"，那么你觉得这5个人中，谁是最重要的？为什么？

显然A看起来比其他几个人更重要，因为A有最多的连带，他有4个友情关系，而剩下4个人每个人只有一条友情关系。A是图中朋友最多的人，也很可能是这张友情网络里最有影响力的人。

在上述的判断思路里，我们实际上就使用到了"点度中心度"的概念：点度中心度（degree centrality）用于指示一个节点在一张网络里有多少个直接的连带关系，

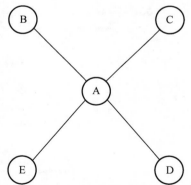

图4-3　友情关系网络中心度举例

即与其他节点之间存在多少条连带数量。图4-3中每个节点的点度中心度分别是：A=4；B=1；C=1；D=1；E=1。A在所有人中的点度中心度是最高的。

如果一个节点的点度中心度很高，那么我们能由此做出什么推论呢？比如在图4-3

—————————

[1] 资料来源：Cacioppo et al., 2009

中，我们并不知道这 5 个人的个人特征（如性别、身高、职业、收入、年龄等），但我们可以依据"A 的点度中心度最高"这个事实对 A 这个个体做出怎样的推论呢？

通常，点度中心度较高的节点更可能具有以下特征：

（1）活跃度更高——A 跟其他人相比可能更活跃，更喜欢互动、交流；

（2）信息获取度更多——A 跟其他人相比有更充分的信息来源和渠道；

（3）影响力更高——A 跟其他人相比有更多的施展影响、传播信息、散布想法的渠道；

（4）受欢迎度更高——A 跟其他人相比可能人缘更好、更能获得群众支持；

（5）领导机会更高——A 跟其他人相比可能有更多领头做事情的机会。

事实上，这些与高点度中心度相关的特征并不限于主体是"个人"的情况。比如，如果将图 4-3 中 5 个节点换为指代 5 个"组织"，连带的意义换为"信息沟通"，那么哪个组织最重要呢？依然是 A 组织。A 组织在图中依然拥有最多的跨组织沟通渠道，可能拥有更高的受欢迎度、信息获取力、影响力、领导力。以此类推，如果节点指代的是城市、省、国家等分析单位，我们同样能使用点度中心度对该主体进行这些方面的推论。

因此，当我们知道了一个节点的点度中心度高，我们就可以对该节点的行为做出一定的判断，形成一定的研究假设。这些基本的研究假设又构成了研究的核心。

接下来我们介绍点度中心度的计算方法。从数学公式上看，点度中心度的计算公式如下：

$$d_i = \sum_{j=1}^{n} x_{ij}$$

式中，d_i 为个体 i 的点度中心度；x_{ij} 为 (i, j) 点在临近矩阵中的数值，即第 i 行和第 j 列交叉处的数值。

例如，图 4-3 中 5 个节点的点度中心度的计算如表 4-1 所示（当两个节点间有连带时，矩阵数值记为"1"，没有连带时记为"0"。最右一列为一个节点跟其他所有节点连带的总和）。

表 4-1　点度中心度计算示范

	A	B	C	D	E	总和
A	0	1	1	1	1	4
B	1	0	0	0	0	1
C	1	0	0	0	0	1
D	1	0	0	0	0	1
E	1	0	0	0	0	1

再例如，在图 4-4 的两张网络图中，谁的点度中心度最高呢？

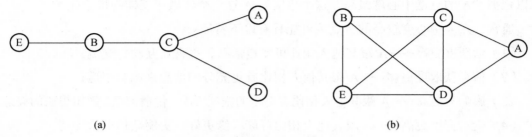

(a)　　　　　　　　　　　　　　　　(b)

图4-4　点度中心度计算示范

在图 4-4（a）中，我们通过计算，可以发现每个节点所拥有的连带数量如下：

（1）A：1 条。

（2）B：2 条。

（3）C：3 条。

（4）D：1 条。

（5）E：1 条。

因此，我们得出点度中心度最高的节点为"C"。

在图 4-4（b）中，我们同样可以计算出每个节点的连带数量：

（1）A：2 条。

（2）B：3 条。

（3）C：4 条。

（4）D：4 条。

（5）E：3 条。

因此，我们得出点度中心度最高的节点为"C"和"D"。

以上我们所举例的网络图都较为简单，通过肉眼观察和计算即可以比较容易地看出谁的点度中心度最高；但是在实际的网络分析中，我们经常需要分析成百上千个节点之间的关系，在这种情况下用手动计算的方式就不再是最有效的，我们将在后续介绍通过软件（UCINET）来计算节点的中心度。（详见第 12 章）

这里要提醒大家注意，以上的例子都是无向网络（undirected network），对于有向网络来说点度中心度则具体分为点出中心度（out-degree centrality）和点入中心度（in-degree centrality）这两种。某个节点的点出中心度计算的是从该节点出发向外连接到其他节点的连带数量，而某个节点的点入中心度计算的是从其他节点出发指向该节点的连带数量。例如，在图4-5中，点入中心度最高的是"C"（3条连带），而点出中心度最高的是"D"（3条连带）。

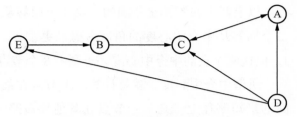

图4-5　有向网络的中心度计算

如果图 4-5 是一张"友情提名的网络图"（即大家提名谁是自己的朋友），点入中心度和点出中心度高的人会有什么特征呢？显然，点入中心度高的 C 点被多个其他人提名是朋友，这体现出了 C 点可能声望高、人缘好、受关注程度高、吸引力高等特点。而点出中心度高的 D 点可能是一个活跃、喜欢向外探索、积极性高的人。总之，对于有向网络来说，点出中心度和点入中心度不可以一概而论，而应该根据连带的具体含义来分析中心度的含义。

4.3　中介中心度

接下来我们介绍一种相对复杂一点的中心度：中介中心度（betweenness centrality）。

还是先来看一个例子：假设图 4-6 表示的是 10 个人的友情网络，直线代表他们之间是"朋友"关系。那么在这张图里，哪一个或几个人的位置最重要呢？

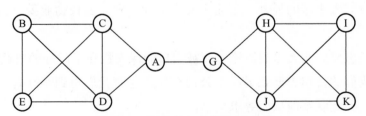

图4-6　中介中心度网络图示范

第一种答案是"C、D、H、J"这 4 个点最重要——理由是他们都拥有最高的点度中心度，各有 4 条连带，而图中的其他个体都只有 3 条连带，更高的点度中心度导致这 4 个人有更高的信息获取力、影响力、受欢迎程度等。

第二种答案则是"A、G"最重要——理由是如果这两个点被移走了，那么左边 4 个人和右边 4 个人的关系则彻底切断了。虽然 A 和 G 从连带数量上看不是最高的，但他们的连接作用举足轻重，他们在网络中起到很重要的中介位置。

以上两个回答都是正确的，第一个回答从点度中心度的角度来考虑谁更重要，而第二个回答从中介中心度的角度考虑谁更重要。A、G 两点的点度中心度小于 C、D、H、J，但这两个点的中介中心度大于剩下 8 个节点中的任何一个。

所谓中介中心度，就是计算一个节点在某个网络中有多少次出现在其他两个节点之间的最短路径上。某一个节点在其他最短路径上出现的次数越高，它的中介中心度就越高。

中介中心度的具体计算公式如下：

$$b_j = \sum_{i<k} \frac{g_{ijk}}{g_{ik}}$$

式中，b_j 为节点 j 的中介中心度；g_{ijk} 为经过 j 点连接 i 和 k 两点的测地路径的数量；g_{ik} 为连接 i 和 k 两点的所有测地路径[①]的数量。

在日常生活中，其实我们经常会需要一些"中介中心度很高"的人，例如：

（1）当我们想要租到一间好房子又不知从何入手时，我们会向"租房中介"寻求帮助，因为他们手中有很好的房源。

（2）当我们想进入一家大企业工作时，我们想要找到一个能推荐我们的人。

（3）当我们想要认识某个名人或明星时，发现有一个朋友正在这个名人的工作室里工作。

（4）如果我们跟小区的另外一家业主发生不和，则需要找物业委员会的负责人进行调停。

（5）当我们想要去北大参观游览，而被门口的保安拦在了门外的时候。

（6）假设我们的公司想要跟另一个公司合作，这时我们想到刚好有一个朋友在另一家公司做经理，因此联系他从而寻求信息。

在以上这些例子中，"房租中介""推荐人""调停者""守门人"都是拥有高中介中心度的人。这些主体的点度中心度未必很高，但因为他们把守着重要的"关系要道"，其他人之间要想建立连带就需要通过他们而实现（否则或者无法实现，或者需绕道实现）——这种情况下，他们就变得非常"重要"，而这种重要性显然跟上一节中点度中心度的重要性是不同的。

高中介中心度的节点具有以下的优势：

---

① 注："测地路径"是指两个节点间距离最短的路径。

（1）能够掌握关键资源和人脉，连接不同群组；

（2）有能力在传播信息的时候筛选信息甚至篡改信息；

（3）有能力威胁到整个网络的连接结构。

中介中心度让我们看到，拥有很多数量的"人脉"固然会让一个人变得重要，但掌握"关键"人脉同样会让一个人变得很重要，甚至更重要。

从维持整体网络稳定性的角度来看，像图4-6这样的网络结构是具有一定脆弱性的，因为当"A"和"G"罢工不参与合作的时候，整个网络的结构也就存在分崩离析的危险，左右两边的群组将很难连结。意识到这种风险我们可以做什么呢？一个直接的办法就是增加"冗繁连带"（redundant ties）——例如想办法增加左边4个人和右边4个人之间的连接路径，让A—G不是唯一路径。比如，如果我们让C和H认识，让D和J认识，在这种情况下，A和G的中介中心度就下降了，两个人控制整个局面的能力也就随之下降，从整体网络的角度来说，信息的传递、关系的保持就更稳定、更安全（见图4-7）。当然，在现实中，如何保持一定数量的冗繁连带而不会加重网络主体的社交负担，仍是一个需要回答的好问题。

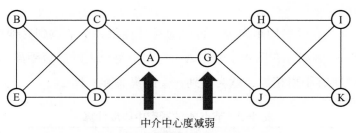

图4-7 增加冗余连带示范

4.4 紧密中心度

第三种我们要介绍的中心度是紧密中心度（closeness centrality），它用于测量一个节点与网络所有其他节点的近邻程度，通过计算该节点与其他节点之间最短距离的平均值获得。

还是先看一个例子——假设图4-8是8名大学生的友情网络，直线在该图中指代"友情关系"。

假设在这8名学生中开始传播一件"八卦新闻"，那么他们中谁最可能第一个知道，谁会最后一个知道呢？类似的情况是，假设学生所处的大学校园发生了紧急情况，校方对学生下发了重要通知，那么这8名学生中谁最可能先知道，谁最可能最后知道呢？

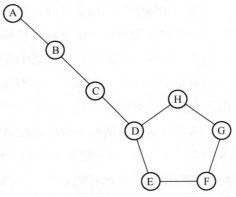

图4-8　紧密中心度示范

我们可能首先意识到，这个问题的答案要取决于这个八卦新闻是从哪里开始的。比如，如果是从A点开始的，那么F、G可能最晚知道消息，因为消息要至少经过4个人才能到达F和G；但如果是从H点开始的，那么A点很可能最晚知道消息，因为其收到信息要经过3个人。

但是，在不知道消息是从哪个点开始传播的情况下，我们面对网络中不同位置的主体，依然能够判断在平均情况下谁最有先获得消息的可能性，谁又最可能最后才获得消息：如果能计算出哪个节点与其他所有节点的"平均距离"最短，那么这个节点也就是在平均情况下消息最灵通的一个。

如何计算每个节点的平均距离呢？可以通过计算每一个节点到其他所有节点最短距离的总和来实现——例如，在图4-8中，"A"与图中每个人的最短距离都可以计算出来，如表4-2，然后把所有距离相加，就会得到一个距离总和，即24。

表4-2　节点A的紧密中心度计算

	A	B	C	D	E	F	G	H	总和
A	0	1	2	3	4	5	5	4	24

依此，我们以同样的方法为所有节点计算出它们各自到其他所有节点的距离总和，并且列在最右侧的总和一栏中，如表4-3所示。

表4-3　所有节点的紧密中心度计算

	A	B	C	D	E	F	G	H	总和
A	0	1	2	3	4	5	5	4	24
B	1	0	1	2	3	4	4	3	18
C	2	1	0	1	2	3	3	2	14

续表

	A	B	C	D	E	F	G	H	总和
D	3	2	1	0	1	2	2	1	12
E	4	3	2	1	0	1	2	2	15
F	5	4	3	2	1	0	1	2	18
G	5	4	3	2	2	1	0	1	18
H	4	3	2	1	2	2	1	0	15

　　这时，我们可以比较各个节点与网络中其他所有节点的距离是多少——数值越小，就表示该节点到其他节点的平均距离越少，说明该节点跟其他节点连接越紧密。在这例子中，平均距离最短的是 D 点——也就是说 D 点在这张网络中跟其他节点的平均连接是最紧密的。

　　以上描述的是紧密中心度的基本计算逻辑——通过计算节点与其他节点的最短距离之和来实现。紧密中心度的计算公式如下：

$$C_i = \frac{1}{\sum_{j=1}^{N} d_{(i,j)}}$$

　　式中，C_i 为节点 j 的紧密中心度，$d_{(i,j)}$ 为从 i 点到 j 点的最短距离，N 是网络中节点的数量。

　　以此公式，我们计算出图中所有节点的紧密中心度分别如图 4-9 所示。

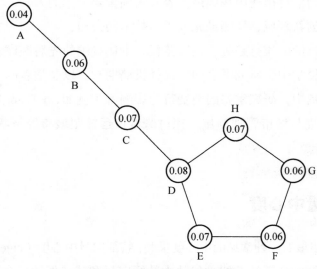

图4-9　紧密中心度的计算

图 4-9 中，D 点的紧密中心度最高，A 点的紧密中心度最低。

除了上面的这个例子，图 4-10 展示出一些典型的小网络中节点的紧密中心度。

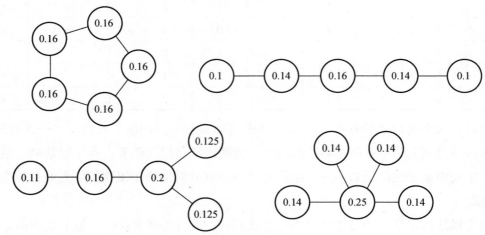

图4-10 不同结构网络下的紧密中心度计算

紧密中心度强调的是一种"可到达性"（reachability），因此当我们的研究问题是有关传播、扩散、推广、影响等连带关系时，使用紧密中心度作为量测最为合适，例如：

（1）在流行病扩散网络中找到最容易感染的个体；

（2）在谣言和八卦信息的传播中找到最可能接受到信息的人；

（3）在公共部门信息推送中找到最不容易收到重要消息的人；

（4）在高科技创新领域，预测最先采用新技术的公司；

（5）某种时尚风潮的流行趋势、拓展路径、个体接纳的先后顺序；

（6）在文献计量学中，研究学者如何选择投稿期刊，以及学者的影响力、社会资本；

（7）在市场营销中，研究重要的消费行为影响者（例如，Kiss & Bichler, 2008）；

（8）在运输管理与城市管理领域，探讨跨城市运输跟城市经济状况的关系（例如，Wang et al., 2011）。

4.5 特征向量中心度

我们接下来介绍最后一种常见的中心度量测：特征向量中心度（eigenvector centrality）。特征向量中心度的计算涉及线性代数中特征向量和特征值的概念，这里我们省去具体的数学计算公式，而把重点放在其含义和作用上。

　　假设图4-11是一张友情网络，那么A和B这两个主体，谁更重要呢？如果我们只从A和B这两个主体的点度中心度来看，那么他们的重要性相等，因为A和B都拥有两条连带。但是，再看这张图的时候，直觉告诉我们B要比A更重要，因为B连接的主体也连接着更多的主体。

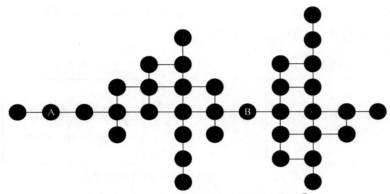

图4-11　特征向量中心度的示意举例[①]

　　当我们想要区分图中A和B在网络中的重要性时，就可以选择使用特征向量中心度——它能体现出一个节点跟其他节点直接相连的程度（direct ties）以及间接相连的程度（indirect ties）。我们知道，点度中心度会计算出一个节点有多少个直接的连带（也就是"密友"），但是点度中心度有一定的局限性——因为虽然有些节点没有很多密友，但他们的密友有很多的密友。当我们需要把这种间接的连带数量考虑进去时，就可以使用特征向量中心度。换言之，如果一个主体的直接连带数量很少，但是他的间接连带很多，那么这个主体就拥有高特征向量中心度和低点度中心度。

　　特征向量中心度有很多不同的计算方法，但其共同点都是融入对"某主体的密友拥有怎样的密友"的考虑。特征向量中心度可以应用在以下领域：

　　（1）研究哪些主体在一个网络中具有大范围的直接影响力和间接影响力；

　　（2）社会网络对经济结果的影响（Jackson, 2010）；

　　（3）政治选举中候选人的家庭之间的联姻情况（Cruz et al., 2017）；

　　（4）学者之间的合作网络、学者影响力，与学术产出质量的关系（Bihari, 2015）；

　　（5）网页用户搜索的排名（如谷歌的 Page Rank）。

---

① 资料来源：Spizzirri, 2011

4.6　范例论文分析：如何在研究中使用网络中心度

使用计算出的网络中心度可以用来解释很多社会现象，这一部分是依托"结构性嵌入理论"为底层逻辑来实现的（详见 7.1 节），也就是说，使用主体的网络中心度作为自变量（independent variable)，使用主体的行为、态度、绩效、结果等作为因变量（dependent variable)，如图 4-12 所示。在具体的数据分析中，研究者多选用回归分析的方法去验证中心度与其他变量之间的关系。

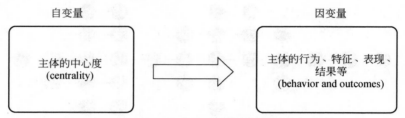

图4-12　中心度作为自变量的变量梳理图

接下来我们来看两篇具体的论文，学习一下如何将网络中心度应用到自己的研究中，这两篇论文分别是：

（1）Mehra, A., Dixon, A. L., Brass, D. J., & Robertson, B. (2006). The social network ties of group leaders: Implications for group performance and leader reputation. *Organization science*, *17*(1), 64-79.

（2）Hu, Q., & Kapucu, N. (2016). Information communication technology utilization for effective emergency management networks. *Public Management Review*, *18*(3), 323-348.

为了达到最佳效果，建议在阅读本文之前先自行阅读这两篇论文，并在阅读中尝试回答以下问题：

（1）这篇研究的研究问题是什么？

（2）这篇研究使用了什么理论来解决该研究问题？

（3）这篇研究采用了什么研究方法？

（4）这篇研究的结论是什么？

1. Mehra et al. (2006) 论文概括与分析

本篇文章是一篇"商业管理"领域的论文，其关注点是"一个公司里团队领导者的社会网络会如何影响整个团队的绩效"。

1）研究问题

这篇文章的作者提出了两个重要的研究问题，即：

（1）团队领导者的社交网络跟其团队的绩效有何关系？

（2）团体领导者的社交网络与领导者的个人声誉有何关系？

2）研究假设

经过理论阐述后，作者提出了数个研究假设，在这里关注以下两个：

假设1："The centrality of a group leader in the friendship network of group leaders is positively related to the objective performance of that leader's group."（一个团队领导者在与其他团队领导者所组成的友情网络中的中心度，与该领导者所带领团队的客观绩效正向相关。）

假设5A："A group leader's centrality in the friendship network within his or her own group is positively related to the leadership reputation of the leader among the members of his/her group."（一个团队领导者在与其他团队领导者所组成的友情网络中的中心度，与其在团队里的领导声望正向相关。）

我们看到，在"假设1"中分析单位（unit of analysis）都是"团队"（小团体／小群组）；而"假设5A"中的分析单位是"领导者"（个人），弄清分析单位对于保证数据分析的过程不出现错误十分重要。

通过定量梳理法，我们可以提炼出这两个研究假设里面的变量关系，如图4-13所示。

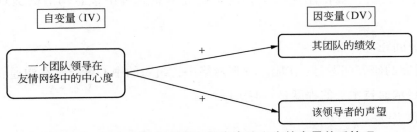

图4-13 Mehra等（2006）所发表论文中的变量关系梳理

3）研究假设的验证过程（研究方法）

作者是如何验证这两个假设的呢？他们调研了美国的一家做理财产品的跨州公司，向该公司下设的88个销售小组分别邮寄了问卷，并向每个销售小组的领导者发放了问卷。在问卷中，研究者收集了领导者的友情网络数据，从而得出了每个小组领导在其友情网络中的中心度（问卷设计详见第 6 章）。

在收集数据时，研究者选用了"邮寄问卷"的方式，将制作好的问卷邮寄给了 88 个销售小组，收回了 81 份反馈，因此问卷反馈率高达 92%。在问卷中，研究者采用了"花名册"表格的方式对受访者的友情关系网络进行提问——受访者在列有 88 个人的列表中选择自己认为是朋友关系的人。根据收回的数据，研究者生成 88×88 的关系数据矩阵。

在数据分析过程中，研究者使用了 UCINET（本书第三部分的重点），并将数据先进行对称化之后再进行分析。研究者在众多的中心度测量里选择了使用"特征向量中心度"，因为作者认为特征向量中心度"最接近我们对信息获取这个行为的理论关注"。在我们自己的研究中，去选择最贴近于研究目标和研究情境的中心度量测非常重要，因为如何选用网络中心度量测并没有统一的答案。在论文中应该说明为什么选择使用某种中心度的量测。

4）研究结果

最后，作者使用了回归性分析去计算团队领导的友情中心度是否跟其团队绩效、该领导者的声望正相关。回归性分析的结果是显著的，证实了这两个研究假设。

通过阅读这一篇研究，我们可以学习到如何利用网络中心度来构建自己的研究。文中使用中心度概念以及借用社会网络现有理论来提出自己的研究假设尤其值得我们学习。

2. Hu & Kapucu (2016) 论文概括与分析

第二篇论文是一篇使用网络中心度来研究应急管理中信息沟通的文章，发表于 2016 年。

1）研究问题

本篇研究的研究问题是：在应急管理网络中，组织的中心度与其在沟通和协调中使用 ICT（信息沟通技术）的程度是否有关联？

2）研究假设

在这篇研究中我们重点来看以下 3 个研究命题：

命题 1.2：应急准备网络中的带头组织（以点入中心度衡量）比应急准备网络中的其他组织在沟通和协调时使用 ICT 的程度更高。

命题 2.2：应急准备网络中有影响力的组织（以点出中心度衡量）比应急准备网络中

的其他组织在沟通和协调时使用 ICT 的程度更高。

命题 3.2：在应急准备网络中充当跨组织信息中介（以中介中心度衡量）的组织，比应急准备网络中的其他组织在沟通和协调时使用 ICT 的程度更高。

使用变量梳理法，我们可以提取出如下的变量间关系（见图 4-14）。

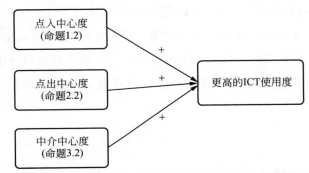

图4-14　Hu和Kapucu（2016）所发表论文中的变量关系梳理

简单来说，这篇文章的核心关注点就是使用"中心度"来预测"组织对 ICT 的使用程度"。这里 ICT 被定义为"组织在日常运营以及与其他组织的沟通和协调中使用的主要沟通渠道和途径"。

3）研究命题的验证过程（研究方法）

作者对美国佛罗里达州的 4 个郡（county）中由政府机构、非营利组织、商业组织组成的应急救援网络进行调研。数据收集方法为"自填式网上问卷"，共向 312 个组织发出了问卷邀请，收回了 150 个。在问卷中，研究者同样使用了花名册的问卷方式，邀请受访者在列出的组织名单中选出他们知道的组织、曾共同在应急预备上合作的组织，以及在救灾发生时合作过的组织。为了测量"ICT 的使用"，研究者在问卷中请受访人回答以下问题："您在多大程度上同意以下陈述：'我们的组织在沟通和协调中依赖对信息技术的使用'？"（从"完全不同意"到"完全同意"的 5 级李克特量表）。

4）研究结果

作者使用相关性分析和回归分析的数据分析方式验证了研究假设。结果显示，命题 1.2 和命题 2.2 得到了印证，而命题 3.2 的结果并不显著，因此没有得到支持。

3. 两篇论文对使用网络中心度量测的启示

（1）同样是使用网络中心度作为自变量，这两篇文章让我们看到使用中心度可以研究的因变量是多种多样的。在这里值得问一问自己，在自己的研究领域内，有哪些研究问题可以使用中心度来提出？

（2）在选取中心度量测时应根据自己研究的具体情境选择最合理的量测。

（3）网络研究与其他社会科学研究类似，都需要在"研究问题""使用理论""数据收集方法""数据分析和解读"这几个环节做到环环相扣、前后一致、首尾统一。

（4）对网络中心度的学习重点并不是计算，因为 UCINET 及其他软件能够轻松地帮我们实现计算（详见第 12 章）。我们在学习中应把重点放在理解每种中心度的特点作用、使用中心度能回答哪些自己领域的研究问题，以及其背后的理论依据是什么上面。

第 5 章

巧用社会网络的基本特征与属性

除了网络中心度这个量测以外，学者们还发展出了许多用于研究、理解、分析社会网络的指标。就像分析一个圆形时要首先描述"半径"或"直径"，分析一个长方形时要首先描述"长"和"宽"等基本属性一样，在分析一个社会网络时，研究者也会通过先对该网络的一些基本特征及属性进行描述，从而建立对该网络的直观认知。本章我们就来介绍最常见、最重要的网络基本特征及属性的量测。

5.1　测地距离与平均最短路径

所谓"测地距离"（geodesic distance，也称作节点距离、最短路径），是指一个社会网络中任何两个节点之间最短路径的长度。

例如，在图 5-1 中，A 到 E 的最短距离是"4"，B 到 E 的最短距离是"3"，依此类推。测地距离既能表现出两个节点之间关系的远近，也能通过一定的计算表现出整体网络的特征，例如扩散性活动的发展速度和趋势。

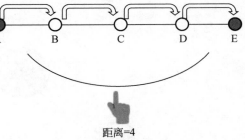

图5-1　测地距离举例（1）

在一个整体网络中，一个节点通常可以通过不同路径连接到另一个节点，因此要注意，"测地距离"这个概念所计算的是两点之间的"最短路径"。例如，图 5-2 中 A 到 E 的测地距离是多少呢？对比图 5-1，我们注意到由于图 5-2 中增加了 F 和 G 的连带，A 到 E 的最短路径从"4"缩短为"3"。

测地距离跟"紧密中心度"这个概念联系很紧密。当我们把一个整体网络中任何两点之间的最短路径计算出来，就可以计算出每个节点的紧密中心度（详见 4.4 节），并通过比较紧密中心度来解释或推算一系列关于主体的特征和行为。

在我们日常生活中，其实有很多对"测地距离"这个概念的应用。例如，领英网[①]的社

---

① LinkedIn，一款为专业人士或职场人士设立的社群网络服务网站。

交网站上会为用户标注出是否是某
个人的"远房好友"，以及是第几重
好友——由于一个人的好友也有很
多其他好友，而好友的好友又有好
友，领英网就利用这个特点帮用户
标注出某个陌生人会不会跟自己的
好友认识、是自己的第几重好友，
以及通过哪位好友能认识这个人。
如图 5-3 所示，虽然 Susan 本人并不

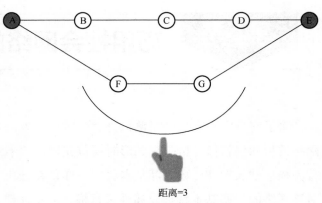

图5-2　测地距离举例（2）

认识 Jack，但是可以通过她的第一重和第二重好友去结识 Jack，而已知 Jack 与 Susan 之间的
节点距离为"3"，这就意味着要通过两个人去认识 Jack。领英网的这个功能其实就利用了
"测地距离"这个概念，帮助用户找到连接到另一个节点的最短路径。

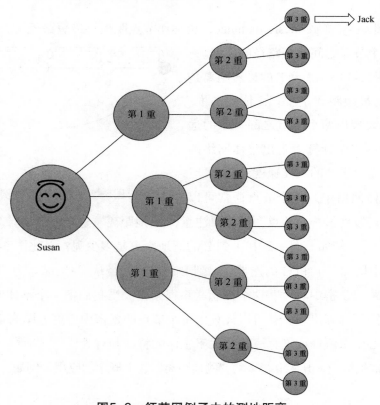

图5-3　领英网例子中的测地距离

另一个我们常听到的概念"六度分隔理论"（six degree of separation）也是对"测地距离"这个概念的应用，该理论的主旨是说任何两个人之间若想要认识，只需要通过不超过 6 个人就可以实现。这个理论起源于 1967 年哈佛大学教授斯坦利·米尔格兰姆（Stanley Milgram）的一个有趣的实验：他在美国的内布拉斯加州和堪萨斯州随机找了一群陌生人，让他们分别把收到的信件转寄给一个指定的波士顿股票经纪人，如果他们不认识这个人，就要求他们把信件转寄给他们的朋友或亲属中最有可能认识这个人的人，依此类推，直到该股票经纪人收到信件为止。最后研究结果发现，平均每个人通过 5.5 个人就可以把一封信寄给一个由研究者指定的陌生人，六度分隔理论也由此而生。

在测地距离的基础上，我们很自然地可以得出一个关于整体网络特征的概念——"平均最短路径"（average path length），它是指一个整体网络中任何两个节点之间测地距离（最短距离）的平均值。

例如，在下面的图5-4中，比较左右两边的网络图，哪个网络的平均最短路径更短呢？

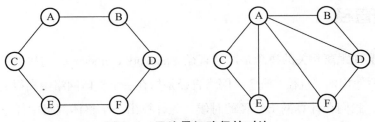

图5-4　平均最短路径的对比

我们看到，由于右侧的网络相对于左侧多出了 3 条连带，这 3 条连带缩短了 A 点到其他点的测地距离，进而也缩短了右侧这个整体网络的平均路径长度，因此右侧网络的平均路径长度更短。

这里要注意，"平均最短路径"是一个关于整体网络的特征，而不像"测地距离"那样是关于两个节点之间关系的特征。因此"平均最短路径"多用于比较不同的整体网络的凝聚度。平均最短路径越短的网络，主体成员之间的关系越紧密、凝聚度越高、信息传播越畅通，也越可能形成一个封闭的小团体。

"测地距离"和"平均最短路径"这两个概念在研究中如何使用呢？大致可以分为以下几种情况：

（1）判断任何两个节点之间的关系：测地距离能够有效地表现出两个节点之间的关系，判断一个网络中哪些节点间的关系更近、哪些人的关系更远。例如在一个班级里，哪些学生更容易组成一个学习小组、更可能成为朋友、更可能成为敌人？我们从他们之间的友情网络和测地距离可以进行一定的推算。节点距离越近，意味着两个人的亲密度、观念、想法、态度也可能更类似。

（2）判断传播性活动的走向、趋势：测地距离可以用于判断或预测一个整体网络里的传言、信息、观念、新技术、流行趋势等传播性社会活动发展的先后顺序和路径，从而帮我们找到易受影响的主体。例如，在传染病的传播、某种抑郁倾向的传播、假新闻的传播中如何找到可能受到影响的主体；在推广新的公共政策、健康习惯、新技术时，如何找到接受最慢、最困难、最落后的主体等。

（3）判断整体网络的特征：平均最短路径可以用于比较不同的整体网络之间的异同，或同一个整体网络随着时间推移所产生的变化。例如比较南极科学家在科考初期和后期成员关系之间的变化（详见 13.1 节）。

5.2 网络直径

另一个跟测地距离相关的概念是网络直径（network diameter），它接近于描述"圆"这个几何图形时所使用的"直径"概念。网络直径是指在一个整体网络中离得最远的两个点之间的测地距离。我们在计算网络直径的时候，先计算出一个整体网络中任意两个节点之间最短路径的距离（测地距离），然后找到所有测地距离中最长的路径，即为该网络的直径。

我们来看图 5-5 中的例子。图中 A、B、C 三个网络的网络直径各是多少呢？哪一个网络直径是最大的？

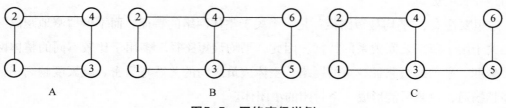

图5-5　网络直径举例

通过网络直径的定义我们可以得出，A 网络的直径是 2，B 网络的直径是 3，而 C 网络的直径是 4。比较 B 和 C，两个网络的规模相同（皆为 6），但仅因 C 中节点 4 和节点 6 之间的连带去掉了，网络直径也随之扩大。

　　我们再看下面的例子。图5-6 中的 A、B 两个网络具有相同的网络规模（节点数是12），在这两个网络中，哪一个的网络直径更大呢？

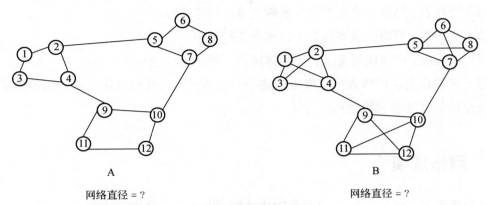

A　　　　　　　　　　　　　　　　　　B

网络直径 = ?　　　　　　　　　　　　　网络直径 = ?

图5-6　网络直径的计算

　　在 A 网络中，对于任何一个节点而言，与它相距最远的节点的距离是 5（例如，对于节点 1 来说，最远的节点是 12，距离为 5）；而在 B 网络中，对于任何一个节点而言，与它相距最远的节点的距离是 3（例如，对于节点 1 来说，最远的节点是 12，距离为 3）。因此我们可以得出，A 网络的直径为 5，B 网络的直径为 3。由于 B 网络中增加了一些连带，使得网络直径缩短，节点普遍联系得更紧密了。

　　再看下面的例子，同样是网络规模为 6，图 5-7 中 A 网络的直径是 5，而 B 网络的直径是 2。

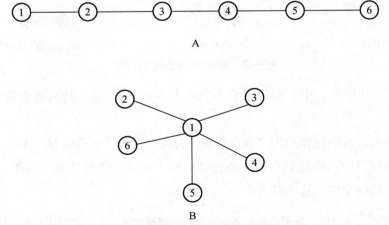

A

B

图5-7　不同结构下的网络直径

通过观察以上几个例子中网络直径我们可以看出，网络直径跟一个整体网络的以下特征有关：

（1）连接度：网络中节点的连接度越充分，网络直径越小。

（2）集中度：网络中节点越集中，网络直径越小。

（3）凝聚度：网络的凝聚度和小团体越多，网络直径越小。

基于这些特点，网络直径也成为描述一个整体网络的常用特征之一，用于指示出节点之间连接紧密度和网络结构的特征。

5.3 网络规模

网络规模（network size）是一个常用的概念，对于整体网络而言，它测量的是一个网络里所有节点（主体）的数量；对于一个个体网络而言，它测量的是与中心节点相连的所有"密友"（alters）的数量。

例如图 5-8 中，左、中、右呈现了 3 个"整体网络"，通过计算节点（主体）的个数，我们可以得出其网络规模分别为 5、9 和 12。

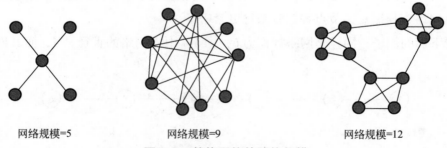

网络规模=5   网络规模=9   网络规模=12

图5-8　整体网络的网络规模

再如，图 5-9 中左、中、右呈现了 3 个"个体网络"，那么其网络规模分别为 5、10 和 16[①]。

我们注意到，网络规模只跟"节点数量"有关，而跟"连带数量"无关。一个由 100 人组成的社会网络中，即便只存在 1 条连带，这个网络的规模也是"100"。而连带的数量只会影响"网络密度"这个特性。

---

① 注：有些软件不会将个体网络中的焦点节点计入网络规模的计算，在这种情况下，这三个网络的规模为 4、9、15。

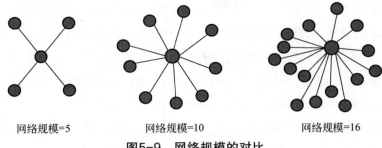

网络规模=5　　　　　网络规模=10　　　　　网络规模=16

图5-9　网络规模的对比

"网络规模"为什么是一个网络的重要指标呢？首先，对于个体网络而言，网络规模的大小通常指示出中心主体（ego）所能动用资源的多少、社会融合度的高低、社会活跃度的高低及社会资本的程度。我们在 1.8 节中介绍过小明（拥有 150 个微信好友）和小白（拥有 1500 个微信好友）的例子。从网络规模的视角看，现有研究发现，个体网络规模更大的中心主体更可能实现社会阶层的晋升、保持身体和精神健康，并对自己的生活更满意（Campbell et al., 1986; Haines, Hurlbert, 1992; Taylor et al., 2001）。但网络规模较大对于中心主体而言也并不是百利而无一害，例如，研究发现如果一个人的个体网络里有更多阻碍他工作、给他增加压力、导致负面情绪的人，那么这些网络联结会给这个人造成负面的影响。另外，不管一个人的连带质量是好是坏，跟更多的密友保持连带都意味着会给主体增加"维护成本"及"信息过载"风险。

其次，对于整体网络而言，很多网络属性都跟规模的大小有密不可分的关系，例如网络结构、小团体的数量、凝聚度、密度等指标。例如，一个由 5 人组成的网络的复杂性要远远小于由 500 人组成的网络，然而这种复杂性并不一定是线性的，需要在具体情况中分析。再如，"网络密度为 0.8"这个信息对于只有 10 个主体组成的网络和对于由 100 个主体组成的网络来说意义不同，因为随着网络规模的增大，增加网络密度也就会更难。因此，网络规模常常作为一项重要的描述性参考信息去用于理解一个整体网络，在缺失网络规模这个信息的情况下，许多其他网络特征的解读是没有意义的。另外，在研究多个整体网络时，网络规模常常作为必不可少的控制变量被纳入回归分析中。

5.4　网络密度

网络密度（network density）是指一个社会网络中实际存在的连带数与可容纳的连带

数的比值。其计算公式为：网络密度 = 实际存在连带数 / 可容纳的连带数。

我们看下面的例子。假设我们想为图 5-10 中右侧的网络图计算网络密度，该如何计
算呢？可以注意到，该网络由 5 个节点组成，
一共包含 6 条连带，而如果所有节点之间都百
分之百地充分连接，那么该网络可容纳 10 条
连带，如图 5-10 左侧网络图所示。因此依照公
式，该网络的密度为 6 除以 10，即 0.6。

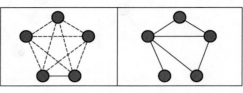

在5个节点之间
最多可能出现10
条连带

因此当5个节点
之间有6条连带
时，密度=6/10
=0.6

由于对于任何一个由 *N* 个节点组成的网络
而言，其可容纳的连带数为 "[*N**(*N*−1)]/2"，
因此网络密度的公式又可以进一步具体写为：

图5-10　网络密度的计算
（Happe & Reinelt, 2010）

$$网络密度 = \frac{2L}{N(N-1)}$$

式中，*L* 为网络中实际存在的连带数，*N* 为该网络的节点数量。

有了网络密度的概念，我们就可以比较不同网络拥有连带的情况。例如，在图 5-11
的两个网络里，右图的网络密度明显高于左侧的网络密度——在网络节点之间存在更多
的连带数量。

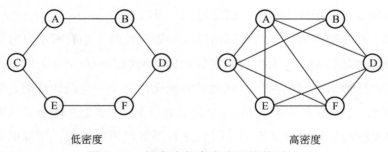

低密度　　　　　　　　　　　　　　　　　　高密度

图5-11　低密度与高密度网络的对比

那么问题来了，高密度的网络和低密度的网络会对网络中主体的活动产生哪些影响
呢？换言之，假如图 5-11 的左右两个图都是由 6 个人所组成的友情网络，由于网络密度
的不同，我们可以得出关于这 6 个人的哪些不同推论呢？

事实上，网络密度是非常有用的信息，比如，我们可以通过网络密度来做出以下一
些推论：

（1）密度高的网络连接度（connectivity）更高，因此成员之间的信息传递、知识传

递、成员互动会更频繁紧密。

（2）密度高的网络聚类度（clustering）更高，因此成员之间更可能抱团形成小团队，即成员之间的互动频率要远高于成员与外界的互动频率。这在一方面意味着成员之间会更团结，信任度和支持度更高，但另一方面也意味着其可能具有较高的封闭性和认知的同化性，难以接受新的、多元的信息。

（3）密度高的网络成员之间互相影响更大，因此扩散度（diffusion）可能更高、更快。例如，Behrman、Kohler、Watkins 三位学者研究了肯尼亚农村居民在避孕行为方面如何受到其个体网络中其他成员的影响，并发现当一个人的沟通网络中有避孕行为的密友比例较低时，高密度的个体网络实际上会降低女性使用避孕方法的概率（Perry, Pescosolido & Borgatti, 2018: 174）。同理，在密度高的网络中，成员所受到的社会观念、规章习俗、行为规范等方面的压力也更大。网络密度也可以用于创新扩散的研究。

使用密度描述网络特征时，我们有时还要同时加入一些其他的网络特征，例如连带与节点比例。我们来看下面的例子。图 5-12 呈现了 3 个网络图，从视觉上看，你觉得哪个网络的密度最高呢？

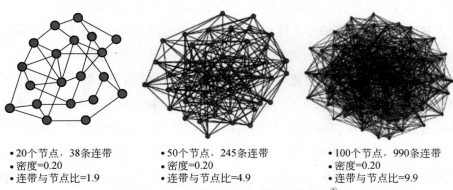

- 20个节点，38条连带
- 密度=0.20
- 连带与节点比=1.9

- 50个节点，245条连带
- 密度=0.20
- 连带与节点比=4.9

- 100个节点，990条连带
- 密度=0.20
- 连带与节点比=9.9

图5-12　同样密度下的3个网络示范[①]

初看起来，仿佛是最右侧的网络的密度最高，但事实上经过计算，我们会发现，3个网络的密度其实是相同的，都是 0.02。为什么我们会感到最右边的网络密度更大呢？事实上，最右边节点的"连带与节点比例"是最高的，为 9.9，明显高于其他两个网络。从简单的方式来理解，"连带与节点比例"指示出在一个网络中每出现一个节点，平均会伴随多少条连带。

---

① 资料来源：Hoppe & Reinelt, 2010

这个例子提醒我们：①在比较网络的密度时，不能仅通过目测网络关系图来做判断，而需要进行具体的计算；②网络密度对于节点间紧密度的指示是有限的，常常要结合其他网络量测一起来理解网络的特征。

5.5 连带互惠性与传递性

1. 连带的互惠性（reciprocity）

在有向网络（directed network）中，当节点 A 到 B 存在连带关系，而节点 B 到 A 也存在连带关系时，我们称这两个节点之间存在"互惠性"（reciprocity）。例如，在图 5-13 中，A 和 B 的关系是互惠的，B 和 C 的关系不是互惠的，而 A 和 C 不存在关系。

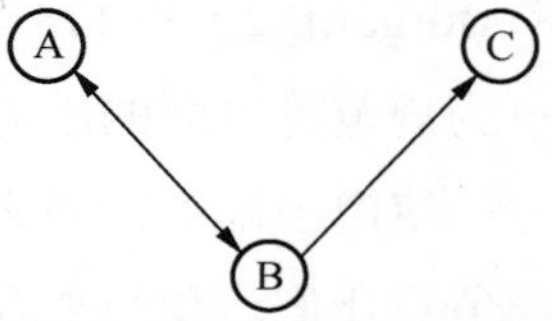

在研究一个网络时，我们可以通过计算所有二元关系里互惠性连带的比例了解整个网络的特征。例如，在图 5-13 中互惠性连带的数量为 1，总共有 2 条连带存在，因此互惠性连带的比例为 0.5。[①]

图5-13 互惠性的示范

为什么我们要关注连带的互惠性呢？首先，互惠性是一种网络连接度（connectivity）的体现，一般学者认为在互惠的连带里双方的关系更平衡，也更稳定、持久。这一点我们想一想友情关系和夫妻关系就能理解——单方面付出的、不平衡的、非互惠性的友情关系往往只能持续一阵，而不能持久。另外，什么样的关系是非互惠却能长久维持而不中断呢？我们想一下会发现，这些关系往往体现出社会权力上的不平等，例如从属关系、上下级关系、官僚制体制中的关系、粉丝和明星的关系等。在一个社会体系里或组织环境里，如何建造更多的互惠性关系是一个重要的话题，因为它能更好地营造平等、多元、平衡的氛围，让人与人、组织与组织之间的关系更加健康、持久。

其次，在很多研究情境下，学者会把有向网络（directed network）处理成无向网络（undirected network）进行分析，这有时是因为某些分析工具只能处理无向网络，有时是因为分析操作上的方便。因此，对互惠性连带的研究能够帮助学者了解这种处理方式是否合理。

---

① 注：另一种计算互惠性比例的方式是，用一个网络中互惠性连带的数量除以该网络中二元关系的数量。例如在上图中，只有 A-B 的关系是互惠的，而 A-C、B-C 的关系都不是，因此互惠性比例为 0.3333。

社会学里的"社会交换理论"（social exchange theory）认为，社会行为是以人跟人之间的彼此交换为基础的，一个人在社会交互中总是不断计算着自己在一个关系中的收益和成本，当收益大于成本的时候就会继续保持在该关系里，当收益小于成本的时候就会考虑终止某种关系。互惠性连带和非互惠性连带也为理解社会交换理论带来了新的方向。例如，互惠性关系中的双方是怎样维持各自利益平衡的？为什么有一些非互惠关系（如单方付出的友情关系、夫妻关系）能够长久地持续下去？这些都是很好的研究问题。

2. 连带的传递性（transitivity）

当我们把目光从二元关系转向三元关系以及更大规模的网络结构时，"传递性"就成了一个不可忽视的网络属性。

我们来看传递性的定义，如图 5-14 所示，在 A、B、C 这 3 个节点之中，如果 A 和 B、B 和 C、A 和 C 之间存在连带，那么我们就说这 3 个点的关系是"可传递"（transitive）的，这个三元关系即具有可传递性（transitivity）。

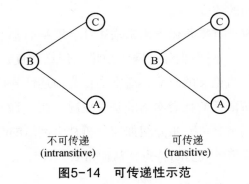

不可传递
(intransitive)

可传递
(transitive)

图5-14　可传递性示范

生活中最常见的可传递关系的例子是"友情"。例如小红和小白是闺蜜，小白跟小蓝是闺蜜，那么非常有可能小红跟小蓝也会成为亲密的朋友，这就是三元关系中可传递性的体现——由于 A-B、B-C 产生连带，这种关系就传递到了 C 和 A。再例如，如果小红和小白上的是同一所大学，小白和小蓝上的是同一所大学，那么小红和小蓝很自然也上的是同一所大学。那么这说明"就学于同一所院校"这个关系也是可传递的。

相反，很多关系是无法传递的，或者说传递性是不可知的。例如"通信"关系——如果 A 给 B 寄了一封信，B 给 C 寄了一封信，这不代表 C 就更可能给 A 也寄出一封信。再比如"抄作业"这种连带——小红抄了小白的作业，小白又抄了小蓝的作业，这不代表小蓝就更容易抄小红的作业，因此"抄作业"这个关系不具有明显的传递性。

类似于对互惠性比例的计算，在一个整体网络中，我们可以通过计算传递性连带的比例来了解一个网络的基本特征。其具体计算方法是，用该网络中"传递性三元关系的数量"除以所有"潜在的可形成传递性的三元关系数量"。该比值越高，该网络中的传递性就越高。

我们为什么要关注"传递性"呢？这是因为三元关系中的传递性常常是产生更复杂关系的基础。例如，在班级里学生之间的小团体、在公司里不同员工之间的拉帮结伙，常常都是基于最小的三元传递性结构而产生的。一项研究发现，在网络社交媒体中（例如领英网），用户之间新建立的连带关系中有 30% ～ 60% 都是"朋友的朋友"成了自己的朋友，也就是在传递性的影响下发生的。另一些研究发现，在小团体、小群组里，传递性可以解释高达 70% ～ 80% 的关系连带。另外，传递性在友情网络、供应链网络、社区关系重建等方面都非常普遍（Malik & Lee, 2020）。因此，一个整体网络中传递性比例是一个重要的指标，能够帮助我们了解整体网络的特征和异同，也可以用于判断同一个网络在不同时间点上结构的演变。

在本章中，我们介绍了有哪些概念用来描述社会网络的基本特征和常见属性，包括测地距离、平均最短路径、网络直径、网络规模、网络密度、连带互惠性、连带传递性。这些基础概念在我们写论文的时候，通常会作为描述性分析的指标出现在数据结果部分，为读者提供关于所研究的社会网络的基本概况。在了解了如何理解和使用这些基础特征之后，接下来我们将更进一步介绍如何分析社会网络的凝聚性特征，以及不同的凝聚性指标如何揭示出网络的趋势与特点，从而帮我们设计出有意义的研究问题。

在了解了网络的基本特征指标之后，本章我们关注另一个网络分析常见的重点：社会网络内部的凝聚性量测。在一个集体中，我们时常会发现存在一些"小团体"或"小组织"，这些小团体之间的互动以及小团体内部的特征，也会影响到大团体的状态。同样，在一个社会网络中，我们也需要关注其内部的凝聚子群与派系结构。不同的社会网络存在不同程度的派系结构，而派系结构的数量、属性、状态又能够帮助研究者解释和预测网络中的现象和行为。这一章我们将介绍相关的多个重要的网络凝聚性指标，从而更好地对我们所关注的社会现象进行研究。

6.1　网络凝聚度

网络凝聚度（network cohesion）是对一个社会网络的节点之间的连接紧密度和凝聚程度的体现。在高凝聚度的网络中，节点互相之间的连接充分、紧密、广泛，节点之间具有较高的"黏合度"，它们之间紧紧地连接在一起，而且连接路径常常不止一条。

例如，通过对比图 6-1 中的两个网络，我们可以很容易地看出，B 网络比 A 网络的凝聚度更高——B 网络中节点之间的连带更多、更稠密、更充分。如果这是一个班级里的友情网络，那么我们能推知 B 班级的凝聚力更好，同学之间很可能更团结、更齐心协力、交互更频繁。相较而言，A 网络的关系更稀疏、更松散、更分散。

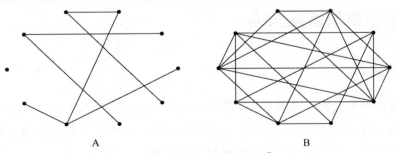

图6-1　网络凝聚度举例[1]

―――――――――――――
[1] 资料来源：Falci & McNeely, 2009

事实上，"网络凝聚度"是一个较为宽泛的概念，它的测量是多维度的，而不是绝对的、单一的。例如，网络密度、网络规模、互惠性、传递性、派系结构等量测都经常被学者用来表现一个网络中凝聚度的高低。当然我们也可以把多个量测合并后生成一个综合指标来使用。

网络凝聚度重要吗？我们在分析社会网络时如何使用它呢？

首先，网络凝聚度是一个整体网络里关系运转是否良好、关系是否牢靠的体现。通常情况下，一个凝聚度更高的团体更不容易解散、分崩、分裂，因此也更容易合作、协调、互惠，更容易持久运作。例如，商业管理领域的学者利用商业联盟中网络凝聚度的高低去预测联盟中的公司主动退出联盟的可能性高低（Greve et al., 2010）。当我们所在的网络环境里凝聚度很高，就更容易感受到团队感、归属感、协同感，因此更不容易退出该网络。但较高的网络凝聚度同时也会为个体带来更大的社会压力，例如学者之间发表论文的同辈压力，青少年为了融入小圈子去模仿他人抽烟喝酒的行为等。

其次，从个体网络来看，网络凝聚度通常是"社会融合度"（social integration）的体现，因此能够帮我们了解个体嵌入到社会环境中的程度、受到社会影响的程度、接受到社会支持的程度等。例如，在青少年友情网络的研究中，研究者用个体网络凝聚度来预测青少年得抑郁症的可能性。网络凝聚度高意味着青少年个人圈子里的每个人关系都很好，即"朋友的朋友也是我认识的朋友"；反之，网络凝聚度低意味着一个人可能拥有多个圈子的朋友，而这些朋友之间并不熟识。有学者认为凝聚度低的朋友圈会给青少年带来更大的"社会角色矛盾"，不得不在多个朋友圈里游走，因此可能带来更大的心理压力和社会成本（Flci & McNeely, 2009）。

6.2 凝聚子群与派系结构

1. 凝聚子群

与网络凝聚度相关的一个概念是"凝聚子群"（cohesive subgroup），它用于描述一个社会网络内部凝聚力很高的小团体。这些凝聚子群内部个体之间的连带往往非常紧密、充分（体现为较高的网络密度），而个体与子群之外的个体之间连带却往往松散、稀疏。这样就形成了凝聚子群。

凝聚子群在网络关系图里通常非常容易分辨，例如图 6-2 展现了 A、B、C 3 个凝聚子群，这 3 个子群内部的连带明显更加紧密。

凝聚子群的例子在日常生活中非常常见——班级里学生之间形成的小团体、公司里职员之间形成的小帮派、社区里几个邻居之间形成的小圈子、球队里关系非常好的队员……这些在

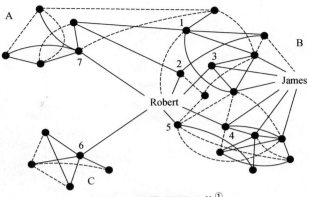

图6-2　凝聚子群示范[1]

成员之间关系紧密而对外关系稀疏的现象都是网络中凝聚子群的表现。

网络中为什么会常常出现凝聚子群呢？有一种解释是"邓巴理论"（theory of Dunbar）——人类学家邓巴在 20 世纪 90 年代提出灵长类动物的群体规模是有限的，并认为一个人大概可以跟 150 个人保持稳定的社会关系，该数字被称为"邓巴数"。该数字后来被其他研究不断地更新，并显示出在不同研究情境下会有不同的规模，其背后的原理是人类管理自己人际关系的能力和情绪资本是有限的，我们没办法在一个很大的网络里跟每个人都保持紧密的关系。人们倾向于建立一些紧密的圈子，从而得到安全感。

另一个让凝聚子群出现的原因是"同质性理论"——我们喜欢跟那些与自己有类似特质的人待在一起，例如跟自己来自同一个省份、有相同的爱好、年龄相仿、文化背景相仿、对事物的态度相近等。同质性的影响也会推动一个大网络中出现多个凝聚子群。

网络中的凝聚子群常常能为研究者提供很多关于主体之间如何互动的信息。例如，在对我国不同城市之间专利合作的研究中，研究者发现了 5 个以技术知识流动为驱动的凝聚子群，并在每个子群中找到中心度较高的城市，如图 6-3 所示（Ma，2015），这为理解城市之间专利的合作提供了更有用的信息。

2. 派系结构

接下来我们来看一种特别的凝聚子群——派系结构（cliques，也译为"小团体"）。当一个由 3 个及以上节点组成的子群内部的所有主体都 100% 地互相连接，而如果再增加一个主体就会破坏 100% 的连接度时，我们把这种凝聚子群叫作"派系结构"。

---

① 资料来源：Burt，2017

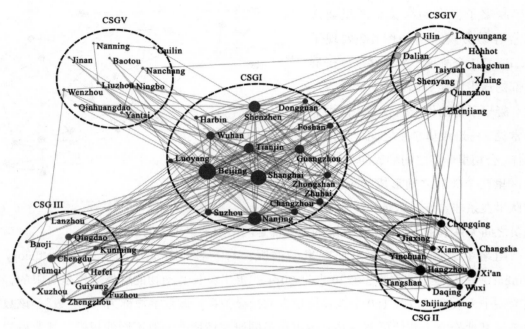

图6-3　同质性理论与凝聚子群[①]

例如，在图 6-4 中，有多少个符合这样定义的派系结构呢？

答案是 3 个，分别为"A-B-C-D""E-F-G-H""I-K-J-L"——这 3 组派系结构内部的所有主体之间都两两互相联结，即 100% 充分地连结，没有办法再增加任何一条连带。那么，我们怎么知道派系结构的边界在哪里呢？为什么"A-B-C-D"是一个派系，而"A-B-C-D-E"则不是一

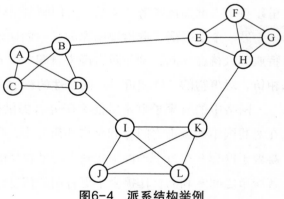

图6-4　派系结构举例

个派系呢？根据定义，要想成为一个派系，子群内的所有节点都有两两相连，而 E 显然只跟 B 有连带，没有跟 A、C、D 有连带，因此无法被归入该派系。由此我们知道，派系结构是"最大的完全连接的子群"。

由此我们能感受到，派系结构是凝聚子群结构中连接程度最高的子群。具体来说，

---

① 资料来源：Ma, 2015

派系结构必然具有以下特点：

（1）派系内部的每个主体都跟其他主体之间直接相连；

（2）派系内的平均最短路径和网络直径都是 1；

（3）派系内的网络密度为 1；

（4）派系内无法在不破坏以上条件的情况下加入更多节点。

了解派系结构为什么重要呢？作为最标准最严格的一种凝聚子群，派系结构能够提供关于整体网络内部破碎性（fragmentation）、凝聚度及网络结构的信息，方便我们比较不同网络或同一个网络不同时期的状态。其次，派系结构的分析能让研究者理解主体之间的亲疏远近关系、小团体的行为模式，以及一个整体网络可能出现的内部矛盾、结构压力、持久性等特征。

很多关于派系结构的研究问题在具体的学科背景下都非常有意义，例如，为什么公司里有一些成员会聚在一起形成派系？派系的形成过程是怎样的？具有什么样特征的主体更容易形成派系？为什么有的公司会有很多派系，而有的公司没有派系？在什么情况下派系会影响公司的绩效？没有派系结构的公司会比拥有多个派系结构的公司绩效更高吗？类似的研究问题可以被放到教育学、人类学、社会学、社会心理学等其他学科背景下提出。

派系结构的概念还能帮助我们去理解主体的行为和决策。由于紧密嵌入到更大的社会网络里，在派系结构中的个体的态度、决策、行为模式、社会交互都会更多地受到其周围环境的影响和限制。从派系结构的视角去解释一个个体为什么做出某个行为（例如，青少年的叛逆行为、公司部门决策的不理智行为）、某个群体为什么出现从众现象、某个组织范围内为什么缺少创新突破……这些都是派系结构能给我们带来的启发。

6.3　三元结构

在 5.5 节，我们介绍了"传递性三元关系"的概念。事实上，除了可传递的三元结构，其他类型的三元结构对于了解一个网络的特征也十分重要。接下来我们从凝聚性量测的视角来系统地了解一下三元结构。

所谓三元结构（triad），是指社会网络中最小的一种网络子群，它是以 3 个节点为单位来关注和呈现网络节点之间的关系的，这区别于由两个节点组成的二元结构（dyad）关系。

当把目光转向一个网络中任何 3 个节点之间的关系时，我们可能面对多少种不同类型的连带关系呢？ Holland 和 Leinhardt 两位学者在 1976 年针对有向网络总结出了 16 种可能呈现的三元结构关系，如图 6-5 所示。

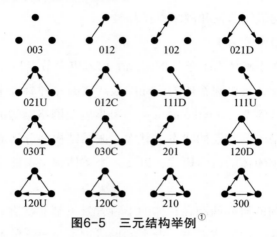

图6-5 三元结构举例[1]

也就是说，在一个包含多个节点的整体网络中，研究者可以将图 6-5 中所展示的 16 种三元关系结构从整体网络中抽离出来进行研究，分别计算该整体网络包括多少数量的不同三元结构。由于这些不同类型的三元关系会指示出不同的关系趋势和特征，因此，计算整体网络中不同类型三元关系的数量，能够帮助我们从一定程度上了解整体网络之间的特点。（在 UCINET 里，我们可以很方便地计算出任意一种三元结构在一个整体网络中的数量，而无需我们手动来计算，详见 13.4 节。）

以上 16 种类型是针对有向网络而言的，而对于无向网络来说，常见的三元结构类型有四大类，如图 6-6 所示，分别是封闭三元结构（也称为传递性三元结构）、单边开放三元结构、双边开放三元结构、无连接三元结构。这 4 种结构当中节点之间的连接程度显然是从左到右依次降低。

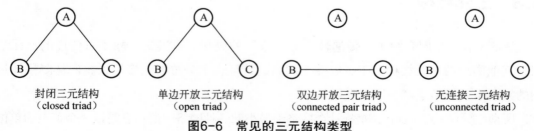

图6-6 常见的三元结构类型

---

① 资料来源：Holland & Leinhardt, 1976

接下来，我们就试着从三元结构的视角比较两个小规模的整体网络，通过它来理解对三元结构的应用。

图 6-7 展示了两个规模完全相同的社会网络（网络规模均为 6）。从三元结构的视角，我们应该如何解读这两个网络的区别，并对这两个整体网络的特征分别做一些推断呢？

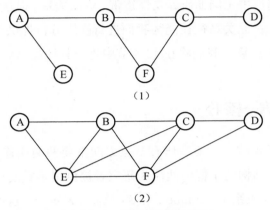

（1）

（2）

图6-7 三元结构计算举例

首先，粗略地看起来，我们会发现两个网络的结构是非常相近的，其仅有的区别是网络（2）比网络（1）多了一些连带。同时我们注意到，由于多了这几条连带，网络（2）比网络（1）拥有更多的"封闭三元结构"（closed triad）。例如，网络（2）中有"A-B-E""B-E-F""B-E-C""B-C-F"这些封闭三元结构，而网络（1）中只有"B-C-F"是封闭三元结构。由于封闭三元结构是稳定关系的体现，因此我们可以提出推论，网络（2）中的主体间关系可能相对更紧密、更稳定。如果这些主体是人，那么他们可能互动更多、信任度更高、感情更好。

其次，网络（1）含有更多的"单边开放三元结构"（open triad），即一条边缺失的三元结构，如"A-B-E""F-C-D"。"开放三元结构"往往意味着该网络存在建立新关系的更多可能性，例如，当 E 和 B 都同时跟 A 是好友时，E 和 B 也更容易成为好友。因此，我们可以提出一个推论，网络（1）比网络（2）可能在关系发展上更具开放性，更容易出现新的变动和演化（这种变动和演化对关系的作用既可以是正向的，也可以是负向的）。也就是说，封闭式的三角关系虽然相对稳定，但也更容易固化和拒绝新的改变；在面对动荡多变的外部环境时更容易故步自封，无法接受或容纳新的成员、新的合作方式或新的观念。

最后，我们注意到，网络（1）含有更多的"双边开放三元结构"（connected pair triad），即两条边缺失的三元结构（如"E-B-F""F-C-D"）以及"无连接三元结构"（unconnected triad），即毫无关联的 3 个节点（"E-F-D"）。由此，我们同样可以推知网络（2）具有更高的关系紧密度，但也体现出更低的开放性。

以上是一个使用三元结构对整体网络特征进行比较和分析的例子。当我们把这些视角带入到具体的研究情境中（例如研究友情连带、资助关系、提建议的关系、共同参加兴趣小组的关系等）时，三元关系往往能为我们进行网络分析提供重要的线索和思路。针对三元关系的 UCINET 计算，我们将在 13.4 节中进行具体展示。

6.4　*N*–派系与*K*–核心

由于最严格的"派系结构"要求所有节点之间都要两两相连，连结程度要求很高，而连接程度达不到派系结构的子群依然能为研究者提供很多重要信息。于是，社会网络分析的研究者提出了 *N*- 派系（*N*-clique）和 *K*- 核心（*K*-core）这两个概念，分别放宽对子群内部"平均距离为 1"与"网络密度为 1"的这两个规定。我们可以将这两个概念理解为更加宽泛意义上的派系结构。

1. *N*–cliques

在 *N*-cliques 这种子群结构中，子群内的所有节点不必一一直接相连，只要任何两个节点之间的最短路径不大于 *N* 即可（即放宽了对"平均距离必须为 1"的标准）。例如，研究者可以选择专门研究一个网络中的"2-clique""3-clique""4-clique"等。

我们来看一个例子（见图 6-8）。首先，在下图所呈现的网络结构中是否存在严格意义上的派系结构呢？

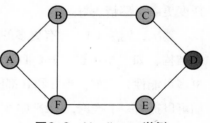

图6-8　N-cliques举例

答案是肯定的——"A-B-C"三点充分连接，任何两点都相连，平均距离为 1，并且无法再增加任何新的节点到该子群而不破坏派系结构的定义，因此"A-B-C"为一个标准的派系结构（也是一个"封闭三元结构"）。

其次，在该网络结构中，是否存在"2-clique"结构呢？

答案也是肯定的。根据定义，如果在一个子群里任何两个节点之间的距离等于或小于 2，我们就称其为"2-clique"。由此，我们可以看到"A-B-C-E-F"这个子群即符合这个标准——该子群中任何两点都可以在 2 步之内连接到彼此：比如 B 和 E，通过 F 连接；C 和 E，通过 D 连接；C 和 F，通过 B 连接。然而，如果我们加入了 D，D 点则无法在 2 步内连接到 A，因此 D 点不属于该"2-clique"。这就是"2-clique"定义的应用。

类似地，当研究者关注大型网络时，可以利用"3-clique""4-clique"等概念来分析一个网络中的凝聚子群结构。"3-clique"要求在一个网络中任何两节点之间距离小于或等于 3，而"4-clique"要求一个网络中任何两节点之间距离小于或等于 4。

UCINET 能为我们快速计算出网络中 N-clique 结构的多少，我们将在第 13 章进行介绍。

2. K-cores

K-cores 是从另一个维度对派系结构标准的放宽。在一个子群里，如果节点没有连接到网络内每一个其他节点，但每个节点都直接连接到了至少 K 个其他节点，我们就称该子群结构为 K-cores。例如，在一个"3-cores"的子结构里，每个节点都直接跟该网络里的至少 3 个其他节点有连带；在一个"2-core"的子结构里，每个节点都跟该网络里的至少 2 个其他节点直接相连。

跟严格的派系结构（clique）相比，K-core 结构实际上放松了对"网络密度 =1"的要求，但依然是具有一定凝聚度的子群结构。只有每一个节点都跟其他节点之间连接的子结构才能算作"派系"，但如果每个节点都跟 K 个其他节点连接就可以算作 K-core 子结构。

例如，在图 6-9 中，左侧的网络是一个完整的派系结构（clique），即"A-B-C-D"4 个点中任何 2 个点都彼此相连；而右侧的网络则是一个"2-cores"的结构——任何一个节点都跟网络中的至少 2 个其他节点直接相连。

又如，在图 6-10 中，左侧的网络是一个完整的派系结构，即"A-B-C-D-

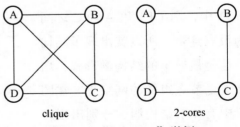

图6-9 "2-cores"举例

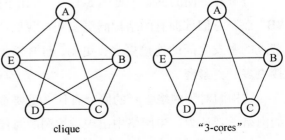

图6-10 "3-Cores"举例

E"5 个点中任何 2 个点都彼此相连；而右侧的网络则是一个"3-cores"结构——任何一个节点都跟至少 3 个其他节点直接相连。

　　同样的，UCINET 软件能够帮我们分析出一个整体网络中的 *K*-core 结构，而无需我们手动分析。

　　无论是标准的派系结构、*N*-clique，还是 *K*-core，它们都是用来测量网络结构中子群凝聚度的指标，只不过从不同侧面展现了子群的凝聚度。

6.5　结构洞

　　本章的前几节以凝聚子群和网络凝聚度为焦点，介绍了几种常见的网络概念。我们提到"网络凝聚度"通常是一种对于主体间连接紧密度、互动程度、社会限制的指标。而这一节，我们要介绍一个在某种程度上与凝聚子群相反的概念：网络结构洞。

　　我们先给一个定义：所谓"结构洞"（structural hole），是指在网络中某些节点之间因为没有直接连带或者因为关系间断，而导致出现主体之间连接的空缺，这从网络关系图上看就好像网络中出现了"漏洞"，因此被称为结构洞。例如，在图 6-11 中，图（1）里 A 和 C 之间因为没有连带，所以就出现了结构洞，这是最简单的结构洞形式，出现在 3 个节点组成的网络里。在图（2）中有 4 个结构洞，分别出现在"A-B""A-D""D-E""B-E"之间。

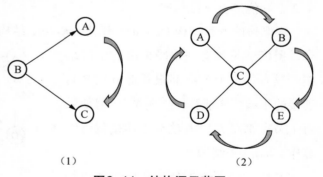

（1）　　　　　　　　　　　（2）

图6-11　结构洞示范图

　　再来看下面的例子（见图 6-12）。对比下图中左边网络中的"A"点和右侧网络中的"B"点，它们谁拥有的结构洞更多呢？我们会发现 A 节点面临的结构洞更多，也就是 A 节点的密友之间的连接更少、更弱；而 B 节点所面临的结构洞更少，即其密友之间的连接更多、更紧密。

　　结构洞对于网络学者的研究有什么重要意义呢？以伯特（Ronald Stuart Burt）为代表的网络学者认为，当网络中出现结构洞的时候，这意味着某些焦点节点（focal node）会具有一些显著的特别优势，它们包括：

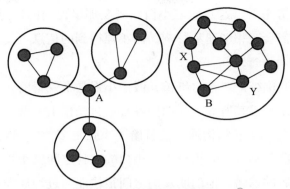

图6-12 节点结构洞数量的对比[①]

（1）信息优势。连接多个密友的中心节点能够得到渠道多元的信息，而因为有结构洞的存在，这意味着密友之间缺少信息沟通，因此焦点节点有了来自多个渠道、不同视角的信息。

（2）社会控制和影响优势。由于结构洞意味着密友之间无法直接沟通，因此中心节点能够过滤信息甚至改变信息，然后再以对自己有利的方式进行传达，从而起到影响和控制局势的作用。

（3）更少的社会限制。结构洞意味着焦点节点受到较少的社会影响、同辈压力、规范限制。

我们来用一个简单的例子说明这几点。假设小强和小白各有6个最好的朋友，他们的友情个体网络（ego network）如图6-13所示。从这两张网络图中看，哪个网络具有更多的结构洞呢？这又能推知关于中心节点的什么特征呢？

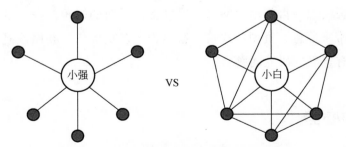

图6-13 结构洞对主体带来的影响举例

我们看到，在小强的个体友情网络中有6个结构洞，而小白的个体网络中不具备结

① 资料来源：Borgatti & Halgin, 2011

构洞，从结构洞的优势来看，这意味着小白从密友那里得到的信息的相似度可能更高，因为他的好朋友之间都会互相沟通和影响，而小强得到的信息可能很多元，而且是不同视角和侧重点的。

此外，假设小强的班级正在选举班长，假如小强是个狡猾的人，他可能跟他的 6 个好朋友做出不同的承诺，投其所好，让他们各自给自己投上一票。由于他的好朋友之间没有直接的连带，因此无法互相沟通，这就给了小强更多的空间对不同人说不同的话，较少担心自己的言论前后不统一。反过来，小白的这种空间就小得多，因为他如果说了假话或是做了前后矛盾的承诺，他的朋友们之间很快能通过沟通发现，他的信誉就会骤然下降。这就是结构洞理论所提出的主体的优势所在。

我们可能已经发现，结构洞概念和网络凝聚度概念在某种层面上提出了对主体完全相反的理论：在 6.2 节中我们介绍过，网络凝聚度是主体的社会融合度的体现，因此有学者认为，像小白这样的个体网络结构意味着他更多地融入到了一个统一、稳定的环境中，而不需要在不同的人群之间横跳，因此是一种有利于主体身心健康和职业发展的结构；但伯特等学者认为，像小强这样拥有结构洞的个体网络才是最有利于主体的网络，因为它具有我们上述已经讨论过的优势。事实上，有一系列实证研究已经发现，结构洞能够用来预测核心主体的工作晋升、工资待遇、个人绩效、个人健康，也能预测公司的盈利情况和知识的迁移（Perry et al., 2018）。关于两种理论之间的张力，学者 Gargiulo 和 Benassi 使用意大利一家跨国计算机生产公司的数据进行了探讨，他们的研究发现，凝聚性高的经理人网络能够提供稳定性和安全性，而结构洞多的个体网络能让经理人更灵活地面对改变和协调关系（详见 Gargiulo & Benassi, 2000）。

总之，结构洞概念为重新审视网络凝聚度提供了新的视角，在一定的环境下拥有结构洞能够为主体带来信息、资源、决策、影响力等多重优势。利用该概念，我们可以在自己的学科建立有意义的研究问题。

6.6 网络中心势

接下来，我们介绍一个用来描述网络结构的常用概念：网络中心势。

"网络中心势"（network centralization），也被译作"网络集中度"，用以描述网络中节点向某个中心位置靠拢的程度。中心势越高的网络，越呈现出向某个中心靠拢的网络结构；中心势越低的网络，越呈现分散的、去中心化的结构。

从网络结构图上看，越类似于"海星状"的网络的中心势通常越高。例如，如图6-14左侧的网络比右侧网络具有更高的中心势，即更加呈现出向某一个中心点趋于集中的特征；右侧网络的结构则更加分散，没有明显的"中心节点"，因此中心势明显更低。

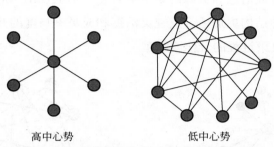

高中心势　　　　　　　　低中心势

图6-14　高中心势与低中心势网络的对比

这里要注意的是，中心势是一个关于"整体网络"的指标，而不是关于"节点"的指标。描述节点类似特征的指标是我们在第 2 章中介绍的"中心度"（centrality）概念，两个概念不要弄混。我们可以说"一个网络的中心势高"，而不能说"一个节点的中心势高"。

中心势的具体计算公式如下：

$$C_X = \frac{\sum_{i=1}^{n}[C_X(p^*) - C_X(p_i)]}{\max \sum_{i=1}^{n}[C_X(p^*) - C_X(p_i)]}$$

式中，$C_X(p^*)$ 是网络中最中心节点的中心度，而 $C_X(p_i)$ 是第 i 个节点的中心度，$\max \sum_{i=1}^{n}[C_X(p^*) - C_X(p_i)]$ 是具有 n 个节点的图形中节点中心度差异之和的最大可能值。

UCINET 软件可以直接帮我们计算出网络中心势，而无需我们手动计算。

有了中心势这个概念之后，就相应地衍生出来"集中型网络"（centralized network）和"分散型网络"（decentralized network）这两个概念，这两种不同结构的网络往往意味着主体之间完全不同的互动模式、合作模式、人际关系，因此也是许多研究中常见的关注点。从网络结构的角度说，是集中型网络更好，还是分散性网络更好呢？这实际上要看该网络的具体属性、规模、密度、目的等一系列因素，无法一概而论。集中型网络和分散性网络各有利弊，如果能用在合适的情境下，就都可能发挥出很好的效果。

图 6-15 总结了这两种网络结构的优劣对比。一般情况下，集中型网络的效率更高，因为它能够实现集中式决策，有清晰的领导结构和信息传达结构，适合用于简单清晰的工作流程，也适合用于需要短时间内立刻行动的合作（例如，应急救援中的合作网络）。而分散型网络的优势体现在成员充分的参与、平等的互动、多样化的信息共享、多元参与的决策，因此能够保证信息和资源的渠道更多元，不依靠单一的连带来支撑网络，成员的主动性更高。这种结构更加适合重视灵活度和成员参与度的互动（例如，多方协商合作、需要多方理解决策过程的合作网络）。

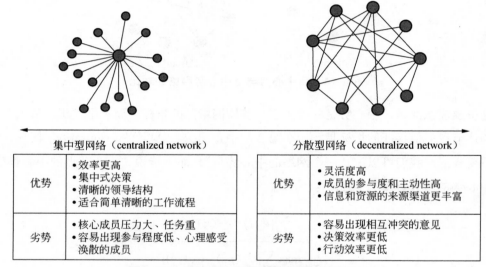

图6-15 集中型网络与分散型网络的对比

网络中心势的高低可以作为量化指标来比较不同的整体网络，因此也是测量网络属性和网络结构的重要指标之一。在初步比较和描述整体网络时，我们通常会把中心势作为重要的基本指标之一进行考察。

6.7 结构对等性

在一个整体网络图中，有时我们会注意到一些在网络位置方面有类似特征的节点。在网络分析里，当某两个节点跟第三方节点在结构上的连带是无差异的，我们就称它们为"结构对等"（structurally equivalent）。例如，在下面的图 6-16 中，节点 2 和节点 3 具有结构对等性，而节点 4 与节点 5 具有结构对等性。

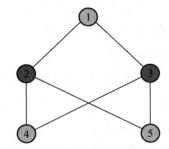

图6-16 结构对等性举例（1）

我们再来看两个例子。假设图 6-17 中的两张图都是友情网络图，那么哪些节点具有结构对等性呢？

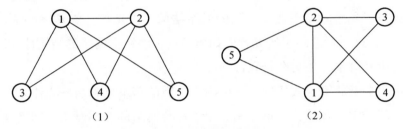

（1）　　　　　　　　　　　（2）

图6-17 结构对等性举例（2）

根据结构对等性的定义，我们可以看出，在图 6-17 的左图中，具有结构对等性的节点分别为"1-2"和"3-4-5"；在右图中，具有结构对等性的节点分别为"1-2"和"3-4"。

结构对等性这个概念在研究层面有什么作用呢？最重要的作用是对主体特征或行为的推论。在社会环境里面，通常当两个主体所处的社会网络结构是对等的，那么他们所受到的环境限制、社会生态、关系束缚也会很相似，这就可能导致他们有相似的态度、习惯、看法、行为等特征。这是因为相同的网络环境给他们提供了相似的资源限制、制度限制、权力资源。换言之，具有结构对等性的网络主体，更容易在主体特征上呈现"同质性"。

我们说社会网络分析是使用"关系视角"来观看世界的研究方法，而"结构对等性"恰恰是一个典型的例子——网络学者从主体的关系位置和关系网络嵌入的环境去推断出主体的特征。甚至两个人可能并不相识，但如果他们所处在的网络结构具有"对等性"，那么网络学者认为他们有理由相信这两个主体的态度或行为也会有相似性。例如，处于一个500人大课堂中的某两个人如果都只跟班上的5个学生认识，那么他们的发言频率、课堂活跃度等特征很可能具有相似性；工作环境中有很多"八卦"同事的两个主体可能都学会了"守口如瓶"；在四世同堂的大家庭中生活的两个人很可能都更有家庭意识、做个人决定时更多地考虑家庭整体的利益等。

同样的，在网络结构中处于对等位置、具有对等的连带嵌入属性的主体也更可能表现出同质性。管理学的研究发现，结构对等的公司更可能采取相似的创新策略，甚至有学者认为，使用结构对等性对创新策略传播进行预测要比使用网络凝聚度来预测更加有效（Burt, 1987; Galaskiewicz & Burt, 1991; Mizruchi, 1990）。这一派学者提出，处在对等位置的公司既可能因为面临类似的环境结构而采取同样的策略，也可能因为对方跟自己处在相同的环境而把彼此作为自己的参考而采取相同的策略。

总之，在使用网络视角对主体的行为和态度进行解释时，结构对等性的概念为我们提供了新的思路。结合本章前面所介绍的派系结构、三元结、N-派系与K-核心、结构洞、网络中心势，这一章总结了研究者应如何通过关注社会网络的结构性和凝聚性量测，来分析自己的研究对象，并实现研究目的。

到此为止，本书的第一大部分"社会网络分析的基本概念与核心体系"已全部介绍完毕。在这一部分中，我们分7章分别介绍了社会网络的基本概念、网络连带与网络主体、个体网络与整体网络、网络中心度、社会网络的基本特征与属性，以及本章涵盖中的凝聚性量测。这些社会网络的基本概念、特征、属性、量测，将作为本书接下来讲解如何设计社会网络研究、选择相关理论、搭建研究视角、操作 UCINET 软件的重要基础。

接下来我们将会把目光转向理论框架和研究设计，来深入讲解如何为具体的社会网络分析研究选择合适的理论框架及进行研究设计。

第二部分

社会网络分析的理论框架与研究设计

　　在本书的第二部分中，我们将介绍社会网络分析研究中的理论框架和研究设计。要想打造一篇高质量的社会网络分析论文，只了解数据分析的方法是远远不够的，它要求我们熟悉合适的网络理论，并能够根据具体问题设计出符合常识、逻辑、科学规范的研究过程。在第7章中，我们将一一介绍用于社会网络分析论文中的常见理论框架；在第8章中，我们将详细介绍进行相关数据收集的方法以及问卷的设计。

第7章　解析社会网络分析研究中的常用理论

本章我们会具体讨论社会网络分析研究中常用的理论。

为什么我们要专门用一章来讨论"理论"呢？因为虽然本书的关注重点是作为研究方法的"社会网络分析方法"，但要想用好社会网络分析、写出高质量的文章，就必须从理论的视角理解为什么使用社会网络分析方法、在什么情况下使用社会网络分析方法，以及现有的文献已经建立了哪些理论框架。

在《做研究是有趣的》一书中，笔者专门讨论了实证研究中"理论"和"数据"的关系。我们说，对数据的分析本身并不是目的，数据结果是为了加强和贡献理论建设；而对理论的研究本身也不是目的，而是为了更好地指导实践（数据）。因此，在实证研究中，理论和数据总是需要相互结合、相互对话、以彼此为目的，如图7-1所示。

具体来说，要想打造出一篇优秀的实证论文，我们必须为自己的研究找到"合适"的理论，并使用该理论，在论文的文献综述、研究假设、论文贡献等多个部分展现"理论"与"数据"的紧密结合。

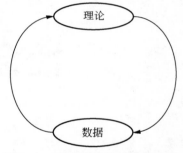

图7-1　"理论"和"数据"在实证研究中的关系

如何知道某种理论是否"合适"被用于某个具体的研究呢？一般来讲，"合适"的理论在实证研究中体现出以下作用：

1. 该理论为具体的研究指明前提、基本逻辑或研究意义；

2. 该理论为关注某些变量、使用某种研究视角提供依据；

3. 该理论为论文中某些具体的研究假设的构建提供思路或支持；

4. 该理论能够较好地解释出数据分析结果的含义、意义。

本章我们将具体介绍7种在社会网络分析研究中最常使用的理论：嵌入理论、弱连接理论、结构洞理论、董事连锁理论、同质性理论、齐美尔连接及相关理论、社会资本理论。

为了方便读者将每种理论灵活地应用到自己的研究中，在介绍每种理论时，本章将同时为读者总结多篇应用了该理论的具体论文，这些论文的完整标题可在本书最后的参

考目录中找到 [1]。

7.1 嵌入理论

1. 理论主张

嵌入理论（embeddedness perspective）的核心主张是，一个主体（如个人、公司、学校、城市、国家等）在更大的社会网络中所体现出的结构性嵌入，会影响该主体的行为、态度、表现、绩效、结果等指标，即图 7-2 所展示的内容。

图7-2 嵌入理论在研究中的基本主张

结构性嵌入理论最具代表性的学者是 Mark Granovetter（马克·格兰诺维特）。在他 1985 年发表的题为《经济行为于社会结构：嵌入型问题》（"Economic Action and Social Structure: The problem of Embeddedness"）的文章中，他提出"所有经济活动都嵌入在一个更大的社会网络中"——仔细想想也确实是这个道理，例如我们买冰淇淋的这个经济行为其实受到供应商、生产商、运输商、材料供应商、农场等一系列更大的社会主体的影响；我们之所以能收到"工资"，是因为我们为组织、客户提供了服务，我们所在的组织又存在于更大的社会系统中，并跟其他组织进行财务上的交互……因此没有这个更大的社会系统，就不会有个人或单个组织的经济活动。

由此，Granovetter 提出了"嵌入性"（embeddedness）这个概念，并提出人类的行为和制度是"如此受到持续的社会关系的限制，以至于如果将它们解释为独立的，将是一种严重的误解"（Granovetter, 1985: 482）。既然任何经济活动都是嵌入在更大范围内的社会关系里面的，那么要想理解经济活动就需要理解这个嵌入性，理解环境的影响、系统的约束、社会的规范、人际关系的互动；反过来，嵌入性理论也对理性视角下的行为解释体系提出了挑战。

---

[1] 注：本章将使用变量梳理法来总结具体论文中的变量关系，其具体方法可参见笔者《做研究是有趣的》一书中 2.5 节"自变量与因变量：如何在实证研究中用好变量梳理法"，本章将不再赘述。

　　换言之，嵌入性理论认为，任何个人、组织、机构、社区、社会系统都不是孤立存在的；主体的行为总会受到其所处的更大网络的限制，我们只不过看不见这张无形的网，但是我们每个个体其实都嵌入在一张张不同的社会网络里面，例如家庭网络、友情网络、校友网络、同事网络、某产品的用户网络、雇佣关系、共同兴趣小组关系等。

　　在 Granovetter 的基础上，社会网络研究学者进一步对嵌入性进行了定义和细分。Uzzi (1996) 提出，主体如果跟其他主体之间有连带，那么就可以说该主体是具有嵌入性的。一个主体嵌入性等级的高低则取决于其与其他主体之间的互动程度。社会网络学者进一步将嵌入性分为以下三类：

　　（1）结构嵌入性（structural embeddedness）：最常见的嵌入性指标。当我们使用"网络中心度""网络位置"等概念来研究一个主体时，其实背后的逻辑就是去测量该主体的结构嵌入性的高低。换言之，在社会网络分析的视角下，结构嵌入的高低可以用网络中心度的高低来衡量，高中心度的主体是那些与其他主体有更多互动、在网络关系中更重要的主体，因此具有更高的结构嵌入性；反之，低中心度的主体则具有较低的结构嵌入性。当我们设计出类似于"当主体的网络中心度越高，主体的绩效指标也可能越高"等将主体中心度作为自变量的研究假设时，其背后的逻辑其实都是结构嵌入性理论的逻辑，即一个主体的结构嵌入性水平的高低会影响它的决策、行动、结果。

　　（2）关系嵌入性（relational embeddedness）：与结构嵌入性不同，关系嵌入性更关注主体之间关系的质量，它强调这些直接关系中的强度、信任和互惠性如何影响行为和结果。例如，两个有 20 年合作关系的企业，跟两个只合作过一次的企业相比，有着更深厚的信任和默契，在沟通、协作、解决冲突等方面会更加顺畅，这体现为其更高的关系嵌入性。再如，两个拥有 10 年友谊的好友之间的关系嵌入性，要高于两个因工作刚认识的同事之间的关系嵌入性，因此前者的合作和互动可能更顺畅和默契。过往的合作经验、熟识度、信任度、互惠性等特征都可能影响主体之间的互动模式和质量，这充分体现了关系嵌入性的重要影响。

　　（3）制度嵌入性（institutional embeddedness）：制度嵌入性则强调主体所处的环境下的制度逻辑对主体的影响，制度嵌入性是与制度理论（institutional theory）紧密结合的视角，认为主体所从属机构的功能、职责、角色都会影响主体的行为和结果。例如，如果两个组织都是同一个商业协会下的积极参与成员，那么它们所具有的制度嵌入性就会更高，因为它们会共享一定的协会制度、协会理念、文化特征、职业标准等。从制度嵌入性视角来看，在某个相同的制度边界内的主体之间具有更高的嵌入性。

关于这 3 种嵌入性的讨论和示例研究，可进一步参见 Nowell & Steelman (2015) 及 Moran (2005) 写的两篇论文。

2. 使用该理论的论文举例

嵌入理论在网络分析的研究中应用十分广泛，下面列举并概括了几篇使用该理论的论文。这几篇文章的共性是将"嵌入性（embeddedness）"作为研究的自变量，用其解释其他因变量（如企业对合资伙伴的选择、组织的创新能力、组织绩效等）：

（1）Gulati 和 Gargiulo (1999) 研究了企业间商业联盟关系的形成，发现企业过往的组织间关系、互相依赖度、共同第三方合作伙伴等嵌入度指标都会影响新的联盟关系的产生。

（2）Tsai (2001) 研究了一家石油化学企业内部的 24 个商业部门和一家食品生产公司的 36 个商业部门，发现商业部门的知识吸收能力、创新能力与其网络中心度有显著性关联。

（3）Powell 等人 (1999) 研究了 400 多家生物技术公司的网络中心度及其组织绩效，发现这些公司的网络中心度与其获取专利能力、收入、销售量等绩效指标有正向关联。

（4）Zaheer 和 Harris (2005) 研究分析了嵌入度如何影响加拿大的共同基金公司的组织生存度，其结果表明公司的创新能力和网络结构都会增加公司绩效，而处于结构洞位置的公司会进一步呈现出高绩效。

（5）Villadsen (2011) 研究了丹麦的 268 个城市的市长之间的个人社会网络与其城市政策出现同构性的关系，发现其市长的网络中心度更高的城市所体现出的政策同构性也越高。

图 7-3 归纳了这几篇论文中使用嵌入理论所探讨到的变量关系。

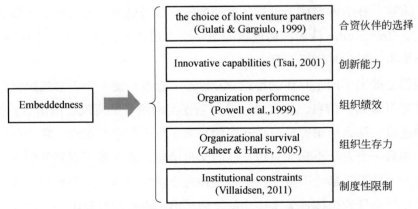

图7-3　使用嵌入性理论来解释的因变量举例

7.2 弱连接理论

1. 理论主张

弱连接理论（Strength of Weak Ties）是 Mark Granovetter 在 1973 年和 1982 年的两篇文章里提出的，它们的核心观点是，主体之间的连带未必越强越好，有时候弱连接也有它特别的优势。Granovetter 在 1982 年的论文中写道："与我们的亲密朋友（强关系）相比，我们的点头之交（弱关系）彼此之间更不可能有社交活动。因此，由任何个人及其熟人组成的一组人将构成一个低密度网络（其中许多人可能都缺失连带），而由同一个人及其亲密朋友组成的一组人将构成一个紧密网络（其中许多人可能都存在连带）。"

拿我们身边的例子来说，我们在找工作的时候到底是"强连接"重要还是"弱连接"重要呢？强连接包括我们跟家人、伴侣、挚友之间的人脉，他们可能非常关心我们，在我们找工作的时候花更大力气、时间帮忙，给我们找信息、帮我们联系认识人，所以我们的第一直觉往往是"强连接对找工作更有帮助"。然而 Granovetter 认为，强连接的弱点在于其所提供信息和资源的"同质化"———个人的强连接所能给他提供的人脉和信息，其实早已提供过了。例如我们的家人、伴侣、挚友，能给我们提供的资源和信息很可能并不是新鲜的，而且具有很大的同质性，因为我们本来就处在一个共同的圈子里。而弱连接却往往能帮一个人连接到他正常圈子之外、不常能获取的资源和信息。按照弱连接理论所言，那些最可能给人提供有用信息的人可能是多年未联系的小学同学，在飞机上偶遇的一个乘客，在学术会议上见过一次面的一个外省学者，或者是公园偶遇的一个行人……总之，Granovetter 认为，弱连接能给一个人提供自己圈子里不常接触到的资源、关系和社会资本，因此其作用不容小觑。

弱连接理论提出了两个具体的推论：①弱连接能够促使一个人拿到距自己较远的网络位置上才能接触到的信息，换言之，是其强连接的圈子里所没有的信息；②如果一个个体缺失弱连接，那么他很容易被强连接的小圈子里的信息、观念、资源所同质化和限制。例如，如果一个人从小到大只跟自己的父母接触，那么他所得到的信息、形成的观念、能利用的人脉当然都会严重受到父母这种强连接的影响，使得异质资源处于封闭状态。单一信息源会导致个体丧失多样化的发展机会，也可能导致组织、团体、国家等更大范围的主体的行为与决策限制。

2. 使用该理论的论文举例

弱连接理论在网络分析中可以被用来解释创新能力、社区参与度、求职、提供建议等行为，例如：

（1）Wang 等人 (2015) 研究了一家高科技公司员工的社会关系的影响，发现员工在群组之外的弱关系能够预测其创新行为。

（2）Kavanaugh 等人 (2003) 研究了弱连接对个人社区活动的参与度和公民兴趣，研究结果发现，拥有更多弱连接的人表现出更高的社区参与度、公民活动参与度、集体效能。

（3）Hansen (1999) 研究了弱连接如何影响工作小组从外获取知识以及传播复杂知识的行为，研究发现，弱连接能帮助项目组从外部获取有用知识，但会阻碍复杂知识的传播。

（4）Constant 等人 (1996) 对一家计算机生产商中存在弱关系的员工间互相寻求帮助的行为进行了研究，其结果发现，与拥有更卓越资源的员工之间的弱关系能带来更有效的信息。

（5）Montgomery (1992) 研究了弱连接对个体找工作和所得到的工资水平的情况，研究结果发现，弱连接与被试者所接受的最低工资程度呈现更明显的相关性，但与更高的预期工资不总呈现相关性。

图 7-4 归纳了上述几篇论文中核心的变量间关系。

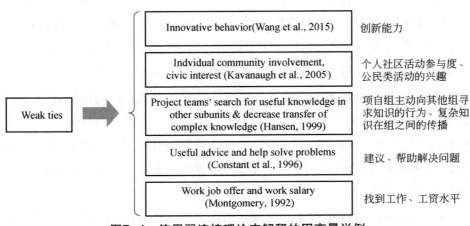

图7-4 使用弱连接理论来解释的因变量举例

7.3 结构洞理论

1. 理论主张

我们在 6.5 节中已经对结构洞理论进行了较为详细的介绍，因此本节我们只做简单的总结和论文举例。

（1）所谓结构洞（structural holes），是指在网络中某些节点之间因为没有直接连带或者关系间断，而导致主体之间连接的空缺，从网络关系图上看就好像网络中出现了"漏洞"，因此被称为结构洞。

（2）伯特（Ronald Stuart Burt）等网络学者认为，网络中的结构洞能反映出焦点节点存在一定的优势，包括获取独特信息、进行控制、影响和更少受到限制的优势。

（3）从结构洞出发，学者发展出了一系列用于预测主体行为、信息量、绩效、社会资本、经济收入、社会声望等指标的研究假设。

2. 使用该理论的论文举例

结构洞理论在网络分析中常被用来解释创新能力、公司绩效、员工忠诚度等问题，例如：

（1）Ahuja (2000) 关注了结构洞对公司创新能力的影响，通过对国际化学工业领域公司的纵向研究发现，在公司合作网络中，结构洞的数量少对创新有负面作用。

（2）Zaheer 和 Bell (2005)、Shipilov 和 Li (2008) 都关注了结构洞如何影响公司绩效。Zaheer 和 Bell 的研究发现，在网络位置上弥合结构洞的创新公司能进一步得到绩效的提高；Shipilov 和 Li 的研究发现，公司的结构洞会提升公司地位，但是会降低公司的市场绩效。

（3）Burt (2004) 研究了结构洞对员工产生好点子、升职和绩效考核的影响，发现在社会网络中弥合结构洞的员工会获得更高更多的好点子、更正向的绩效评价、更好的晋升机会以及更好的报酬。

（4）Ho 等人（2006）探讨了员工的社会网络位置与其心理契约信念之间的关系，其结果发现，那些在建议网络中处在弥合结构洞位置的员工，认为公司对他们有更大的平衡性和交易性义务。

（5）Lee 和 Kim (2011) 研究了结构洞对组织内员工忠诚度的影响，发现结构洞与员工对组织在情感方面的忠诚度呈现 U 型相关性。

图 7-5 归纳了上述几篇论文中核心的变量间关系。

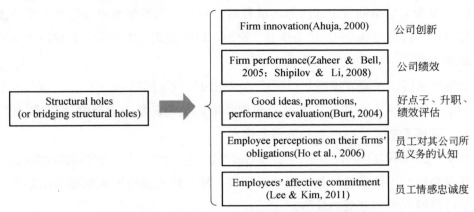

图7-5 使用结构洞理论来解释的因变量举例

7.4 董事连锁理论

1. 理论主张

董事连锁理论（board interlocks 或 interlocking boards），用于关注共同会员、共同参与等情形下的网络现象。所谓连锁董事，是指当董事会成员同时归属多个公司的董事会时，这些人就成为不同公司的董事会之间的连接桥梁——例如，老王既是 A 公司的董事又是 B 公司的董事，那么他很自然地就会把 A 公司的一些信息、管理方法、公司文化、领导思路带到 B 公司，反之亦然。那么如果我们把多家不同公司的董事会做成一张网络，把每个人归属于哪一家公司的董事会作为网络连带，就可以制作出一幅董事会关系的网络图。

为什么我们要关注董事连锁理论呢？因为它不仅可以用于理解商业管理学科下的公司行为，而且可以推广至许多跟共同参与、共享会员有关的社会现象，例如，大学生社团之间的关系、学术会议对其会员所在学校学术方向的影响、非营利组织加入多种交叉式合作关系的效果、多次出席相同会议对成员或组织的影响等。我们在 2.1 节中概述了 4 种常见的"网络关系连带"，董事连锁理论大量地应用于理解"共存关系"（co-occurrence）。无论是什么样的主体充当了"连锁"，连锁的程度都可以作为"网络嵌入度"（embeddedness）的一种指标，因此可以用社会网络分析的具体方法进行研究。

董事连锁理论让我们看到，社会网络研究中的连带不只是指"友情""同事""沟通"

等互动关系，也可以用以指代和研究"从属关系""会员关系""成员关系"。换言之，当一个个体同时作为多个不同组织或团体的成员时，他就自然而然地成为这些组织或团体之间的连接纽带（或网络连带），使得信息、资源、思维方式、技术方法等得以在这些组织或团体之间流动。

从这个角度来讲，董事连锁视角可以帮助我们回答以下问题：

（1）一个公司的董事会成员在其他公司做董事的比例，是否会影响该公司的信息、资源、技术、管理方法、思维理念和公司文化？

（2）共享会员对不同组织有哪些影响？例如绩效、创新的采纳、所收到的政策限制等。

（3）共享会员的团体或组织是否更容易呈现互相之间的模仿？例如在组织架构、组织策略、组织发展方向等方面的效仿。

（4）拥有更多的共享会员对一个组织在社会声望、社会支持、社会资本等方面有何影响？

在商业管理领域，研究者已经证实了董事连锁现象会影响公司的信息、资源、社会声望、创新程度、生存概率等，但其具体的影响方式和影响条件则尚无绝对的定论，因此新研究还在不断涌现，提出更细分的理论主张和更多样的证据。连锁理论也可以与制度理论（institutional theory）相结合，用于研究该现象对组织所受到的来自大环境的限制的影响，例如社会观念、行业标准、商会制度、同行压力等。

总之，董事连锁理论让学者从社会网络的视角审视组织的决策、行为、态度，让我们意识到组织不是孤立的，任何组织之间共享董事、会员或共同出席某个会议，都可能让信息和实践方法在不同的组织之间流动，实现组织间学习和仿效。

2. 使用该理论的论文举例

董事连锁理论在网络分析中可以被用来解释公司合并行为、相似的组织结构的存在、合资企业的产生等，例如：

（1）Davis (1991) 研究了董事连锁对公司之间"股东权益计划"扩散的影响，证实董事连锁作为网络连带对该计划在公司之间的扩散起到了作用。

（2）Haunschild (1993) 研究了董事连锁跟公司收购行为的关系，发现在其他董事会任职会让公司管理者接触到更多的收购策略，从而促使其对这些收购策略进行模仿。

（3）Palmer、Jennings 和 Zhou (1993) 研究了公司对多部门形式（multidivision form, MDF）的采用，发现董事连锁会促进公司对该制度的采用。

（4）Geletkanycz、Boyd 和 Finkelstein (2001) 的研究发现公司 CEO 在其他公司董事的网络与其薪酬有显著关系。

（5）Gulati 和 Westphal (1999) 的研究发现连锁董事与合资企业的产生及特征显著相关。

图 7-6 归纳了上述几篇论文中所探讨到的核心变量关系。

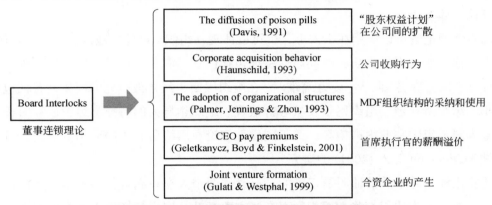

图7-6　使用董事连锁理论来解释的因变量举例

7.5　同质性理论

1. 理论主张

同质性理论（homophily theory）也是社会网络研究中经常出现的一种理论，它的核心主张集中在两个方面：①具有同质性特征的主体更容易出现互动、合作、结盟等连接行为；②具有同质性特征的主体之间的合作（或网络连接）更容易呈现某种表现或行动结果（如效率更高、信任度更高等）（见图 7-7）。

图7-7　同质性示范图[①]

---

① 资料来源：壹图网

同质性理论在我们日常生活中非常常见，例如，在一个大学班级里，来自同一个省份的同学可能更喜欢一起玩；在一个公司里，年龄段相仿的同事可能互动更多；在一群陌生人组成的社交会场，我们会对跟自己有相似爱好、相似经历、去过相似地方、对某件事情有相似看法的人产生亲近感，更喜欢跟这样的人进一步交流和互动。这些都是同质性理论的体现。

同质性理论既可以应用在个人上，也可以体现在组织、群体、地区、国家上。例如，在个人层面，研究者经常研究的同质性特征包括性别、职业、年龄、居住地、种族、受教育程度、社会阶层、收入、爱好等维度；在组织层面，经常被研究的同质性特征包括组织大小、组织所在地、组织愿景及核心价值观、组织领导人的特征、组织成立时长、组织资金来源、组织在业内声望等。关于同质性理论在网络研究中的应用的综述，可进一步参见 McPherson 等人 (2001) 的研究。

同质化理论并不总被证明是正确的，有时候两个人在一起合作并不是因为他们处处都相同，而是因为他们有些方面相同而有些方面互补。同样的情形也经常出现在组织合作的现象里，例如，资源依赖理论（resource dependency theory）提出组织之间的合作主要是出于对其自身匮乏并依赖的资源的考虑。尽管如此，主体间的同质性仍然作为重要的自变量被广泛应用于对主体间连带强弱、合作效果、互动形式等不同因变量的解释。

2. 使用该理论的论文举例

同质性理论在网络分析中常被用来解释网络连带的建立及关系的产生，例如：

（1）Makela 等人 (2007) 对跨国公司中的知识分享行为做了研究，结果发现，个人之间在文化背景、语言、身份地位等方面的同质性会影响人和人之间的知识共享行为。

（2）Aiello 等人 (2012) 对社交媒体中的关系进行了研究，发现话题同质性更高的用户更容易在社交媒体上呈现出好友的关系。

（3）Atouba 和 Shumate (2015) 对国际非营利组织之间的合作进行了研究，发现在组织地位、组织成立时间、组织总部位置、共同资金来源等方面呈现同质性的组织，更容易发展出合作的关系。

（4）Atouba (2016) 研究了非营利组织之间进行合作伙伴选择的行为，发现那些基于同质性进行伙伴选择的合作关系会呈现出更高的信任度。

（5）Chancellor 等人 (2017) 对员工在幸福感方面的同质性做了研究，发现在公司中那些幸福指数（例如积极情绪、生活满意度、工作满意度）上呈现相似程度的员工更容易出现互相之间的交往。

图 7-8 归纳了上述几篇论文中所探讨的核心变量关系。

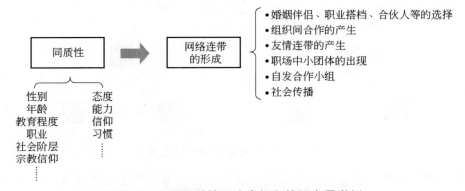

图7-8 使用同质性理论来解释的因变量举例

7.6 齐美尔连接及相关理论

1. 理论主张

在 6.3 节，我们介绍过三元结构的概念以及不同类型的三元结构。所谓"齐美尔连接"（Simmelian ties），是指在一个三元结构中，有两个主体彼此相连，并且这两个主体各自又与同一个第三方主体相连接的情况（Krackhardt, 1999），如图 7-9 所示。早在 20 世纪上半叶，格奥尔格·齐美尔（Georg Simmel）就提出"如果两个主体有一个共同的密友，那么这两个主体也更容易成为密友"的理论。如下图，根据齐美尔连接的理论，因为 A、C 两者是朋友关系，B、C 两者也是朋友关系，那么 A 和 B 就也很可能成为朋友。换句话说，拥有相同朋友的人更容易成为朋友。

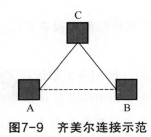

图7-9 齐美尔连接示范

齐美尔还提出，在三元关系中的二元关系，要比单独的二元关系更稳定、持久、坚固，因为他们拥有一个共同的密友。如图7-10所示，根据齐美尔连接理论，右图中A、B两人的关系会比左图中A、B关系更紧密、更稳固，因为两个人有一个共同的连带关系C。

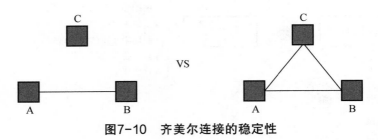

图7-10　齐美尔连接的稳定性

齐美尔连接的相关理论如何应用呢？最常见的应用场景是去解释为什么主体间会建立联系（即网络连带所产生的原因），以及主体之间关系的质量、互动方式与关系结果。Gulati和Gargiulo两位学者在其讨论跨组织网络来源的论文（Gulati & Gargiulo，1999）中提出，网络连带的产生因素可以归纳成两大类：外生因素（exogenous factors）和内生因素（endogenous factors）。齐美尔连接及相关的理论强调关系形成背后的"内生性"（endogenous）原因——两者之间共享一个第三方的朋友，所以这两者更容易成为朋友；两者有共同的合作伙伴，所以两者有共同的信息来源、更容易信任对方、更容易提高合作的效果等。由此，齐美尔连接就可以被应用在许多网络场景里去解释人与人、组织与组织、国家与国家之间的关系，例如，为什么一个组织中有些员工更经常互动，为什么一个社团中会出现亲疏远近的关系，为什么一个商会里某些组织会更频繁、紧密地合作等。

2. 使用该理论的论文举例

齐美尔连接理论在网络分析中常被用来解释个人或组织间关系的质量、合作或沟通的方式等，例如：

（1）Ter Wal (2009) 使用齐美尔连接解释投资者的创新网络，并发现有共同合作方的公司更容易在创新上建立连接。

（2）Krackhardt和Kilduff (2002) 使用齐美尔连接来解释个体之间的协调程度，发现拥有共同第三方连带的两个人更容易对组织非正式结构达成一致的认知。

（3）Huang (2014) 使用齐美尔连接解释非营利组织之间知识的迁移，发现齐美尔连接会作为强关系和知识共享行为之间的调节变量。

（4）Lemaire 和 Provan (2018) 使用齐美尔连接解释组织之间关系的质量，发现拥有某些类型的齐美尔连接的组织之间的关系呈现更高的质量。

图 7-11 归纳了上述几篇论文中核心变量间的关系。

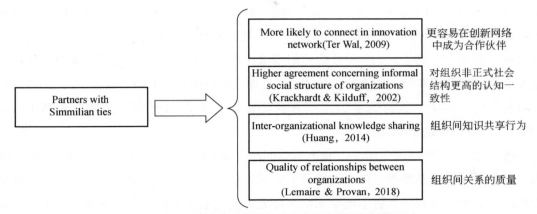

图7-11 使用齐美尔连接理论来解释的因变量举例

7.7 社会资本理论

1. 理论主张

简单来说，社会资本理论（social capital theory）认为社会网络关系会带来信任、社会支持、互惠度，而这些又会作为主体的无形资本，影响到主体的行为、绩效、结果，也会影响到一个团体的绩效、合作度、合作结果等变量。

最开始出现"社会资本"的概念，是因为学术界已经惯用了"生产资本"和"人力资本"的概念，而社会资本是一种不同的资本，它提高组织绩效的方式是基于人与人互动的、社会性的。对比另外两种资本能方便我们更好地理解社会资本这个概念：我们知道为了提高一个组织（例如一家生产猪肉的公司）的绩效，管理者必须要对"生产资本"和"人力资本"做出投资——对机器、工具的投资就是增加"生产资本"，而对工人知识技能的培训就是增加"人力资本"，这两种资本都会为该组织带来更大的后续效益和产出。

而社会学学者提出，除了这两种资本之外，组织管理者还应该对"社会资本"进行投资——如果一个组织中人和人之间的互动是良好的，信任度很高、很团结、有互惠互利的传统，那么相当于这个组织有更高的"社会资本"，而这种社会资本会放大组织的产出，让工作更加顺利地进行、任务更流畅地完成、绩效进一步提高、组织愿景更好地达成。

而社会资本的建立与累积和社会网络有着十分紧密的联系。社会资本理论学者 Robert Putnam 在其著名的《独自打保龄球》（*Bowling Alone: The collapse and revival of American community*）一书中指出："社会资本理论的核心思想是社会网络具有价值……社会联系影响个人的生产力——社会网络以及由此产生的互惠和可信赖的规范。从这个意义上说，社会资本与一些人所说的'公民美德'密切相关。不同之处在于，'社会资本'会引起人们对这样一个事实的关注：公民美德在嵌入到互惠社会关系的密集网络中时最为强大。"（Putnam, 2000: 19）

换言之，社会资本理论认为"他人对我们的善意（goodwill）是一种宝贵的资源"，这里的善意可以指朋友和熟人向我们提供的同情、信任、宽容、原谅、情绪支持等。社会资本理论认为，拥有社会资本能带来诸多好处，包括能更方便地拿到来源渠道丰富、质量高、相关性高并且及时的信息，能增加主体的影响力、掌控度和权力。而在一个社区的层面上，比较高的社会资本能够帮助社区内成员增加团结性、遵守法规、减少社会成本、减少对正式控制的依赖。当然，有时候高社会资本也会带来一些问题，例如团队对于创新行为的抗拒、成员受到的更高的从众压力和符合组织规范的压力等。

社会资本理论之所以成为社会网络学者经常使用的理论，是因为它强调社会资本的来源在于主体所存在的社会结构之中——也就是说，我们每个人所处的社会网络、我们如何嵌入在不同的网络位置，都会影响我们所拥有的社会资本。因此，研究社会网络意味着去进一步理解网络中的主体所拥有的社会成本；关注社会资本，也能促进理解如何建立最有利于主体发展和社区发展的网络结构。

社会资本研究的学者根据社会网络的紧密程度进一步将社会资本分为常见的三类（Hawkins & Maurer, 2010）：

（1）结合型社会资本（bonding social capital）：在同质性较高的主体之间形成的强关系，例如家庭中的连带关系、亲密的朋友等；

（2）桥接型社会资本（bridging social capital）：在同质性较低的群体中的连带类型，例如同事关系、工作关系；

（3）联结型社会资本（linking social capital）：跨越不同层级的连带关系，例如一个组织里不同层级之间的连接。

2. 使用该理论的论文举例

社会资本理论在网络分析中可以被用来解释个体的选择、特征、绩效、结果等变量，例如：

（1）Norbutas 和 Corten (2017) 研究了网上社区中网络结构跟城市经济繁荣情况的关系，并通过使用社会资本理论解释了为什么网络密度、网络碎片化程度等网络特征能够预测城市的经济繁荣。

（2）Croninger 和 Lee (2001) 调研了上万名高中生的辍学情况后发现，学生的社会资本，尤其是跟老师的关系，会显著影响学生的辍学率。

（3）Lubell 和 Fulton (2008) 在针对政策网络与农业灌溉管理关系的研究中，利用社会资本理论解释了为什么公共机构所组成的政策网络会影响到果园种植者对农业灌溉中环保措施的采纳。

（4）Penuel 等 (2009) 使用社会资本理论的视角分析了教师之间的互动和社会网络，以及嵌入到这些网络中的资源、信息，如何影响到教师应对学校改革后的教学方式。其研究发现，教师对资源的认知与其所在的社会网络位置有关。

（5）Wegner 等 (2018) 研究了小公司所组成的网络治理模式如何影响其企业家成员的社会资本，其结果发现，在决策形式上采用集中化决策的网络会为企业家成员的社会资本带来消极的影响。

在本章中，我们介绍了 7 种在社会网络分析研究中最常用的理论：嵌入理论、弱连接理论、结构洞理论、董事连锁理论、同质性理论、齐美尔连接及相关理论、社会资本理论。

在构建社会网络研究时，我们需要考虑具体社会现象背后所映射出来的理论是什么，哪种理论最适合去解释具体的现象，并通过数据分析结果进一步推动理论框架的构建，从而达到数据和理论的紧密结合。在这方面最好的训练办法是多读文献，通过阅读其他研究者的社会网络研究，不断体会如何使用不同的理论来解释不同的社会网络现象。在下一章里，我们将目光转至具体的研究设计，来介绍社会网络研究中的数据收集及量测设计。

揭秘社会网络研究的研究设计、数据收集与量测设计

在学习社会网络分析的过程中，掌握如何设计具体的实证研究是非常重要的一环，它从根本上覆盖了网络研究的基本特点，能够帮助我们理解网络分析的文献阅读和进行合理的数据分析。只有从整体上学会了设计社会网络分析的实证研究，我们才算学会了社会网络分析方法。这一章我们将重点放在讲解社会网络研究的数据分类、样本确定、问卷设计及二手数据的使用。

社会网络分析的研究设计主要包含以下几个部分：

（1）提出合理而具体的研究问题（research question）：跟所有社会科学的实证研究一样，研究问题需要具体、有意义、可证伪；研究问题从根本上决定了什么样的研究方法最适应。

（2）确定分析单位（unit of analysis）：分析单位是一个研究中所具体关注到的研究对象的层级。在社会网络分析的研究中，常见的分析单位包括个人、小组、公司及组织、城市、省份、国家等。网络分析的研究中经常会同时设计多种分析单位，因此清晰地确定分析单位十分重要。

（3）确定研究参与者（research participants）：从学校的学生到服务社区的社会工作者，从公司职员到政府领导，一个具体的社会网络分析到底分析的是谁的关系、应该由谁来提供数据，这是非常重要的问题。

（4）设计抽样过程和数据收集过程（data collection）：网络研究中大量的关系数据决定了它的收集过程往往跟其他研究有所不同；合理地收集到数据并保证有效的问卷反馈率是研究成功的关键。

（5）确定网络边界（network boundary）：在整体网络研究中如何确立和明确网络边界是重要的问题，确定网络边界需要具体、清晰、符合常识的标准。

带着对以上几部分重点的关注，本章设计如下：在本章前3节，我们会介绍常见的网络研究数据类型，并介绍社会网络类型的研究设计、数据收集的思路与方法；8.4节会讨论网络边界的确认与抽样方法；8.5—8.8节会关注网络问卷及关系型问题的设计；8.9

节介绍二手网络数据的使用；最后，8.10 节将专门讨论网络研究中的质性数据。为了涵盖研究设计的各个方面，本章篇幅较长，并可能需要一定的对社会科学实证研究的基础知识（读者可参考笔者另一本书《做研究是有趣的》中的第二部分"实证研究基本功"）。虽然看似繁复，研究设计、数据收集、问卷设计通常也是社会科学研究中最有趣的环节之一，是研究者施展"魔法"的机会。希望在阅读完本章之后，你能进一步体会到社会网络分析的广泛应用场景和重要意义，并能感受到作为社会科学研究者的乐趣。

8.1　社会网络研究中常见的数据来源概览

对于从事实证研究的学者来说，从哪里能找到高质量的关系型数据是一个很重要的问题。网络分析的特征使它对所使用的数据有一些非常具体的要求——我们需要的是关系型数据（relational data），是能展现整体网络关系或个体网络关系的数据。

从数据来源的角度讲，社会网络分析论文中所使用的数据大体可以分为两大类：一手网络数据和二手网络数据。简单来说，前者是由研究者为了某个具体的研究目的而亲自收集的数据，后者则是现成的、已经由其他人收集好的数据。表 8-1 列出了两种数据收集方法的主要特点，我们接下来会具体展开介绍。

表 8-1　一手数据与二手数据的特点对比

	Primary data（一手数据）	Secondary data（二手数据）
举例	·自填式问卷（如电子问卷、邮寄问卷、纸质问卷、群组问卷等） ·面对面访谈或电话访谈 ·实地观察（如霍桑实验）	·邮件往来、社交媒体数据（例如 Facebook、Twitter、微信朋友圈）、历史存档数据、某个组织成员名单等
优势	·便于重新设计问题 ·针对个人研究兴趣和需求选择要研究的节点和连带 ·更常见于论文发表	·方便纵向研究（longitudinal study）；数据无需另外收集
劣势	·耗时耗力，对问卷反馈率、数据信度和效度要求高	·非定制，可能缺乏独特性及创新性 ·依然要注意数据准确性、数据缺失、数据效度和信度

在考虑我们的研究可以使用什么数据时，我们首先需要了解这两种数据来源的基本特点和优劣势。本章的后面几节会具体进行介绍。

1. 一手的网络数据

一手的网络数据，其优势凸显于能最大限度地满足研究者自己的研究需求，为一个非常具体的研究问题服务，其数据的效度（validity）往往更高。一手数据还有更高的创新性和时效性——因为这份数据此前别人没用过，比如这份数据可能是某个组织变革之后新获得的，可能是某个政策出台后新收集的；等等。因为这些优势，一手收集的网络数据如果分析得当，就更容易吸引到学术同辈和期刊编辑们的兴趣。在我们平时所读到的顶级社会科学期刊中，使用一手网络数据的社会网络论文占到更大的比重。

但是要想收集到高质量的一手网络数据往往不是一件易事，它通常要消耗大量时间、精力、人力，从设计自己的研究到选择合适的数据收集策略、从联系访谈对象到不断跟进问卷反馈率、从清理数据到调整优化数据格式……我们会发现网络数据的收集真不是一个轻松的活儿，而且稍有不慎，就可能让我们的数据存在重大缺陷，无法回答已设计好的研究问题。

要想收集到高质量的网络数据，我们需要一个非常好的研究设计——也就是说，在动手之前，我们应该想好自己的数据收集方式、问卷设计方式，以及所调研的参与者到底能不能回答自己的研究问题，这其中有哪些可能存在的缺陷和漏洞，有没有更好的设计能帮我们回答自己的研究问题。在任何实证研究中，我们都应该努力创造一个在最大限度上趋近于合理的研究设计，但在网络研究中这一点尤其值得重视，因为网络研究的一手数据收集往往比一般的社会科学调研更复杂、更耗时、收集问卷更困难。因此，我们应该尽量在动手之前把研究设计中的各个步骤考虑清楚，并且多去寻求有经验学者的建议和帮助，以避免前功尽弃。

收集一手网络数据的方式多种多样，最常见的有 3 种，分别是自填式问卷、访谈和实地观察。我们将在 8.3 等小节中具体阐述。

2. 二手的网络数据

与一手数据不同，二手网络数据则是在某个研究开始之前已经存在的数据。这些数据有可能是其他研究者为了他们的研究目的而收集起来的数据，也可能是存在于历史文档、信件、官方档案、公开网站、社交媒体等渠道的没有被结构性地收集起来的信息。

事实上，我们身边存在大量的可以挖掘的二手数据，依据二手数据写成的论文同样可以大大推进某个理论框架或实证发现的认知。使用二手数据的最大的优势是不需要亲自去调研、不需要联系参与者和设计问卷、不需要担心问卷反馈率。对于学生、学术新

第8章 揭秘社会网络研究的研究设计、数据收集与量测设计

的研究者来说，使用并挖掘已经存在的二手数据不失为开始

显而易见，但合理地使用二手数据却并不是一件易事，它

型、关系型数据敏感，又要求我们对现有文献有一定的了

正回答该领域重要的学术问题——前者需要我们建立社会

后者则需要我们长期积累专业知识和坚持本领域的文献

势是数据并非为了研究者的研究问题而专门定制，因此

的类型、提问的方式、数据的信度和效度等问题。有些学

据就不必担心样本大小、数据效度等问题了，事实上正

的，所以才尤其要了解数据收集过程中的潜在问题、漏

量能够帮我们回答自己的研究问题。

源可以分为：档案型数据；电子通信与社交媒体数据；

。我们将在 8.9 等小节具体阐述。

究设计

在社会科学的实证研究里，当我们在说"研究设计"（research design）时，我们到底在说什么？

研究设计就是指为了能够有效地回答你的研究问题，你所选择的能够以连贯且合乎逻辑的方式整合研究中各个组成部分的总体策略。它包括如何收集、测量、分析数据的蓝图。（De Vaus，2001）

"研究设计"之于研究者，有如"设计图"之于建筑师——我们对各个环节的研究不应该是边做边想、互无关联、缺乏设计的，就像一座大楼不能边盖边设计，因为各个组成部分之间牵一发而动全身。

图 8-1 展示了一个实证研究中必须前后呼应、合乎逻辑的核心组成部分。

具体来说，如果我们准备自己收集一手网络数据，那么在

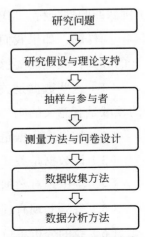

图8-1 网络分析研究的研究设计过程示意图

研究设计的环节，需要思考以下问题：

（1）我的研究问题（research question）是什么？它需要关系型数据来回答吗？

（2）我有哪些关于网络关系的研究假设（research hypotheses）？它们是互相关联而有机的整体吗？

（3）哪些现有理论和文献能支撑我的研究假设？

（4）为了回答我的研究问题，我需要收集"整体网络"的数据，还是"个体网络"的数据？

（5）在我的研究中，网络的主体（actor）是什么？连带（ties）是什么？

（6）我的分析单位（unit of analysis）是什么？我的研究会涉及多种分析单位吗？（比如员工、组织、区域等）

（7）我如何能测量出主体间关系的存在？我如何能测量出不同主体之间关系的强弱？

（8）除了得到主体之间的关系型数据，我还需要收集哪些属性型数据？

（9）如果我的研究是针对整体网络的，那么该网络的边界是什么？如何确定该边界？

（10）为了回答我的研究问题，我需要找什么样的参与者？我需要多少这样的参与者？

（11）我使用哪种收集方式能最好地获得我需要的数据？问卷、访谈，还是实地观察？

（12）有可能找到已经存在的二手数据来回答我的研究问题吗？

（13）怎样收集数据才能方便我之后对数据进行格式转化和清理，以方便数据分析？

（14）如果我能够收集到我想要的数据，我计划用哪种分析方法来证明我的研究假设（例如回归性分析、MRQAP 二元指派程序等）？

同样的，如果我们准备使用现有的二手网络数据来推进自己的研究，那么在研究设计的环节，我们需要思考以下问题：

（1）这些数据是关系型数据吗？这些数据能回答哪些研究问题？这些研究问题在我的领域是有意义的吗？

（2）如果该数据是关系型数据，那么主体是什么？连带是什么？

（3）该数据是关于"整体网络"的数据，还是关于"个体网络"的数据？

（4）依据现有数据，我能提出哪些研究假设？它们是互相关联而有机的整体吗？

（5）有哪些现有理论和文献能支撑我的研究假设？

（6）我的分析单位是什么？我有多种分析单位吗？

（7）该数据集中的哪些部分能够让我得到关于主体间关系是否存在、关系强度的测量？

（8）如果我的研究是针对整体网络的，那么该网络的边界是什么？是如何确定的？

（9）我如何保证这些数据的信度和效度？它们是高质量的数据吗？可以被人信服吗？

（10）其他学者有没有利用过同样或类似的二手数据？他们写出了哪些论文？我的跟他们的有什么不同？

（11）我需要做什么才能合理地进行数据格式转化和清理，以方便数据分析？

（12）我计划用哪种分析方法来证明我的研究假设（例如回归性分析、MRQAP 二元指派程序等）？

本章及本书的后续部分将会为回答以上问题打下基础。

8.3　一手网络数据的收集方式与过程

自填式问卷、访谈和实地观察是最主要的一手网络数据收集方式。以下我们分别介绍这 3 种数据收集方法并比较它们的优劣势。研究者的目标，是能够针对自己的研究特点来选择最适合某个研究的数据收集方法。

1. 自填式问卷（self-administered questionnaire）

自填式问卷是社会科学实证研究中最常见的数据收集方式，它的特点是由研究者向参与者发放问卷，由参与者自行回答问卷中的问题，从而给出关于参与者的关系型数据。自填式问卷在社会网络研究中也得到了大范围的使用，尤其适用于样本量大的定量研究（quantitative research）。

具体的问卷形式有多种，最常见的是纸质版问卷和网络版问卷。前者把问卷打印出来亲手交给或邮寄给参与者，后者通过网络问卷平台生成问卷，并把问卷链接发放到参与者的电子邮箱、手机等渠道邀请其填写。网络研究中的问卷收集方法同样遵循其他主体社会研究中的问卷收集原则，这里不再赘述。

自填式问卷最大的优点是帮助研究者把自己"解放"出来——被调研者不需要研究者在场或亲自提问，因此很适合样本量比较大的研究项目。例如，如果我们想调研的人有 1000 人，自填式问卷可能是首选的数据收集方式。

对于网络研究而言，因为我们想了解的是"关系型数据"，因此使用表格的形式把不同主体的名单列给参与者，通常能够方便其回答该问题，这是使用问卷的另一个优势。

表 8-2 和表 8-3 呈现的是自填式问卷的例子。

表 8-2　自填式问卷示范（1）

在以下你团队中的所有成员里，你认为谁是你的好友？请在其后面打对号"√"。

团体成员	该员工是否是你的好友？是即打"√"，否则不填
张一	
李二	
王三	
赵四	
刘五	
钱六	
杨七	
陆八	

表 8-3　自填式问卷示范（2）

在以下你公司的同事中，你跟哪些人有邮件往来？邮件往来频率是怎样的？请选择。

公司同事	选择最能准确表现你们之间邮件往来频率的选项： A= 从不 B= 几个月一次 C= 一个月一次 D= 一周一次 E= 一天一次 F= 一天多次 H= 总是在发邮件
张一	
李二	
王三	
赵四	
刘五	
钱六	
杨七	
陆八	

这里需要注意的是，在使用自填式问卷这种方式的背后，研究者通常存在两个假设：①参与者能够理解问卷中问题的含义；②参与者所回答和汇报的内容是真实可靠的。这两个假设是否成立呢？我们需要针对自己的研究稍作思考。

事实上，由于网络研究中的问题往往是针对人际关系、社会评价、信任度等方面的敏感问题，参与者未必会给出完全真实的答案，有可能夸大或缩小实际的情况。另外，自填式问卷最大的劣势就是要完全依靠参与者自己的理解来填写问卷，而网络问题往往格式复杂、难以理解，在这种情况下，我们收回的问卷有可能质量不高、不能准确反映客观情况。因此，研究者在选择使用自填式问卷时应注意到其局限性。

2. 访谈（interview）

访谈是通过实时对话，即研究者跟受访者的口头互动来收集数据的方法，包括面对面访谈、电话访谈或可视化远程访谈等，也是广泛应用于社会科学各领域的数据收集方法，尤其是质性研究（qualitative research）之中。

访谈要求研究者在时间上"在场"，由研究者来提问，受访者来回答问题，并由研究者以录音或笔记的形式记录下来这些答案，整理成关系型格式的数据。访谈显然是比问卷更消耗研究者时间、精力的数据收集方式，但是它的好处是可以收回效度（validity）较高的数据，即减少"所答非所问"的情况及大范围的缺失数据（missing data）。

相比于自填式问卷，在访谈对话中研究者可以对受访者回答笼统的问题进行追问，还可以随时解答受访者对关系型问题的不解，从而减少缺失数据和无效数据。此外，访谈非常方便研究者使用半结构化、非结构化的问题来收集深度数据（in-depth data），根据对话中呈现的内容进一步提问或要求受访者更深入阐明某个观点，这些都是问卷不具备的优势。如果我们的研究是质性研究，例如案例分析，那么我们应该首先考虑是否可以通过访谈来收集数据，因为它可以最好地为我们提供更全面、信息量更丰富、描述更立体的数据。

由于访谈需要研究者亲自参加，所以往往不适用于样本量较大的研究（如受访人数超过50）。如果有研究团队和学生的支持，当然可以通过增加进行访谈的人员来提高完成更大样本的访谈工作量，但是值得注意的是，要对不同的访谈者进行培训，以保证访谈过程的一致性和数据收集、管理的统一。团队多人进行访谈往往也会有诸多新的挑战，需要研究人员在前几个访谈之后立刻重新讨论访谈流程、访谈中遇到的问题、收集到数据的格式等内容，以保证访谈过程和步骤的统一。

当然，我们也可以使用问卷和访谈并用的方式——在访谈的过程中，针对网络关系的一些问题，给受访人呈现需要他们回答的关系表格或网络问题，要求他们自己进行填写。这种方式能够让研究者进行口头上的解释，阐明问题的用意和格式，从而提升数据质量。

3. 实地观察（field observation）

最后一种常见的一手网络数据收集方式是实地观察。区别于以上两种方式的是，实地观察中得来的数据是依靠研究者亲自对客观世界进行观察和测量得来的，而不是依靠被研究对象自己的反馈与报告而来的。这种数据来源上的不同，让实地观察在一定程度上避开受访者主观汇报错误、回忆不准确等问题；但研究者自身大量的时间投入、必须亲自在场的要求，以及研究者个人的主观能力局限也成为实地观察这一方法的劣势。

什么样的研究适合使用实地观察的数据收集方式呢？我们需要考虑3个因素：第一，我们所关心的网络关系或连带形式，是否能够外化和被观察到？例如"信任"这种连带就很难准确地观察到，它更多的是人内心对他人的一种态度，而"谈话"这种连带就更容易被观察到，它本身是一种可视的人和人之间的互动行为。第二，研究对象和客观条件是否允许我们在场观察？例如，我们想研究的某个组织是否允许我们在场观察？很多组织把内部人员之间的互动视为隐私，我们需要考虑自身的人脉资源和观察现象的隐私程度，这往往取决于我们所研究的话题是不是敏感话题、会不会影响被研究者的人际关系及声望、我们能不能找到重要的介绍人或组织负责人来支持我们的研究等。第三，我们还需要考虑网络规模的大小、样本大小及工作量。观察10个人之间在1个小时会议上的互动是一名研究者即可完成的工作，而观察500名员工在联欢会上非正式沟通的次数则不是。我们所研究的网络的规模有多大、边界是否清楚、样本大小是怎样的，这些都会影响研究者的工作量，需要结合手中的资源来衡量其可行性。

在组织管理及心理学领域，著名的"霍桑研究"（Hawthorn studies）就是典型的以实地观察方式来收集关系型数据的方法。在该研究里，研究者长期观察和记录了一个银行电汇室里的工作人员之间的多种互动关系，包括互相讲话、一起做游戏、互相提供帮助、互相开玩笑等互动的次数和频率。这样的数据被研究者记录下来之后即可生成关系型数据，还能够展现该小组成员之间关系的不断变化。

此外，实地观察方法可以用于考察某公司董事成员在会议上的互动次数、形式、频率；可以用于研究某个班级不同学生之间的友情网络，如一起做游戏，互相帮助，一起吃饭、聊天的互动连带；也可以用于了解团队合作、配合性工作、团体性任务里人与人之间的合作程度，例如在足球比赛上哪些成员之间更容易互相传球、在摔倒后更容易互相扶起或鼓励，在协同救援中哪些消防员会给予对方更多的行动支持，在集体劳动中哪些人会自动组成合作的小组等。

要注意的是，实地观察对研究者能准确记录和反映客观情况的要求很高，这往往并不是总能实现的。研究者在进行实地观察之前应该设计好自己的记录标准，明晰定义所需观察的互动行为的标准，并通过一些提前设计好的表格准确记录个体之间的互动，方便进行量化（例如关系型矩阵表格，如表 8-4 所示）。

表 8-4　某公司小组人员在会议上的直接对话次数

	张一	李二	王三	赵四	刘五	钱六
张一		2	5	6	0	9
李二			4	11	7	5
王三				5	6	10
赵四					5	5
刘五						4
钱六						

4. 不同种类一手网络数据收集的优劣势比较

在介绍了多种不同的一手网络数据收集方式后，我们来总结一下各种方式的优劣。大家已经发现没有任何一种数据收集方式是完美的，在研究设计和论文写作中，我们要做的是选择一种最适合自己研究问题的数据收集方式，并清晰地指明为什么这一种方式比其他方式更合适。

表 8-5 列出了不同数据收集方式在问题敏感性、受访人影响、数据处理错误、研究者管理成本、跟受访人建立和谐性、是否有利于获得有效答复这几个方面的比较。例如，面对面的数据收集方式虽然有利于跟受访者建立信任关系和引导出想问的问题，但是它存在不利于向受访人提出敏感的问题、需要较高的管理成本（研究人员需要花时间访问和见面）等劣势；而相较而言，电子问卷虽然能够比较好地降低问题敏感度带来的困扰和处理数据的成本，但它不利于跟受访人建立信任关系和有效引导出答案，这也是电子问卷的反馈率较低的原因之一。

总之，当研究者决定要自己收集网络数据时，要提前分析好每种方法的优劣，根据自己的研究问题来设计。查阅已有文献和阅读类似研究如何收集数据也非常重要，这在写论文时是支持我们研究方法部分很好的佐证。要想收集高质量的一手网络数据，还需要充分认识到网络数据和问题设计的复杂性，这一点我们会在 8.5 节中专门讨论。

表 8-5　不同的网络数据收集方式对比 [①]

数据收集方式	敏感性问题	访谈人影响	数据处理易错程度	管理成本	与被访者建立融洽关系的可能性	是否有利于引出答案
面对面访谈	高	高	中	高	高	高
自填式问卷	低	低	中	中	低	低
邮寄问卷	低	低	中	低	低	低
电子问卷	低	低	低	低	低	低
电话访谈	中	中	中	中	中	中
群组问卷	高	中	中	高	中	中

8.4　确定研究对象：网络边界确认与抽样方法

1. 为什么需要确定"网络边界"（network boundary）

在设计自己的研究时，如果我们要研究的是整体网络中的关系，就必须先思考好我们所关注的社会网络的边界是什么。所谓"网络边界确认"（boundary specification），就是具体确定哪些主体应该被纳入某一网络，哪些不应该被纳入该网络，并列出明晰的可以用于判断是否应该纳入某主体到该网络的标准。

确立网络边界之所以十分重要，是因为：①在大部分研究情境下，研究者所关注的社会网络的边界都并不是天然存在和绝对清晰的，而是常常需要我们人为地提供具体的准入标准；②确定了明晰的网络边界后才能准确地确定某个网络中主体的范围，从而合理设计和开展对主体进行抽样、调研等数据收集及分析的工作。而凡是不符合这个标准的主体则将不被纳入为该网络，因此也不需要对他们进行抽样和调研。

让我们通过举例来思考确定网络边界的复杂性：如果我们是以下 3 个研究的研究者，应该如何确定每个网络的边界？如何获得含有所有网络主体的名单？又是否能够有可能获得一份这样的名单？

研究一：分析北京市第四中学高三（2）班所有学生的友情网络

研究二：分析某学术会议上所有学术成员之间的友情网络

研究三：分析 ×× 市地震灾害中政府部门与社会组织组成的灾后应急网络

在上面的 3 个例子中，确定网络边界和网络中主体的难度逐个升高。研究一在这方面

---

① 资料来源：Borgatti et al., 2018

的难度最低，网络边界最清楚、主体成员相对最稳定——很显然主体是北京市第四中学高三（2）班的所有学生，"班级"这个概念是一个成熟的、边界清楚的网络，如果想获得该网络成员的名单，只需要找到班主任，或者到该班级实地考察进行记录，我们可以清楚判断谁在这个网络里、谁不在。例如，如果高三（3）班的一个同学出现在获得的名单里，在知情的情况下，我们会把他主动排除出调研对象，因为他不符合要调研的网络主体标准。

相较而言，在上述的研究二中，网络边界则稍有模糊，确定网络中主体的难度也随之增加。由于学术组织不是像"班级"那样稳定，因此主体成员的流动性较大、松散度较高。如何界定网络边界呢？是把所有支付了会费的成员都纳入网络主体，还是只关注那些付费并且活跃的会员？（有些会员可能每年缴纳会费，但没有任何参会记录、网站登录记录、通信记录）另外，有些学术成员上一年缴费的会员期刚过，但仍然积极地投身于该学术协会的活动中，我们要把他们纳入还是排除？如果该协会并不收取会员费，那么如何确定哪些人在网络之内？在获取该网络主体的所有名单的过程中，使用什么策略来实现？如果该协会的管理人员并不愿意把所有成员的名单和联系方式分享给我们怎么办？……这些问题都让研究二在抽样过程中的难度增大。

而研究三中的"应急救援网络"则为研究者带来更多的模糊性。当某个地区发生洪水、地震、海啸等灾害事件时，很多政府机构、非营利组织、民间团体都会立刻响应到救援之中，并且相互之间展开信息共享、资源共享、合作救援的工作，这是公共管理和非营利管理研究中的一大课题。但当我们想研究"某个地震灾害中的应急救援网络"时，我们如何知道哪些组织应该被纳入，哪些不应该被纳入该网络呢？比如，我们是只关心已注册的正式非营利组织，还是也关心未注册的民间团体？如果一个社会组织并没有到现场救援，但在其他组织的救援中远程提供了信息或资源，这算不算是该救援网络中的组织？如果一个到现场救援的组织内部只有两名成员（而其他组织都是大型组织），要不要把它纳入组织名单？此外，由于该类型的网络并不是一个正式的组织，也就不会有一个现成的、罗列所有救灾参与组织的名单。有时候，地方政府会牵头总结出一份参与救灾的名单，但是这份名单很可能并不完整，或不满足研究者所关注的所有兴趣标准。现在"微信群"常常成为人们为了某个具体目的建立起来的沟通群组，因此有些研究者会用"是否在某个应急救援为主体的微信群"作为边界确定的标准，但是这依然可能遗漏一些网络位置偏远的主体，或是纳入了不在研究者关注范围内的组织。

这几个例子让我们看到，在社会网络研究确定边界的过程中，研究者往往需要主动设定一些准入标准，根据自己的研究兴趣和研究关注点划清符合网络主体标准的界限，从而确定一个边界清晰的网络。这样做的好处是避免盲目地开展问卷发放或数据收集而偏离了所关注主体；另外，在我们写论文投稿的过程中，有经验的论文审稿人也一定会要求我们清晰地解释所研究的网络边界，并讨论所使用的抽样方法的挑战和缺陷。

2. 确立研究中网络边界的依据：两种思路和三种方法

接下来我们来说说，面临上述的种种模糊性与困难，我们应该依据怎样的思路确定网络边界才算是合理的。Laumann、Marsden 和 Prensky 曾对该问题进行过系统性讨论（Laumann et al., 1983），并且提出了"两种思路"和"三种策略"，他们的研究被社会网络分析的相关研究广泛引用，可以作为首要的参考。

所谓"两种思路"，是指"现实主义"的思路和"名义主义"的思路：

（1）"现实主义"的边界确定思路（realist approach）：研究者依托现实世界中某个社会网络里主体自身的主观感受和认知来界定网络边界，在这种思路下，社会网络的边界主要是由大多数主体的共识所定义的。例如，让参加某应急救援行动的组织去提名哪些其他社会组织同样参与到了该应急网络；让无家可归者按自己标准定义其友情网络里的其他人等。正如 Laumann 等人所言："在现实主义方法中，调查者以假定角色的视角来界定社会实体的边界。换言之，网络之所以被视为社会事实，是因为构成它的角色有意识地将其视为如此。"（Laumann et al., 1983: 65）

（2）"名义主义"的边界确定思路（nominalist approach）：在名义主义的思路下，研究者会根据自己的研究重点、或基于某种理论框架来设定某个网络的边界标准，即"分析者有意识地施加了一个构建于自己分析目的之上的概念框架"（Laumann et al., 1983: 66）。例如，在一个针对友情网络的研究中，把是否是某个班级的学生（或某个公司、某个协会的成员）直接作为标准来定义某个网络的边界。为什么说是"名义"呢？因为从现实上来讲，学生的友情网络可能并不受"班级"这个单位的限制，而是跨班级的；但是研究者可以根据自己的分析需要，决定只关注某一个班级之内的友情网络，因而主动定义该"班级"为一个网络边界，那么在该班级之外的人则不符合被纳入该网络的标准。如 Laumann 等人所言，"网络边界的界定在分析上与调查者的目的相关，因此网络封闭性在本体论上没有独立存在的地位。"（Laumann et al., 1983: 66）

这两种思路显然各有利弊，无论依靠研究者自身定义的边界还是被研究主体定义的边界，都可能受到不同主观因素的限制和影响。有时候，研究者也会将两种思路结合起来，比如既让被调研者自己来提名某种网络中的其他主体，又给他们提供一定的范围（例如，在某个城市内、学校内）或一定的定义（例如，什么是"友情网络""应急救援网络"等）。

所谓"三种方法"，是指以下 3 种依托不同标准来界定网络边界的方法（Nowell et al., 2018）：

（1）基于职位的方式（positional approach）：以社会职位或组织隶属关系为依托来界定某个社会网络的边界标准。例如，某个公司内所有员工的邮件通信网络，某学校所有教师之间的友情网络等。

（2）基于声望的方式（reputational approach）：以主体的社会声望为依托来界定某个社会网络的边界标准。例如，某城市有影响力的公益组织之间的合作网络，某政策领域内影响力较大的政策制定相关方之间的沟通网络等。

（3）基于活动事件的方式（event-based approach）：以个体是否参与到某个具体活动或事件为依托来界定某个社会网络的边界标准。例如某个读书会活动上参与者之间的友情网络、参加某次集会的个体之间的熟人网络等。

显然，使用以上 3 种中的任何一种方法界定网络边界时，我们都可以选择依据"名义主义"的思路（以研究者所提供的标准为主）或"现实主义"的思路（以被研究者所提供的标准为主）。Nowell 与合作者的论文"Studying networks in complex problem domains: Advancing methods in boundary specification"（Nowell et al., 2018）中，用案例分析的方法为不同方式提供了具体的例子，推荐感兴趣的读者进一步阅读。

3. 社会网络研究中的抽样方法

在常规的社会科学研究中，概率抽样（probability sampling）和非概率抽样（non-probablity sampling）是两大类重要的抽样方式。通常，概率抽样（如随机抽样）被广泛应用于定量研究中，研究者在确定了研究对象总体（population）的情况下，以某种概率性的抽样策略来确定其中的一部分样本，通过对这一部分样本的研究来反映总体的特征和规律，该过程被称为"generalize"（推论、概括）。概率抽样能够成立的前提是，我们所得到的样本的特征能够代表总体的特征，也就是有较高的代表性（representativeness）。图 8-2 展示了在一般的抽样过程中总体和

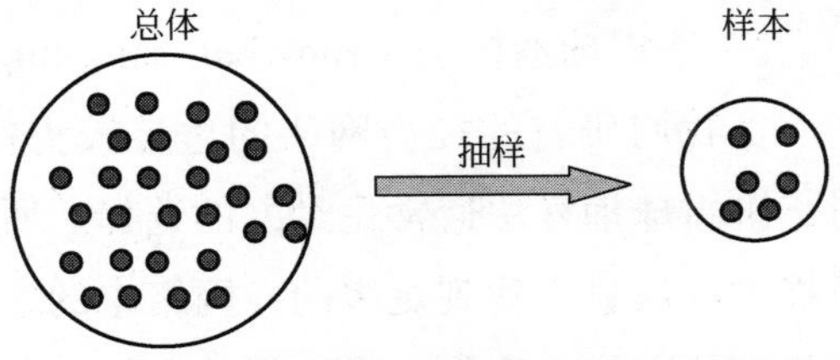

图8-2 常见的社会科学定量研究中的抽样过程

样本的关系。

但是，同样的概率抽样方法在以社会网络为对象的研究中却往往并不适用。这是因为当我们关注的是关系型数据时，随机抽取总体中的一部分样本常常会流失掉个体之间重要的具体关系，导致本来丰富、复杂的主体间关系在样本中反映为稀疏的关系属性（sparsity）。同时，社会网络分析常常需要关注小团体结构、特殊位置的主体（如"守门人"，gatekeeper）、某些特定结构（如结构洞）等，这使得随机抽样方法常常无法达到研究者的目的。

因为以上特点，社会网络研究中最常使用的抽样方法是以下 3 种：全员普查、滚雪球抽样法和针对个体网络的概率型抽样。

1）全员普查（census）

如果所研究社会网络的规模较小，那么全员普查通常是首选的抽样办法。所谓全员普查，就是将某个网络中所有的主体都作为研究的对象，而不是只抽取其中的一部分。换言之，总体就是样本。在整体网络（whole network）的研究中，全员普查是最常见的做法，因为它不会流失掉主体之间的关系信息。但同时，这意味着我们所关注的网络的规模（network size）一般不是特别大。例如，调查一个班级所有同学的友情网络、调查某初创公司所有员工的微信互动、调查某董事会上董事之间的互动等，都适用于使用全员普查的方法。

全员普查是研究整体网络最理想的抽样策略，但是显然它的工作量会随着网络规模的扩大而显著增加。调研一个由几十人甚至几百人组成的网络通常都是可行的，但是想调研一个由上万人或上万个组织所组成的网络就变得非常困难。例如，考察"山东省内所有企业之间的信息共享网络"——要去调研山东省所有的企业并得到所有企业的数据反馈显然是不现实的，因此全员普查的方法并不适合。所以，我们看到很多社会网络实证研究中所关注的网络，事实上都是网络规模在几十个主体或几百个主体的网络。

此外，全员普查还要求研究者知道"谁是全员"，即知道某个网络中的所有主体都有谁，而这在很多时候是无法做到的。如果我们能获得一份网络全员主体的名单并且网络规模是适中的，那么全员普查应该是首选的方法。

2）滚雪球抽样法（snowball sampling）

当我们研究的社会网络的边界较为模糊，或当我们无法获得网络的全员主体列表时，滚雪球抽样法通常是最好的选择。所谓滚雪球抽样法，就是依托一小部分研究对象所提供的信息去找到更多的在网络中的主体，然后根据这些主体所提供的信息再找到其他的主体，依此重复，直到新的主体提名不再出现（即达到"饱和度"，saturation）。例如，在调研应急救援社会组织合作的网络时，首先可以找到当地最重要的参与到救援中的社会组织，并请他们列出其他参与到该救援中的社会组织（第一轮提名），其次联系这些被提名的社会组织，并请他们继续列出其他参与的组织（第二轮提名），重复该过程，一直到所有被提名的组织已经被此前提名过，这时候一般认为我们就找到了该救援网络的边界。图8-3展示了这种方法的过程。

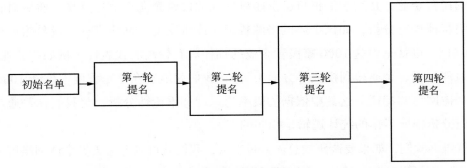

图8-3　滚雪球抽样法的图示

滚雪球抽样法显然不属于概率性抽样，但是当我们想研究的网络的边界较为模糊、全员名单不存在时，滚雪球抽样法能非常有效地帮我们找到网络中的主体，因此在网络研究中非常常见。例如，如果我们想研究某城区流浪者之间的友情网络，因为流浪汉是很少被记录在案的，因此不太可能找到一张完整的所有该城区流浪者的名单，这个时候就可以使用滚雪球抽样法：先从几个能找到的流浪者那里开始，问他们在该城区有哪些其他的流浪者朋友，以此作为第二批名单；接着问第二批名单里的流浪者在该城区有哪些流浪者好友，以此作为第三批名单……依次类推，直到研究者发现被提名的流浪者名字已经都在旧名单里、没有新的名字出现了，这个时候就说明抽样已经达到了饱和，该流浪者友情网络已经完成。

3）个体网络中的概率型抽样

前面我们说过随机抽样在调研整体网络的时候通常并不适用，因为样本会流失掉重要的关系信息。但是当我们研究的重点是主体的个体网络（ego network）时，概率型抽样（probability sampling）就变得适合起来，因为这时候我们不再关注整体网络里主体之间的相对关系、嵌入程度、中心度高低，而所调研的主体的个体网络特征，能够对研究的总体有一定的代表性。

例如，"山东省内民营企业的个体信息共享网络"就是一个可以使用概率型抽样的问题；而"山东省内所有民营企业之间信息共享的整体网络"，则不适用于概率型抽样。假设整个山东省有 1000 万家民营企业，我们有可能画出这么大规模的一个整体网络，展现出所有企业之间信息共享的关系吗？当然不可能，即全员普查的方法是不现实的。那么如果我们随机抽取 1000 家遍布于山东省各地的民营企业，我们可能依照这些数据反映出所有山东省民营企业之间信息共享的整体网络吗？也不能，因为有太多主体没有被纳入到抽样中来。但是相较而言，如果抽样方法是有效的，我们能够找出 1000 家具有代表性的民营企业，让它们汇报自己都跟哪些其他民营企业有信息共享，然后对它们的个体网络特征进行分析，如该个体网络的规模、连带密度、网络直径、成员组成等（详见第 14 章），也就是说这 1000 家民营企业的抽样具有较高的代表性（例如在企业规模、收入、地理位置、企业盈利模式等方面），那么我们就能够在一定程度上推断 1000 万家企业的个体网络的特征。这其中依据的概率论原理和推论性分析，与我们在普通定量研究、回归分析中所依据的统计逻辑是相同的。

这就告诉我们，如果要调研的总体数量很大，我们就可以考虑去做个体网络层面的分析，而不是整体网络层面。例如，以下研究都可以使用类似的概率型抽样的方法来获得样本：

（1）北京市民以微信朋友圈为通信的个体网络特征分析；

（2）江苏省大学生个人友情网络的特征分析；

（3）上海市青少年与家庭成员关系的个体网络分析；

（4）东北三省非营利组织接受其他组织资金资助的个体网络分析；

（5）小学生同玩电子游戏的游戏伙伴的个体网络分析。

当然，如何获得一份关于总体的名单以及联系方式，从而让使用概率型抽样方法成为可能，这是一个需要花时间仔细思考的问题。但这也是所有使用概率型抽样方法的研究都必须想好的问题，不只限于网络分析研究。

8.5　社会网络研究中问卷设计的挑战

我们知道，许多其他主题的社会科学研究也会使用"问卷"这种数据收集方式，但是相对于其他类型研究来说，网络分析研究的问卷设计环节会给研究者带来哪些挑战呢？

要回答这个问题，我们首先想象一种情景。假设我们已经设计好了一份关于友情的问卷，我们把它带到一个由 50 名员工组成的公司里，希望大家回答在"公司里谁是你们的好朋友、谁是你们信任的人、谁会影响你们在工作中的决策"等问题。可是当我们下发问卷后，却发现好多人并不愿意填写问卷，还有些人虽然递交了问卷，但在其所填问卷中把公司每位员工都列为他们的好友以及最信任的关系。还有一些员工告诉我们，他们看不明白问卷所提的问题，不明白如何正确地填写问卷。这种情况下，研究者应该如何应对呢？

事实上，上面这些现象在社会网络的调研过程中十分常见，它背后反映出的是网络研究在问卷调研中特有的难点。为了更好地说明如何合理地设计网络问卷和数据收集过程，我们接下来先来讨论在社会网络关系的调研中常见的挑战。

1. 网络测量的敏感性问题

在我们对受访人提问的时候，要意识到网络研究的许多问题是比较敏感的，因为它常常需要受访人回答跟其他人的亲属远近关系。在我们自己的日常社交圈里（例如班级、工作单位、兴趣小组等），我们不会总被人问到"谁是你最要好的同学、同事、朋友？谁是第二要好？谁是第三要好？"——将社交关系划分亲疏远近、将内心的亲密感外化，被要求思考自己信任谁、不信任谁，这些都会给填问卷的人带来很多压力。一方面，人们会担心这些信息被传到相关人的耳朵里，破坏了人际关系；另一方面，人们有时在内心里并不愿意承认和放大对亲疏远近的感受。

虽然研究者无法彻底避免带敏感度的关系问题，但可以通过一些方法来弱化问题的敏感度，降低对受访者的压力和可能带来的社会风险，增加对受访者个人信息的保护和对研究者的信任。有时候仅仅是提问的方式方法不同，就可以大大提升数据收集的效果和质量。

我们来看一个真实的研究案例。Johnson、Boster、Palinkas 在 2003 年发表的论文中介绍了考察南极科考队员的研究中所遇见的困难。由于在南极工作的科考队员来自五湖四海，观察和研究队员之间的互动关系、友情网络、合作网络等就成了非常有趣的研究问题。于是研究者在该南极科考队形成初期，给所有科考队员发放了一份问卷，其中一个关于互动关系的问题如表 8-6 所示。

表 8-6 网络测量的敏感性问题举例

请将以下成员按照跟你可能成为朋友的可能性从 1 ～ 20 排序。
请把最有可能跟你成为朋友的人排为"第 1 位"，最不可能跟你成为朋友的人排为"第 20 位"。

成员	排名（例如 1、2、3、……）
John	
Jack	

续表

成员	排名（例如 1、2、3、……）
Nick	
Juan	
Jose	
⋮	

资料来源：Johnson et al., 2003

　　这个关于队员友情关系的问题在回收数据时却遭到了巨大的阻力：科考队员或者拒不回答这个问题，或者把所有其他人都列为第 1 位，导致该问题没有收回足够的有效数据。这是为什么呢？研究人员经过跟科考队员谈话后发现，这个问题给队员们带来了很大的不适感——科考队这时候刚刚形成不久，队员之间都不愿意明确表达亲疏远近关系，不希望影响后期的合作。

　　于是研究人员根据受访人的反馈，重新修改该问题。最后，他们使用了以下格式的问题，如表 8-7 所示。

表 8-7　经过修改的南极科考队网络问卷

成员	请按照以下员工可能跟你进行社会性互动的强度从 0 至 10 打分 0——1——2——3——4——5——6——7——8——9——10 从不　　　很少　　　有时　　　常常　　　频繁　　　很频繁
John	
Jack	
Nick	
Juan	
Jose	
⋮	

注：Johnson et al., 2003

　　我们注意到，在修改后的问题中，受访人只需要对不同队员间进行打分，而不用给每个人按亲疏远近排序了；另外，修改后的题目中所提到的关键字是"社交性互动强度"，这个词更偏中性，而修改前的"朋友关系"则带有更积极的内涵，容易造成填问卷者的压力。这次修改之后，研究人员成功地收回了对该问题的调研数据。

　　这个例子让我们看到，如果不考虑网络问卷的敏感性，那么很多问题是无用的，问了也无法收回有效数据。在网络学者关心的很多问题中，如何减小问题的敏感性都十分重要，比如当我们研究办公室关系、家庭紧密程度、团队合作度、队员间的信任程度、意见领袖的提名、不同部门的竞争关系……时，都需要考虑到底应该用什么样的语言、量表、问题格式来问出这个问题，才能减少答题人的压力，收回有效问卷。

2. 如何准确测量"关系"

因为网络研究关注的是主体间的"关系"，而不同人对关系有不同的理解，因此在问卷中如何准确陈述针对关系的提问，成为大大影响数据的效度和信度的关键。

例如，即便是对最简单的"请在纸上写下你所有朋友的名字"这个问题，不同人也会有对朋友的不同理解和定义。有人会觉得见过一次面就算朋友，而有人会觉得要有多年相处、深入了解才算朋友。再如，"合作关系""协同行动""沟通频率""信任程度"等社会网络分析常常关注的变量，都是较为模糊、可以从不同角度定义的变量。研究者有时选择使用比较宽泛的描述，把定义该词语的空间让给答题人；但另一方面，当研究者关注的是具体的、需要界定清楚的关系时，在问卷中为答题人提供一个定义通常是更好的选择。

再如，在研究"管理型社交"（managerial networking）的组织行为研究中，为了了解非营利组织的 CEO 与其他 CEO 之间的社交互动情况，研究者常常要具体定义他们需要了解的是受访人的哪种关系。假如研究者只是在问卷中问"您在过去一年中进行管理型社交的频率是怎样的？"，受访人可能一头雾水，只能根据自己的对管理型社交这个词的猜测去答题，这将会严重影响到数据的信度和效度。相比之下，研究者可以在该问题里为受访者提供一个定义，如"管理型社交是指组织的管理者与其他组织及利益相关者的社交互动行为"；研究者也可以更通过限定性、更具体的词语来阐述问题，如"您在过去一年中与××市的其他非营利组织领导者之间的社交与互动频率是怎样的？这些社交互动可能包括会议上的见面、邮件往来、电话往来、微信沟通等"。这样更具体的问题能帮助研究者收回更高质量的数据。

思考要研究的关系到底是什么、如何定义这种关系、如何在调研中向受访者清晰提问，这是在整个研究设计中都举足轻重的问题。

3. 答卷人的回忆性偏差、数据缺失、问卷反馈率的挑战

在很多网络数据的收取中，由于研究者常常要依靠受访人的主观报告来获取数据，

因此可能还会面临回忆性偏差（retrospective error）的风险，即受访人在对过去经历的回忆中无法准确提供真实可靠的信息。

举例来说，如果有人要我们回答"在过去一年你与父母的见面次数"，我们是否能准确回答？如果是回忆过去 3 年、过去 5 年、过去 10 年呢？同样的回忆性偏差可能出现在跟朋友、同事、邻居和家人的互动、合作、共同经历的回忆中，一般来说，需要回顾的时间越长、需要回答的相关人名单越长，受访人的汇报越倾向于不准确。问卷和访谈严重依赖受访人的认知判断来获取准确数据，通常影响个人认知判断的近因效应（recency effect）、光环效应（halo effect）、对比困难效应（comparison effect）等认知偏差效应会对数据的质量产生不利作用。这种情况下，我们即便收集到问卷，也会有一定的缺失数据和错误数据。

缺失数据（missing data）对所有定量研究来说都会有影响，但是对网络研究的影响尤其明显。Borgatti 等 (2013) 用一个具体的例子展现了这种差别，我们来看图 8-4：图中有 8 个主体，假设代表一个学习小组中的 8 名成员，连带代表友情关系，下方的网络图展现的是这 8 个人真正的网络关系，而在上方的图中，某种原因导致 8 号主体和 3 号主体之间的关系未能准确汇报。通过这两种情况下所计算出来的中介中心度的对比（右方表格）可以看出，缺失数据对最后计算出的中心度数值的巨大影响——例如，当连带不存在时，所计算出的节点 3 的中介中心度是 0，而当其存在时计算出来的应该是 0.159；而除了节点 8 和 3 之外，节点 4、5、6 的中介中心度也同样产生了不小的变化。

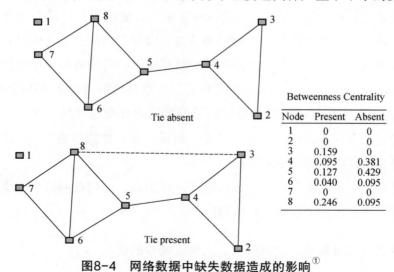

图8-4　网络数据中缺失数据造成的影响[1]

① 资料来源：Borgatti et al., 2013

最后，我们讨论一下问卷反馈率对网络数据收集的巨大影响。所谓问卷反馈率（response rate），是指研究者收回的有效问卷在总发放问卷中的占比。例如，研究者发放了 100 份问卷，最后收回了 20 份有效问卷，那么问卷反馈率即为 20%。在所有量化研究中，研究者都希望尽力提高问卷反馈率，通常 70% 以上的问卷反馈率是比较理想的，但是随着网络问卷、电子问卷的大量使用，很多研究的问卷反馈率在 40% 左右甚至更低。较低的问卷反馈率可能威胁到研究结果的可推广性（generalizability）以及样本的可代表性（representativeness），因此是所有定量研究中关注的一个重点。而对于关注整体网络的研究来说，保证较高反馈率则尤为重要。

学者 Burt（1983）做过一个这样的估计：在社会网络分析抽样中，如果用 k 表示所收集到的样本量占总体的百分比，那么抽样过程中所遗失的关系数据量的比例为（100−k）%。比如，如果对一个由 100 个人组成的整体网络发放问卷，而收集到了 40 个人的样本，那么在该过程中会遗失掉所有存在关系中 60% 的数据量——这是一个很高的数据遗失比例。正如学者 Scott（2012）所言："一个具有代表性的主体的样本，其本身并不能保证展示了有用的关系数据。"对此，研究者可以使用简化问卷难度、多次发送问卷未完成提醒、提供问卷奖励等方式，从而尽量提升问卷反馈率。在问卷反馈率过低而无法研究整体网络时，研究者可以考虑改变研究问题的分析单位，将整体网络的分析重点转为对个体网络的分析。

8.6 封闭式问题与开放式问题的选择

在设计关系问题时，有两种基本的问题类别可供我们使用：开放式问题和封闭式问题。熟悉了解我们的研究目的、调研对象的特点、环境及文化的限制，都对选择合适的问题形式至关重要。

所谓开放式问题（open-ended question），是指这样一类问题，这类问题不设置任何备选答案或可供参考的提示，而要求调查对象给出自己的答案。而封闭式问题（close-ended question）则为答题人提供可以选择的备选答案，因此可以作答的可能性是有限的、封闭的。我们考试中的单选、多选题就属于封闭式问题，而问答题、论述题就属于开放式问题。

在对关系型现象进行提问时，同一个研究问题总是可以选用多种不同的询问方式，但每种方式各有优劣，需要靠研究者自己判断具体情境和资源限制来选择，这其中体现的就是研究者的研究设计能力。

例如，当我们想研究"友情网络"时，可以分别使用封闭式提问和开放式提问，如表 8-8 所示。

表 8-8　封闭式问题和开放式问题的举例

封闭式问题举例	开放式问题举例
以下同学中谁是你的好朋友？（可以多选） 李磊　☐ 刘强　☐ 王晓　☐ 小花　☐ 明明　☐ 张云　☐	请在下面列出你同学中最好的 3 ～ 5 个朋友 *请输入回答……*

1. 封闭式提问

相较而言，封闭式问题的优势是减小答题人的工作量（已经列好选项，只需要勾选）、减少错误偏差（已经列出具体名单）、减小清理数据时的工作量。例如，我们想调查某商业协会中 100 个企业对其他企业的好感度，如果让答题人自己想出 5 个最有好感的其他企业，就有可能出现答题人遗忘了一些其他企业的情况，也可能出现答题人提名了不在该协会中的企业的情况，因为不是每个答题人都时刻清晰地记得谁在这个协会里。而使用名单列表、单选、多选、分类量表等方式则能改善这一问题。

最常见的封闭式问题是利用"花名册"（roster），即提供一个完整的某个网络中个体（或组织、国家等）的名单。通常我们想了解的网络关系不只有一种，这个时候就要考虑在列出花名册的时候选择哪种格式更易读、简洁，同时要考虑是否需要收集有值网络数据。

例如，想调研几个好朋友之间"一起吃饭"和"一起打球"的两种互动，那么既可以选择重复式花名册格式（repeated roster），也可以选择多栏式花名册格式（multigrid roster）。表 8-9 和表 8-10 展示了这两种格式。

表 8-9　重复式花名册类问卷示范

重复式花名册
1. 以下朋友中你跟谁在过去一个月中一起吃过饭？（可以多选） 李磊　☐ 刘强　☐ 王晓　☐ 小花　☐ 明明　☐ 张云　☐

2. 以下朋友中你跟谁在过去一个月中一起打过球？（可以多选）

李磊 ☐
刘强 ☐
王晓 ☐
小花 ☐
明明 ☐
张云 ☐

表 8-10　多栏式花名册类文件示范

多栏式花名册

请分别勾选在过去一个月你曾跟她 / 他一起吃过饭、一起打过球的朋友：

	一起吃过饭	一起打过球
李磊	☐	☐
刘强	☐	☐
王晓	☐	☐
小花	☐	☐
明明	☐	☐
张云	☐	☐

我们看到，使用多栏式花名册的好处是更节省空间、看上去问题更简洁，但是它的缺点是对于如何答题并不是那么一目了然，需要答题人具备一定的读表能力，来理解研究者问题的目的。当研究者想要一次性调研两种及多于两种的关系时（例如，同一个网络中主体之间的友情关系、共同学习关系、微信朋友圈关系），答题人则需要反复回看表格的题头并且在多种关系之间不断转换思维，这无疑会为答题人造成一定的困难，容易影响数据质量和增加缺失数据。

2. 开放式提问

使用封闭式问题虽然有很多好处，可是也需要很多限制条件。比如，封闭式问题要求一张基本完整的花名册名单，这就能难住很多网络学者。在实际的研究中，很多时候连网络边界都不容易一下子找到，更何况网络中的所有主体。在这种情况下开放式问题就显出了它的优势。

表 8-11 展示了两个采用开放方式提问网络关系的方法，第一个问题直接让受访人提名人名，而不是给他们一个可以从中选择的名单；第二个让受访人提名班级里满足不同条件的同学的名字，同样是把数据来源完全交到受访人手里。

开放式问题最突出的优势是：无需花名册或组织名单；主体由受访人定义；问卷格式相对简单、易懂；设计问卷所需的前期工作较少。

表 8-11　开放式提问示范（1）

如果你在生活中遇见困难，会向哪些人求助？请列出这些人的名字，并标明他们跟你的关系，比如"父亲""伴侣""子女""邻居""朋友"等（最少一个，最多不限）

请输入回答……

表 8-12　开放式提问示范（2）

1.请列出最多 3 个在你们班级里，你认为最有能力的班级干部：

请输入回答……

2.请列出最多 3 个在你们班级里，你认为人缘最好的同学：

请输入回答……

3.请列出最多 3 个在你们班级里，跟你关系最好的同学：

请输入回答……

由于开放式问题不需要对所作的命题设置任何备选答案或可供参考的提示，因此开放式问题往往更能全面地反映关系数据、允许答题人自己来提名密友（alter）、收回更完整准确的网络，不需要提前收集到网内的所有主体列表、避免名单列表过长等。例如，如果我们想知道一个组织里 500 名员工之间的友情关系，若是把 500 人的名单都列在问卷里让答题人选择哪一个是他们的朋友，这份列表看起来过于冗长而可能让答题人退缩，但让答题人自己提名 3 ～ 5 个朋友的开放式问题则让问题简单了许多。

不过开放式问题也会带来一些挑战，它的缺点主要是：①后期录入数据、清理数据、整合网络数据的挑战大；②受访人容易遗漏或忘记重要的主体和关系；③不同受访人对某种关系的定义可能有很大差别。开放式问题虽然在前期设计问题时比较省时省力，可是在后期清理数据的时候往往要花费更多的时间。例如，在封闭式问卷中"张大宝"这个人的名字已经被列在选项中，人名不会再有出入；而在开放式问题中，受访人可能错把名字写成"张大堡""姜大宝""章大宝"等，研究者要转换网络矩阵的时候就要手动清理所有人名，确保它们统一、无误，这是需要花费很多时间的。再例如，当让受访人提名公司里哪些人员跟他有工作上的日常沟通时，面对一个300人的公司，如果能为候选人提供一份全公司各部门人员的名单，就能大大避免候选人遗忘重要的人名和关系，但开放式问题却做不到这一点。对于此类问题当然也有一些解决办法，例如，如果研究者选用的是访谈的方式收集数据，那么就可以用探究式提问（probe）的方式来缓解这个问题，比如，在受访人提供了第一轮名单后，问受访人："除了您刚才提到的张明、王大力，您的组织中还有其他人员跟您有沟通吗？"

8.7　如何设计测量连带强度的问题

　　面对社会网络中的关系和互动，如何测量和展现出不同关系的强度，是社会网络分析中所关注的一项重要内容。换言之，面对一个网络中主体间不同的连带关系，我们如何能区分开每条关系的紧密程度？这在社会网络的语言里被称为对"连带的强度"（strength of ties）的测量（见图8-5）。

连带的强度＝？

图8-5　连带强度示意图

　　在测量连带强度时，最常见的测量方法有两种：绝对频率测量法、相对频率测量法。无论我们要研究的连带关系是友情、亲情，还是同事关系、合作关系、竞争关系、信息沟通……都可以按不同的强度进行分类。表 8-13 左右两边展示了两种方法下的例子。

表 8-13　对连带强度的两种测量方法举例

测量绝对频率	测量相对频率
·你在工作中向_____寻求建议的频率大概是多少？ 　A. 一年一次或更少 　B. 几个月一次 　C. 几周一次 　D. 一周一次 　E. 每天都有	·你跟下列表中的人说话的频率是怎样的？ 　A. 非常不频繁 　B. 比较不频繁 　C. 平均水平 　D. 比较频繁 　E. 非常频繁

在绝对频率测量法中，研究者向答题人询问的是互动或关系形式的绝对值，例如，"你跟以下每个朋友在过去一个月内见面的次数？""你跟每个同事在过去一周开会的频率？""你跟每个组织合作的次数？""你跟每个家人过去一个月在一起相处的小时数？"……当答题人给我们一个具体的数字时，我们就将该数值作为所测量的连带关系的强度，例如有人跟朋友一周见 10 次，有人一周见 2 次，这种绝对数值的差异就体现出了连带的强弱。

相对频率测量法则不关心绝对的客观频率，而是更将重心放到对关系强弱的判断上，以此作为每个连带的强度值。比如，研究者让答题人从 1 到 7 为自己与列表中每个好友的互动频率打分：1= 完全没有互动，7= 一直在互动；再比如，让答题人为自己与同事的发邮件频率选择合适的选项：A= 从不发邮件，B= 偶尔发邮件，C= 有时发邮件，D= 经常发邮件，E= 总是在发邮件。在以上两个例子里，答题人都没有给出绝对的互动频率、次数（即研究者依然无法知道确切的互动次数），但通过相对测量的方法我们依然能区分和比较出不同连带的强度值。

相较而言，相对测量法对答题人的要求较少（例如不需要回忆出互动的具体次数），但由于答题人对于"经常""偶尔"等标准未必相同，因此可能导致一定的偏差。而绝对测量法收集来的数据效度更高，但是对答题人的要求也高，在数据收集来之后通常需要重新对数据进行编码。

除了以上这种关注连带强度的问题，根据研究的需要，我们还可以选择排序式提问，如表 8-14 所示。在这类提问形式中，研究者需将从答题人那里得来的排序式的回答重新编码（例如 1 ～ 7 的不同数值），从而对所排序的关系进行强度上的赋值。当然，如果我们的网络名单很长、规模很大，那么排序方法并不适用，通常对 10 个以内的主体进行排序是可以实现的。

表 8-14　排序式提问示范

·请将下面的同事按照与你日常工作的紧密程度排序，与你工作最紧密的标"1"，其次标"2"，以此类推
·刘大　＿＿＿＿＿
·刘二　＿＿＿＿＿
·刘三　＿＿＿＿＿
·刘四　＿＿＿＿＿
·刘五　＿＿＿＿＿
·刘六　＿＿＿＿＿
·刘七　＿＿＿＿＿

除了上述的几种方法，我们还可以使用分步式询问的方式对连带强度进行提问，如表 8-15 所示。按照频率高低的分类来提问的好处，是帮助受访人关注到跟不同主体的不同互动频率，避免受访人将所有主体都划分为一个频率，使得无法区分连带强度的高低。

表 8-15　分布式提问示范

（1）以下人员中，与你见面频率是每年一次的人员是谁？请在后面打钩	（2）以下人员中，与你见面频率是每月一次的人员是谁？请在后面打钩	（3）以下人员中，与你见面频率是每日一次的人员是谁？请在后面打钩
·刘大 _____ ·刘二 _____ ·刘三 _____ ·刘四 _____ ·刘五 _____ ·刘六 _____ ·刘七 _____	·刘大 _____ ·刘二 _____ ·刘三 _____ ·刘四 _____ ·刘五 _____ ·刘六 _____ ·刘七 _____	·刘大 _____ ·刘二 _____ ·刘三 _____ ·刘四 _____ ·刘五 _____ ·刘六 _____ ·刘七 _____

在选择提问方式的时候，我们还要提前想到后续的数据清理工作量，在方便答题人、提高数据质量、减少数据清理负担之间达到一种平衡。与其他类的社会科学研究一样，在对关系类现象进行测量和问题设计时，永远没有唯一的、标准的、最完美的选择，只有更现实、更合理、更适合的选择。

8.8　案例示范：如何为具体的实证研究选择合适的网络量测

在介绍了基本的关系型量测分类之后，我们来以举例的方式展示常见的对关系型现象的提问方式。

1. 整体网络研究中量测设计的举例

这里给大家介绍一个笔者和合作者做过的研究的案例。在一次对应急救援网络的调查中，我们发现该飓风应援的组织间合作网络一共由 70 多个组织构成，而我们想了解这些组织之间的"信息沟通网络""协同救援网络""互相之间的评价"，以及"此前是否合作过"这 4 种关系是否会互相影响。这就意味着，我们需要每个组织回答出他们跟这剩下 70 多个组织中的哪些出现了以上 4 种关系，以及这种关系的强度是多少。

我们在开放式问题和封闭式问题之间考虑了后者，该选择主要出于 3 个方面的考量：①我们当时有能力获得一份几乎包含该应急网络中所有组织的名单；②封闭式问卷能够减少受访人回忆不清的遗漏，让受访人能通过看到一份完整名单进行回忆；③我们的团队成员得以亲身在现场通过访谈和问卷结合的方式收取数据，因此虽然多栏式提问看上去略显复杂，但我们能够针对受访人关于问卷的问题在现场对他们进行及时解答。

因为网络中有 70 个以上的组织，所以我们第一步列出了网络中所有组织的花名册。接着，我们选用了多栏式花名册的方式——因为如前面所讲，如果使用重复式花名册，则同样一份花名册需要列出来 4 次，这会让问卷看上去非常厚重，让答题人望而却步，而问卷反馈率是对研究结果很重要的因素，因此我们需要尽量降低受访人的答题负担。我们又考虑到，因为想研究的是"多值网络"（valued network），所以必须测出不同连带的强度，以区别不同组织之间互动频率的不同。表 8-16 展示了当时在该研究中使用的问卷格式。

表 8-16　多栏式提问法的问卷格式示范

组织名称	请针对列出的每一个组织回答下列问题：			
	（1）在本次救援前，贵组织与下列哪些组织有过联系或合作？ A= 有 B= 没有 DK= 不知道	（2）在本次救援中，贵组织与下列各组织之间的信息沟通频率是怎样的？ A= 没有沟通 B=1～2 次 C=3～5 次 D= 一天一次 E= 一天多次 DK= 不知道	（3）在本次救援中，贵组织与下列各组织之间一起协同救援行动的频率是怎样的？ A= 没有协同救援行动 B=1～2 次 C=3～5 次 D= 一天一次 E= 一直在协同救援 DK= 不知道	（4）在本次救援中，您认为下列各组织在救援中的贡献有多大？ A= 无贡献 B= 有一点贡献 C= 比较有贡献 D= 很有贡献 E= 起到决定性作用 DK= 不知道
1. ×××				
2. ×××				
3. ×××				
4. ×××				
5. ×××				
6. ×××				
……				

资料来源：Yang & Lu, 2021

大家可能会注意到，在第（2）、（3）、（4）栏中，我们使用了相同的量表，即一种相对频率的量表（A= 没有互动；B=1 ～ 2 次；C=3 ～ 5 次；D= 一天一次；E= 一天多次；DK= 不知道）。这份量表的确定，实际上是基于我们在该研究前期的数次访谈，我们发现大多数救援组织之间的沟通频率介于在整个救援活动期间"有一两次互动"到"每天多次互动"之间。由此，我们才确定了该量表，从而确保所得到的数据是有意义的。大家可以思考，如果我们的量表中没有 D 和 E 的选项，或者没有 A、B 选项，会出现什么问题。

在大家设计自己的量表时，也需要先对想使用的量表做一些确认和预检测（pretest），以保证量表能够覆盖到主体之间实际的互动频率。而对于第一列"前期关系"的测量，我们则使用了二值式提问（binary question: yes/no），因为我们只关心组织之间此前是否合作过，而不关心它们之前合作过的频率、熟悉度。

与所有其他的网络研究一样，这份问卷并不可能是完美的，而多栏式问卷的使用也意味着在某些方面增加工作量。例如，我们需要花专门的功夫跟受访人解释问卷如何来填，事实上在收集数据的过程中这也确实成了非常耗时耗力的一步。但相对来说，这份问卷是我们综合了自己的研究问题、特定的研究情景，以及手中资源考虑后所拥有的更优思路，最后证明也确实得到了我们预期的数据质量。

无论是封闭式量表还是开放式量表，网络数据的收集都不是一件容易的工作，它要求研究者全方位思考各种工具的优劣，思考自己能承受哪些工具的不足，在哪些设计上不能让步。所有问题设计都需要落脚在实际的情境中才有效，因此研究者应该不断地回到自己的研究问题和研究设计，尽量在发放问卷之前寻找进行预检测的机会，这样才能保证发放问卷时不做无用功。

2. 个体网络研究中量测设计的举例

如果我们的研究并不关心整体网络（whole network）及主体的中心度等问题，而是关注主体的个体网络（ego network）及其组成、结构、连带强度等，那么我们提问的方式选择会更加丰富一些。

个体网络的研究重心意味着研究者通常不具备一份涵盖网络中所有主体的名单（或是研究者并不关心所有主体之间的关系），这也就意味着，在提问的时候研究者无法使用"花名册"这种提问方式，而是需要更多地使用开放式提问方式，让答题人自己说出他们网络中的密友是谁。

最典型的一个针对个体网络提问的例子是 General Social Survey（GSS，即社会概况调查，是美国最著名的社会调研之一）中的这个问题：

（1）"From time to time, most people discuss important matters with other people. Looking back over the last six months, who are the people with whom you discussed matters important to you? Just tell me their first names or initials."（大多数人会时常与其他人讨论重要的事情。回顾过去 6 个月，您与哪些人讨论过对您来说重要的事情？请告诉我他们的名字或姓名的缩写）。

这个问题所得到的数据显然无法让研究者把所有被提名的密友，以及所有填写问卷的主体之间的连带都画出来（大多数回答问卷的主体都是完全没有交集、生活在美国各地的居民），但是这个问题却能让研究者了解到围绕每个答题人的个体网络的特征。

通常，在这样的提问之后，研究者会继续针对答题人所给出的答案，进一步对其个体网络特征进行了解，例如提出以下问题：

（2）"这个人的年龄是多少？""这个人的性别是什么？""这个人的职业是什么？""这个人的受教育程度是什么？"……（针对每个密友的个体属性进行提问）

（3）"您与她 / 他多久见一次面？""您跟她 / 他每周在微信上沟通的频率是……""您跟她 / 他进行邮件往来的频率是……""从心理亲密程度上考虑，如果让你从 1 ~ 5 打分，您感到跟她 / 他有多亲密？""您对她 / 他的信任程度，如果从 1 ~ 5 打分，是几分？"……（针对主体跟密友的连带关系进行提问）

（4）"在您所列出的人之中，有哪些人是互相之间认识 / 是朋友 / 是同事 / 相互信任 / 是亲属关系……"（针对主体对密友之间所认知的关系进行提问）

通过以上提问，研究者能够收集到不同个体网络的特征，以及网络中组成成员的属性，从而对每个主体为什么形成某种结构的个体网络、为什么有连带密度较高或较低的网络形式、为什么有相似性高或多样化程度高的网络组成等问题进行回答。

8.9　二手网络数据：历史档案数据、组织档案数据、社交媒体及引用网络数据

除了亲自设计研究、收集关系型数据，我们还可以使用其他研究者、机构、网站已经收集到的数据，或者重新整理、挖掘、转换档案型数据，从而实现从网络视角的数据

分析。接下来我们介绍 3 种常见的二手网络数据类型：档案型数据、电子数据与社交媒体数据、含有合作信息的数据及其他关系型信息。我们会发现，如果具备了社会网络分析的视角，身边的很多数据都可以重新挖掘利用，以此来回答有意义的关系型问题。

1. 历史档案型数据

档案型数据（archival data）是通过对过去保存下来的档案、资料、数据进行整理而生成的数据。例如，在历史上留存下来的婚姻记录、商业合伙人记录、投票记录、分类账本、书信记录、法律记录、政府记录、资金记录、报纸杂志、海报传单、历史书籍卷宗等，这些常常都能提供关于某些关系连带的数据。虽然许多历史资料在留存下来的时候并不是以关系型数据形式出现的，但是研究者可以通过对文本阅读、考察、分析（text analysis）、编码（coding）等方法，整理出档案中的关系型数据，并从网络分析的视角提出新的见解和发现。

例如，在历史学的研究中，通过挖掘史料，可以重新理解重要历史人物之间、家族之间、组织之间、地方之间、国家之间的关系。Borgatti 等（2013）列举了如何利用档案型数据对伽利略的家庭关系、熟人关系、政治关系等进行分析——在伽利略的女儿 Maria Celeste 给父亲寄出的 124 封信中曾提及大量的人名、事件名、地名，这些信息通过整理和编码后，可以描述出伽利略当时所嵌入的不同的社会网络关系，用以重新理解他的经历和选择。另外，对当时科学家之间书信、回忆录、生平记录的档案整理，可以归纳出哪些科学家曾在同一所学校上学、接受同一个机构的教育培训、同为一个科学协会的会员、接受相同赞助人的资助等网络关系，通过对人物、时间、地点之间网络关系的梳理，能够加深对当时科学家之间互动关系、互相之间学术影响、观念改变的理解。

再如，Padgett 和 Ansell (1993) 通过对《美第奇家族的崛起》（*The Rise of the Medici*）这本书及其他历史档案里所提供的信息，对意大利佛罗伦萨 15 世纪的精英家族之间的多种网络关系进行了编码和分析，包括家族之间的亲属与通婚关系，商业合作、合伙人、雇佣关系，政治关系以及友情关系。

类似的方法可以用于研究历史上哪些人物之间互相通信、哪些家族通婚、哪些地区之间有经济往来以及名人之间的关系等。古代文学作品和艺术品也可以是很好的档案数据来源，例如，文学史可以研究哪些诗人的作品中提到了同时代的其他诗人（例如杜甫的诗歌中经常提到李白，而李白较少提到杜甫）；根据艺术的流派可以将使用相同流派、技术、理念的艺术家之间的关系通过网络进行梳理。另外，历史上政治人物之间的政见是否一致，其家族上几代是否有联姻、合作或敌对关系，重要的历史人物是否同一时间在同一城市、经历了相同的历史事件、参与了同一个运动等，都可以作为档案型数据，通过编码和整理生成关系型数据。

2. 组织档案型数据

如果我们的研究对象包括组织、小组、个人，那么同样可以利用不同组织所存留的档案型数据开展社会网络分析的研究。组织的档案数据包括公开档案和内部档案两种，前者的数据包括其公开网站上的数据、公开的商业记录及其他公开信息；后者则是对外不公开，但在研究者联系后，有可能提供给研究者的数据，例如，某个过去时期的通信记录、人员变更、群组变更、结构变更、薪资变化等。

组织内部的通信数据是最典型的关系型数据，例如成员之间邮件往来的次数、频率，邮件长短、内容分类等，都可以用来了解员工之间、部门之间的关系等。这方面最有名的例子是安然公司的电子邮件数据（Enron Corpus），其中公开了 158 名员工之间超过 60 万封电子邮件。除了电子邮件，现在很多公司都会使用内部电子通信平台进行沟通，在这些平台里也会存有大量的员工沟通的关系型数据。除此之外，员工之间的电话记录，一起参加共同活动、共同会议的记录，一起加入临时小组或临时委员会的记录，一起参加培训的记录等，都可以作为研究网络关系的数据。当然，大部分组织不会把自己内部员工之间的通信记录主动公开，但是在研究人员的联络下，有可能公开一部分内容并不敏感、不涉及组织或个人利益的邮件。

如果无法获得内部数据，则可以尝试利用组织的公开数据来探索关系型数据。例如，很多企业、经营者、非营利组织都有自己的门户网站，并且可能在其公开网站上列出"友情链接""友情赞助""董事会成员""曾服务过的客户""参与的合作项目""参与的公益项目""隶属商会""权威机构认证"等信息，这些信息中常常包含着大量的关系型数据。例如，依据我们所关心的区域、项目种类、社会关系，可以利用这些信息回答类似以下的研究问题：

（1）全球五百强企业在多大程度上存在连锁董事？连锁董事的中心度会影响公司之间的合作关系吗？

（2）哪些公司在当地公益项目合作中拥有较高的中心度？这些公司拥有怎样的共同特征？

（3）隶属于同样商会的公司在公司管理方式、文化、架构、领导风格等方面有相似性吗？

（4）哪些公司在网站上互相列对方为"友情链接"？哪些是单向的，哪些是双向的，能说明什么问题？

（5）哪些公司或学校获得了多种相同的权威机构的认证？这些共同认证的数量能解释公司或学校的业绩、关系、相似度吗？

（6）哪些公司曾经服务过相似的客户？这些在多个项目中服务过相同客户的公司之间是怎样的关系？

有趣的是，当研究者向组织寻求内部数据时，组织管理者很可能并不知道我们说的"数据"是什么，而答复说"我们没有数据"。对于从业者来说，他们不熟悉研究者的语言，因此研究者应该跟他们解释哪些关于组织的信息能够帮助到自己，例如邮件沟通记录、人员变更记录、存档信息、参加会议及活动的记录等，而不是简单地向组织中的参与者要"数据"。在利用组织公开的信息时，组织网站上的公开数据可能不足以回答研究问题，那么我们可以依靠多种数据来源来收集关系型信息。例如，一些新闻报道，调研机构、政府公开报告中也会提供关于不同企业、非营利组织、政府部门的数据，这些数据常常可以作为属性型数据，也可能挖掘出关于该组织的个体网络数据。

3. 社交媒体、电子平台、引用与合作关系数据

社交媒体（social media）软件的发展为学者提供了大量的关系型数据，例如微博的互相关注网络、点赞评论网络、微信朋友圈的互动网络、豆瓣的好友关注及共同兴趣群组网络、知乎上用户的赞同文章网络，以及国际上常用的脸书（Facebook）、推特（Twitter）、领英（LinkedIn）等社交网站上用户的互动网络……这些社交平台的电子数据能够体现出人和人的多种交互状态，如好感度、熟悉度、信任度、支持度、认同感、相同观念、相同知识结构等指标，它们作为社会网络数据的来源越发受到社会科学学者的关注和使用。此外，交友网站、网上互助社区论坛、相亲网站、某品牌产品的公开网上论坛等电子平台同样也展示出大量的关系型数据。研究者可以对公开的、不涉及隐私的，或用户及平台同意分享的数据进行挖掘和分析，推动自己领域对社会网络话题的认知。

此外，一些专业网站会提供个人或组织之间的合作信息、学者引用信息、联名信息、被雇佣关系等，这些网站的公开信息也蕴藏着大量的关系型数据。例如，谷歌学术（Google Scholar）上能够找到某个领域重要学者之间的学术引用关系，从而了解学者之间的学术引用关系网络。"学术引用网络"（citation netwrok）是一种重要的学术领域的社会网络，它能体现出知识的发展、细分领域之间的关系，领域内学者的流派、互相之间的关系，以及重要的论文观点的演变及学者之间的承接关系。例如，研究者 Varela 等（2018）分析了身体活动及健康领域内核心文献的学术引用网络，并进行了结构化的文献回顾；研究者们通过利用可视化的学术引用网络和识别研究子群来追踪该领域的发展。

另外，我们也可以研究像、微博、豆瓣、知乎等社会媒体平台上关于某个话题的讨论、转发、子话题之间的关系等方面。例如，学者 Perez 和 Germon（2016）从推特上提取了某一时期内提及 "OSINT"（开源情报）的所有推文，最终数据库包含大约 10 万条推文，由多达 2 万个个人资料生成，研究者们利用它来观察中心度、子群、重要用户或组织等信息。

不同学术机构、政府组织、公司之间的人员流动和雇佣关系，也体现出重要的社会网络关系，并且这些信息通常可以通过公开渠道获取，而不需要向被调研者问询。例如，Zuo 等人在 2019 年的文章中，通过公开的数据考察了美国主要高校的公共政策学院之间博士生培养和教师雇佣关系的网络，通过网络图视觉化的体现，展现出高校之间密切的学术人员往来关系。

像豆瓣、IMBD（Internet Movie Database，互联网电影资料库）这样的围绕影视作品、艺术家及其作品的网站同样能够提供大量有意义的关系型数据。例如，IMBD 上提供了大量电影的信息，如导演、演员、获奖信息等，这些信息所呈现的关系网络可用以理解电影从业者之间的关系，以及他们的个人信仰、政治理念、性别、年龄对这种关系的影响。例如，Borgatti 等人（2013）在书中展示了如何利用 IMBD 数据库回答以下研究问题："在政治上倾向于自由派或保守派的好莱坞演员会一起合作电影吗？"通过制出好莱坞演员之间的电影合作网络图，我们得以一目了然地看到哪些演员处于合作网络的核心或边缘位置、哪些演员之间有合作或没有合作过，以及通过分析他们的政治立场，去理解其对演员合作关系上的影响。

除了电影合作信息，在不同网站上还能找到和提取出不同作者合作的信息、音乐人之间合作的信息、艺术家合办展览的信息、项目基金共同申请的信息、活动场地共用的信息，以及不同公司、管理者、政客、学者出席同样一个场次招聘会、分享会、见面会、签售会、公益活动等活动的信息，而这些重叠参与的网络体现出主体之间重要的互动关系。

最后，在使用二手网络数据时有几点需要稍加注意：①二手数据不是我们自己收集的，因此要了解和在论文中阐明这些数据来源是否可靠、研究者提取数据和转化数据的方法是否科学，而不能假定一切二手数据都是高质量、高信度、高效度的可用数据；②二手数据无处不在，但能否从中挖掘出能回答有意义的研究问题的关系型数据才是关键，而不是为了使用数据而使用数据；③二手数据既可以实现一模网络分析也可以实现二模或多模网络分析，同时在有条件的情况下可以实现纵向分析（longitudinal studies）。了解二手数据的这些优势能帮助研究者真正用好手中的数据，从而作出高质量的研究。

8.10　基于质性数据的社会网络研究

在本书中我们所介绍的研究设计和数据分析方法主要是围绕定量性数据展开的，但是定量型研究并不是社会网络分析唯一的研究方法，质性研究与混合式研究在网络研究中也具有很重要的位置。这一小节，我们就专门来讨论质性数据在社会网络研究中的应用。

1. 质性方法和质性数据的特点、优势、目的

所谓"质性数据"（qualitative data），是相对于"量化数据"（quantitative data）而言的，后者是数字化形式的信息（如身高、体重、温度、考试分数等），而前者是不可量化的数据，例如文本、关键字、词语、描述、照片等。

质性研究跟量化研究具有截然不同的目的，因此其研究方法也有根本性的区别。量化研究的优势是基于量化的数据做标准化的数据分析，从而得出关于总体的、推论性的发现；而质性研究则将重点放在挖掘深入的、多面向的、丰富的信息，提供翔实的背景信息和过程信息，从而推动对社会现象的理解以及理论的构建。

举例来说，我们使用定量的方法可以算出一个班级中有多少友情关系、学生之间的友情连带强度是怎样的，但是有时候这些信息是不够的，因为"友情"并不能完全使用标准化、统一化的方法进行量化。再比如，我们用量化的分析方法发现员工在某公司的邮件通信网络中的中心度与其工资呈正向相关的关系，但是我们无法完全准确地解释到底是什么原因致使这两者之间有正相关关系。这些时候，都需要使用质性的研究方法，利用深度访谈、案例分析等方法补充说明量化研究的结果，或是从理论上推进现有认知。

质性研究和量化研究的区别绝不仅仅是有没有使用数字化的数据这么简单，而是两种不同的底层逻辑。从目的来看，质性的研究方法更适合以下目的的研究：

（1）探索一个新的研究对象或新出现的研究话题；

（2）作为先行研究（pilot study）的一部分，去确保研究者对研究现象的假设、猜测以及预期研究条件是成立的；

（3）阐释或解读某些社会现象的深入含义、复杂背景、深度内涵；

（4）补充或丰富对量化数据分析结果的理解、讨论、启发、应用；

（5）依托归纳法和扎根理论等方法探索或发展新的概念或理论框架。

以下几个关键词常常能够凸显质性研究的特点：

（1）"阐释性的范式"（interpretive paradigm）：质性研究依托对所研究对象的深入理解，并通过研究者的阐释、解读来增加认知。（而在量化研究中，我们通常依托数据软件给出数据关系的结果，并且以呈现或印证这些关系的存在为重点，而非阐释。）

（2）"情境性"（contextuality）：质性研究强调把具体的社会现象放到具体的环境（context）中去分析和解读，联系该社会现象所在环境的历史、发展过程、现有特点等去解读该社会现象，而不是把所有类似的社会现象都放在一起进行大规模推论。

（3）"归纳法"（inductive）：质性研究常常依托归纳性推理（induction）而非演绎性推理（deduction）。扎根理论的方法就是一个典型的例子。

对于质性数据的特征和作用，Hollstein（2011）给出了很好的总结："Any act of expression (be it action, a verbal utterance, or a written text) that allows inferences about the context of action, system of meaning, and frame of reference related to the instance of expression in question is considered qualitative data."[对于那些与所研究的表达性实例有关的行动情境、意义系统、参考框架来说，任何一种能推断它们的表达性举动（可能是行为、口头表达或书面文本）都会被认为是质性数据]（第 405 页）。只有了解质性数据的特点和质性研究的底层逻辑，我们才能将其优势充分发挥在对社会网络现象的研究中。

2. 质性研究方法中常见的网络研究对象

根据 Hollstein（2011）的讨论，下面列出了适合使用质性研究方法的网络研究话题或研究目的，方便大家理解和归类：

（1）新型的社会网络现象：质性研究适合于以探索性为目的去了解和描述全新的领

域、未被充分讨论或关注的现象，如国家之间移民的网络、某种新型工作关系中的互动、某个新兴领域内的人际关系、新出现的跨国合作关系等。通过案例分析等方法，研究者可以为新型的整体网络结构、个体网络特征、网络的环境等方面进行描述型介绍，把新的问题、新的视角、新的重点带到人们的视野中来。

（2）社会网络连带的实质：质性研究适用于去深入地理解网络连带关系的实质，深入理解主体之间的关系。例如，管理型社交（managerial networking）的实质到底是什么？非营利组织的 CEO 之间是通过哪些互动来维持非正式的关系的？信任程度高的主体之间的互动有哪些特点？是在怎样的情境下发生的？有哪些前提基础？再如，救灾应急网络里的参与组织之间都有哪些形式的具体合作？它们合作的内容是什么？组织把什么活动定义为合作？什么不定义为合作？

（3）主观认知和理解中的社会网络：质性研究能够帮助研究者了解人们主观上如何认知和解读其所在的网络结构、其他人之间的关系、自身的网络活跃度和中心度等情况——这种认知是一种主观感受，也是非常重要的研究课题，因为它会影响到个体的行动、主体间互动关系，甚至群体的行动结果。

（4）社会网络的动力学、发展过程、走向趋势：质性研究适合用于记录和展现社会网络发展的过程，例如记录一个多组织合作网络如何开始、如何成熟、遇见了哪些挑战、如何化解、如何解体等。Provan 等人 (2009) 的论文通过对比两个以促进精神健康为主旨的合作网络的整个发展过程，探讨了哪些因素对于整体网络的绩效至关重要。

（5）社会网络带来的影响：质性研究适用于去记录、阐述、解读社会网络在具体情境中所带来的影响，例如，小团体关系对公司业绩和文化的复杂影响，学生之间约会和恋爱的关系对学生心理发展和其他同龄人在校行为的影响，网络中某种具体的嵌入位置［如"守门人"（gatekeeper）］对该主体行为、心理、态度、绩效的影响等。

（6）证实和确保网络数据的有效性：质性研究还能确保数据的有效合理，这一点常常是以先行实验（pilot study）的方式实现的，例如，在设计具体的多栏式网络问卷及量化问卷之前，先采用访谈和观察等质性研究的方法确认研究者的研究思路是正确的、网络关系确实存在、研究者理解了网络关系的连带实质等，从而保证数据的有效性。

3. 质性研究中的数据收集和数据分析

在质性研究的数据收集方面，深度访谈和田野调查是进行一手数据收集最典型的方法。

深度访谈（in-depth interview）能够让研究者从受访人那里深入了解到网络现象的来源、发展、影响，以及该现象所在环境的特点、历史背景等，并能了解到受访人主观的体验、解读、感受。在深度访谈中，半结构化和非结构化的访谈方法最能够实现质性研究的优势，研究者能够在不断的探索中找到没有被预设的新模型、新思路、新解读，并能通过跟随性问题（follow-up questions）、探究式提问（probing）挖掘出更深层次的原因、动机、解读。

田野调查（field observation）能够让研究者通过身处具体环境之中去理解和观察研究对象，然后将观察的记录、反思、感受整理成笔记而作为质性数据。田野调查可以用于描述和解释社会运动、网络主体之间的互动形式和氛围，并且可以帮助研究者进一步理解深度访谈或问卷中受访者的回答。

当然，前面我们介绍过的档案型数据（见 9.9 节），尤其是依托于文本（如信件、报纸杂志、历史书籍卷宗、法律记录等）的档案型数据，同样广泛应用于质性研究之中。除了前面提到 Padgett 和 Ansell (1993) 的例子，学者 McLean (1998) 通过分析上百封信件研究了 1380—1460 年佛罗伦萨人如何互相寻求支持、怎样通过加强与庇护人的关系来建立自己的事业，也是很好的质性研究的例子。

从数据分析的角度来讲，质性的网络研究多依赖于文本分析（text analysis)、语意分析（semantic analysis)、主题分析（thematic analysis)、案例分析（case analysis)、框架分析（frame analysis）等。这些方法同样广泛应用于其他学科的质性研究之中。

在本章中，我们介绍了社会网络分析中的研究设计、网络边界确定、抽样思路、数据收集方式、问卷设计、量测选择、一手及二手数据的获取、质性研究方法的应用等关键话题。希望通过本章的学习，读者得以更全面地理解一个完整的社会网络分析研究的各个方面，理解到一个好的网络分析研究如何从整体上把握研究设计的合理、保证研究的效度与信度、考虑到数据的适用性和数据收集中的实操性，最终确保研究过程与研究结果的合理、可信、可靠。

至此，本书的第二大部分已介绍完毕。接下来，我们将进入数据实操部分的介绍，在本书的第三大部分中，详细展示如何使用软件 UCINET 来实现对社会网络数据的分析工作。

第三部分

使用UCINET进行社会网络分析研究的实操讲解

　　本书的第三部分通过对 UCINET 软件操作的示范，介绍对网络数据进行实操分析的具体方法。本部分的内容涵盖 UCINET 软件入门、数据处理和准备、数据描述、数据分析、结果解读等多个方面，目的是呈现出切实有用的软件实操指南，从而帮助读者掌握在自己的研究中分析网络数据、解读网络数据，并将数据结果融入论文的能力。

　　在本部分的学习中，有以下两点建议：

　　（1）在进行实操练习时，读者需要亲自动手操作，并鼓励使用多种数据来尝试所介绍的每一种 UCINET 功能。

　　（2）在学习每一种实操工具时，请思考该功能如何为自己的具体研究服务，以及它能帮助我们回答哪些具体的研究问题。

第9章

UCINET 操作：软件入门

从本章开始，我们进入本书的第三部分——对社会网络分析软件实操部分的讲解。我们将详细讲解 UCINET 的使用方法和操作步骤，结合具体分析案例讲解如何处理数据、分析数据、解读数据结果。

在本章中，我们将首先介绍 UCINET 软件的基本界面与 UCINET 中常见的两种数据类型(关系性数据和属性型数据)；然后我们将介绍在 UCINET 中如何导入数据、如何解包数据集、如何使用输出日志等。本章将为接下来几章介绍 UCINET 的核心功能提供重要的基础。

9.1 UCINET软件的主要菜单及基本功能

1. UCINET[①]总览

UCINET 是目前社会网络分析应用最广泛的一款网络数据分析软件，它由林·弗里曼(Lin Freeman)、马丁·埃弗雷特(Martin Everett)和史蒂夫·博加蒂(Steve Borgatti)3 位学者开发，可用于分析一模网络及二模网络的数据类型(软件基本界面见图 9-1)。

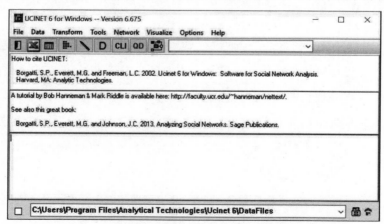

图9-1 UCINET软件界面

---

① UCINET 在官网下载后有 90 天的免费试用期，目前仅限在 Windows 操作系统下使用。在官网可找到软件安装、基本操作等方面的英文讲解手册。

UCINET 跟其他社会网络分析软件相比有以下特点：

（1）操作容易，界面友好，容易上手。UCINET 采用图形用户界面（GUI），不需要编程基础，较为容易入门和操作。

（2）较适合处理中小型规模的社会网络的数据，不适合处理复杂网络。UCINET 可以处理多达 32 767 个节点的网络数据，但实际上常用于处理 5 000 以内个节点的数据（处理大于 5 000 个节点的数据时，速度可能会变慢）

（3）其功能覆盖最核心最重要的网络描述、网络制图和假设检验等方面，能用于计算网络中心度、凝聚度、角色分析、基本图论、基于排列、矩阵分析程序等。

2. UCINET 的主功能菜单

UCINET 软件的最上方列出 8 个功能选项（见图 9-2），分别是：

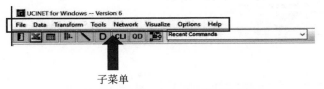

子菜单

图9-2 UCINET的主功能菜单展示

（1）File(文件)：该下拉子菜单里涵盖跟储存文件相关的功能，如更改默认文件夹、创建新文件夹、复制数据组、重新命名数据组、文本编辑器等功能。

（2）Data(数据)：该下拉子菜单里包含跟处理数据相关的功能，如数据编辑器、导入 Excel、导入文本文件，导出、拆分数据包，将属性数据转换为矩阵数据、转置矩阵等功能。

（3）Transform(转换)：该下拉子菜单里包含与转换数据格式相关的功能，如合并数据、数据的二元化转换、创建交互项、重新编码、替代缺失值、对称化转换等。

（4）Tools(工具)：该下拉子菜单里包含一些常用的分析工具，如子群分析、相似性与距离分析、多个数据矩阵相关分析、假设检验工具、散点图、树状图等。

（5）Network(网络)：该下拉子菜单里包含针对网络特征的多种分析工具，如整体网络分析的密度、Simmelian ties 分析、组群分析、小团体分析、中心 - 边缘度分析、三元结构分析、二模网络分析等。

（6）Visualize(可视化)：包含 NetwDraw、Pajek、Draw 这 3 个跟制图和可视化相关的工具。

（7）Options（选项）：包含跟设置相关的一些选项，如分析结果文件的路径、页面设置、UCINET 文件类型设置、数据栏宽度等。

（8）Help（帮助）：包含帮助主题及注册、技术支持等。

除了从这 8 个主功能下的子菜单中能找到 UCINET 的所有功能，在子菜单下面的界面中还能找到一些最常用的功能，这样就不必每一次都去子菜单中一一寻找。图 9-3 展示了这些常用按钮的中英文对照。所有这些功能也都能在子菜单中找到。

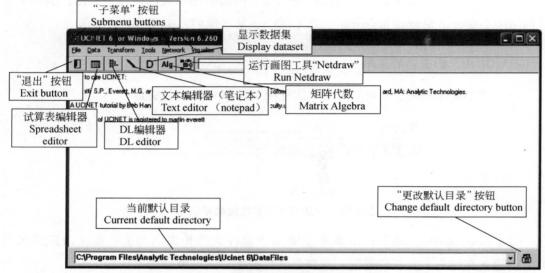

图9-3　UCINET界面基本功能中英对照

3. UCINET 的"帮助"功能

在使用 UCINET 的过程中，我们要学会利用协助性的帮助资源。例如，设计 UCINET 的团队在官网提供了快速启动指南的英文手册，里面提供了进行具体操作的演示方法。

另外，UCINET 本身有一个很有用的"帮助"功能，在我们操作任何一个具体的功能时，都可以随时利用"Help"键打开相应的讲解和提示。例如，当我们想要计算"网络中心度"时，可以通过以下步骤找到帮助功能：

（1）打开 UCINET 软件。

（2）找到"Network"菜单，点击"centrality"，找到"Multiple Measures"。

（3）点击"Help" ? Help 按钮，熟悉一下帮助界面，如图 9-4 所示，注意"Help"

功能可以直接链接到我们现在正在进行的相关内容（也就是"centrality"的操作）。

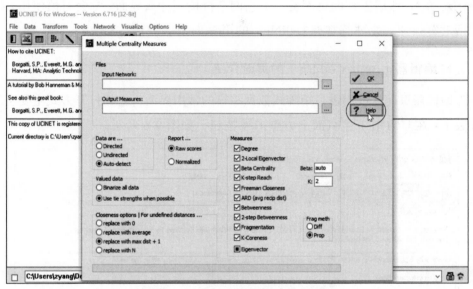

图9-4　UCINET的帮助功能键举例

点击"Help"按钮后，我们会看到下面的界面，如图 9-5 所示，里面解释了整个"Multiple Centrality Measures"（多个中心度测量）的目的、功能描述、参数解释等信息。这些信息能帮助我们了解如何调配参数和解读结果。

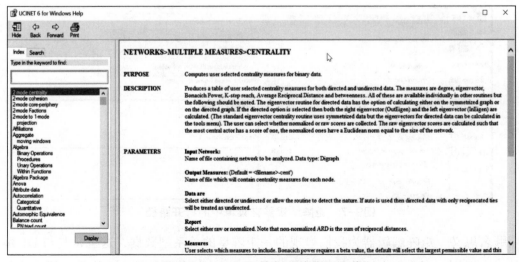

图9-5　UCINET的帮助功能页示范

接下来，我们可以随便点击几个 UCINET 软件的功能（比如 Diagonal、Transpose、Symmetrize 等），然后去帮助页面看一下它们会链接到什么界面。学会习惯使用 UCINET 中的"帮助"按钮，是熟练掌握 UCINET 的第一步。

4. 矩阵编辑器（matrix editor）的页面介绍

矩阵编辑器页面是我们进行矩阵式数据编辑的常用界面，它的打开方式主要有两种。

方法 1：在 UCINET 主页面上方点击■按钮，如图 9-6 所示。

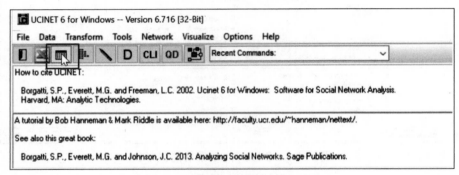

图9-6　矩阵编辑器按钮的位置

方法 2：在 UCINET 主页面上方菜单点击"Data—>Data editors—>Matrix Editor"，如图 9-7 所示。

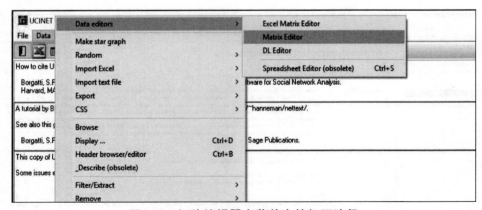

图9-7　矩阵编辑器在菜单中的打开路径

顾名思义，矩阵编辑器为我们呈现的是矩阵型的关系型数据，这也是其与 DL 编辑器的一大区别。当我们在矩阵编辑器中打开任意一个矩阵型数据，就会看到网络中任何

两个主体之间的关系。图 9-8 展示的是一个 14×14 的矩阵数据集。值得注意的是，矩阵
数据的第一行和第一列是相同的，都是用来指示节点的"节点名称"（ID）。节点的名称
只是一个"代号"而已，它要求我们不能有重复的名称。第 1 行和第 1 列中的节点名称
应该是完全相同和对应的，如果有出入，则无法构成标准的网络矩阵。

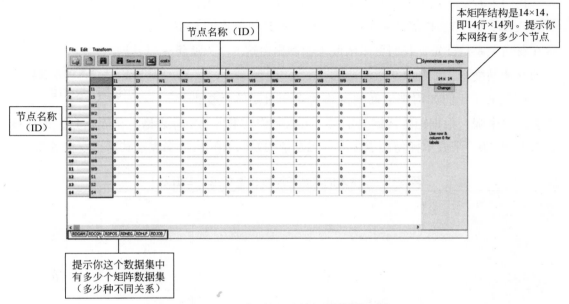

图9-8　一个14×14的矩阵数据示例

9.2　关系型数据的常见格式与类型

为了讲解接下来的软件分析，我们首先介绍常见的关系型数据（relational data）的格
式。网络数据可以以不同的格式呈现在软件里，不同的格式之间通常可以互相转化，但
对于 UCINET 来说，需要我们在操作的时候知道软件要求输入的数据的格式，这样才能
得出正确的分析结果。接下来，我们来介绍 4 种 UCINET 中常用的关系性数据格式：矩
阵数据、节点列表型数据、边缘列表型数据、二模网络数据。

1. 矩阵数据（matrix data）

矩阵数据是最常见、最直观的网络数据呈现方法。它的特点是将一个网络中的所有

节点的编号分别列在一个矩阵的第一行和第一列，然后在任何两个节点交叉的单元格内用"0"或"1"标记这两个节点之间是否有连带，若存在连带则在矩阵中标记"1"，若不存在则标记"0"。这样，一个网络中所有节点之间的连带关系就可以在矩阵内一目了然。

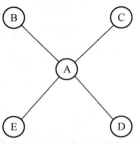

图9-9　5个人的友情网络示范图（二值型）

我们来看一个例子。假设有 A、B、C、D、E 5 个人，其中 A 与 B、C、D、E 都是朋友，但除此之外其他节点间都不存在友情关系。首先，我们可以依此来绘制出由这 5 个人所组成的友情网络图，如图 9-9 所示。

接下来，我们如何把上面的网络关系通过矩阵数据的格式表现出来呢？根据矩阵数据的定义，可以制作出下方的矩阵表格（见表 9-1），即在该表格中用"0"来表示任何两点之间"无友情关系"，用"1"来表示其存在友情关系。

表 9-1　5个人的友情矩阵数据表示范（二值型）

	A	B	C	D	E
A	0	1	1	1	1
B	1	0	0	0	0
C	1	0	0	0	0
D	1	0	0	0	0
E	1	0	0	0	0

这样，我们就生成了一份矩阵格式数据。我们注意到，上边的矩阵数据为"二值矩阵"（binary matrix），即矩阵中的数值只体现"有连带"（数值 =1）和"无连带"（数值 =0）两种情况。除此之外，矩阵数据同样可以用来展现节点之间关系的强弱（比如，"友情程度从 1～7 的强度""沟通频率从 0～5 的强度"等），即"多值型（valued matrix）矩阵数据"。例如，右侧的网络图（见图 9-10）及矩阵数据表（见表 9-2）体现出了多值型的友情关系，因此我们不仅能够知道这 5 个人中哪些

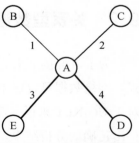

图9-10　5个人的友情网络示范图（多值型）

人之间存在友情关系，而且能够在存在友情关系的节点之间区分哪些是更加深厚的友情关系，哪些是比较薄弱的友情关系。

表 9-2 5个人的友情矩阵数据表示范（多值型）

	A	B	C	D	E
A	0	1	2	4	3
B	1	0	0	0	0
C	2	0	0	0	0
D	4	0	0	0	0
E	3	0	0	0	0

2. 节点列表型数据（Nodelist）

第二种常见的关系性数据格式是节点列表型数据，即 Nodelist 格式。Nodelist 格式下所展现的网络数据，最左侧一列会列出某一网络中的每一个主体，而右侧相对应列出该主体有连带的"密友"，如果有多个密友，则依次列在该主体一行的右侧。例如，同样是表 9-2 中 A、B、C、D、E 这 5 个人的友情关系，当展示为 Nodelist 时，格式如表 9-3 所示。

表 9-3 节点列表型数据格式示范

（主体）	（密友1）	（密友2）	（密友3）	（密友4）
A	B	C	D	E
B	A			
C	A			
D	A			
E	A			

Nodelist 的好处是，在数据收集后进行输入时比较方便。例如，假如我们的问卷中要求受访人提名 3 ～ 5 个他们最好的朋友，在录入数据时使用 Nodelist 的格式则可以依次将每个受访人的提名密友方便地输入进来。

反过来，Nodelist 也可以轻松转换为矩阵格式的数据。例如，已知表 9-4 是 Rich、Dan、Cindy、Steve、Roberta 这 5 个人友情网络的 nodelist，如何将其转化为矩阵数据？

表 9-4 Nodelist 与矩阵型数据的转化举例（1）

Rich	Dan	Cindy	Steve
Dan	Cindy	Roberta	
Roberta	Steve		

我们知道转化为矩阵数据的第一步是将所有主体列在最上面的第一行和最左侧的第

一列，之后依据每个主体之间是否存在连带关系，将数字标在矩阵中的每个格子里。转换成矩阵数据之后如表 9-5 所示。

表 9-5　Nodelist 与矩阵型数据的转化举例（2）

	Rich	Dan	Cindy	Steve	Roberta
Rich	0	1	1	1	0
Dan	1	0	1	0	1
Cindy	1	1	0	0	0
Steve	1	0	0	0	1
Roberta	0	1	0	1	0

3. 边缘列表型数据（edgelist）

第 3 种网络数据格式是 edgelist，它的特点是每一行只列出一对主体的关系，并给出该连带强度的数值。如此，当同一主体与多个其他主体都有连带关系时，则分多行将每个连带关系分别列出。

例如，同样在录入 A、B、C、D、E 这 5 个人的友情关系数据时，edgelist 格式的数据如表 9-6 所示。我们注意到，"A"主体被反复列出在 4 行里，每一行体现它跟一个不同密友的关系，最右列则列出了该条连带的关系强度。

表 9-6　edgelist 数据格式举例

主体（Ego）	密友（Alter）	连带强度值（value）
A	B	1
A	C	2
A	D	4
A	E	3

edgelist 表格的优点是能将每一对主体的连带关系分行分别列出，并能体现出多值的连带强度。

4. 二模网络（two-mode network）

前面我们介绍的都是一模网络，即在网络中只有一个维度的分析单位，在上面的例子中这个分析单位是"个人"。二模网络是指由两组单元（例如"人"和"事件"、"人"

和 "组织" 等）组成，连带将两组单元连接起来的网络（例如某大学的学生参加不同社团的会员网络、公司间的连锁董事网络等）。

二模网络中最常见的数据格式也是矩阵数据、nodelist、edgelist 这 3 种。

例如，假设有 A、B、C、D、E 5 个大学生分别参加了 5 个社团，有一些学生参加了不止一个社团，图 9-11 展示了哪些学生分别参加了哪个社团，图中的直线代表 "学生为某社团的成员"。

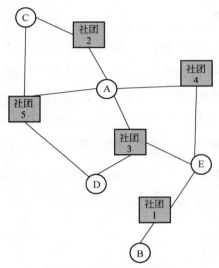

图9-11　二模网络图举例

如何用矩阵数据格式表示这张网络关系呢？在二模网络里，我们会把一种单元放在第一列（如 "学生"），另一种单元放在第一行（如 "社团"），然后用 "0" 或 "1" 表示该学生是否是该社团的成员，如表 9-7 所示。跟一模矩阵类似，矩阵数据的格式可以让我们一目了然地看出哪些节点之间存在关系。

表 9-7　二模网络的矩阵数据示例

	社团 1	社团 2	社团 3	社团 4	社团 5
A	0	1	1	1	1
B	1	0	0	0	0
C	0	1	0	0	1
D	0	0	1	0	1
E	0	0	0	1	0

同样，当我们将以上关系转化为 nodelist 后，其格式如表 9-8 所示。

表 9-8　二模网络的 nodelist 格式示例

A	社团 2	社团 3	社团 4	社团 5
B	社团 1			
C	社团 2	社团 5		
D	社团 3	社团 5		
E	社团 1	社团 3	社团 4	

二模网络同样可以呈现多值的数据，矩阵数据和 edgelist 都能够表示多值的网络数据。例如，如果在以上的网络中，我们想要区分学生们跟哪个社团的关系更紧密，我们用"学生平均每周花在每个社团上的时间"来作为连带强度的测量，得到以下矩阵数据，如表 9-9 所示。从该表中可以看出，A 同学每周在社团 1 所花的时间为 0，在社团 2 每周花 2 小时，在社团 3 每周花 4 小时……我们同样能直观地了解到其他几个学生参加不同社团的情况。

表 9-9　二模网络的多值型矩阵数据示例

	社团 1	社团 2	社团 3	社团 4	社团 5
A	0	2	4	2	6
B	5	0	0	0	0
C	0	4	0	0	3
D	0	0	3	0	2
E	5	0	2	1	0

在用 edgelist 表示时，该二模网络的格式如表 9-10 所示。

表 9-10　二模网络的 edgelist 格式示例

学生	社团	每周投入时间 / 小时
A	社团 2	2
A	社团 3	4
A	社团 4	2
A	社团 5	6
B	社团 1	5
C	社团 2	4

续表

学生	社团	每周投入时间 / 小时
C	社团 5	3
D	社团 3	3
D	社团 5	2
E	社团 1	5
E	社团 3	2
E	社团 4	1

　　了解关系型数据的常见格式后，我们在其后的研究中就可以对不同格式的数据进行转化，从而方便数据的导入和分析。这里要注意的是，由于 UCINET 的矩阵编辑器要求我们输入矩阵型的数据，因此，当我们的关系型数据是其他格式时，我们首先需要将其转化成矩阵型数据，从而保存生成 UCINET 所能识别的"##D"文件（详见 9.6 节）。因此，在下文介绍 UCINET 时，当我们提到"网络数据""关系型数据"时，我们都是指 UCINET 能识别的以"##D"为后缀的矩阵数据。

9.3　属性型数据的格式与特点

　　除了关系型数据，在 UCINET 中还有一种重要的数据叫作"属性型数据"，接下来我们来介绍一下这种数据的格式、特点及作用。

1. 什么是网络分析中的属性型数据

　　属性型数据（attribute data）跟关系型数据（relational data）不同，它所展示的是个体的"属性特征"，例如，人的性别、职业、年龄、工作单位、出生地；组织的名字、成立年限、员工数量、成立地点等。

　　属性型数据的格式是我们在一般的社会研究中经常能接触到的数据格式，例如，SPSS 数据的基本结构就是属性型数据。但是在社会网络分析中，属性型数据处在一个"配角"的地位。使用 UCINET 的网络分析时，任何一个属性型数据都需要跟某一个具体的矩阵型数据（"##D"文件）一一对应才能使用，即：

　　（1）属性型数据是针对某个具体的矩阵型数据中的主体（节点）的特征的描述。

（2）属性型数据中个体的 ID 要与其对应的矩阵数据中的 ID 完全相同。

（3）属性型数据中个体的数量要与其对应的矩阵数据中的数量完全相同。

2. 属性型数据的结构样式

如果我们学过或使用过 SPSS 和 Excel 进行数据分析，那么属性型数据的格式就并不陌生。其基本结构是，最左侧一列会列出每个主体的 ID，右侧的每一列用于标出个体的一个变量特征。例如，图 9-12 是含有 1 ~ 21 号主体的"AGE"（年龄）、"TENURE"（工作年限）、"LEVEL"（公司等级）、"DEPT"（公司部门）这 4 个变量的信息的属性型数据集。

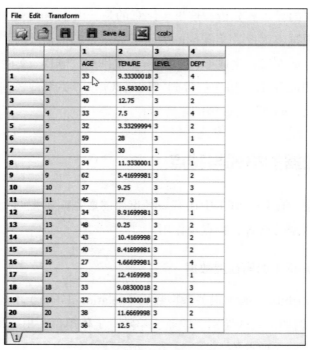

图9-12 属性型数据的样式

3. 属性型数据与矩阵型数据的区别

对于 UCINET 的分析来说，每一个"属性型数据集"都需要有与之对应的"矩阵型数据集"，两者之间的节点名称、节点数量应该完全一致，这非常重要。表 9-11 列出了这两种数据之间的重要对比。

接下来我们用 campnet 和 campattr 这两个数据集来举例。

表 9-11　矩阵型数据 vs 属性型数据

	矩阵型数据（matrix data）	属性型数据（attribute data）
特点	体现主体之间的关系是否存在或关系强度	体现每个主体不同方面的特征属性
结构特征	第 1 行和第 1 列均为主体的 ID	第 1 列为主体 ID，第 1 行为不同属性名称
在 UCINET 中的称呼	“Network Dataset”	“Attribute dataset”
Netdraw 下打开文件的按钮	打开 U 型文件的按钮 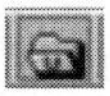	打开 A 型文件的按钮 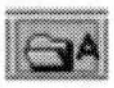

在我们提供的数据集中，campnet 是一个关系型数据集（即矩阵型数据集），其对应的属性型数据集是 campattr。当我们打开这两个数据集时，我们会发现它们对主体（节点 ID）的命名是完全对应的，节点数量也完全相等，都拥有 18 个节点。campnet 展示的是 18 个人之间谁和谁在工作坊中相处时间多（1= 相处时间多；0= 相处时间不多）；而 campttr 这个属性型数据集显示的是这 18 个人中的每一个个体在 3 个方面的属性特征：性别（女或男）、角色（学生或老师）、中介中心度数值。

我们来对比从 UCINET 打开这两个数据集之后所看到的数据的格式。首先，我们打开“campnet”矩阵数据集，其格式如图 9-13 所示。

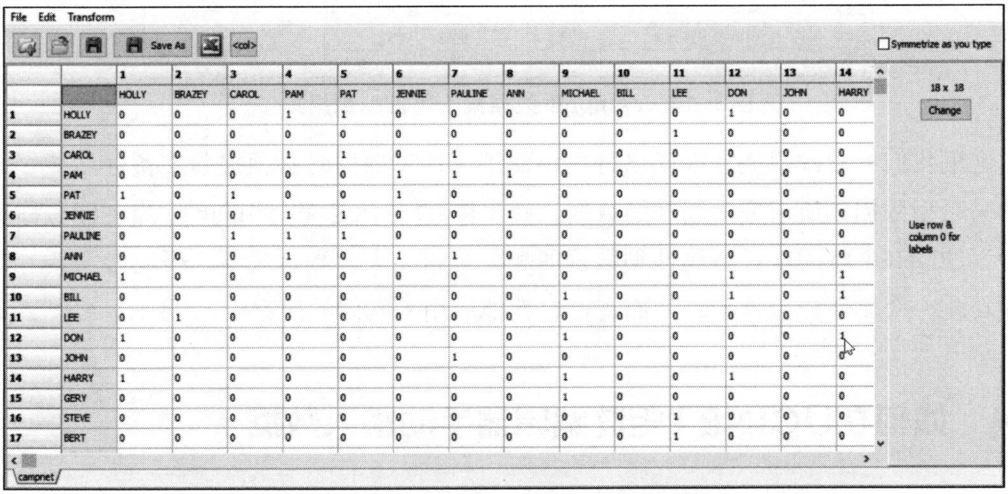

		1	2	3	4	5	6	7	8	9	10	11	12	13	14
		HOLLY	BRAZEY	CAROL	PAM	PAT	JENNIE	PAULINE	ANN	MICHAEL	BILL	LEE	DON	JOHN	HARRY
1	HOLLY	0	0	0	1	1	0	0	0	0	0	0	1	0	0
2	BRAZEY	0	0	0	0	0	0	0	0	0	0	1	0	0	0
3	CAROL	0	0	0	1	1	0	1	0	0	0	0	0	0	0
4	PAM	0	0	0	0	0	1	1	1	0	0	0	0	0	0
5	PAT	1	0	1	0	0	1	0	0	0	0	0	0	0	0
6	JENNIE	0	0	0	1	1	0	0	1	0	0	0	0	0	0
7	PAULINE	0	0	1	1	1	0	0	0	0	0	0	0	0	0
8	ANN	0	0	0	1	0	1	1	0	0	0	0	0	0	0
9	MICHAEL	1	0	0	0	0	0	0	0	0	0	0	1	0	1
10	BILL	0	0	0	0	0	0	0	0	1	0	0	1	0	1
11	LEE	0	1	0	0	0	0	0	0	0	0	0	0	0	0
12	DON	1	0	0	0	0	0	0	0	1	0	0	0	0	1
13	JOHN	0	0	0	0	0	0	1	0	0	0	0	0	0	0
14	HARRY	1	0	0	0	0	0	0	0	1	0	0	1	0	0
15	GERY	0	0	0	0	0	0	0	0	1	0	0	0	0	0
16	STEVE	0	0	0	0	0	0	0	0	0	0	1	0	0	0
17	BERT	0	0	0	0	0	0	0	0	0	0	1	0	0	0

图9-13　campnet数据集（关系型数据集）

接下来，我们打开属性型数据集"campattr"，其格式如图 9-14 所示。很显然，属性型数据的格式与矩阵型数据是完全不同的——矩阵型数据的行标题和列标题都是每个节点的 ID 序号；属性型数据的行标题是节点 ID 序号，但列标题是不同的"属性名称"。例如，在图 9-14 中，"Gender"一列显示的是 18 位主体每个人的性别（女 =1；男 =2）；"Role"一列显示的是每个主体在工作坊中的角色（学生 =1；老师 =2）；"Betweenness"一列显示的是每个主体的中介中心度数值（可以看到，中介中心度是一个连续变量，而另外两个属性是分类型变量）。

File	Edit	Transform			
			1	2	3
			Gender	Role	Betweenne
1	HOLLY		1	1	78.3333358
2	BRAZEY		1	1	0
3	CAROL		1	1	1.33333337
4	PAM		1	1	32.5
5	PAT		1	1	39.5
6	JENNIE		1	1	6.33333349
7	PAULINE		1	1	12.5
8	ANN		1	1	0.5
9	MICHAEL		2	1	58.8333320
10	BILL		2	1	0
11	LEE		2	1	5
12	DON		2	1	16.3333339
13	JOHN		2	1	0
14	HARRY		2	1	2.33333325
15	GERY		2	2	54.6666679
16	STEVE		2	2	16.8333339
17	BERT		2	2	13.6666669
18	RUSS		2	2	47.3333320

图9-14 campattr数据集（属性型数据集）

这里我们要再次强调，在网络分析中使用属性型数据时必须提前准备好与某一个具体的关系型数据集所对应的属性型数据，其主体 ID 应该是完全相同的。当主体名称不对应时，UCINET 将无法进行属性型数据的相关分析。大多数情况下，研究者需要专门创建或转化一个属性型数据集，从而有针对性地应用于具体的研究中。

9.4 如何在UCINET矩阵编辑器手动输入数据

在分析网络数据之前，我们首先要在 UCINET 中导入关系型数据。因为 UCINET

对数据的具体格式有所要求，所以我们需要了解不同方式下的数据导入方法，从而展开随后的分析。我们可以手动输入需要分析的数据，也可以导入已经在其他软件输入好的数据，如 Excel 格式的文件。我们首先来介绍最基本的一个数据输入方式：矩阵编辑器（matrix editor）的手动输入数据步骤。

（1）打开 UCINET 主页面，点击"Matrix Editor" 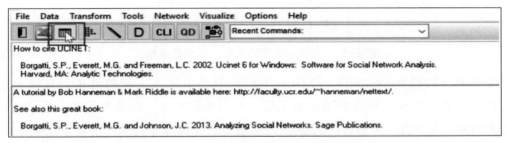，如图 9-15 所示，此时应弹出矩阵编辑器的界面，如图 9-16 所示。

图9-15　UCINET中的Matrix Editor键

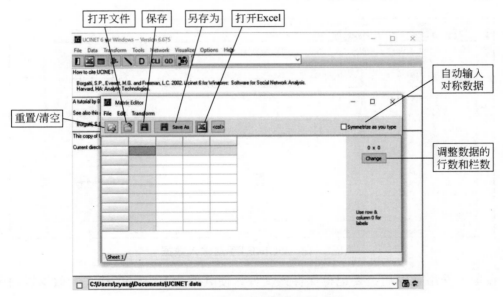

图9-16　矩阵编辑器界面的功能

（2）接下来我们在矩阵数据编辑器中手动输入下方的二值"友情网络"：已知 A、B、C、D 4 个人分别回答了自己跟另外 3 个人中的每一个是否是朋友关系，是朋友记为"1"，不是朋友记为"0"，其结果如图 9-17 所示。

	A	B	C	D
A		1	0	1
B	0		1	0
C	0	1		0
D	0	1	0	

图9-17　4个人的友情关系：矩阵数据格式

接下来，我们在 UCINET 的 Matrix Editor 中手动输入上面的数据，其结果应为图 9-18。注意，在输入矩阵数据时对角线的数值比较特殊，因为我们不关心"自己是自己的朋友"或"自己不是自己的朋友"，因此在这个网络中对角线的格子内保持空白。（注：也有学者会将对角线的格子统一填为"0"。）

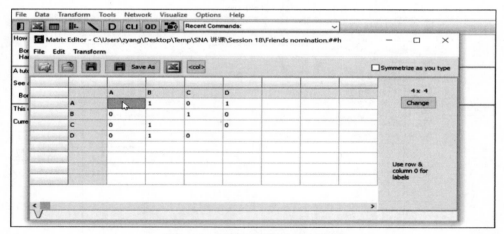

图9-18　UCINET手动输入数据

在输入网络数据后，要记得保存该文件，使其成为 UCINET 格式的数据以用于数据分析。这时要点击"save as" 进行保存，接下来选择路径，并将其命名为"Friendship Nomination"（友情提名）。

保存好文件后，我们要确认所输入的数据格式是完好的，首先要到我们保存文件的文件夹下看数据文件是否已经保存好。打开目标文件夹，我们会看到两个新生成的名为

"Friendship Nomination" 的数据，第一个的文件类型是 "##D File"，第二个的是 "##H File"。注意，UCINET 的数据总是会生成两个相同名字的文件，在我们需要转移数据的时候也需要两个同时转移才会有效。

接下来我们再来确认所输入数据的具体格式是否正确。首先将已经输入的数据清零，点击 🖳 "clear" 重置数据，这个时候矩阵编辑器上应该显示为空白。其次，打开我们刚刚手动输入并保存的 UCINET 文件。通过点击 📂 （或者通过点击菜单中的 "File-Open" 打开），找到刚刚保存的文件。如果可以再次看到刚刚输入的数据，并且格式与输入时相同，这说明已经保存成功了。

9.5 如何通过Excel表格导入矩阵数据

很多时候，我们要分析的数据是以 Excel 表格的形式呈现的，这时候不需要重新将数据手动输入到 UCINET 中，而可以直接将其导入 UCINET。接下来介绍如何将 Excel 格式的矩阵数据转化成 UCINET 格式数据。[①]

（1）打开 Excel 文件 "Campnet matrix"，这份矩阵数据显示的是 18 个人共同参加一次工作坊活动时每个人跟其他成员的互动网络（0= 无互动；1= 有互动），Excel 显示如图 9-19 所示。

	HOLLY	BRAZEY	CAROL	PAM	PAT	JENNIE	PAULINE	ANN	MICHAEL	BILL	LEE	DON	JOHN	HARRY	GERY	STE
HOLLY	0	0	0	1	1	0	0	0	0	0	0	1	0	0	0	
BRAZEY	0	0	0	0	0	0	0	0	0	1	0	0	0	0	0	
CAROL	0	0	0	1	1	0	1	0	0	0	0	0	0	0	0	
PAM	0	0	0	0	0	1	1	1	0	0	0	0	0	0	0	
PAT	1	0	1	0	0	1	0	0	0	0	0	0	0	0	0	
JENNIE	0	0	0	1	1	0	0	1	0	0	0	0	0	0	0	
PAULINE	0	0	1	1	0	0	0	0	0	0	0	0	0	0	0	
ANN	0	0	0	1	0	1	1	0	0	0	0	0	0	0	0	
MICHAEL	1	0	0	0	0	0	0	0	0	0	1	0	1	0		
BILL	0	0	0	0	0	0	0	0	1	0	0	1	0	1	0	
LEE	0	1	0	0	0	0	0	0	0	0	0	0	0	0	0	
DON	1	0	0	0	0	0	0	0	1	0	0	0	0	0	0	
JOHN	0	0	0	0	0	0	1	0	0	0	0	0	0	0	1	
HARRY	1	0	0	0	0	0	0	0	1	0	0	1	0	0	0	
GERY	0	0	0	0	0	0	0	0	0	0	1	0	0	0	1	
STEVE	0	0	0	0	0	0	0	0	0	1	0	0	0	0	0	
BERT	0	0	0	0	0	0	0	0	0	0	0	0	0	0	0	
RUSS	0	0	0	0	0	0	0	0	0	0	0	0	0	0	1	

图9-19 Excel中的Campnet matrix数据

① 注：如果我们的数据是 SPSS、STATA 等其他软件格式，则可以先将它们转换为 Excel 格式，然后依据下面的方法转入 UCINET。

（2）复制文件中所有的值（快捷键：先按下 Control + A，再按下 Control + C）。

（3）在 UCINET 中点击▥，打开矩阵编辑器。

（4）将 Excel 中的值粘贴到矩阵编辑器中（快捷键：Control + V）。UCINET 矩阵编辑器的显示如图 9-20 所示。

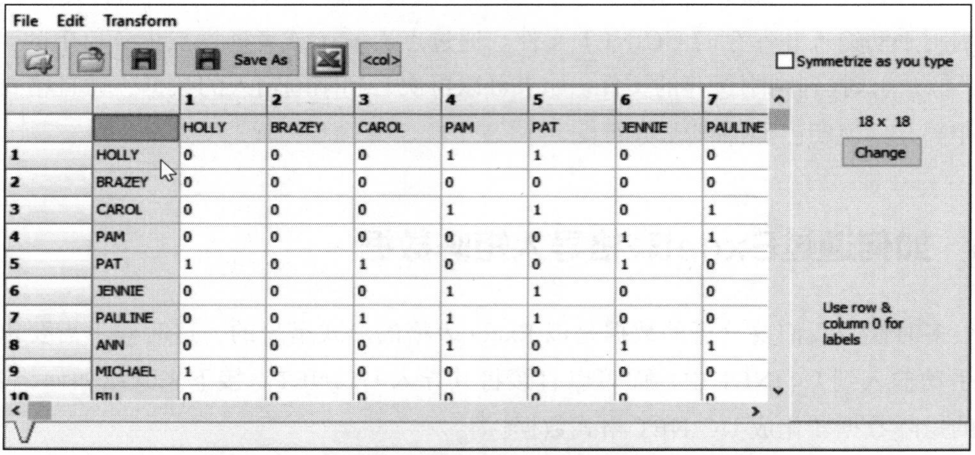

图9-20　粘贴到UCINET的Campnet matrix数据

（5）点击 ▣ Save As 保存 UCINET 数据，将文件命名为 "Campnet matrix"。

（6）核对数据格式：把矩阵编辑器数据清空，然后找到刚刚存储的目标文件夹，重新打开该 UCINET 文件，核对数据格式，确认数据保存完整、准确。

9.6　如何通过DL编辑器导入节点列表型数据

在我们实际做研究的时候，手中的数据往往并不是非常规整的"矩阵型"关系数据，而是节点列表型数据（Nodeliest)。本节我们来介绍如何将该格式的数据转化成 UCINET 数据文件，从而为使用 UCINET 进行数据分析做好准备。

（1）打开已经输入好的 Excel 文件 "Campnet nodelist"（见图 9-21）——在该表格中，我们看到网络数据被呈现为 "Nodelist" 格式（详见 9.2 节对该格式的介绍），即最左侧一列为所有主体（ego），主体右边的第二列为与该主体有交互的个体（alter，密友）。例如，跟 Holly 交互的人有 Pam、Pat、Don；跟 Ann 交互的人有 Pam、Jennie、Pauline。

接下来的任务是把它转换为矩阵格式的 UCINET 数据。

	A	B	C	D	E
1	HOLLY	PAM	PAT	DON	
2	BRAZEY	LEE	STEVE	BERT	
3	CAROL	PAM	PAT	PAULINE	
4	PAM	JENNIE	PAULINE	ANN	
5	PAT	HOLLY	CAROL	JENNIE	
6	JENNIE	PAM	PAT	ANN	
7	PAULINE	CAROL	PAM	PAT	
8	ANN	PAM	JENNIE	PAULINE	
9	MICHAEL	HOLLY	DON	HARRY	
10	BILL	MICHAEL	DON	HARRY	
11	LEE	BRAZEY	STEVE	BERT	
12	DON	HOLLY	MICHAEL	HARRY	
13	JOHN	PAULINE	GERY	RUSS	
14	HARRY	HOLLY	MICHAEL	DON	
15	GERY	MICHAEL	STEVE	RUSS	
16	STEVE	LEE	BERT	RUSS	
17	BERT	LEE	STEVE	RUSS	
18	RUSS	GERY	STEVE	BERT	
19					
20					

图9-21　Nodelist格式的Campnet数据

（2）复制 Excel 文件中所有的数据（快捷键：先按下 Control＋A，再按下 Control＋C）。

（3）在 UCINET 中找到"DL Editor"按钮，点击该按钮（见图 9-22）。

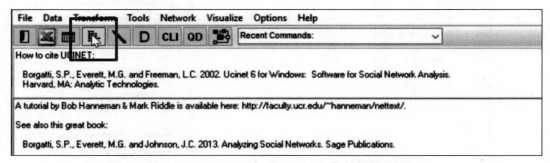

图9-22　UCINET中"DL Editor"按钮的位置

（4）数据编辑器打开后如图 9-23 所示。

（5）粘贴 Excel 的值到矩阵编辑器。

（6）在"DL Editor"的右边，找到"Data format"，选择"Nodelist1（ego alter1 alter2…）"作为我们的数据格式，其他选项保持不变，如图 9-24 所示。

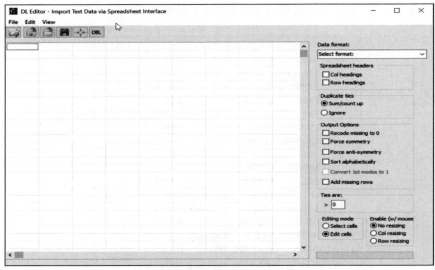

图9-23　DL Editor的页面

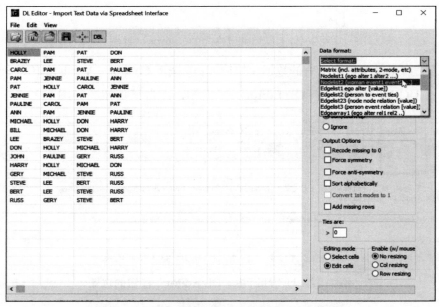

图9-24　在DL Editor输入nodelist格式的数据

（7）点击 保存文件，命名为"Campnet2"。保存成功后，UCINET会弹出一个输出日志文件，它是对我们刚才所执行任务的简单记录，会为我们呈现出转换完格式后数据的基本状态（详见9.8节）。输出日志文件显示如图9-25所示。

```
ucinetlog2 - Notepad
File Edit Format View Help
IMPORT DATA VIA DL EDITOR
--------------------------------------------------------------------------------


              1  2  3  4  5  6  7  8  9 10 11 12 13 14 15 16 17 18
             AN BE BI BR CA DO GE HA HO JE JO LE MI PA PA PA RU ST
              N RT LL AZ RO  N RY RR LL NN HN  E CH  M  T UL SS EV
                      EY  L        Y  Y IE       AE       IN     E
                                                  L        E
             -- -- -- -- -- -- -- -- -- -- -- -- -- -- -- -- -- --
 1      ANN   0  0  0  0  0  0  0  0  0  1  0  0  0  1  0  1  0  0
 2     BERT   0  0  0  0  0  0  0  0  0  0  0  1  0  0  0  0  1  1
 3     BILL   0  0  0  0  0  1  0  1  0  0  0  0  1  0  0  0  0  0
 4   BRAZEY   0  1  0  0  0  0  0  0  0  0  0  1  0  0  0  0  0  1
 5    CAROL   0  0  0  0  0  0  0  0  0  0  0  0  0  1  1  1  0  0
 6      DON   0  0  0  0  0  0  0  1  1  0  0  0  1  0  0  0  0  0
 7     GERY   0  0  0  0  0  0  0  0  0  0  0  0  1  0  0  0  1  1
 8    HARRY   0  0  0  0  0  1  0  0  1  0  0  0  1  0  0  0  0  0
 9    HOLLY   0  0  0  0  0  1  0  0  0  0  0  0  0  1  1  0  0  0
10   JENNIE   1  0  0  0  0  0  0  0  0  0  0  0  0  1  1  0  0  0
11     JOHN   0  0  0  0  0  0  1  0  0  0  0  0  0  0  0  1  1  0
12      LEE   0  1  0  1  0  0  0  0  0  0  0  0  0  0  0  0  0  1
13  MICHAEL   0  0  0  0  0  1  0  1  1  0  0  0  0  0  0  0  0  0
14      PAM   1  0  0  0  0  0  0  0  0  1  0  0  0  0  0  1  0  0
15      PAT   0  0  0  0  1  0  0  0  1  1  0  0  0  0  0  0  0  0
16  PAULINE   0  0  0  0  1  0  0  0  0  0  0  0  0  1  1  0  0  0
17     RUSS   0  1  0  0  0  0  1  0  0  0  0  0  0  0  0  0  0  1
18    STEVE   0  1  0  0  0  0  0  0  0  0  0  1  0  0  0  0  1  0

18 rows, 18 columns, 1 levels.
```

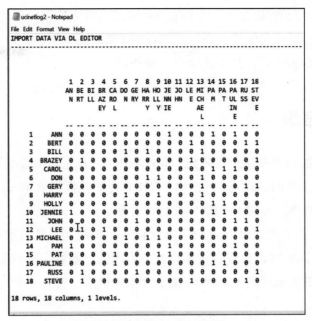

图9-25　Nodepad文件

（8）核对数据格式：点击▣进入矩阵编辑器，打开我们刚刚保存为“Campnet2”的文件。打开后，可以看到数据以“矩阵格式”呈现，如图9-26所示。在这个矩阵中，每个主体都出现在第一行和第一列，每两个主体之间的交叉点显示出他们的关系为存在（=1）还是不存在（=0）。我们可以将矩阵数据中的连带关系与原始的Nodelist格式的数据进行对比，确保具体的连带关系在两份数据中是一致的。

		1	2	3	4	5	6	7	8	9	10	11	12	13	14
		ANN	BERT	BILL	BRAZEY	CAROL	DON	GERY	HARRY	HOLLY	JENNIE	JOHN	LEE	MICHAEL	PAM
1	ANN	0	0	0	0	0	0	0	0	0	1	0	0	0	1
2	BERT	0	0	0	0	0	0	0	0	0	0	0	1	0	0
3	BILL	0	0	0	0	0	1	0	1	0	0	0	0	1	0
4	BRAZEY	0	1	0	0	0	0	0	0	0	0	0	1	0	0
5	CAROL	0	0	0	0	0	0	0	0	0	0	0	0	0	1
6	DON	0	0	0	0	0	0	0	1	1	0	0	0	1	0
7	GERY	0	0	0	0	0	0	0	0	0	0	0	0	1	0
8	HARRY	0	0	0	0	0	1	0	0	1	0	0	0	1	0
9	HOLLY	0	0	0	0	0	1	0	0	0	0	0	0	0	1
10	JENNIE	1	0	0	0	0	0	0	0	0	0	0	0	0	1
11	JOHN	0	0	0	0	0	0	1	0	0	0	0	0	0	0
12	LEE	0	1	0	1	0	0	0	0	0	0	0	0	0	0
13	MICHAEL	0	0	0	0	0	1	0	1	1	0	0	0	0	0
14	PAM	1	0	0	0	0	0	0	0	0	1	0	0	0	0
15	PAT	0	0	0	0	1	0	0	0	1	1	0	0	0	0
16	PAULINE	0	0	0	0	1	0	0	0	0	0	0	0	0	1

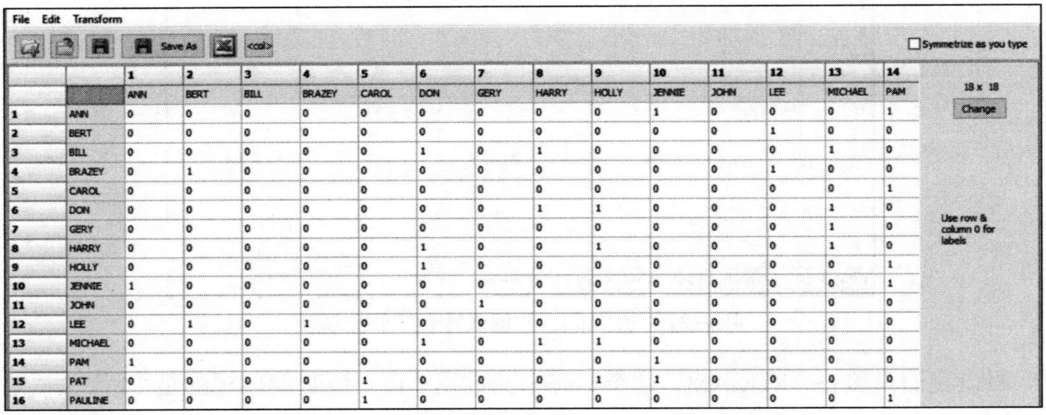

图9-26　保存好的Campnet2文件

以上的数据转化过程也适用于将 Edgelist 格式的网络数据转换为矩阵数据格式，其过程此处不再赘述。要注意的是，在转换 Edgelist 格式的数据时，在 DL Editor 数据格式选择时，应选择"Edgelist"，其他步骤与上面相同。

9.7　解包数据集

当 UCINET 数据集里有多个矩阵包（即呈现出同一批主体的多种连带关系），而我们只关注其中的一种关系时，就可以利用 UCINET 的解包数据集（unpack dataset）功能，将所关注的矩阵保存为一个单独的数据集，以方便后续的分析。

以"WIRING"这个数据集为例（由 14 个同一公司的职员构成的网络矩阵）。当我们打开"WIRING"数据集时，会看到底部有 6 个不同的标签页，每点击一个标签页数据都会发生变化——这里提示我们 WIRING 这个数据集里实际含有 6 个不同的矩阵数据，如图 9-27 所示。

		1	2	3	4	5	6	7	8
		I1	I3	W1	W2	W3	W4	W5	W6
1	I1	0	0	1	1	1	1	0	0
2	I3	0	0	0	0	0	0	0	0
3	W1	1	0	0	1	1	1	1	0
4	W2	1	0	1	0	1	1	0	0
5	W3	1	0	1	1	0	1	1	0
6	W4	1	0	1	1	1	0	1	0
7	W5	0	0	1	0	1	1	0	0
8	W6	0	0	0	0	0	0	0	0
9	W7	0	0	0	0	0	0	1	1
10	W8	0	0	0	0	0	0	0	1
11	W9	0	0	0	0	0	0	0	1
12	S1	0	0	1	1	1	1	1	0
13	S2	0	0	0	0	0	0	0	0
14	S4	0	0	0	0	0	0	0	0

图9-27　WIRING数据集中的6个数据页

假设我们只关心"RDGAM"这个矩阵中的数据（该矩阵数据体现的是 14 个人"是否一起参加了游戏"的关系，1= 一起参加了游戏，0= 没有一起参加游戏），我们现在需要解包该数据集，来获得一个单独的关于 RDGAM 这个矩阵关系的数据集。操作方法如下：

（1）点击 UCINET 界面上部子菜单"Data—>Unpack"（见图 9-28）。

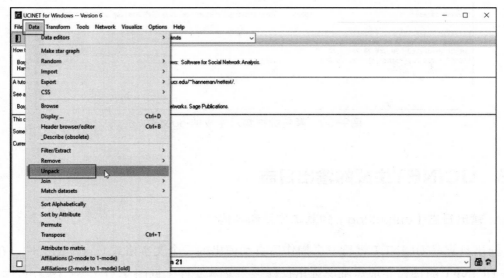

图9-28 UCINET中的Unpack功能

（2）在弹出的窗口中选择我们所要解包的数据集并选择具体需要解包的矩阵，点击"OK"（见图 9-29）。

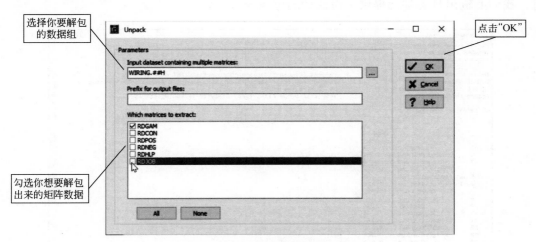

图9-29 Unpack页面介绍

（3）弹出的 log（输出日志）会提示，"unpack"已经完成，我们的新数据的名称和存储位置也会列在 log 里（见图 9-30）。

```
ucinetlog1 - Notepad
File Edit Format View Help
UNPACK
------------------------------------------------------------------------------

Created dataset:                    RDGAM (C:\Users\zyang\Desktop\Temp\SNA 讲课\Session 21\RDGAM

---------------------------------------
Running time: 00:00:01 seconds.
Output generated: 20 Oct 20 20:39:46
UCINET 6.716 Copyright (c) 2002-19 Analytic Technologies
```

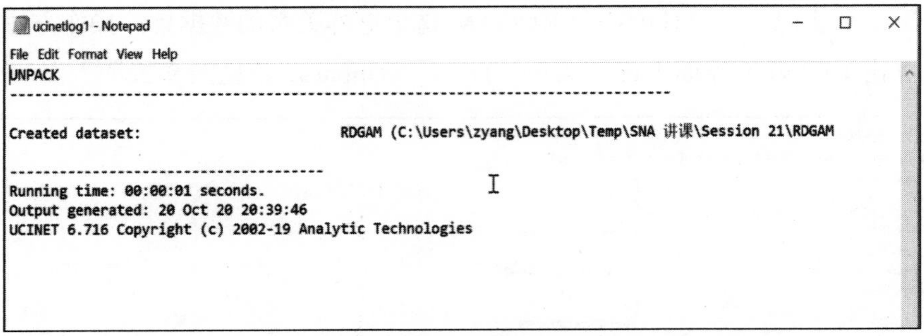

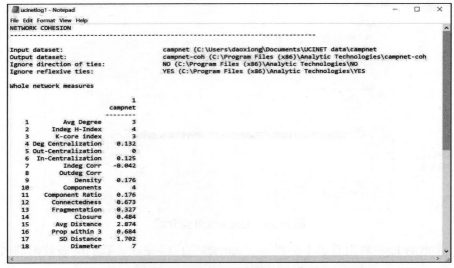

图9-30　解包数据集后生成的log文件

9.8　UCINET生成的输出日志

1. 输出日志（output log）的基本作用和结构

输出日志是 UCINET 进行一个操作后自动弹出的一个文本格式（.txt）的文件，在大部分 UCINET 的操作完成后都会弹出这样一个文本文件（见图 9-31）。这个输出日志的作用是：①告诉我们刚才做了什么操作；②给我们呈现一个简要的数据结果；③为我们保存一份操作记录。例如，当我们保存文件、执行某种具体分析、生出和输出新数据集时，我们的输出日志都会提供一份活动的记录。

```
ucinetlog1 - Notepad
File Edit Format View Help
NETWORK COHESION
------------------------------------------------------------------------------

Input dataset:                      campnet (C:\Users\daoxiong\Documents\UCINET data\campnet
Output dataset:                     campnet-coh (C:\Program Files (x86)\Analytic Technologies\campnet-coh
Ignore direction of ties:           NO (C:\Program Files (x86)\Analytic Technologies\NO
Ignore reflexive ties:              YES (C:\Program Files (x86)\Analytic Technologies\YES

Whole network measures

                              1
                        campnet
                       --------
   1         Avg Degree       3
   2     Indeg H-Index        4
   3       K-core index       3
   4 Deg Centralization   0.132
   5 Out-Centralization       0
   6  In-Centralization   0.125
   7         Indeg Corr  -0.042
   8        Outdeg Corr
   9            Density   0.176
  10         Components       4
  11    Component Ratio   0.176
  12       Connectedness  0.673
  13      Fragmentation   0.327
  14            Closure   0.484
  15       Avg Distance   2.874
  16      Prop within 3   0.684
  17        SD Distance   1.702
  18           Diameter       7
```

图9-31　输出日志示例（计算整体网络的基本量测）

这里要注意，输出日志虽然有时会提供数据转化后的格式，但它本身的主要作用只是提供一个总览和记录，所生成的新的数据集会另外以 UCINET 数据的格式保存在默认文件夹之下。

2. 如何查看此前的输出日志

在 UCINET 上方子菜单点击"File → View Previous Output..."，如图 9-32 所示。

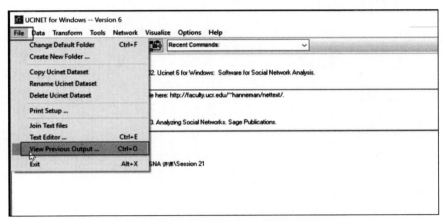

图9-32 输入日志（log）查看路径

在弹出的"Select an Output Log"（选择一个输出日志）的菜单点击想要打开的日志，就可以找到刚刚输出过的记录，如图 9-33 所示。

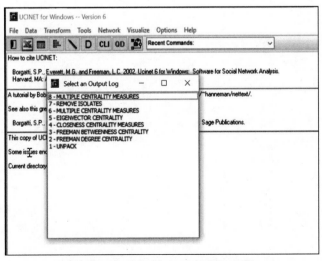

图9-33 选择输出日志进行查看

在本章中，我们介绍了初次接触 UCINET 这款软件时应了解的基础知识，包括 UCINET 的基本界面与功能、帮助功能、输出日志、关系型数据的常见格式、属性型数据的特点与作用，以及在 UCINET 中如何手动导入数据、通过 Excel 导入数据、通过 DL 编辑器导入数据等。在下一章里，我们将具体介绍如何通过 UCINET 对关系型数据进行有目的的转化和处理。

在很多情况下，我们有了一个矩阵数据格式的网络数据还是不够的，根据具体分析的需要，还要学会如何清理、转换这些数据，从而生成我们想要的数据形式。例如，有时候我们需要将矩阵数据对称化，有时候我们需要将多值数据二值化。接下来介绍如何做这些操作。

10.1　将矩阵数据对称化（Symmetrize Matrix Data）

"对称化转换"是将有方向的网络数据转换为无方向的对称数据的过程。当我们的原始矩阵数据是有方向性的时，有些时候我们需要把数据对称化，来更准确地反映主体之间的关系。例如，从问卷数据中我们得知 A 提名了 B 是他的伴侣，C 提名了 D 是他的伴侣，那么由于"伴侣"是双向关系（即不可能 A 是 B 的伴侣，B 不是 A 的伴侣），所以我们可以直接将 A 和 B 的关系对称为 B 和 A 的关系，反映在矩阵数据里。同理，如果 A 提名了 B 是他的大学同学、是同事、是邻居，曾经共同参与某个项目、某个活动、某个聚会……这些都意味着 B 和 A 也存在相同的关系，我们因此应该将这样的原始数据进行对称化转换。

我们之所以称其为"对称化转换"，是因为在矩阵数据中，这种转化实际上反映了以从左上方到右下方的对角线为轴，将该角线两边数据进行对称化（或镜像化）的过程。反映在具体的主体关系上，即将该网络中任意两个主体间的连带从有方向性变为无方向性。

这里我们再次以在 9.4 节中用过的矩阵数据"Friendship Nomination"为例，该数据的原始形式，如图 10-1 所示。

我们能看出这个矩阵中的关系是有方向性的［例如，A 提名了 B 是他的朋友（$X_{AB} = 1$），但 B 没有提名 A 是他的朋友（$X_{BA} = 0$）］。

现在，假设我们在研究中决定将朋友定义为"只要两人中有任何一人提名对方为自己的朋友，这两个人就记为朋友"，那么则需要对该矩阵中的数据进行对称化转换，把图 10-1 中的矩阵数据转化为图 10-2 的形式。

	A	B	C	D
A		1	0	1
B	0		1	0
C	0	1		0
D	0	1		0

图10-1　4个人的友情关系：矩阵数据格式

	A	B	C	D
A		1	0	1
B	1		1	1
C	0	1		0
D	1	1		0

图10-2　4个人友情关系的对称化

在上面的例子中，节点数量很小（=4），因此我们可以很容易地手动将数据对称化；但当节点数量多、数据量大时，我们则可以通过 UCINET 来完成这个任务。

我们以"Friendship Nomination"矩阵数据为例，下面介绍使用 UCINET 将矩阵数据进行对称化的方法：

（1）打开 UCINET，找到顶部的"Transform"，然后在下拉菜单中点击"Symmetrize"（见图 10-3 ）。

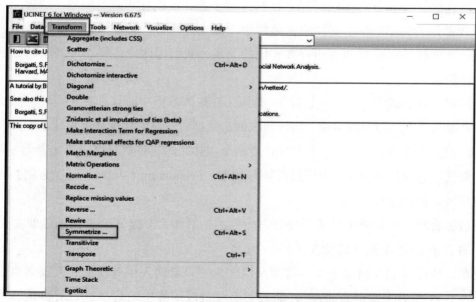

图10-3　对称化（Symmetrize）选项在菜单中的打开路径

（2）此时会有标题栏为"Symmetrize"的窗口弹出，如图10-4所示。

图10-4 Symmetrize（对称化）窗口

（3）在"Input dataset"一行，点击右边的 按钮选择文件，并在打开的窗口选择需要进行对称化的矩阵数据文件。这里我们找到此前存储路径下的"Friendship nomination"文件进行点选。在"Symmetrizing method"里我们选择想要执行的对称化方式：即当"X_{ij}"和"X_{ji}"不相等时，以什么样的规则去保留最后的对称化数据。"Symmetrizing method"的选项包括将最大值对称化（Maximum）、将最小值对称化（Minimum）、将平均值对称化（Average）、将两值之和对称化（Sum）等，如图10-5所示。根据我们例子中的需要，我们在这一次操作中选择将两值中的"最大值"进行对称化（即只要A到B和B到A中有任何一个方向的数据值为"1"，则两者关系数据值对称化为"1"），因此这里我们保留"Maximum"的初始选项不用变。

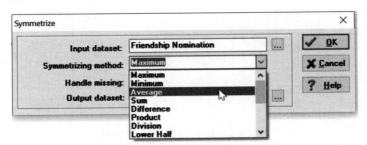

图10-5 Symmetrizing method的对称化选项

（4）其他选项保持不变，然后点击 。UCINET会弹出日志文本，显示操作记录，如图10-4所示。

（5）最后，到我们所保存的目录下去找转换完的数据"SameEvents-maxsym"，打开该文件，检查数据是否完整、准确地被对称化，并与转化前的原始数据进行比较。

```
ucinetlog2 - Notepad                                                    —    □

File Edit Format View Help
--------------------------------------------------------------
Friendship Nomination
--------------------------------------------------------------

Prior to symmetrizing...
  Density of the input matrix: 0.416666666666667
  Number of symmetric pairs: 3  Percentage of symmetric pairs: :    50.00
  Calculated as the proportion of times x(i,j) = x(j,i)  Number of dyads with reciprocal ties: :1
  Percentage with reciprocated ties: :  25.00
  Calculated as |x->y AND x<-y|/|x->y OR x<-y|


        1 2 3 4
        A B C D
        - - - -
  1 A   1 0 1
  2 B 1   1 1
  3 C 0 1   0
  4 D 1 1 0

4 rows, 4 columns, 1 levels.

Density of the symmetrized matrix: 0.666666666666667
Correlation with un-symmetrized matrix: 0.5976143046671197
```

图10-6 对称化的日志log

10.2 矩阵数据二值化（Dichotomize）

另一个很重要的数据转化是将多值的矩阵数据进行二值化。例如，在一个关于友情网络的研究中，在原始数据里有每个主体对其他主体友情程度从 0 到 5 的评价；但是在具体研究中研究者并不关心友情程度（多值网络），只关心是否存在友情关系（即需要二值网络）。那么研究者需要将该数据组从图 10-7 中的左图转化为右图的形式，数值为 1 及 1 以上的数字都转化为 1。

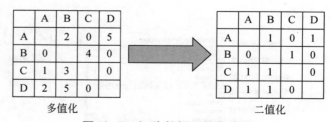

多值化   二值化

图10-7 矩阵数据二值化举例

以下是在 UCINET 中进行二值化操作的步骤。

（1）首先，我们打开 UCINET 及 Matrix Editor，并将图 10-7 左边多值化数据（即要转换的数据）输入矩阵编辑器，并存储为新的 UCINET 格式文件"Friends nomination_valued"（具体步骤参考 9.4 节及 9.5 节）。

（2）接下来我们开始将该数据集二值化。在 UCINET 顶部找到"Transform"，然后在下拉菜单中点击"Dichotomize"（二值化），如图 10-8 所示。

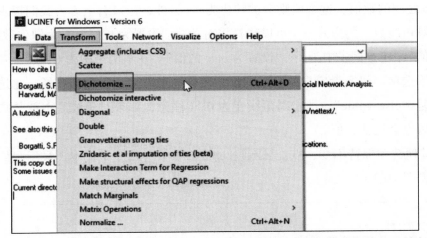

图10-8　UCINET中"Dichotomize"（二值化）功能在菜单中的打开路径

（3）点击"Dichotomize"后会弹出以下窗口（见图 10-9）。

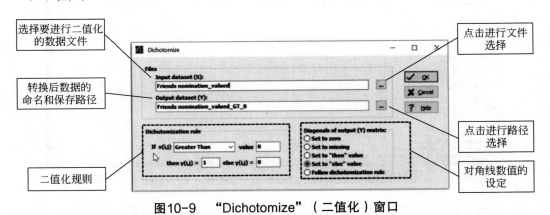

图10-9　"Dichotomize"（二值化）窗口

（4）在"Input dataset"一行，点击右边的 ▭ 按钮选择文件，选择需要输入的文件，找到刚刚建立的 UCINET 格式文件"Friendship nomination_values"。在"Output dataset"（输出的数据集）一栏中，系统会自动将转换后的文件命名为"Friends nomination_valued_GT_0"。

该菜单的左下方"Dichotomization rule"（二值化规则）中（见图 10-9），可以选择转化矩阵中的数值的方式，例如，默认设置显示，"如果 $x(i, j)$ 这个值（即第 i 行，第 j 列）为大于 0，则转化之后 $y(i, j)$ 这个值 =1；其他所有值转化为 0"——根据这条规则，在该数据集中，如果一个数值介于 1～5，在二值化后其数值将会被转化为 1，而如果这个值并非 1～5 之间的数值，这个值则会被转化为 0。另外，窗口右下方为我们提供了转化过程中处理对角线数值的方式——可以选择将对角线"设置为 0""设置为缺失数据""设置 then 后的值"（在本例子中为 1）"设置为 else 的值"（在本例子中为 0）以及"跟随二值化规则"等选项。研究者应根据自己的研究内容来做具体、合理的选择。此选项的系统默认设置是"else value"，即将对角线变为 0。（注意，如果对角线原本就是缺失值，那么在转化后也会是缺失值。）

（5）其他选项保持不变，点击 ✓ OK。UCINET 会弹出一个文本，显示我们刚才的操作记录（见图 10-10）。

图10-10　"Dichotomize"（二值化）的日志log

（6）核对转换后的数据：到我们所保存的目录下去找到转换完的数据"Friends nomination_valued_GT_0"，打开该数据组，检查数据是否正确地被二值化，确保数据完整、准确。该数据集里应该只有 0 和 1 两种数组。

10.3　矩阵数据的重新编码（Recode Matrix Data）

在数据转化中，除了将多值化转化为二值化，我们有时还会需要对一部分数值进行重新编码。这个时候我们就可以使用 UCINET 的重新编码功能（Recode）。Recode 功能能够实现对某个矩阵中某些行、某些列的具体数据的编码，比二值化转化的操作更灵活、更具体。当需要重新编码的数据量大、节点数量多时，我们则可以通过 UCINET 的"recode"功能进行统一转化。

接下来我们以一个简单的例子来演示该功能的操作方法（网络规模更大的矩阵的操作与此相同）。假设现在我们要对图 10-11 左侧的矩阵数据做一次重新编码，从而让第一行中的所有值（即 2、0、5）转化为二值（即 0 或 1），但其他行的数据保持不变。

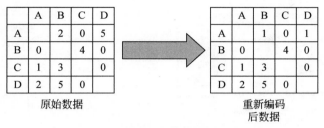

原始数据　　　　　　　　　　　重新编码
后数据

图10-11　重新编码

该转换在 UCINET 中可以通过"Recode"功能操作实现，过程如下：

（1）打开 UCINET，找到顶部的"Transform"，然后在下拉菜单中点击"Recode"（重新编码），如图 10-12 所示。

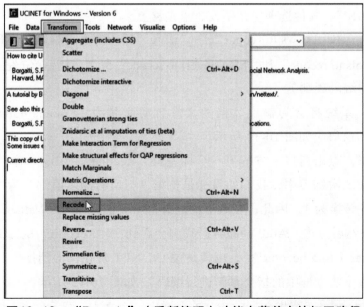

图10-12　"Recode"（重新编码）功能在菜单中的打开路径

（2）这时会弹出"Recode"窗口，其左上角显示两个标签页，分别为"Files"（文件）页（主要用于选择和命名目标文件）和"Recode"（重新编码）页（主要用于输入重新编码规则）。首先我们看到的页面是"Files"页，如图 10-13 所示。

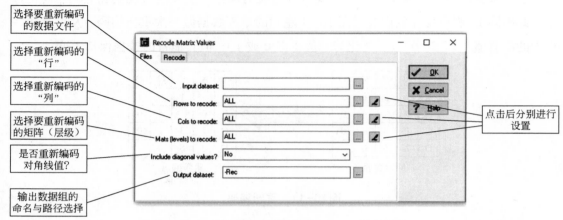

图10-13　Recode窗口的"Files"选项页

（3）接下来，我们在"Input dataset"一行，点击右边的■■按钮选择文件，在打开的窗口中选择要转化的数据文件，即上一节用过的 UCINET 格式文件"Friendship nomination_valued"。其他选项保持不变，点击 ✔ OK 。

（4）接下来，在"Rows to recode"中，输入"1"（即重新编码第"1"行）。

（5）将"Cols to recode"和"Mats(level) to recode"留空，然后单击 ✔ OK （即不设定这两个维度上的编码规则）。

（6）此时，系统将会为输出数据的文件自动命名为"Friends nomination_valued-Rec"。设置好的窗口应如图 10-14 所示。

（7）接下来，点击窗口上方的另一个标签页"Recode"，在该标签中输入此次重新编码的规则。在此次练习中，我们的目标是把第一行所有的多值都变为二值，即把从 1 到 5 的数值统一转换为 1，因此，在最下面的方框中我们应填入"Values from 1 to 5 are recoded as 1"，然后点击"Add"。此时，我们会看到在"Recoding Schedule"下方的方框中出现"Values 1 to 5 become 1"，也就是说 UCINET 现在已得到指令，将按该指令把第一行中的数值按照方框中的指令重新进行编码，如图 10-15 所示。

（8）点击 ✔ OK 运行指令。UCINET 会弹出一个文本，显示我们刚才的操作记录。

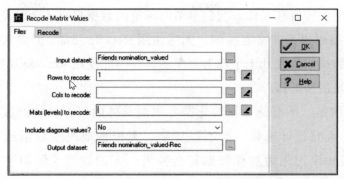

图10-14 对"Friends nomination_valued"数据集的重新编码

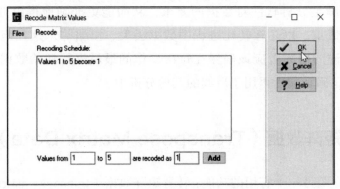

图10-15 "Recode"（重新编码）功能的"Recode"页

（9）核对转换后的数据：到我们所保存的目录下去找到转换完的数据"Friends nomination_valued-Rec"，打开该数据组，检查数据是否正确地被重新编码，并对照转化前的数据组。在转换后的数据组中，第一行的数据应被转化为二值，而其他行的数据应没有变动，如图 10-16 所示。

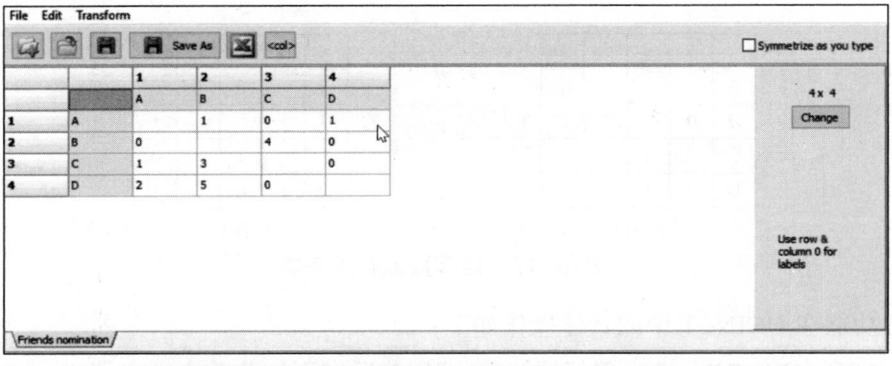

图10-16 经过重新编码所生成的数据集"Friends nomination_valued-Rec"

注意，为了便于理解和操作，我们本节所示范的数据只有 4 个节点，因此看上去似乎手动进行重新编码也是非常容易的，无需使用 Recode 功能；但事实上，我们在研究中操作的大部分数据组都有几十个或上百个主体，因此使用 Recode 功能既高效又稳定，而手动编码则不是最佳选择。

最后要强调的是，所有的数据转化都要根据具体的研究目的而展开，需要基于合理的研究概念、研究设计来做，而不是凭空、无根据地改变数据结构。例如，有些有向的网络数据如果转化为对称数据就会失去一定的效度（例如谁是谁的上司、导师，邮件和短信往来等数据，其方向性中包含了很多信息）。转化数据和清理数据最常见的理由是为了满足分析软件对数据的要求，从而能更准确地得出分析结果；其过程应该非常严谨、慎重，以防在转化过程中数据丢失、出错等，这在网络数据分析时是常见的问题。严谨的研究者应该确保在每次操作的最后进行初始数据和转换后数据的比对，确保数据正确转化后再用于后续的其他分析中。

10.4 转置矩阵数据（Transpose Matrix Data）

接下来我们介绍另一个有用的功能：转置矩阵数据（transpose matrix data）。"转置"功能的本质是将一个矩阵数据的"行"和"列"进行调换，从而将"X_{ij}"的值转置成"X_{ji}"的值的过程（$i=$ 第 i 行；$j=$ 第 j 列）。

我们将再次以"Friendship nomination"这个简单的数据集为例来介绍该功能。此次操作中我们的目的是将下方左边的矩阵数据转置成右边的格式（即行与列之间互相转置），如图 10-17 所示。

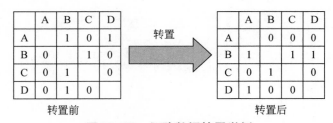

图10-17　矩阵数据转置举例

转置功能在 UCINET 中的具体操作如下：

（1）打开 UCINET，进入顶部的"Data"，然后在下拉菜单中点击"Transpose"，如

图 10-18 所示。

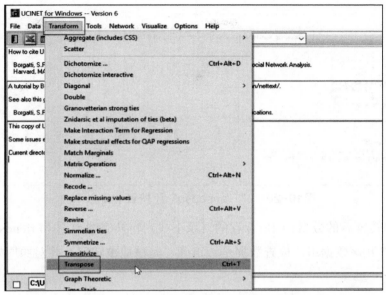

图10-18 找到"Transpose"按钮

（2）点击后将弹出标题栏为"Transpose"的窗口，如图 10-19 所示。

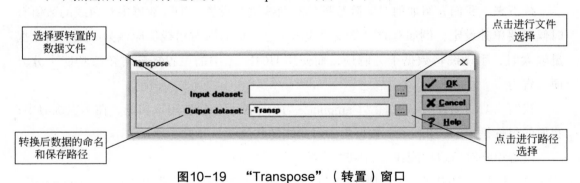

图10-19 "Transpose"（转置）窗口

（3）在"Input dataset"一行，点击右边的▦按钮选择所要转置的文件，在打开的窗口中我们找到并点选 UCINET 格式文件"Friendship nomination"。对于转置后输出的数据，我们也可以通过点击右边的▦按钮来选择输出数据集的保存位置。默认状态下该输出数据将被自动命名为"Friendship-Transp"。

（4）点击 ✔ OK 。UCINET 会弹出一个文本，显示我们刚才的操作记录，如图 10-20 所示。

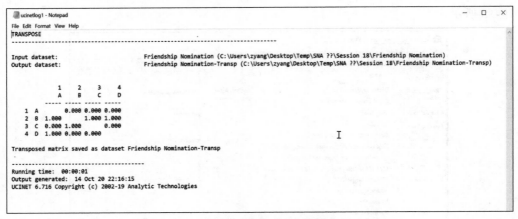

图10-20 "Transpose"（转置）日志log

（5）核对转置后的数据：到所保存的目录下找到转换完的数据"Friendship-Transp"，用 UCINET 打开该数据组，检查数据是否正确、完整地被转置，并对照原始数据。

10.5 设置矩阵对角线（Set Diagonal Data）

接下来，我们介绍如何对矩阵数据的对角线进行设置。矩阵数据中对角线的数值有时候需要单独设定，例如有时对角线值应该为空，而有时对角线值应该为"0"。当数据量较大时，手动编辑数据十分麻烦，而使用 UCINET 中的设置矩阵对角线功能十分方便、省力。

我们以 UCINET 格式文件"Campnet"为例来展示如何使用该功能。在本次练习中，我们的目标是把"Campnet"数据集中对角线的数值统一转换为"1"。

设置矩阵对角线功能在 UCINET 中的具体操作如下：

（1）打开 UCINET，找到顶部的"Transform"，然后在下拉菜单中点击"Diagonal"，选择"set Diagonal"（设置对角线），如图 10-21 所示。

（2）我们会看到以"Set Diagonal Values"为标题的窗口弹出，如图 10-22 所示。

（3）在"Input dataset"一行中，点击右边的██按钮选择文件，在打开一个窗口中选择需要转换的 UCINET 格式文件"Campnet"。点选后，系统会自动将转换后的文件命名为"Campnet -newdiag"。

（4）窗口左下方的"Parameters"部分是选择转换对角线数值的具体方法，在这里我们点选"One"，即在本次转换中将对角线数值统一转换为"1"。右边的"Add constant to diagonal"一栏保持不变。

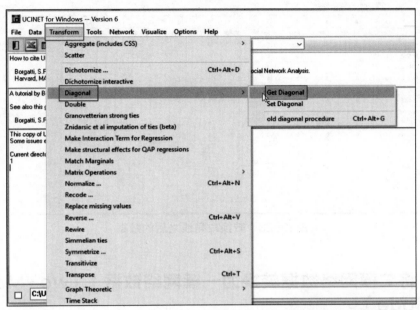

图10-21　"Set Diagonal"（设置对角线）功能在菜单中的打开路径

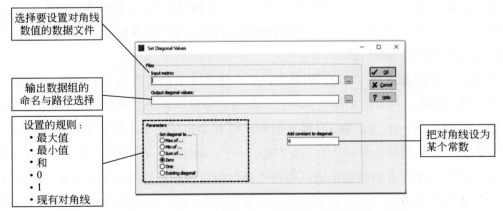

图10-22　"Set Diagonal"（设置对角线）功能窗口

（5）点击 ✓ OK 。UCINET 会弹出呈现运行记录的输出文件。

（6）核对转换后的数据：用 UCINET 打开转换后的数据集"Campnet -newdiag"，检查对角线数值是否全部转化为 1，并对照转换前的原始数据，确保转换过程准确无误。

转换后的数据应如图 10-23 所示。

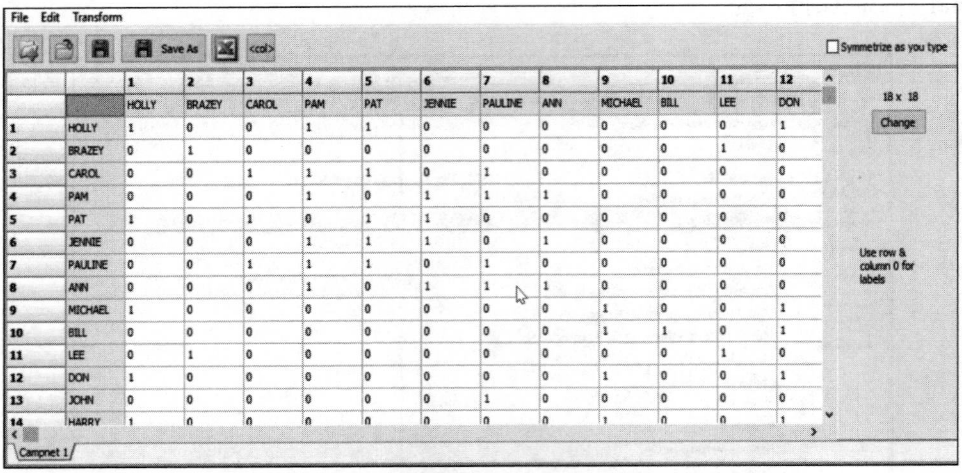

		1	2	3	4	5	6	7	8	9	10	11	12
		HOLLY	BRAZEY	CAROL	PAM	PAT	JENNIE	PAULINE	ANN	MICHAEL	BILL	LEE	DON
1	HOLLY	1	0	0	1	1	0	0	0	0	0	0	1
2	BRAZEY	0	1	0	0	0	0	0	0	0	0	1	0
3	CAROL	0	0	1	1	1	0	1	0	0	0	0	0
4	PAM	0	0	0	1	0	1	1	1	0	0	0	0
5	PAT	1	0	1	0	1	1	0	0	0	0	0	0
6	JENNIE	0	0	0	1	1	1	0	1	0	0	0	0
7	PAULINE	0	0	1	1	1	0	1	0	0	0	0	0
8	ANN	0	0	0	1	0	1	1	1	0	0	0	0
9	MICHAEL	1	0	0	0	0	0	0	0	1	0	0	1
10	BILL	0	0	0	0	0	0	0	0	1	1	0	1
11	LEE	0	1	0	0	0	0	0	0	0	0	1	0
12	DON	1	0	0	0	0	0	0	0	1	0	0	1
13	JOHN	0	0	0	0	0	0	1	0	0	0	0	0
14	HARRY	1	0	0	0	0	0	0	0	1	0	0	1

图10-23　转换对角线之后的数据

10.6　将二模网络数据转换为一模网络数据（Two-Mode to One-Mode）

在 9.2 节中我们介绍了二模网络的概念，二模网络数据也是网络分析中常见的数据类型。这一节我们介绍如何将二模网络数据转换为一模网络数据（two-mode to one-mode），从而方便网络分析操作。

首先，简单回顾一下“二模网络“：在二模网络中会有两种不同类型的网络主体（actors）而不是单一种类的主体，例如，下面的矩阵数据就是二模网络（见表 10-1），该矩阵数据展现了 A、B、C、D、E 这 5 名学生是否参与了 5 个不同学生社团的情况，该网络中即包含两种网络主体：学生（表中的“行”）和社团（表中的“列”）。二模网络矩阵中行与列的交叉处表格的数值表示两种主体之间是否存在连带关系：当 X 学生和 Y 社团交叉的表格中数值为“1”（例如第 1 行，第 2 列），表示 X 学生参加了 Y 社团的活动（例如 A 学生参与了社团 2）；当 X 学生和 Y 社团交叉的表格中数值为“0”（例如第 4 行，第 1 列），表示该学生没有参加该社团（例如学生 D 没有参与社团 1）。

从一个“二模网络”中实际上能抽离出两个“一模网络”的信息。例如，在这个二模网络中，“社团和社团”之间的关系组成了一个一模网络，而“学生和学生”之间的关系组成了另一个一模网络。换言之，如果我们从"学生"和"社团"这两个分析单位分别出发，表10-1中的二模网络矩阵可以进一步被拆解为下面两个一模网络矩阵数据（见表10-2，表10-3）。

表 10-1　学生与所参与社团的二模网络

	社团 1	社团 2	社团 3	社团 4	社团 5
A	0	1	1	1	1
B	1	0	0	0	0
C	0	1	0	0	0
D	0	0	1	0	1
E	1	0	1	1	0

表 10-2　学生与学生之间参加共同社团的一模网络

	A	B	C	D	E
A	4	0	2	2	2
B	0	1	0	0	1
C	2	0	2	1	0
D	2	0	1	2	1
E	2	1	0	1	3

表 10-3　社团与社团之间享有共同学生成员的一模网络

	社团 1	社团 2	社团 3	社团 4	社团 5
社团 1	2	0	1	1	0
社团 2	0	2	1	1	2
社团 3	1	1	3	2	2
社团 4	1	1	2	2	1
社团 5	0	2	2	1	3

　　分析二模网络的首要常见方法是将其转化为两个不同主体的一模网络，然后再通过普通的用于一模网络的方法对其进行进一步分析。因此，在研究中，我们时常需要将二模矩阵数据转化成一模网络数据。

　　下面，我们就以"davis"这个二模网络为例，介绍如何在UCINET里面将二模网络矩阵转化为一模网络矩阵，从而对其进行分析。

（1）首先，我们打开"davis"数据集看一下这个网络的格式。从 UCINET 打开"Matrix Editor"，并导入数据集"davis"，我们会看见下图的数据格式（见图10-24）。这个数据集是一个典型的二模网络，行和列的主体是两种不同的主体，数据集里一共有 18 个人（"Evelyn""Laura""Theresa"……）和 14 个活动（E2、E2、E3……）。在这个矩阵中当 X_{ij}=1 时，表示第 i 行的个人参加了第 j 列的活动；当 X_{ij}=0 时，表示第 i 行的个人没有参加第 j 列的活动。

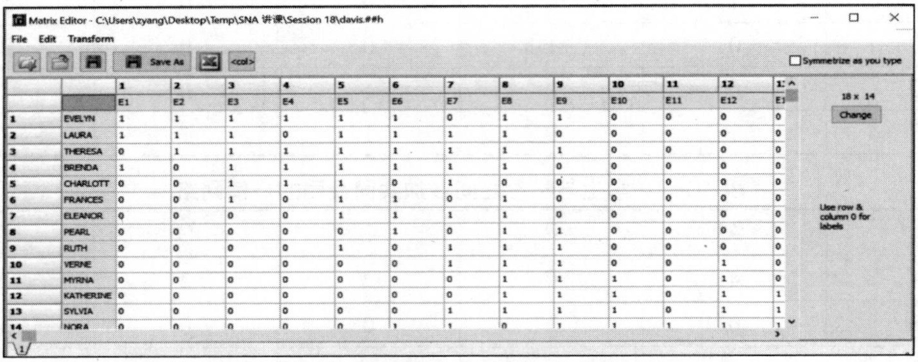

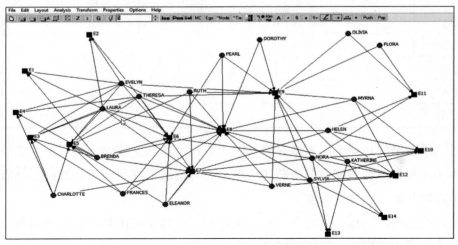

图10-24　"davis"二模网络矩阵数据集

下面是使用 NetDraw 制成的"davis"数据集的网络图（见图10-25），从中能看到方框所代表的"活动"和圆形所代表的"个人"这两种主体。当方框与圆形之间有连线，意味着该个人参加了这个活动；否则是没有参加。

图10-25　"davis"二模网络矩阵的网络图

（2）接下来需要从这张二模网络中得到一个"个人之间的关系"的一模网络，在该新生成的网络中 X_{ij} 将表示"两个人之间参加了相同活动的数字"。由于两个人共同参加的活动越多，他们接触的机会越多，关系也就可能越紧密，因此这个新生成的网络将能表现出个体之间关系的亲密程度。

（3）接下来转化数据集。在 UCINET 顶端找到子菜单"Data"，然后在下拉菜单中点击"Affiliations (2-mode to 1-mode)"，如图 10-26 所示。

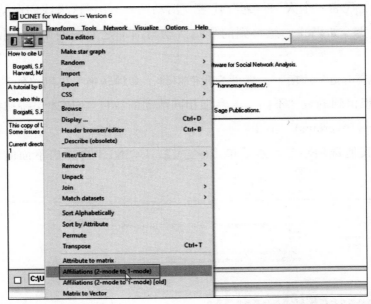

图10-26　"Affiliations (2-mode to 1-mode)"功能在菜单中的打开路径

（4）点击后，我们会看到下面弹出的窗口（见图 10-27）。

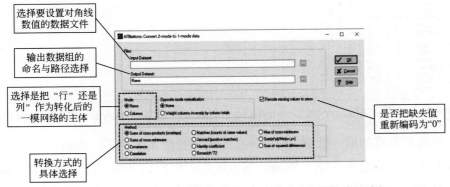

图10-27　"Affiliations (2-mode to 1-mode)"功能窗口

（5）在"Input Dataset"一栏，点击右边的▣按钮，选择二模网络数据文件"davis"。在"Output Dataset"一栏，系统将自动为新产生的文件命名为"davisRows"。

（6）在"Mode"选项里选择转换该数据集中"行"（row）内的主体还是"列"（column）内的主体——由于二模网络中有两种不同的主体，所呈现的矩阵数据中行与列呈现的是不同的主体类型，因此需要告诉 UCINET 现在想转换的是关于哪种主体的一模网络。在本例子中，我们想得到的是以"个人"为节点的网络，已知在"davis"数据集中"行"（row）代表"个人"，"列"代表"活动"，因此在这里我们保持点选"Rows"的初始设置不变（如果我们想得到的是"活动与活动之间的网络"，则应在此处点选"Columns"）。

（7）在"Method"选项下，软件为我们提供了多种转换一模网络的具体方式。在本例子中，我们想得到的是"不同个人参加相同活动的数目"，因此保持初始设置"Sums of cross-products (overlaps)"不变。

（8）保持其他选项不变，然后单击 ✔ OK ，UCINET 会弹出下面的文本文件（见图 10-28）。

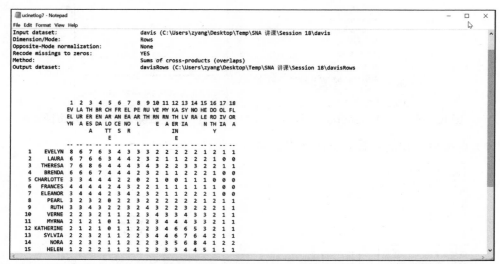

图10-28　使用"Affiliations (2-mode to 1-mode)"转换"davis"数据集的日志log

（9）核对新生成的网络数据：到所保存的输出数据集路径下，找到"davisRows"文件，打开并查看转换是否完整、准确。新生成的矩阵数据里面"行"和"列"应都变成了个人的名字。X_{ij} 的数值代表的是第 i 行的个人和第 j 列的个人所参加相同活动的数量。

例如，Laura 和 Brenda 参加了 6 个相同的活动；而 Verne 和 Evelyn 参加了 2 个相同的活动。

这样我们就得到了以"个人"为主体的一模网络，从而可以进一步计算这 18 个人中每个人的网络中心度、该网络的结构特征、子群结构特征。使用类似的方法，当我们在步骤（6）的"Mode"选项勾选"Columns"时，能够得到一张"活动与活动之间关系"的一模网络，其他步骤相同，此处不再赘述。

10.7　UCINET的命令行接口（Command Line）

命令行（command line）接口是 UCINET 的一个能够以"矩阵"为单位，将矩阵数据进行数学计算的功能。这个功能能够帮助我们根据自己研究的具体需求对矩阵数据进行加减乘除等数学运算，从而生成新的矩阵，用于进一步的关系性分析。本节我们对该功能的具体操作进行介绍。

我们以下面的例子来说明如何对"命令行接口"进行使用。假设我们现在有关于 A、B、C、D 4 个人关系的两种矩阵数据，第一个矩阵是"友情关系"矩阵（即任何两个人是否是朋友关系），第二个矩阵是"同学关系"矩阵（即任何两个人是否曾是同学关系），两个矩阵的数据分别如图 10-29 和图 10-30 所示。

	A	B	C	D
A		1	0	1
B	0		1	0
C	0	1		0
D	0	1		

图10-29　"友情关系"矩阵

	A	B	C	D
A		1	1	1
B	1		0	0
C	1	0		1
D	1	0	1	1

图10-30　"同学关系"矩阵

现在假设我们想在这两个矩阵基础上计算出一个新的矩阵，用它来表示 A、B、C、D 4 个人之间的"网络多重性"（network multiplexity）——任意主体之间同时拥有多少不同层次的关系——那么，我们现在需要将两个矩阵数据表进行相加的计算。例如，在该例子中，如果 A 和 B 两个人既是朋友关系又是同学关系（即在两个矩阵中关系数值均为

"1"），那么，我们需要在新建成的矩阵表格中 A 和 B 的关系数值呈现为 "2"，从而表示出他们之间同时存在两种不同的社会关系。当人处于多重关系时，他们的关系强度也会更高，因此网络多重性矩阵能帮我们更好地了解个体之间的关系。

换言之，我们的目标是生成以下的新矩阵：

新生成的矩阵 = 友情网络矩阵 + 同学网络矩阵

这个时候我们不需要手动将每一个小格子里的数字相加，只需要使用 UCINET 的 "Command Line/Matrix Algebra" 功能即可。接下来以这个简单的例子来讲解其方法，该方法同样适用于节点数量大的网络数据矩阵。

（1）首先，打开要做加法的两个矩阵进行查看，它们分别是名为 "Friendship Nomination" 和 "Classmate Nomination" 这两个数据集。点击 UCINET 下的 "Matrix Editor"，并分别打开两个数据集进行查看，确保数据准确、完整。查看无误后关闭 Matrix editor。

（2）在 UCINET 主页面顶部找到子菜单 "Tools"，然后在其下拉菜单中点击 "Command Line/Matrix Algebra"（命令行 / 矩阵代数），如图 10-31 所示。

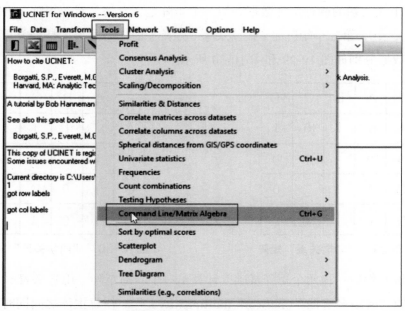

图10-31　"Command Line/Matrix Algebra"（命令行/矩阵代数）功能的打开路径

（3）点击后，我们将看到如图 10-32 所示的窗口弹出。

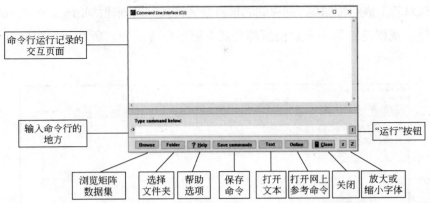

图10-32　"Command Line/Matrix Algebra"（命令行/矩阵代数）功能窗口

（4）在输入具体命令之前，需要先告诉 UCINET 我们要进行计算的矩阵数据放在哪个文件夹。点击"Folder"，找到并选择"Classmate nomination"和"Friends nomination"两个数据集所在的文件夹。接下来，在"Type command below"框中，输入"Multiplexity = add（'classmate nomination''Friends nomination'）"，这条命令的意思是创立一个新的名为"Multiplexity"的矩阵数据集，让它的每一个值都是相对应的"Classmate nomination"和"Friends nomination"这两个矩阵中数值的"和"。

（5）完成以上公式后，点击 ▮ 运行命令，此时下方命令框中的字符会消失，而上方命令栏交互界面会显示已经运行的命令，说明该命令条已经执行完毕（见图 10-33 ）。

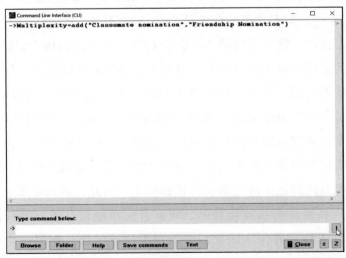

图10-33　运行命令后的"Command Line/Matrix Algebra"（命令行/矩阵代数）窗口

（6）核对新生成的数据集：到存储的根目录文件找到新创建的矩阵文件"Multiplexity"，打开该文件，观察是否每一个数据值都是两个原始矩阵的和。所看到的数据应如图10-34所示。

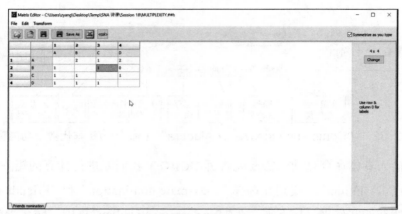

图10-34　通过"Command Line/Matrix Algebra"新生成的数据集

我们会发现，当数据中含有上百或上千个节点时，"Command Line/Matrix Algebra"（命令行／矩阵代数）是非常好用的工具。该功能并不限于在两个矩阵之间使用，还可以用于将多个矩阵进行加、减、乘、除，以及更复杂的计算。此外，UCINET中几乎所有的功能都可以通过在命令条中输入某个命令来完成，点击"Help"或"Online"按钮，就能看到进行某种具体操作的命令。例如，展示矩阵数据的命令是"dsp ＜矩阵＞"，转化绝对值的命令是"abs ＜矩阵＞"，取平均值的命令是"avg (＜矩阵1＞, ＜矩阵1＞)"等。UCINET自带的命令介绍非常详细，这里不再赘述。由于UCINET的图形用户界面更加友好，在操作中一般更常见的是从菜单中选择功能。但命令行功能有时可能让运行更加方便。

在本章中，我们介绍了使用UCINET对网络数据进行处理、转换的几种重要方法，包括如何将矩阵数据对称化、如何将多值数据进行二值化、如何将矩阵数据重新编码、如何转置矩阵数据、如何设置矩阵中对角线的数值等。UCINET中的大部分网络分析操作都需要我们提供符合其格式要求的矩阵数据才能实现，这就意味着在进行数据分析之前，我们需要先将自己的数据进行格式清理和转化。因此，本章中所介绍的数据处理方法将在进行数据准备阶段提供重要帮助。研究者应根据自己研究的具体需求和特点选择合适的数据处理方法，并保证转化后的数据准确、无误。在下一章里，我们将介绍UCINET中重要的制图功能：NetDraw的使用。

第 11 章

UCINET 操作：网络视觉化与 NetDraw 操作

网络数据的视觉化是社会网络分析方法中一个至关重要的工具，它能够将复杂的网络数据用直观、简明的方式展现出来，通过一目了然的图像展现网络特征、主体特征、关系特征等多重信息，并能帮助研究者发展研究问题和研究假设、理解社交结构和互动模式、挖掘隐藏的关系和规律、识别关系间的差异和相似。此外，网络关系图也是研究者有效的沟通工具，它能增加论文或会议报告的信服力，帮助研究者展示复杂数据、体现研究亮点。

在本章中，我们就来聚焦 UCINET 中的制图工具 NetDraw，详细讲解如何使用该功能为我们的网络数据制作关系图，如何在制图时有效使用属性型数据，以及如何制作二模网络关系图、查看个体网络图、分析网络中心度等。在学习本章后，读者将能够为自己的矩阵数据制图，并将其应用于论文写作与会议报告中。

11.1　NetDraw的基本界面和功能

网络关系的视觉化是社会网络分析中重要的一部分，它能够直观地将主体之间的关系连带展现在一张图上，并且可以展现出不同位置的主体和不同强度的连带。

UCINET 软件为我们提供了一个方便且强大的视觉化工具：NetDraw。NetDraw 能帮我们实现如下的视觉化功能：

（1）将社会网络关系通过图形和色彩进行视觉化的展示；

（2）用节点大小和颜色等特征表现网络主体的中心性度量；

（3）用节点形状和颜色等特征表现出网络主体所在的小团体、子群结构；

（4）通过改变和调节节点、连带的形状、大小、颜色，以及添加标签、改变网络布局等功能，更有效地展示满足研究者具体研究目的的可视化关系图。

NetDraw 有其专门的操作界面，我们首先来熟悉一下 NetDraw 的基本界面和功能。

（1）在 UCINET 中有两种打开 NetDraw 界面的方式：第一种是点击"Visulize—>

NetDraw"（见图 11-1），第二种是直接点击快捷键 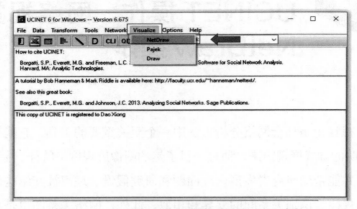（见图 11-2）。

图11-1 NetDraw功能在菜单中的打开路径

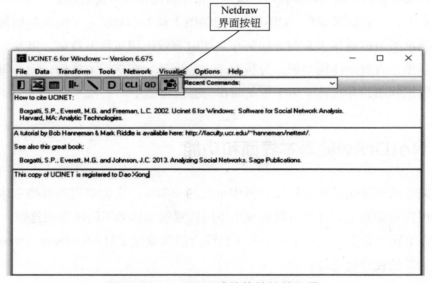

图11-2 NetDraw功能快捷键的位置

（2）无论选择哪一种打开方式，我们都将在打开 NetDraw 功能后看到以下窗口（见图 11-3）。

该窗口的顶部菜单栏为我们提供了以下选项：

① File（文件）：用于打开和保存 UCINET 格式的文件，导入和导出图形以及打印网络图。

② Edit（编辑）：允许复制、粘贴、删除和查找等基本编辑操作，并更好地组织和展示网络关系图。

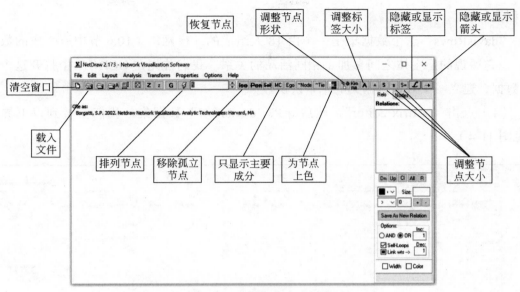

图11-3　NetDraw的窗口

③ Layout（布局）：包含不同的网络布局选项，以便于以不同方式展示网络关系图。

④ Analysis（分析）：执行各种网络分析，如计算中心性度量或识别子群结构等。

⑤ Transform（变换）：变换网络的某些属性，比如对称化网络、折叠或展开节点，以及其他一些转换选项。

⑥ Properties（属性）：调整和修改网络关系图的各种视觉属性，包括节点的形状、颜色、大小，连线的颜色、样式以及标签等。

⑦ Options（选项）：提供了一些设定选项，例如自动布局的设置、标签的显示方式，以及是否显示网格线等。

⑧ Help（帮助）：提供关于如何使用 NetDraw 的帮助文档和教程。

除了顶部菜单栏，NetDraw 的界面上还为我们提供了最常用的快捷键（见图 11-3），例如打开文件、调整节点大小、移除孤立结点、调整标签大小、隐藏或显示标签等功能。这些快捷键的功能也都可以通过顶部菜单的选项找到。

11.2　使用NetDraw的基本方法

接下来，我们以"davisRows"这个数据组为例具体讲解使用 NetDraw 制图的操作过程。

"davisRows"这个数据集是一个由 18 人组成的一模网络（10.6 节中所生成的数据集），它展现的是主体之间参加了相同活动的关系。我们首先在 UCINET 中打开这个矩阵数据，建立一个对该数据集的基本认识。

（1）点击"Matrix editor"，然后导入"davisRow"数据集，我们会看到以下界面（见图 11-4）。

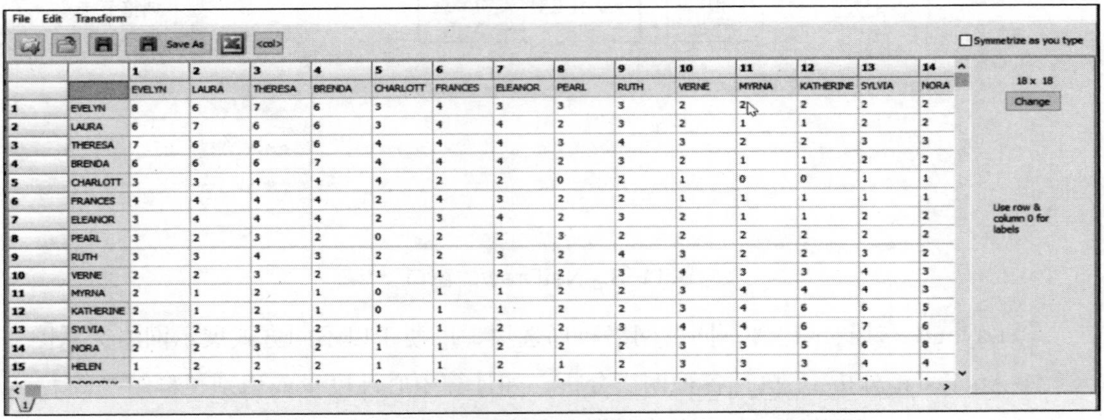

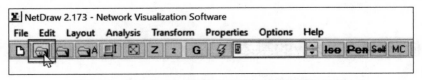

图11-4　用数据编辑器打开的"davisRow"数据

注意，在本数据集里，数值 X_{ij} 的含义是"第 i 行的个体跟第 j 列的个体共同参加的活动数量"。例如，Evelyn 与 laura 共同参与的活动数量是 6 个，而 Ruth 与 Eleanor 共同参加的活动数量是 3 个。从社会网络的视角来看，如果两个人共同参与的活动数量越多，他们之间互动的机会就越大，有共同爱好和经历的可能性就越大，因此之间的关系也就可能越强。

（2）接下来我们使用 NetDraw 来画出"davisRows"数据集里的关系。首先点击 打开 NetDraw 界面。

点击该界面左上角的 按钮，选择并打开"davisRows"数据集，然后点击"open"按钮，如图 11-5 所示。

图11-5　NetDraw中打开UCINET数据集的按钮

（3）此时 NetDraw 会弹出以下窗口，如图 11-6 所示，我们看到每个蓝色方框代表一个 davisRows 矩阵中的一个主体，图中一共有 18 个这样的主体；每条线代表两个人共同参加活动的关系。于是，这张图从视觉上直接向我们反映出这 18 个人之间的连带关系。

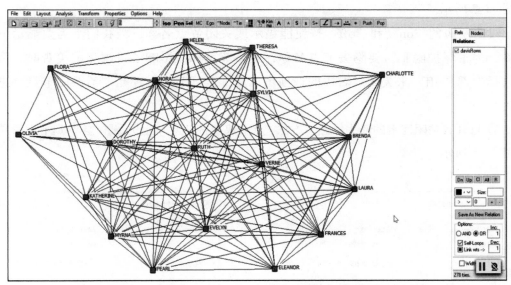

图11-6　"davisRows"数据集的网络图

（4）NetDraw 功能允许我们调整网络关系图的外观，从而生成更美观、友好的图像。接下来我们分别尝试以下步骤：

① 挪动图中某个节点的位置。例如，将 Flora 这个节点的位置稍稍向右移动，再将 Charlotte 这个节点的位置稍稍向左移动（方法：按住鼠标左键点击"Flora"节点并向右拖拽；按住鼠标左键点击"Charlotte"节点并向右拖拽）。

② 让 NetDraw 重新布局网络地图（方法：点击快捷按钮菜单上的"排列节点"按钮 ）。"排列节点"按钮是一个很方便的按钮——我们在分析和调整一个网络地图时经常会挪动不同的节点、改变节点和连带呈现的方式等，当我们想让 NetDraw 重新布局现有节点时，就可以随时点击 按钮。

③ 放大和缩小整个网络地图。（方法：点击快捷按钮菜单上的 Zoom in 和 Zoom out 按钮 ，即可将整个网络地图放大或缩小）

④ 放大或缩小网络节点（node size）的尺寸。（方法：点击快捷按钮菜单上的 ，

网络图上所有节点的尺寸即会放大或缩小）

⑤ 放大或缩小标注（label size）的尺寸（方法：点击快捷按钮菜单上的 A A，网络图上所有标注的尺寸即会放大或缩小，即每个节点的名称）。

⑥ 打开或关闭节点名称标注（方法：点击快捷按钮菜单上的 L，会看到下面菜单），如图 11-7 所示。

勾选左边的"on"和"off"按钮能显示或关闭节点名称，当我们不需要显示节点名称、为了保护隐私需要隐去节点名称，或是节点标注影响了可视化的美观时，都可以选择勾选"off"来关闭。右边的选项可以对"全部节点"还是"活跃的节点"进行调整。

⑦ 打开或关闭连带的箭头标志（方法：点击快捷按钮菜单上的 →，会看到下面菜单），如图 11-8 所示。

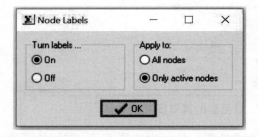

图11-7　Node Labels（节点标注）页的选项

图11-8　Arrow Head（箭头)页的选项

在箭头选项页，勾选左边的"on"和"off"按钮能显示或关闭连带的箭头——箭头对于有方向的网络来说尤为重要，通常要在网络地图中勾选；而在无方向性的网络中应该将该箭头功能关闭。在该页面右侧，我们可以选择将该箭头选项应用于"全部连带"或是仅应用于网络中"活跃的连带"。

⑧ 在图中隐去孤立节点（Isolate）："孤立节点"是指跟任何其他节点都没有连带的节点，默认状态下 NetDraw 会将孤立节点列在网络图的最左侧，如图 11-9 所示的 Pearl、Dorothy、Oliva、Flora 4 个人。

当我们不需要在网络图中展示孤立节点时（例如因孤立节点太多影响了可视化效果、孤立节点并不是研究关注重点等情况下），就可以点击上方快捷工具栏中的 Iso 按钮，此时所有孤立节点就会在页面上隐去，如图 11-10 所示。

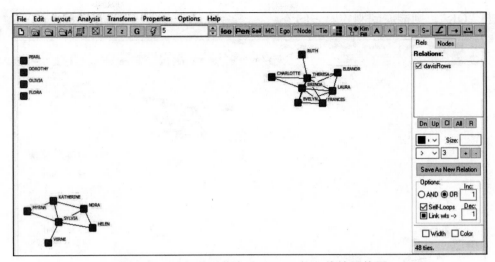

图11-9　隐去孤立节点（isolate）之前的网络图

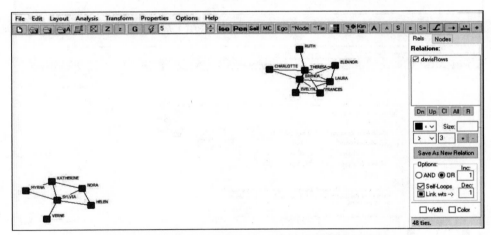

图11-10　隐去孤立节点（isolates)之后的网络图

⑨ 在图中去掉悬挂节点（Pendant）："悬挂节点"是指那些在一个网络图中只跟唯一一个其他节点有连带关系的节点，如图 11-10 所示的 Verne 和 Ruth。在分析中有时我们需要隐去悬挂节点而只关注那些更紧密地与其他节点有关联的节点。此时点击上方快捷工具栏中的 Pen 按钮，则网络图中的悬挂节点会消失，如图 11-11 所示。

⑩ 找回休眠节点（inactive nodes）：在进行了类似上面的操作后，我们可能想要找回刚才隐去的节点，这时点击上方快捷工具栏中的 ~Node 按钮，会弹出下面的对话框，在左侧选择 "Inactive nodes"（或 "dead nodes"），在右侧选择 "active"（见图 11-12），然

后点击"OK"，则能看到刚才隐去的节点。

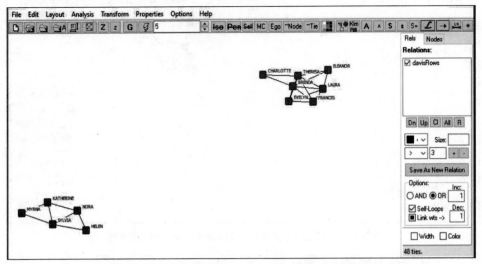

图11-11　隐去悬挂节点（Pendant）后的网络图

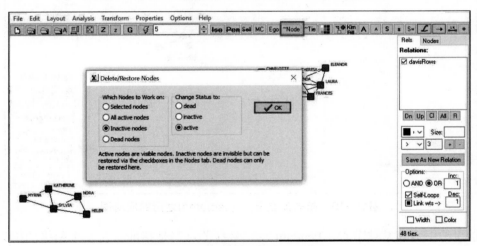

图11-12　找回休眠节点的页面

⑪ NetDraw 制图的保存与导出：点击子菜单"File—>Save Diagram As"，子菜单会提示4种不同的图片格式，选择"jpeg"（或其他格式），在"File name"命名该文件并点击"save"进行保存，然后到保存目录下查找该图片是否保存完备。

⑫ NetDraw 还提供对 VNA（visual network analysis）格式的文件保存，这种类型存储的好处是，它能够对调整后的现有图像状态进行保存，方便下一次继续在现有图像基

础之上进行更改、调整或导出。例如，如果我们在调整网络图的时候改变了某些节点的颜色、连带的粗细以及节点的筛选，但还没有做完所有需要进行的调整，那么我们就可以先选择将其保存为 VNA 格式，下一次打开该文件时则会显示跟保存时完全相同的图像状态。VNA 格式文件的保存方法是点击子菜单"File—>Save Data As—>VNA"然后在弹出的界面选择保存路径和文件名，其他选项保持不变，点击"OK"，如图 11-13 所示。新生成文件的后缀应为".vna"。

⑬ 核对保存后的文件：回到 NetDraw 主页面，点击 🖸 清空当前图片文件，然后重新找到并打开刚刚保存的 VNA 文件进行查看：点击"File—>Open—>Vna text file—>Complete"，打开我们刚刚保存的 VNA 文件（或者直接点击快捷键 🖳，工具栏上左起第 3 个选项）。打开后我们应该看到跟刚才保存时完全一致的网络图。

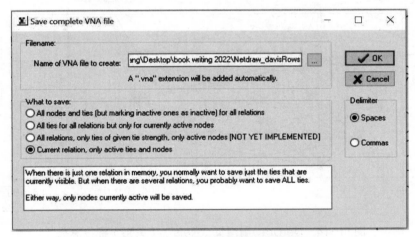

图11-13　保存VNA格式的网络图

以上即是使用 NetDraw 生成网络关系图的基本步骤。建议读者在此进一步选用其他的矩阵数据集（如我们此前在练习中生成的"Campnet matrix""RDGAM"等数据集），练习使用 NetDraw 为其制图，并尝试使用本节中介绍的不同功能，从而能熟练掌握 NetDraw 的制作步骤。

11.3　使用NetDraw进行节点和连带的个性化操作

NetDraw 除了能直观地反映出一个整体网络中所有主体之间的连带关系，还可以根据研究者的需要去实现一些具体的分析功能，例如筛选出强度不同的连带、某些特定节点的连带等。本节我们对此进行介绍。

我们注意到，在 NetDraw 制图页面的右端有一个窗口，最上方有"Rels"（关系）和"Nodes"（节点）两个标签（见图 11-14）。这两个标签下有一些方便的快捷方式功能，可以帮我们更好地分析出网络的特点。

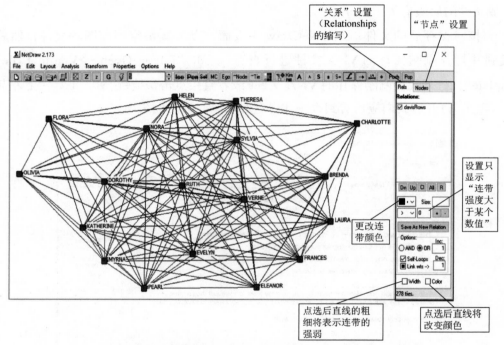

图11-14　NetDraw制图页"Rels"（关系）标签总览

1. 利用"Rels"（关系）标签常用功能：含有多种连带与单一连带的数据集

当 NetDraw 生成网络图后，会默认显示"Rels"标签，如图 11-15 所示。"Rels"标签下的"Relations"（关系）模块会显示可以进行视觉化的关系类型，当我们的数据集里本身就包含多种关系时，这个位置就会显示出多种关系。例如，图 11-15 中"Krack-High-Tec"的 NetDraw 页面就显示了 3 种关系："ADVICE"（建议）、"FRIENDSHIP"（友情），"REPORT TO"（报告）。这是因为"Krack-High-Tec"这个数据集本来就包含这 3 种不同连带的数据。而后文中的数据集"davisRows"的 NetDraw 制图页在"Relations"下面则只有 1 种连带数据（见图 11-19）。

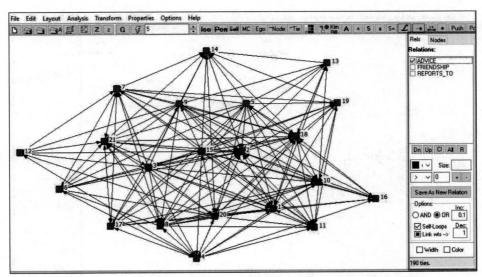

图11-15 Krack-High-Tec的NetDraw制图（"Advice"关系）

像"Krack-High-Tec"这样，当一个网络中存在多种连带时，我们可以选择让 NetDraw 只显示某一种连带关系，例如图 11-15 中勾选的是"ADVICE"，因此网络图显示的是个体之间提供建议的网络关系；同样的，当我们只勾选"FRIENDSHIP"或"REPORTS TO"时，则会看到主体之间的友谊关系图（见图 11-16）以及报告关系图（见图 11-17）。

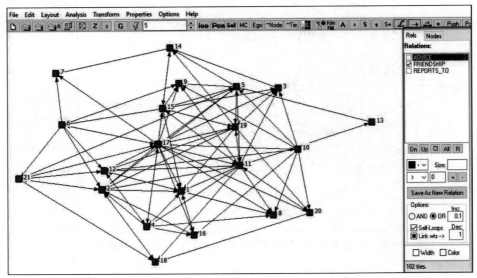

图11-16 Krack-High-Tec的NetDraw制图（"FRIENDSHIP"关系）

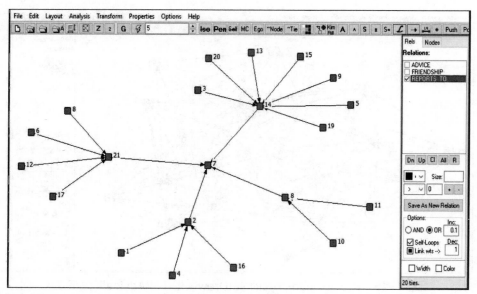

图11-17　Krack-High-Tec的NetDraw制图（"REPORTS TO"关系）

在有多重连带时，我们也可以选择勾选多种连带类型，如图 11-18 所示。

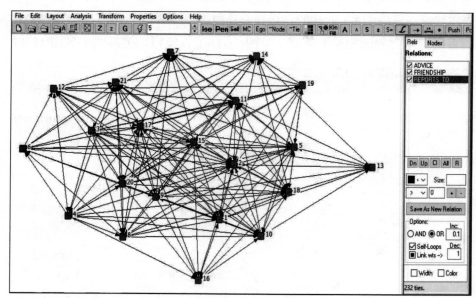

图11-18　Krack-High-Tec的NetDraw制图（勾选3种连带关系）

我们注意到，每一次制图时，在"Rels"标签的最下方都会显示出该网络图中一共存在多少条连带关系；例如，在"Krack-High-Tec"的3种连带都勾选的情况下，该网络图中一共有232条连带关系；而在图11-19的"davisRows"数据集中共有278条连带关系。连带关系的数量能给我们一个对该整体网络的初步印象。

2. "Rels"（关系）标签：更改连带颜色

在"Rels"标签下方，我们可以根据喜好调整连带的颜色，如图11-19所示。

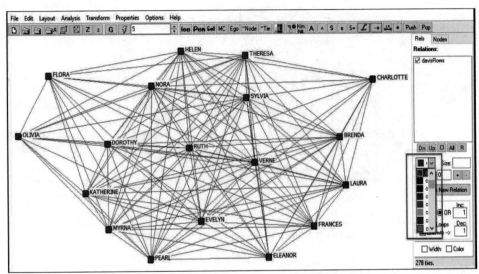

图11-19　davisRows网络图：连带颜色

3. "Rels"（关系）标签：展现连带强度

在"Rels"标签底部我们可以勾选"Width"（宽度），这时候图中直线的粗细就代表每条连带的强弱（见图11-20）。注意，这一功能只对于多值的网络数据才适用。二值网络如"Krack-High-Tec"数据集，则无法区分开连带强度，只能绘制出存在连带和不存在连带两种情况。

4. "Rels"（关系）标签：筛选特定强度的连带

对于多值网络，有时候我们更关心某种特定连带强度的关系，比如连带关系大于1、大于2等。在"Rels"标签下，我们可以选择只显示连带强度大于、小于、等于某个数值的网络关系。例如图11-21（a）是选择显示了所有连带值"大于1"的网络关系，

205

图 11-21（b）是选择显示了所有连带值"大于 2"的网络关系。这样的直观视觉化能让我们更深入地了解这些主体，例如，我们从图 11-21 中可以看出 Flora 和 Olivia 两个人跟其他人的关系并不十分紧密。当我们深入具体研究之中，结合所了解到的其他信息时，就可以借此进行进一步的推断和理论证明。

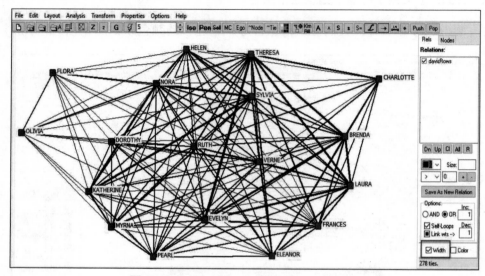

图11-20　davisRows网络图：连带粗细

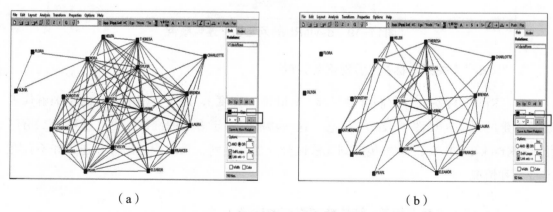

（a）　　　　　　　　　　　　　　　（b）

图11-21　davisRows网络图：筛选特定强度的连带关系

5. 使用"Nodes"（节点）标签的常用功能

当我们在 NetDraw 窗口的右方选项中点击"Nodes"标签时，会看到一个显示当前网络中所有节点的列表。例如，图 11-22 是 davisRows 网络图 Nodes 标签，我们看到 "ID" 下方一共显示了 13 个人名，在最下部显示 "13 nodes"，则表示本数据集中一共有 13 个节点。

　　默认条件下所有节点都会被勾选，但当我们取消某些节点的勾选时，会发现这些节点会从网络地图上消失——这个功能可以很方便地帮助我们具体关注到某一些特定节点的连带关系。例如，图 11-22 中展示的是去除掉 BRENDA、CHARLOTTE、DOROTHY、ELEANOR、EVELYN 这 5 个具体节点之后的网络关系图。我们也可以选择只看这 5 个人之间的连带关系图，或者其他节点的组合。

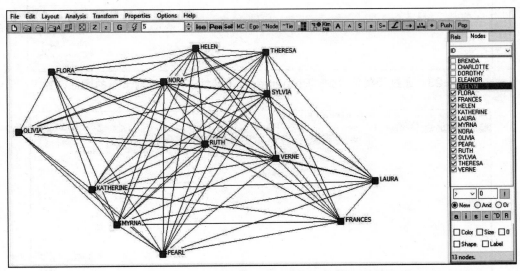

图11-22　davisRows网络图：筛选特定节点查看关系

　　在 "Nodes"（节点）标签页下方，我们可以点选 "Color"（颜色）、"Size"（尺寸）、"Shape"（形状）、"Label"（标签）等选项，根据需要改变网络图中节点的颜色、大小、形状、标签等设置。

　　另外，对于节点和连带属性的设置也可以通过子菜单的 "Properties"（属性）来完成。下面两张图分别展示了通过子菜单找到节点的属性设置功能（见图 11-23），以及通过子菜单找到连带的属性设置功能（见图 11-24）。

　　注意，以上这些调整方法都不会改变节点之间的实际连带关系，而是为了让网络图的展示更加友好和符合研究者的目的。由于每个网络图的网络节点数量、网络结构都不相同，研究者通常需要根据具体情况调整网络关系图的外观，从而让图像以清晰、美观、友好的方式来呈现。

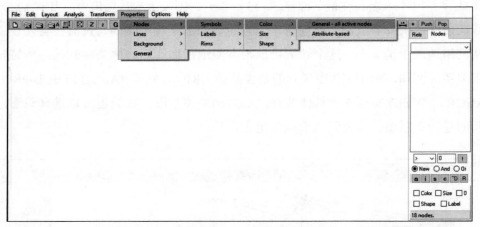

图11-23　通过子菜单找到"Properties"（属性）功能：对节点的属性设置

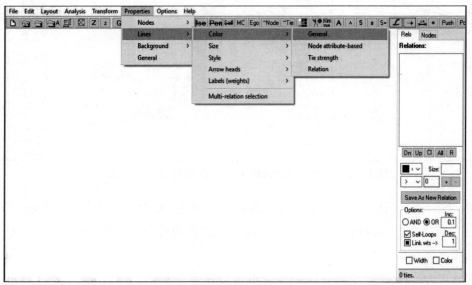

图11-24　通过子菜单找到"Properties"（属性）功能：对连带的属性设置

11.4　在NetDraw中添加和使用属性型数据

除了前面所介绍的功能，NetDraw 的另一个重要功能是可以输入属性型数据，进而从网络关系图上直观地看到节点属性与网络特征之间是否存在一定的关系。本节我们介绍如何在网络地图上体现属性数据（关于属性数据的详细介绍，详见 7.3 节）。

以下我们将使用"Campnet"（关系型数据）和"campattr"（属性型数据）这一组对应的数据组来介绍该功能，从而观察"性别""角色"和"中介中心度"这 3 个属性特征跟主体的连带关系之间是否有规律性的关联。

（1）打开 NetDraw，在工具栏里点击 ，选择"Campnet"数据集所在的路径并选择该文件，NetDraw 将为我们生成以下网络图（见图 11-25）。

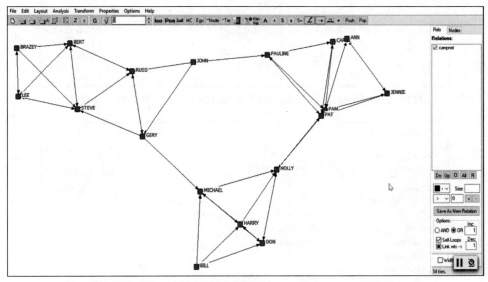

图11-25　数据集"Campnet"的NetDraw网络图

（2）点击右边的"Nodes"标签时，我们会注意到，下方此时只有"ID"一种选项，即节点的编号（见图 11-26）。这是所有矩阵型数据从 NetDraw 打开后都会显示的信息。

（3）接下来导入对应的属性型数据，看看这里会发生什么变化。在 NetDraw 页面点击 ，此时会弹出以下界面（见图 11-27），在"Name of File to open"右方点击 ，选择"campattr"文件的路径，其他选项保持不变，点击"OK"。

此时我们已经把"campattr"这个属性型文件导入到"campnet"的网络图里，但网络图还不会发生变化。

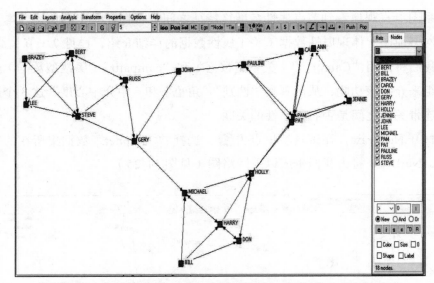

图11-26 数据集"Campnet"的NetDraw网络图：节点标签页

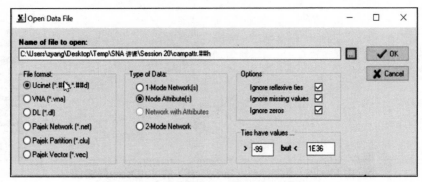

图11-27 在NetDraw中导入属性型数据

接下来，我们到 NetDraw 界面右边点击"Nodes"界面下方"ID"的选择项，此时下拉菜单出现了 3 个新选项，即我们刚刚通过属性文件导入的 3 个属性变量的数据，分别是"Gender"（性别）、"Role"（角色）和"Betweenness"（中介中心度）——所导入的属性数据的第一行里给属性命名的是什么变量，这里就会显示什么变量名（见图 11-28）。

（4）我们在右侧"Nodes"下边点选"Gender"，然后在底部点选"Color"，这个时候 NetDraw 会根据主体的"Gender"，将网络图上的所有节点分颜色标注，"女性"主体将被自动标记为红色，"男性"主体将被自动标记为蓝色（见图 11-29）。这个功能让我们便捷地从网络图中看到了更多的信息——同样性别的主体似乎呈现更容易一起花时间的趋势。

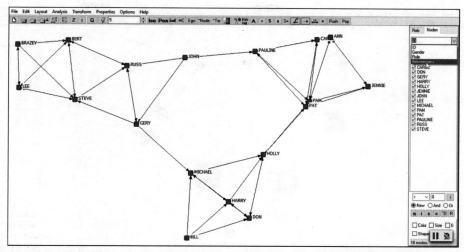

图11-28　数据集"Campnet"的NetDraw网络图：导入属性数据之后的下拉菜单

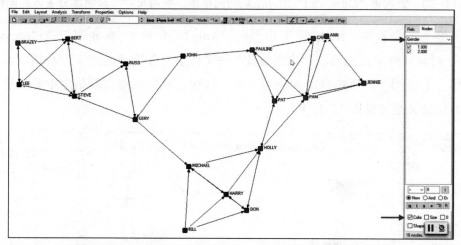

图11-29　数据集"Campnet"的NetDraw网络图：使用颜色区分主体的属性

（5）接下来，我们在右侧"Nodes"下边点选"Betweenness"（中介中心度）——由于"Betweenness"是一个连续变量（在其属性数据中即可查看），所以用"节点尺寸"（size）来进行可视化是最合适的。在页面底部点选"size"（见图 11-30），这时，网络节点的大小将会体现其中介中心度，节点更大的主体拥有更高的中介中心度，节点更小的主体拥有更低的中介中心度[1]。

———————————

[1] 注：当属性特征是连续变量或有序变量时，使用节点尺寸来体现这些特征是更合适的选择，如人的年龄、身高、年级、收入；组织的成立年限、税收、成本等。

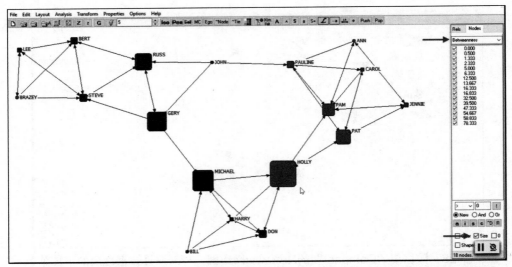

图11-30　数据集"Campnet"的NetDraw网络图：使用尺寸和颜色区分主体的属性

（6）接下来在右侧"Nodes"下边点选"Role"（角色），在底部点选"Shape"（形状）。这个时候网络节点的形状会出现变化——工作坊上作为学生的个体会被自动标记为圆形，作为老师的个体会被自动标记为方形。这样，我们就能在网络图中看到学生、老师之间的连带关系（见图11-31）。

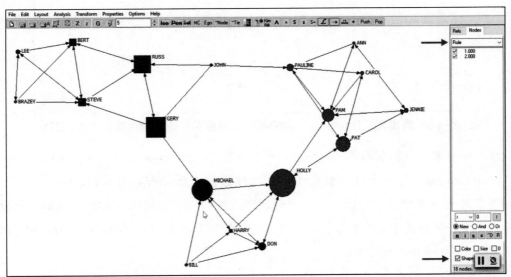

图11-31　数据集"Campnet"的NetDraw网络图：使用尺寸、颜色、形状区分主体的属性

从上面的例子可以看出，将属性型数据集载入 NetDraw，能让网络关系视觉化的信息量增大，帮助我们在网络图中看到主体关系及其属性特征。例如，在 Campnet 数据集所包含的主体中，不同性别的主体更容易产生连带吗？不同角色的主体更容易产生连带吗？中介中心度更高的主体的点度中心度也会更高吗？那些比较活跃的主体都具有怎样的属性特征？……这些都是加入了属性数据之后，我们更容易根据视觉化图像而产生的有意义问题。

在具体的研究中，这些可视化工具能够帮我们发现网络独有的特征、开辟研究思路、理解网络结构。我们还可能据此提出一些有意义的研究问题，例如为什么网络会呈现现有的结构、为什么有些个体之间有连带而有些没有、什么样的个体更容易形成小团体等。

此外，如果我们需要更改 NetDraw 自动设定的颜色和形状，也可以在软件中方便地实现。例如，在 NetDraw 常用工具栏点击█按钮，选择"Gender"，会看见以下页面（见图 11-32），这个窗口允许我们选择 Gender=1（即女性）和 Gender=2（即男性）的节点分别用什么颜色来表示，点击颜色按钮█或█会弹出更多颜色选项。

我们可以选择其他颜色来表示性别类型（见图 11-33），网络图即会出现变化。

图11-32 颜色选项

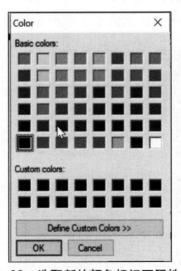

图11-33 选取新的颜色标记不同性别

更改指代"Gender"的颜色选项后的网络图如图 11-34 所示。

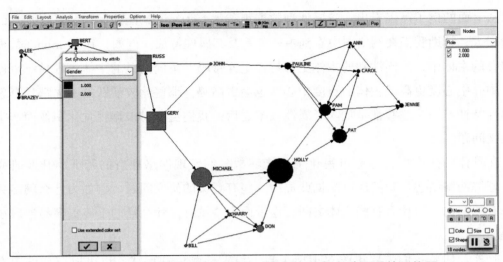

图11-34　更改指代"Gender"（性别）的颜色选项后的网络图

同样，我们也可以进一步改变用来指代具体属性的节点形状——点击 NetDraw 上方常用工具栏中的 ![按钮] 按钮，选择"Role"属性（见图 11-35），我们会看到不同的形状选项。

分别点击"Circle"（圆形）和"Square"（方形），即可以改变 Role=1（主体是"学生"）及 Role =2（主体是"老师"）的节点的形状（见图 11-36）。

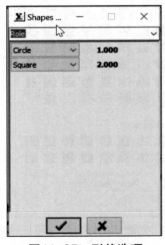

图11-35　形状选项

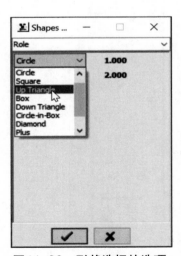

图11-36　形状选择的选项

更改指代"Roles"的形状选项后的网络图如图 11-37 所示。

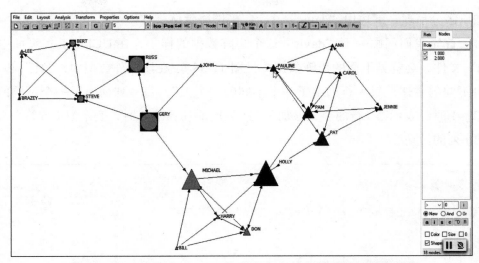

图11-37 更改指代"Roles"（角色）的形状选项后的网络图

很显然，NetDraw 的制图中能体现出哪些属性特征，取决于属性型数据里包含哪些属性型变量。因此，当属性数据更加充足、所包含变量更多时，往往能帮助我们探讨更多样、更复杂的网络研究问题。

另外要注意，在我们选择将属性特征进行视觉化时，需要选择最适合的方式。具体方法是首先考虑某个属性是"分类变量"或"名义变量"，还是"连续变量"或"有序变量"。具体来说：

（1）当我们想表现的特征属于分类变量或名义变量时，比如祖籍、民族、职业、性别、属于哪个俱乐部、组织类型等，我们可以使用节点的颜色（color）或形状（shape）来表示该属性。

（2）当该特征属于连续变量或有序变量时，比如身高、体重、年龄、工资、工作时长、考试分数、组织成立年限、组织员工数量、团队销售额、员工满意度等时，我们则可以使用节点的大小（size）来表示该属性。

11.5 NetDraw的其他常用功能

1. 为二模网络制图

NetDraw 为二模网络制图的步骤跟一模网络相同，只是会在网络图中自动对不同的主体加以区分呈现。下边用"davis"这个二模网络示例。

（1）首先我们回顾一下"davis"这个矩阵数据的样子，在 UCINET 主页面中打开"davis"文件，会看见下面的矩阵数据（见图 11-38）。在该矩阵数据中，"行"和"列"体现出不同的主体，每一行列出了一个不同的"个人"，每一列列出了一个不同的"活动"，$X_{ij}=1$ 时，表示第 i 行的个人参加了第 j 列的活动；$X_{ij}=0$ 时，表示第 i 行的个人没有参加第 j 列的活动。

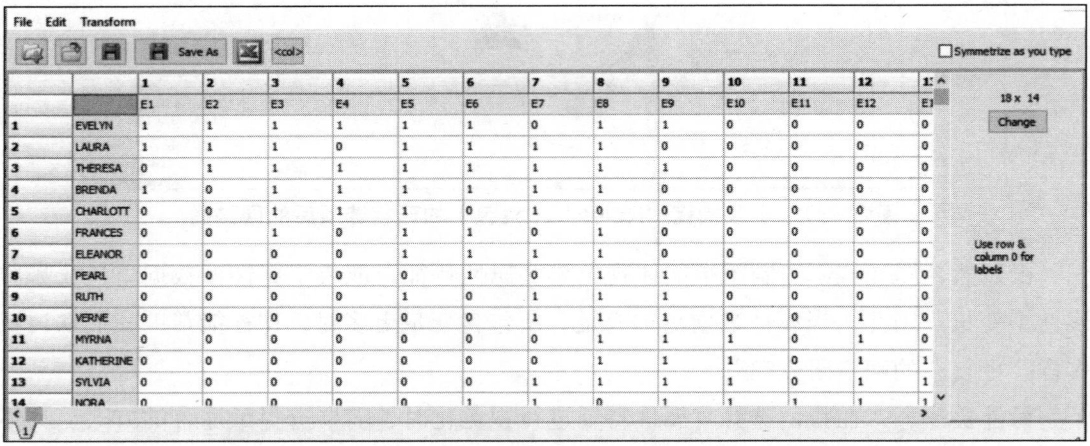

图 11-38　"davis"矩阵数据

（2）接下来，在 NetDraw 中点击█按钮，选择"davis"数据集，然后点击"open"按钮。我们看到 NetDraw 自动将"个人"这种主体用红色圆圈来表示，而将"活动"这种主体用蓝色方框来表示，如图 11-39 所示。通过这张二模网络图，我们可以一目了然地看到哪些个体参加了哪些活动，例如 DOROTHY 这个人参加了 E8 和 E9 这两个活动；FLORA 这个人参加了 E9 和 E11 这两个活动等。从这张图中我们也能够初步看出哪些活动最受欢迎（E6、E7、E8），哪些活动参加的人比较少（E1、E2、E13、E14）。

（3）当我们点击右侧"Nodes"标签时，会看到在"ID"栏下面既列出了所有"个人"这一分析单位上的主体，也列出了"活动"这一分析单位上的主体（因为"个人"和"活动"分别是该二模网络中的两种主体）。我们可以勾选任意主体来查看其特定的网络，如图 11-40 所示。（注意，在分析二模网络时，不要混淆不同的分析单位下主体的数量。）

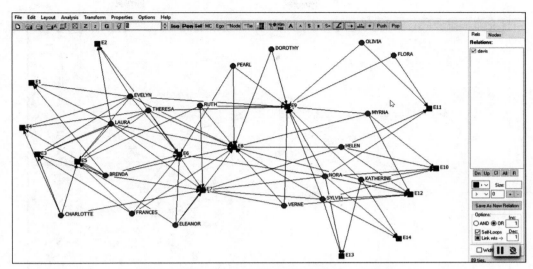

图11-39　"davis"数据集的NetDraw网络图

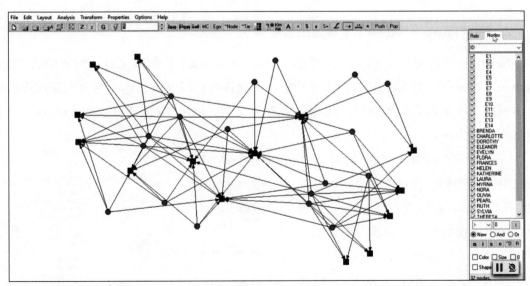

图11-40　"davis"数据集的NetDraw网络图："Nodes"页面下所包含的主体

（4）当我们只点选了一部分主体时，网络图会随之变化，如图 11-41 所示。

二模网络图的其他设置方法和选项与一模网络图相同，例如，研究者都可以利用 NetDraw 提供的工具栏对主体的颜色、形状、位置、标签名、大小进行调整，其保存文件的方式也完全相同，这里不再赘述。

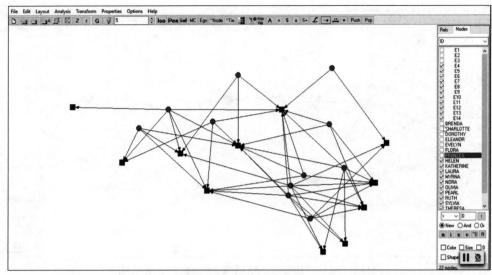

图11-41　"davis"数据集的NetDraw网络图：点选部分主体

2. Ego Network Viewer(个体网络查看器)

NetDraw 虽然是主要用于整体网络（whole network）的制图工具，但其中的"Ego Network Viewer"（个体网络查看器）功能可以允许我们以某个具体主体为出发点观察其个体网络。接下来我们继续以"davis"数据集为例，展示"Ego Network Viewer"功能的具体操作方法：

（1）点击 NetDraw 主页面常用工具栏中的 Ego 按钮，会弹出一个新的窗口（见图 11-42）。在该窗口的右侧，是包含该网络中所有节点的列表。当我们点选某个主体时，网络图上就会出现以该主体为"ego"（中心节点），并包含其"alter"（密友）的个体网络图（关于"个体网络"的详细介绍，见本书 3.1节）。我们可以根据需要选择一个或多个具体的节点，观察它们的个体网络。

（2）在页面左侧（见图 11-42），我

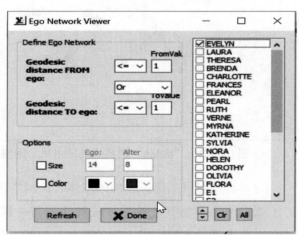

图11-42　Ego Network Viewer
"个体网络查看器"窗口

们可以在"Define Ego Network"（定义个体网络）下方选择界定个体网络的具体方式。通常情况下，将直接跟某个节点相连（即距离 =1）的所有密友纳入该节点的"ego network"（个体网络）。根据研究者自己的需要，这里也可以纳入间接与主体相连的节点，例如，将个体网络定义为"包含与某个节点距离小于 3 的所有节点"及其连带。（注意，默认状态下，距离某个主体距离为"1"的节点才被算作其密友）。下方"Options"（选项）允许我们调整网络图中"中心节点"（ego）及其"密友"（alter) 节点的大小、颜色等选项（见图 11-42 ）。

（3）来看一个具体的例子。在"Ego network Viewer"选项下点选"EVELYN"，其他选项保持不变（见图 11-42 ），这时我们会看到下方的网络图（见图 11-43 ），即 Evelyn 这个人的个体网络。我们注意到，图中只显示了 Evelyn 这个人参加的所有活动，去掉了其没参加的活动和其他所有个人。当我们有必要展示某个具体主体的个体网络时，可以直接保存该图片，插入到论文中或在学术会议上展示。

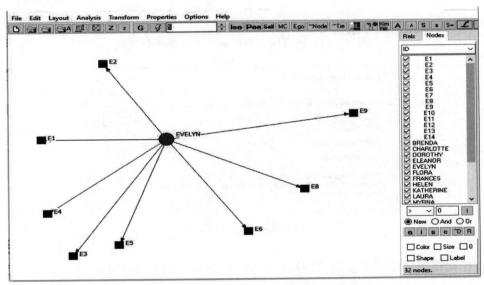

图11-43 节点"EVELYN"的个体网络

（4）我们也可以选择在一张图里展示几个主体的个体网络，如图 11-44 所示，点选 E1、E2、E3、E4 4 个节点，可以看到哪些人参加了这 4 个活动。

（5）注意，当我们每次查看完一个个体网络，想回到之前的整体网络时，需要点击 NetDraw 上方快捷工具栏中的 ~Node 按钮，选择将"Inactive nodes"（休眠节点）改变为

"active"（活跃状态），然后点击"OK"，如图 11-45 所示。

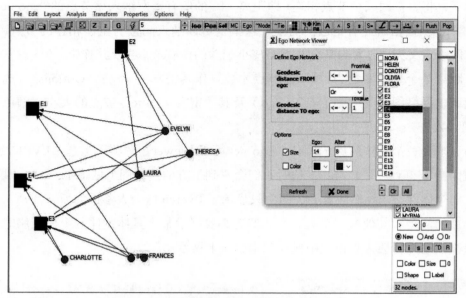

图11-44　选择同时查看多个主体的个体网络

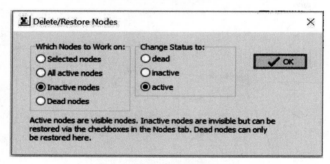

图11-45　找回休眠节点

3. 在网络图中体现节点的"网络中心度"（network centrality）

使用 NetDraw 制图时，我们还可以通过节点的大小体现该节点的网络中心度，方便我们观察网络特征、开辟研究思路，并寻找节点中心度和网络结构的规律。

在 NetDraw 中使用网络中心度分析的方法如下：

（1）在 NetDraw 上方子菜单找到"Analysis"（分析），并点击下拉菜单中的"Centrality measures"（中心度量测），如图 11-46 所示。

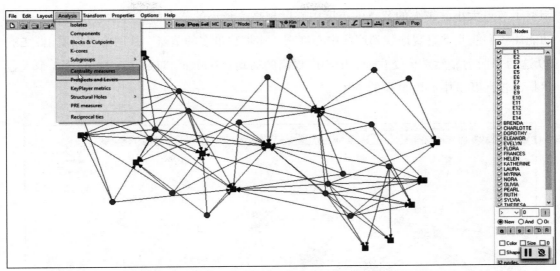

图11-46　NetDraw中网络中心度分析功能的打开路径

（2）这时会出现如图 11-47 所示的页面——左侧"Measures"（量测）下面可以选择想要计算的网络中心度类型（常用的是"Degree""Betweenness""Closeness""Eigenvector"，见本书第四章的详细介绍）；在下方"Direction"（方向）选择该网络是有向网络还是无向网络。右侧的"Set Node Sizes by"（通过……来设置节点尺寸）中可以选择想用节点的大小来表现哪一种类型的网络中心度，在这里我们选择"Degree"。

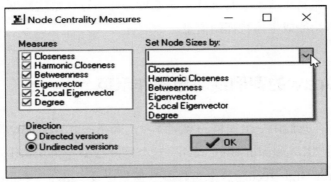

图11-47　节点中心度选项

（3）点击"OK"后，NetDraw 会制出下方网络图（见图 11-48）。我们看到，图中每个节点的大小已经发生了变化，NetDraw 根据每个节点的"点度中心度"（degree centrality）

调整了节点大小，越大的节点的点度中心度越高，越小的节点的点度中心度越低。这个功能让我们能非常直观地找到那些中心度高、连带数量多的节点。从图中可以看出，E8、E9 这两个活动显然是更受欢迎、中心度更高的活动；Evelyn、Theresa、Nora 这 3 个人显然是比较活跃、中心度更高的个体。

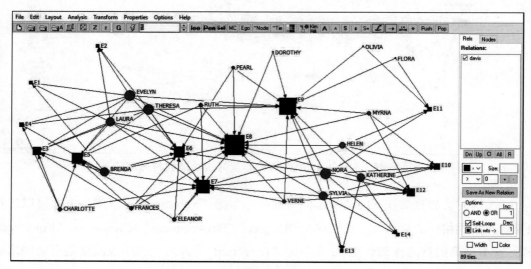

图11-48　用节点大小表示网络中心度

以上是在 NetDraw 中计算点度中心度的步骤，同样，读者应练习分别在 NetDraw 中计算中介中心度、紧密中心度、特征向量中心度，并通过观察这些网络图，思考我们能获得哪些关于网络特征或主体特征的信息。

11.6　NetDraw的案例练习与操作示范

在本章的最后，我们用一个完整的案例练习，来完成对 NetDraw 操作方法的讲解。

本练习将使用"Krackhardt High Tech"这个矩阵数据并为其制作网络图。我们需要准备好"Krackhardt High Tech"这个矩阵型数据集以及"high-tec-attributes"这个属性型数据集。请首先自己动手操作，制作网络图并在图中表现主体的不同属性特征，然后参考下面的操作步骤讲解。

在练习中，请完成以下具体操作步骤：

（1）用矩阵编辑器分别打开"Krackhardt High Tech"和"high-tec-attributes"两个数据集，并查看其数据格式的特征。

（2）为"Krackhardt High Tech"数据集制作网络图，分别制成主体间咨询建议关系图（"ADVICE"）、友情关系图（"FRIENDSHIP"）、报告关系图（"REPORT TO"）这3张网络图，并分别保存为jpeg格式的图片。（在"报告关系"的网络图中，哪个人看起来最有可能是这个公司的CEO？为什么？）

（3）载入属性型数据集"high-tec-attributes"，并查看载入的属性变量有哪些。

（4）用节点大小来表示主体的"年龄"（age）属性；

（5）用节点大小来表示主体的"部门"（department）属性；

（6）将网络图中所有节点的标注（label）缩小；

（7）将网络图中所有节点的标注（label）去掉；

（8）将网络图中所有节点按比例放大；

（9）将网络图中的所有箭头去掉（即不显示其方向性）。

在独立完成以上练习后，请对照以下的参考答案：

步骤1：见图11-49、图11-50。

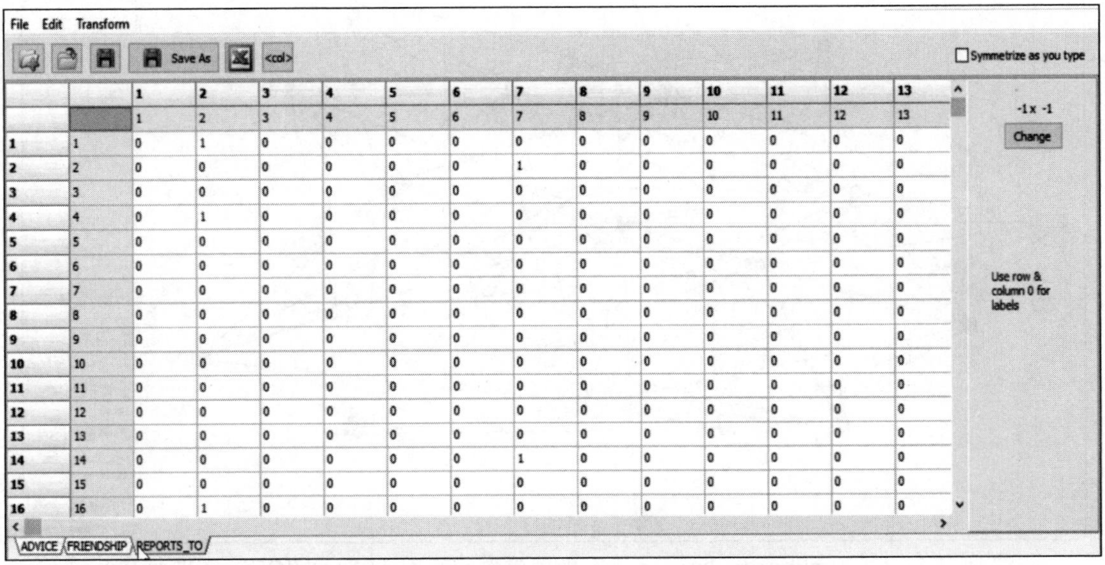

图11-49 "Krackhardt High Tech" 矩阵数据

		1	2	3	4
		AGE	TENURE	LEVEL	DEPT
1	1	33	9.33300018	3	4
2	2	42	19.5830001	2	4
3	3	40	12.75	3	2
4	4	33	7.5	3	4
5	5	32	3.33299994	3	2
6	6	59	28	3	1
7	7	55	30	1	0
8	8	34	11.3330001	3	1
9	9	62	5.41699981	3	2
10	10	37	9.25	3	3
11	11	46	27	3	3
12	12	34	8.91699981	3	1
13	13	48	0.25	3	2
14	14	43	10.4169998	2	2
15	15	40	8.41699981	3	2
16	16	27	4.66699981	3	4
17	17	30	12.4169998	3	1

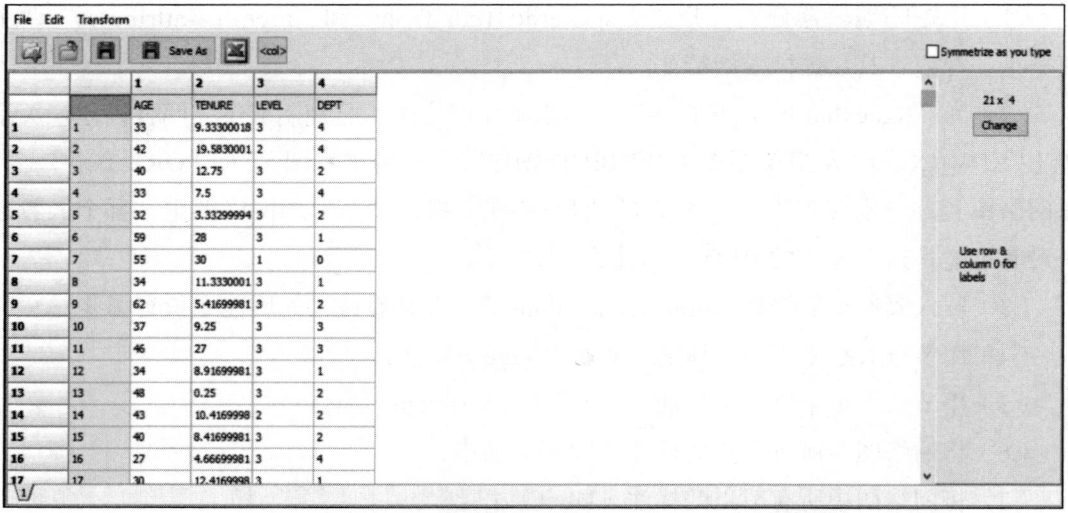

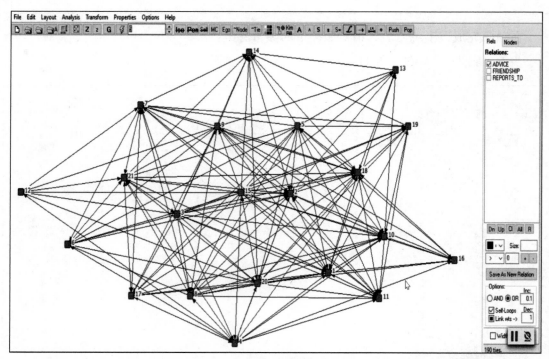

图11-50 “high-tec-attributes” 属性型数据

步骤 2：见图 11-51、图 11-52、图 11-53。

图11-51 “Krackhardt High Tech”数据集的网络图（“ADVICE”连带关系）

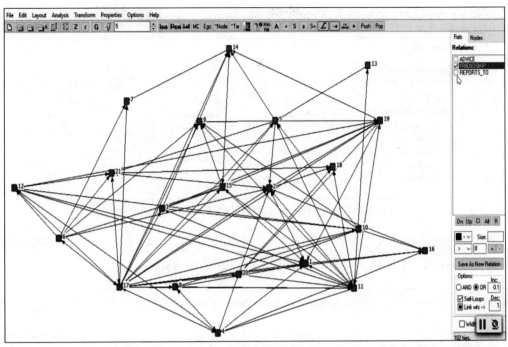

图11-52　"Krackhardt High Tech"数据集的网络图（"FRIENDSHIP"连带关系）

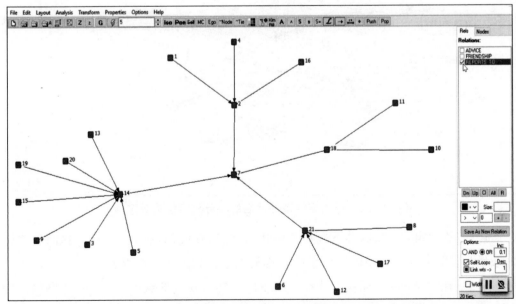

图11-53　"Krackhardt High Tech"数据集的网络图（"REPORT TO"连带关系）

步骤 3：导入属性型数据集 "high- tec-attributes"，如图 11-54 所示。

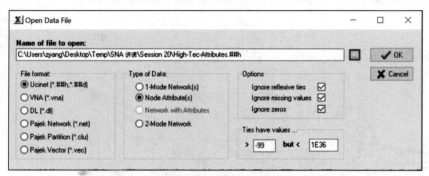

图11-54　导入属性型数据集 "high-tec-attributes"

此时在右边 "Nodes" 页下面会显示出新的几个属性："AGE"（年龄）、"TENURE"（任期）、"LEVEL"（层级）、"DEPT"（部门），如图 11-55 所示。

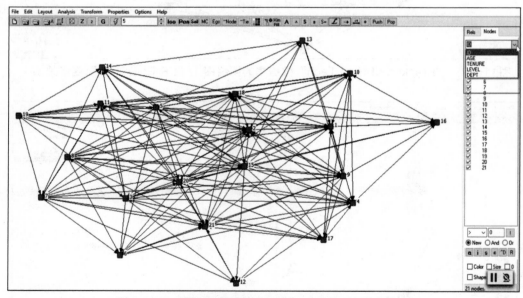

图11-55　导入属性型数据后的Nodes下拉菜单选项

步骤 4：在 "Nodes" 标签下选择 "AGE"，然后在底部点选 "Size"。这时网络图中节点的大小会发生变化，用以区分个体的年龄大小，如图 11-56 所示。

步骤 5：在 "Nodes" 标签下选择 "DEPT"，然后在底部点选 "Color"，网络图中节点的颜色会发生变化，用以区分不同个体的部门，如图 11-57 所示。

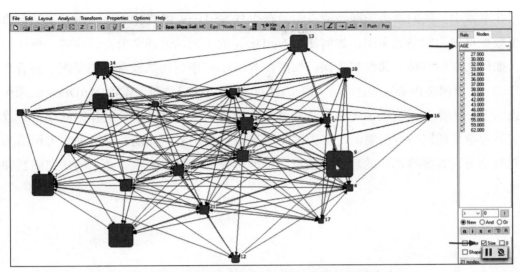

图11-56　用网络节点尺寸表示主体年龄的大小

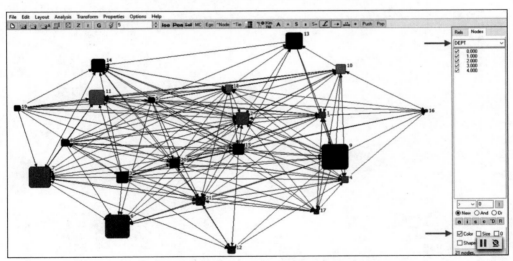

图11-57　用节点颜色表示主体所从属的部门

步骤6：在工具栏点击 A ，将节点标注（label）字体缩小。

步骤7：在工具栏点击 L ，在弹出的窗口选择 Turn labels "Off"，点击 "OK"。

步骤8：在工具栏点击 S ，将所有节点按比例放大。

步骤9：在工具栏点击 → ，在弹出的窗口选择 Arrow heads "Off"，点击 "OK"（图示略）。

在本章中，我们聚焦于网络关系图的制作与 NetDraw 的操作方法，讲解了如何将网络型数据呈现为网络关系图，如何使用 NetDraw 的不同功能调节节点、连带、标注的格式，如何在制图时导入属性型数据，如何在 NetDraw 中制作二模网络关系图、查看个体网络图、分析网络中心度等。与学习 UCINET 其他功能时类似，学习 NetDraw 的操作要求我们上手实操和反复练习，从而达到逐渐熟练的程度。除了本章中介绍的例子，读者还应练习给其他网络数据制图，多尝试使用 NetDraw 的不同功能，并不断思考网络关系图能带给研究者哪些额外的启发和信息、帮助研究者发展出哪些有意义的研究问题和理论建设。

第12章

UCINET 操作：网络中心度的
计算与解读

本书的第四章详细介绍了网络中心度的概念，以及不同种类的网络中心度指标。这一章，我们将具体介绍如何使用 UCINET 计算出具体的中心度指标，并详细解读 UCINET 所生成的分析结果，从而准确、方便地将其运用到我们的论文写作当中。

在 UCINET 的 "Network" 子菜单下既提供了计算单独一种网络中心度的操作，也提供了同时计算多种网络中心度的选项。我们首先介绍计算单独一种中心度的方法。

12.1 使用UCINET计算点度中心度

UCINET 计算网络中心度的操作在子菜单 "Network—>Centrality" 下面，点击 "Centrality" 之后会看到一个下拉菜单，里面就是可以计算的各种网络中心度。

（1）点击 "Network—>Centrality—>Degree"，即可打开点度中心度的选项，如图 12-1 所示。

（2）在弹出窗口的 "Input Network" 下面选择要使用的数据集 "RDGAM"，这时在 "Output Degree Scores"（输出点度中心度）和 "Output Centralization scores"（输出网络中心势）选项下，系统会自动为即将输出的文件命名，输出的文件都会默认保存在我们的默认文件夹下，当然我们也可以更换文件名字和位置。

在窗口下方的 "Network is…" 选项下，选择网络为 "有向"（Directed）、"无向"（Undirected），或是让系统去 "自动检测方向性"（Auto-detect）。因为我们知道 "RDGAM" 这个矩阵不存在方向性（即为对称型矩阵），因此我们选择 "Undirected"，如图 12-2 所示。

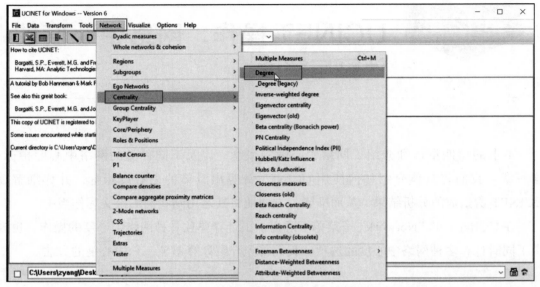

图12-1 "Degree"（点度中心度）功能的打开路径

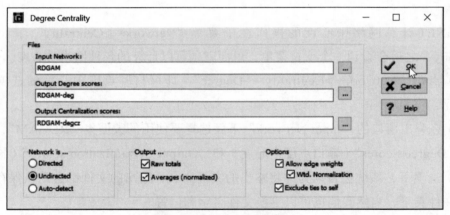

图12-2 点度中心度窗

（3）其他选项保持不变，点击"OK"。这时候系统会为我们自动生成一份输出日志，最上方记录了本次操作以及输出数据的名称、路径，下方会显示该网络中所有节点的"Degree Measures"（点度中心度量测），这就是 UCINET 计算出的所有节点的"点度中心度"的数值（见图 12-3）。

我们看到"Degree Measures"下方列出了两种点度中心度，第 1 列"Degree"列出的是标准的点度中心度，也就是我们第四章中所介绍的点度中心度，其数量代表"每个节点与多少个其他节点直接相连"。例如，W1 节点的点度中心度为"6"，表示在这个网络中 W1 跟其他 6 个节点直接相连。而 W6 跟 3 个其他节点直接相连，S2 则跟其他 0 个节点相连。

第 2 列"nDegree"表示的是"Normalized Degree"，即"标准化点度中心度"，这个值是用一个节点的点度中心度除以该网络中可能出现的最大点度中心度得来的。例如，在本例子中由于有 14 个节点，该网络中的节点如果跟其他所有节点相连，其最高的点度中心度是"13"，因此"标准化点度中心度"就是用每个节点的点度中心度除以"13"而得来。

"nDegree"有什么用呢？当我们比较两个网络规模不同的整体网络中的节点中心度时，由于网络规模大的网络中的节点天然就可能有更多的连带，因此在比较中心度时更准确的方法是使用"nDegree"。例如，A 网络的网络规模是 14 个节点，而 B 网络的网络规模是 100 个节

点，那么点度中心度同样是"6"的两个节点并不具有可比性，因为在 A 网络中最多只能有 13 个连带，而在 B 网络中却可以有 99 条连带。这种情况下使用标准化点度中心度就能让数据更有可比性。

（4）在输出日志的最下方，我们会看到一个"中心势"（详见 6.6 节）的计算结果（见图 12-4），它显示出"RDGAM"的中心势是"0.1795"。注意中心势是"整体网络"的一个特征，并不是"节点"的特征。

图12-3　点度中心度计算结果的输出日志

```
ucinetlog2 - Notepad
File  Edit  Format  View  Help

Degree Measures

                     1       2
                   Degre   nDegr
                     e      ee
                   -----   -----
     1  I1        4.000   0.308
     2  I3        0.000   0.000
     3  W1        6.000   0.462
     4  W2        5.000   0.385
     5  W3        6.000   0.462
     6  W4        6.000   0.462
     7  W5        5.000   0.385
     8  W6        3.000   0.231
     9  W7        5.000   0.385
    10  W8        4.000   0.308
    11  W9        4.000   0.308
    12  S1        5.000   0.385
    13  S2        0.000   0.000
    14  S4        3.000   0.231

14 rows, 2 columns, 1 levels.
```

```
Graph Centralization -- as proportion, not percentage

                  1
              Centra
              lizati
                on
              ------
    1 RDGAM  0.1795

1 rows, 1 columns, 1 levels.
```

图12-4　输出日志中关于"Centralization"（网络中心势）的计算

（5）除了所弹出的"输出日志"（output log），UCINET 已经在我们所保存的目录下自动生成了含有每个节点中心度的数据集，即名为"RDGAM-deg"的文件。

（6）在矩阵编辑器打开新生成的"RDGAM-deg"数据集，查看并核对结果。我们会看到如下的数据结果（见图 12-5），这份数据跟输出日志所展示的内容是相同的，含有两种不同的点度中心度的计算结果。

		1	2
		Degree	nDegree
1	I1	4	0.30769231
2	I3	0	0
3	W1	6	0.46153846
4	W2	5	0.38461539
5	W3	6	0.46153846
6	W4	6	0.46153846
7	W5	5	0.38461539
8	W6	3	0.23076923
9	W7	5	0.38461539
10	W8	4	0.30769231
11	W9	4	0.30769231
12	S1	5	0.38461539
13	S2	0	0
14	S4	3	0.23076923

图12-5　UCINET生成的包含点度中心度数值的数据

12.2　使用UCINET计算中介中心度

接下来我们介绍如何通过 UCINET 计算另一种重要的中心度指标：中介中心度（betweenness centrality）。

（1）点击"Network—>Centrality—>Freeman Betweenness—>Node Betweenness"，即会打开中介中心度的选项，如图 12-6 所示。

（2）在弹出窗口的"Input dataset"（输入数据集）里选择我们要使用的数据集"RDGAM"。"Output dataset"（输出数据集）一栏里会自动将输出数据集命名为"RDGAM-bet"（注："bet"为"betweenness"的缩写），如图 12-7 所示。

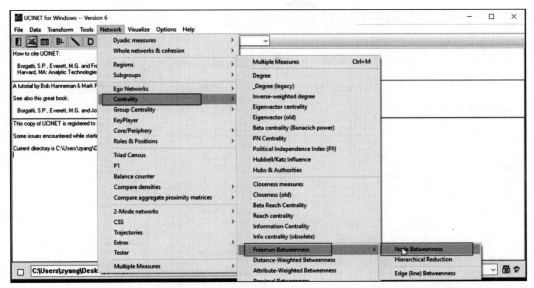

图12-6　中介中心度（betweenness centrality）计算功能的打开路径

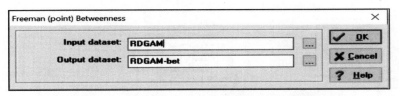

图12-7　在中介中心度窗口选择要计算的数据集

（3）点击"OK"后，我们能看到对每个节点中介中心度的计算结果，同样生成两种中介中心度，一列是标注的中介中心度，另一列是标准化后的中介中心度（即某节点的中介中心度除以该网络中可能出现的最大中介中心度的值），如图 12-8 所示。

（4）在矩阵编辑器打开新生成的"RDGAM-bet"数据集，查看并核对结果（图略）。

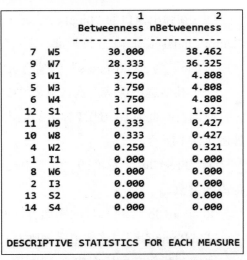

		1	2
		Betweenness	nBetweenness
7	W5	30.000	38.462
9	W7	28.333	36.325
3	W1	3.750	4.808
5	W3	3.750	4.808
6	W4	3.750	4.808
12	S1	1.500	1.923
11	W9	0.333	0.427
10	W8	0.333	0.427
4	W2	0.250	0.321
1	I1	0.000	0.000
8	W6	0.000	0.000
2	I3	0.000	0.000
13	S2	0.000	0.000
14	S4	0.000	0.000

DESCRIPTIVE STATISTICS FOR EACH MEASURE

图12-8　中介中心度计算结果的输出日志

12.3 使用UCINET计算紧密中心度

本节我们介绍如何计算紧密中心度指标（closeness centrality）。具体操作方法如下：

（1）点击"Network—>Centrality—>Closeness measures"，即会打开紧密中心度的选项，如图 12-9 所示。

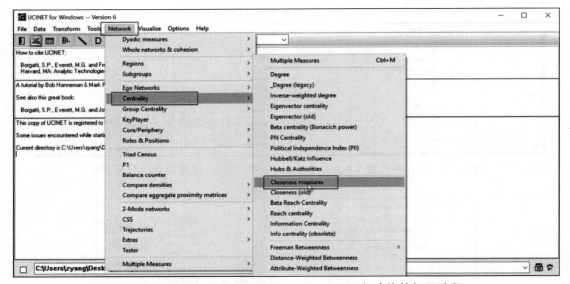

图12-9 紧密中心度（closeness centrality）功能的打开路径

（2）在弹出窗口的"Input dataset"（输入数据集）里选择要使用的数据集"RDGAM"。"Output dataset"（输出数据集）一栏里会自动将输出数据集命名为"RDGAM-Clo"（注："Clo"为"Closeness"的缩写），如图 12-10 所示。

（3）其他选项保持不变，点击"OK"键。

我们看到此时 UCINET 弹出的输出日志里为每个节点计算了3种不同的紧密中心度，如图 12-11 所示。

① "FreeClo"：标准的"紧密中心度"，其数值等于一个节点到其他所有节点的平均距离的倒数。

② "ValClo"：平均反向距离，即网络直径减去测地线距离的长度。

③ "RecipClo"：该数值是测地路径（Geodesic path）长度的倒数。

通常，我们在分析中首要使用"FreeClo"的数值，即普通意义上的紧密中心度。

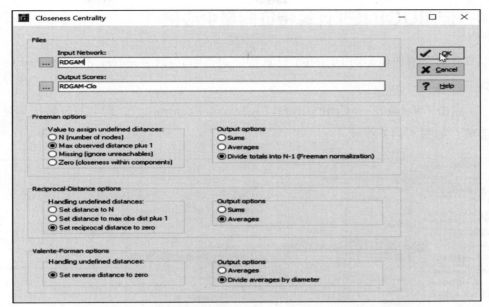

图12-10　紧密中心度（Closeness Centrality）功能窗口

（4）在矩阵编辑器打开新生成的"RDGAM-Clo"数据集，查看并核对结果，如图 12-12 所示。

	1 FreeC lo	2 ValCl o	3 Recip Clo
	-----	-----	-----
1 I1	0.351	0.758	0.487
2 I3	0.200	0.000	0.000
3 W1	0.433	0.797	0.603
4 W2	0.361	0.764	0.526
5 W3	0.433	0.797	0.603
6 W4	0.433	0.797	0.603
7 W5	0.481	0.813	0.615
8 W6	0.351	0.758	0.449
9 W7	0.448	0.802	0.590
10 W8	0.361	0.764	0.487
11 W9	0.361	0.764	0.487
12 S1	0.419	0.791	0.564
13 S2	0.200	0.000	0.000
14 S4	0.351	0.758	0.449

14 rows, 3 columns, 1 levels.

图12-11　紧密中心度计算结果的输出日志

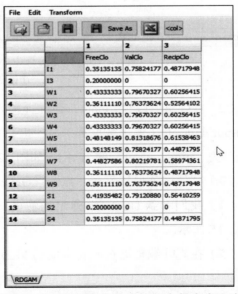

图12-12　UCINET生成的包含紧密中心度
数值的数据

12.4 使用UCINET计算特征向量中心度

本节我们介绍如何使用 UCINET 计算特征向量中心度（eigenvector centrality）。具体方法如下：

（1）点击"Network—>Centrality—>Eigenvector centrality"，即会打开特征向量中心度的选项，如图 12-13 所示。

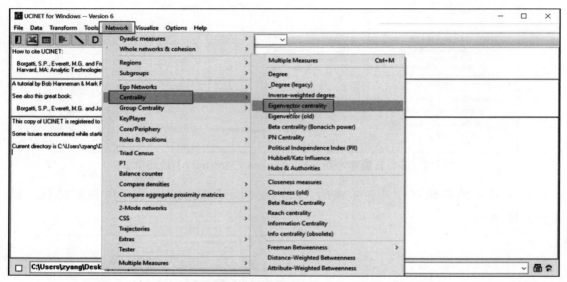

图12-13　特征向量中心度（eigenvector centrality）
功能的打开路径

（2）在弹出窗口的"Input dataset"（输入数据集）里选择要使用的数据集"RDGAM"。"Output dataset"（输出数据集）一栏里会自动将输出数据集命名为"RDGAM-eig"（注："eig"为"eigenvector"的缩写），如图 12-14 所示。

（3）其他选项保持不变，点击"OK"。

（4）我们看到 UCINET 弹出的输出日志里为每个节点计算了特征向量中心度，如图 12-15 所示。

（5）在矩阵编辑器打开新生成的"RDGAM-eig"数据集，查看并核对结果（图略）。

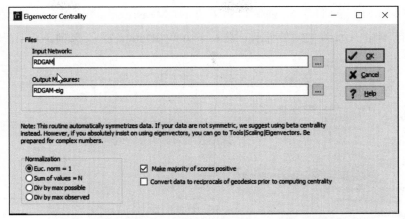

图12-14　特征向量中心度（eigenvector centrality）窗口

```
Eigenvectors of RDGAM

                   1
               Eigen
               vecto
                   r

               -----
    1  I1   0.307
    2  I3      0
    3  W1   0.417
    4  W2   0.365
    5  W3   0.417
    6  W4   0.417
    7  W5   0.323
    8  W6   0.029
    9  W7   0.085
   10  W8   0.033
   11  W9   0.033
   12  S1   0.368
   13  S2   0.000
   14  S4   0.029

14 rows, 1 columns, 1 levels.
```

图12-15　特征向量中心度（eigenvector centrality）计算结果的输出日志

12.5　使用UCINET计算多种网络中心度

接下来我们介绍同时计算多种网络中心度的方法。操作方法如下：

（1）点击"Network—>Centrality—>Multiple Measures"，即会打开同时计算多种中心度的窗口，如图12-16所示。

（2）在弹出窗口的"Input dataset"（输入数据集）里选择要使用的数据集"RDGAM"。"Output dataset"（输出数据集）一栏里会自动将输出数据集命名为"RDGAM-cent"（注：

"cent" 为 "centrality" 的缩写）。在窗口右下方的 "Measures" 选项里，点选我们想要计算的所有中心度测量，如图 12-17 所示。在左下方的 "Data are…" 选项下点选 "Undirected"（无向网络）。

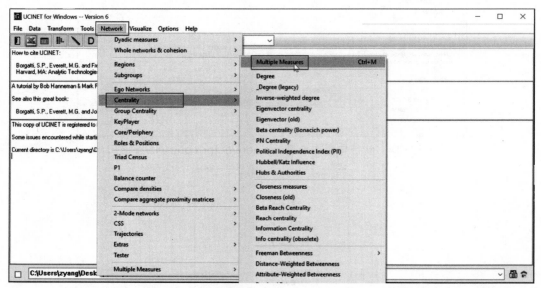

图12-16 多种中心度量测（multiple measures）功能的打开路径

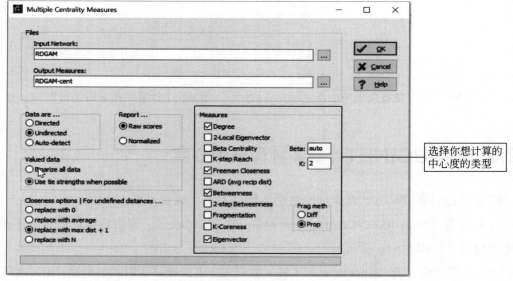

选择你想计算的中心度的类型

图12-17 多种中心度量测（multiple measures）窗口

（3）其他选项保持不变，点击"OK"，这时UCINET 会弹出输出日志（见图 12-18）。我们看到，日志里列出了每个节点的 4 种中心度的数值，皆为我们在上一个窗口（见图 12-17）勾选的中心度量测。我们注意到，跟上几节中所介绍的独立计算某一特点种类的中心度相比，同时计算"多种中心度"这个功能只为每一个类别的中心度提供了一个计算的指标；而在独立进行中心度计算的功能里（见 12.1 ～ 12.4 节），其运算结果常常提供多种量测。（例如，独立运行"点度中心度"功能时，其结果还提供了对"标准化点度中心度"的计算）换言之，如果我们想要分类更细致的更多量测，那么使用独立计算中心度的功能是更合适的。

```
Centrality Measures

             1       2       3       4
          Degree Closen Eigenv Betwee
                  ess    ector    n
          ------ ------ ------ ------
  1 I1     4.000 37.000  0.736  0.000
  2 I3     0.000 65.000  0.000  0.000
  3 W1     6.000 30.000  1.000  3.750
  4 W2     5.000 36.000  0.876  0.250
  5 W3     6.000 30.000  1.000  3.750
  6 W4     6.000 30.000  1.000  3.750
  7 W5     5.000 27.000  0.775 30.000
  8 W6     4.000 37.000  0.069  0.000
  9 W7     5.000 29.000  0.204 28.333
 10 W8     4.000 36.000  0.080  0.333
 11 W9     4.000 36.000  0.080  0.333
 12 S1     5.000 31.000  0.883  1.500
 13 S2     0.000 65.000  0.000  0.000
 14 S4     3.000 37.000  0.069  0.000

14 rows, 4 columns, 1 levels.
```

图12-18　多种中心度量测（multiple measures）计算结果的输出日志

"多种中心度量测"功能的优点，则是帮我们方便地在不同种类的中心度之间进行对比和观察，进行更深层次的比较和分析，从而得出一些关于网络中节点的重要信息，增加对该网络及其主体的理解，开拓研究思路。例如，从图 12-18 结果中我们看到，虽然W5 和 W7 的点度中心度都是"5"，但是他们的紧密中心度、特征向量中心度和中介中心度都不相同，我们能从这 3 个不同的中心度上推出哪些关于 W5 和 W7 这两个主体的特征呢？我们知道，"Eigenvector"（特征向量中心度）是关于间接连带的连接程度的指标，因此可以大体推知，W5 的密友（alters）的点度中心度要大体高于 W7 的密友的点度中心度（换言之，虽然两个人各自拥有的人脉数量相当，但他们的"人脉的人脉"数量不同，因此也可能使得这两个人拥有的信息、资源、网络位置不同）。

再例如，我们还可以从多重中心度计算的结果中比较 W1 和 W5，从而推知他们的一些特征：W1 和 W5 在点度中心度、紧密中心度、特征向量中心度上的差别都不大（见图 12-18），但是，他们中介中心度的数值却差得很多：W1 是"3.750"，W5 是"30"。由于中介中心度更能体现出一个节点作为"调停人、守门人"等角色的重要性，因此，这样的比较让我们看到，虽然 W5 这个主体的点度中心度不是最高的，但是在综合角度上他依然是这张整体网络里非常重要、影响众多关系的一个主体。这样的主体在我们进行访谈对象选择时，是不容忽略的。

在本节的最后，我们介绍一下如何导出通过 UCINET 计算得来的中心度，更方便地将这些量测结果转移到 Excel、SPSS 等分析软件，从而进行更进一步的分析和计算。

在很多情况下，网络中心度是作为"自变量"（independent variable）出现在回归性分析（regression analysis）中的。例如，利用网络中心度预测一个人找工作的难易程度、预测一个销售员的业绩、预测一个组织在危机中的生存概率、预测一个公司采用创新型策略的概率等。在这些情况下，我们需要把网络中心度的数据转移到一个类似于属性型数据的表格中，从而方便进行后续的回归分析。

转移数据的方法如下：

首先用矩阵编辑器打开 UCINET 所存储的中心度计算的文件，然后点击窗口上端带有 Excel 表格的选项，如图 12-19 所示。这时页面中的结果就会在一个 Excel 表格中显示，这种格式下数据更容易复制、粘贴，我们就可以直接合并数据，或导入其他的数据组中，从而进行相关性、回归性等更丰富的数据分析。我们在这里选中数据，进行复制、粘贴、转移。

File	Edit	Transform				
			1	2	3	4
			Degree	Closeness	Eigenvector	Between
1	I1		4	37	0.73554956	0
2	I3		0	65	5.02457727	0
3	W1		6	30	1	3.75
4	W2		5	36	0.87632954	0.25
5	W3		6	30	1	3.75
6	W4		6	30	1	3.75
7	W5		5	27	0.77541112	30
8	W6		3	37	0.06903155	0
9	W7		5	29	0.20371189	28.3333339
10	W8		4	36	0.08004140	0.33333334
11	W9		4	36	0.08004140	0.33333334
12	S1		5	31	0.88268703	1.5
13	S2		0	65	0	0
14	S4		3	37	0.06903155	0

图12-19　把UCINET矩阵数据用Excel表格格式打开

另外，我们也可以利用所打开的 Excel 表格直接进行一些筛选、排序，从而找出符合某些具体条件的节点。这里比较常用的是 Excel 的"筛选"功能：选中表格最上方第一行，然后点击"筛选"（Filter）按钮，这时候表格会为第一行加上筛选机制，我们可以选择让节点按照不同的中心度的高低来排序。例如，图 12-20 为所有节点按照"Degree centrality"（点度中心度）大小从高向低排序后的结果。我们还可以使用筛选功能选出大于或小于某个具体数值中心度的节点，方便我们自己的研究。

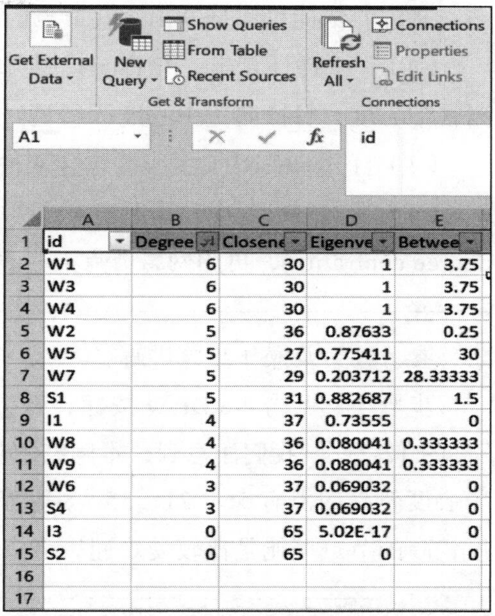

图12-20　使用Excel表格的筛选功能来检查网络中心度指标

总之，网络中心度是非常重要的网络分析的指标，我们在使用 UCINET 时一方面要了解用软件进行计算的基本步骤，另一方面要学会解读其生成的结果，并能够将其方便地转移到我们的数据集中，从而进行下一步的分析。在进行具体操作中，UCINET 的"help"（帮助）按钮非常方便，无论进行到哪一步，只要我们对于 UCINET 所生成的具体结果存在疑问，就可以点击窗口中的"help"按钮找到具体介绍。

12.6　计算网络中心度的案例练习与操作示范

在本章的最后，我们用一个案例练习来完成对 UCINET 中计算网络中心度操作方法的讲解。

本练习通过 UCINET 计算并解读"PRISON"数据集中节点的中心度。在本练习中我们需要准备好"PRISON"数据集。（已知"PRISON"数据集是一个监狱中 67 个犯人之间互相提名的友情关系；从 A 到 B 的连带表示 A 提名 B 为他的朋友。）请首先自己动手操作，然后参考后面的操作步骤讲解。

请完成以下具体操作步骤：

（1）在 NetDraw 中为"PRISON"制作网络图，查看该网络是不是有向网络？在这些网络节点中，点入中心度（in-degree centrality）最高的节点是谁？点出中心度最高的节点是谁？依此可以推断出这些节点的哪些特征？

（2）一次性计算出"PRISON"中节点的4种网络中心度：点度中心度、中介中心度、紧密中心度、特征向量中心度。

（3）打开 UCINET 生成的包含4种中心度的文件，并用 Excel 格式打开及查看。

（4）在 NetDraw 中计算上述4种网络中心度。用网络节点的大小表示点入中心度（in-degree centrality），再用网络节点大小表示向外的紧密中心度（Out-closeness centrality）。

参考答案及操作步骤讲解：

步骤1：点击 NetDraw 按钮，载入"PRISON"文件，我们会看到下面的网络图（见图12-21）。我们注意到，本网络图是有向网络（有箭头标识）。从网络图上看，点入中心度较高的点有56、21、55、8等节点；点出中心度没有明显突出的节点。点入中心度较高的节点可能是比较受欢迎、声望较高的个体。

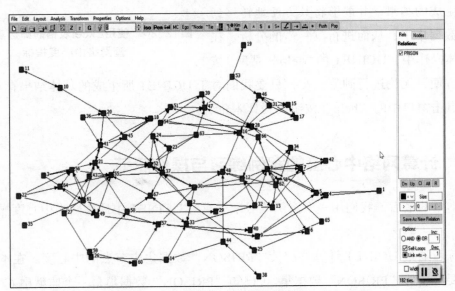

图12-21 "PRISON"数据集的NetDraw网络图

步骤2：依次点击"Network—Centrality—Multiple Measures"。

步骤3：在弹出窗口"Input Network"下载入"PRISON"数据集，在"Data are..."下点选"Directed"，在"Measures"下点选"Degree""Freeman Closeness""Betweenness""Eigenvector"（见图12-22）。

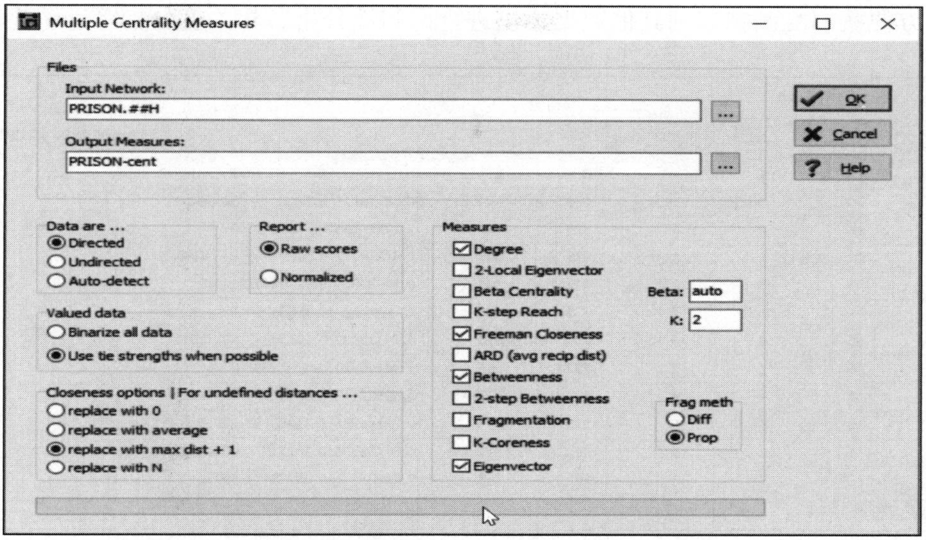

图12-22　弹出窗口

点击“OK”，输出日志会显示以下结果（见图 12-23）。

ucinetlog1 - Notepad

	1 OutDeg	2 Indeg	3 OutClose	4 InClose	5 OutEigen	6 InEigen	7 Between
1	2.000	0.000	724.000	792.000	0.000	0.000	0.000
2	3.000	1.000	426.000	501.000	0.448	0.001	83.198
3	3.000	1.000	477.000	380.000	0.506	0.029	115.500
4	1.000	4.000	735.000	325.000	0.000	0.169	0.000
5	3.000	4.000	730.000	325.000	0.000	0.169	50.700
6	1.000	2.000	737.000	366.000	0.000	0.115	2.000
7	1.000	4.000	771.000	273.000	0.000	0.065	38.167
8	8.000	5.000	390.000	395.000	0.338	0.011	627.050
9	3.000	3.000	732.000	312.000	0.000	0.382	130.233
10	2.000	1.000	445.000	781.000	0.246	0.000	48.000
11	1.000	1.000	493.000	781.000	0.074	-0.000	0.000
12	4.000	4.000	382.000	402.000	0.499	0.010	276.583
13	2.000	2.000	401.000	453.000	0.284	0.003	116.532
14	2.000	1.000	447.000	771.000	0.058	-0.000	47.897
15	3.000	3.000	500.000	464.000	0.109	0.001	0.500
16	2.000	7.000	458.000	365.000	0.170	0.005	368.667
17	2.000	3.000	501.000	464.000	0.084	0.001	0.000
18	4.000	3.000	415.000	447.000	0.785	0.003	106.867
19	0.000	1.000	792.000	781.000	0.000	0.000	0.000
20	3.000	3.000	420.000	495.000	0.746	0.001	97.783
21	2.000	6.000	458.000	327.000	0.317	0.096	256.000
22	3.000	2.000	524.000	379.000	0.765	0.597	0.000
23	3.000	2.000	436.000	420.000	0.641	0.006	3.333
24	3.000	3.000	436.000	368.000	0.641	0.022	55.333
25	0.000	2.000	792.000	538.000	0.000	0.000	0.000
26	0.000	2.000	792.000	751.000	0.000	0.000	0.000
27	3.000	0.000	426.000	792.000	0.453	-0.000	0.000
28	3.000	4.000	491.000	413.000	0.228	0.003	141.100

图12-23　多种中心度量测（multiple centrality measures）的输出日志

步骤 4：在“Matrix Editor”找到刚刚保存的“PRISON -cent”数据集并打开。点击窗口中绿色的 Excel 按钮（见图 12-24），所生产的中心度数据将会以 Excel 表格的格式打开，方便我们复制粘贴到其他数据集里进行回归性分析、相关度分析等进一步分析。

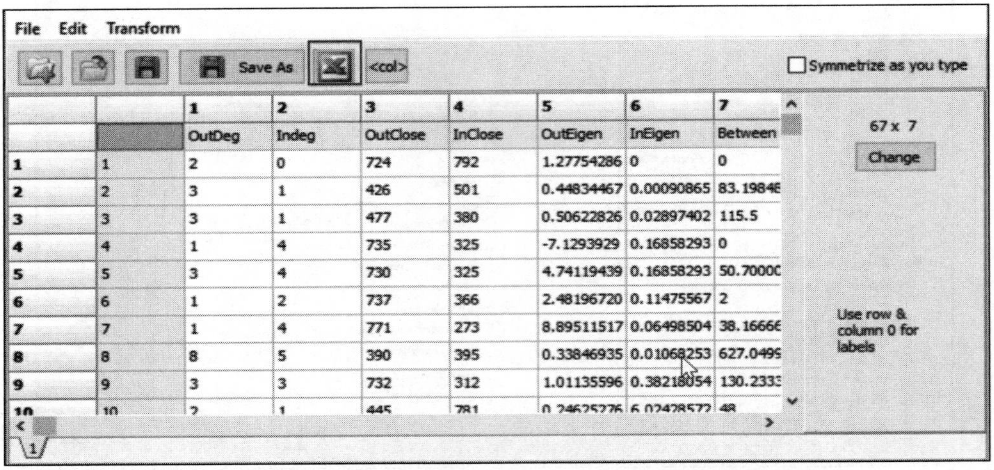

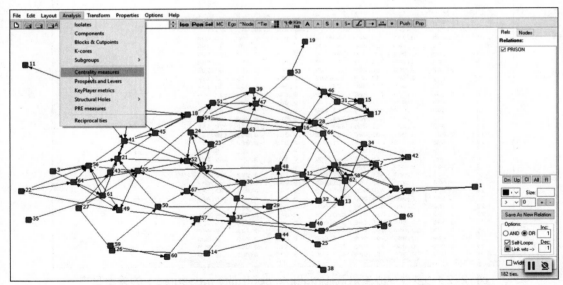

图12-24　用Matrix Editor打开新生成的多种中心度量测数据

步骤 5：重新在 NetDraw 打开"PRISON"数据集，点击 NetDraw 上方菜单 "Analysis—>Centrality measures"，如图 12-25 所示。

图12-25　在NetDraw中找到"Centrality measures"

在弹出窗口"Measures"（量测）下面点选"Closeness""Betweenness""Eigenvector"

"Degree"。在"Direction"下点选"Directed versions"（带方向的版本），点击"OK"，如图 12-26 所示。

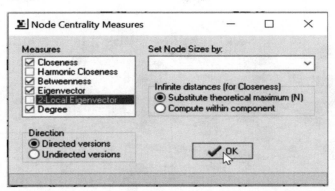

图12-26　"Node Centrality Measures"（节点中心度量测）窗口

网络中心度已经计算生成。在右边"Nodes"下面的"ID"下拉菜单查看是否增加了网络中心度的量测，如图 12-27 所示。

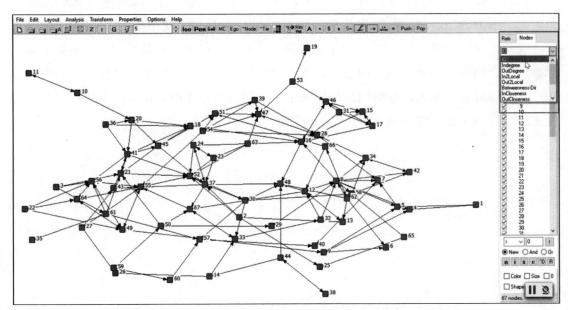

图12-27　"Nodes"标签下呈现出网络中心度指标选项

点击"Indegree"（入度中心度），在下方勾选"Size"（尺寸），图中网络节点的大小会出现变化，现在网络节点的大小表示该节点点入中心度的高低，如图 12-28 所示。

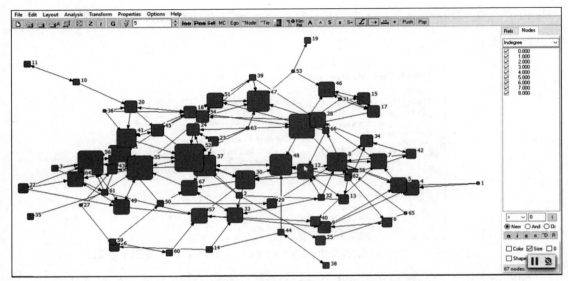

图12-28　用节点大小表示入度中心度高低的网络图

取消"Size"的勾选，再次点击"Nodes"下方的下拉菜单，这一次点选"outcloseness"，然后勾选下方的"Size"，此时节点的大小将表示出"向外的紧密中心度"的大小（图略）。

到此，我们完成了对 UCINET 中计算网络中心度的操作方法的讲解。如本书第 4 章标题所言，网络中心度是社会网络分析中的"明星"量测。堂握了计算网络中心度的方法，我们将能够更深入地理解网络结构和主体在网络中的作用，也将能够依托网络中心度来建立有意义的研究假设并对其进行验证。

第 13 章

UCINET 操作：整网特征与网络凝聚性

在第五章和第六章中，我们介绍了用于描述整体网络基本特征及网络凝聚度的指标。那么在具体面对数据时，我们该如何计算出这些量测呢？

在 UCINET 中，通过 "Network—>Whole networks & cohesion" 及 "Network—>Subgroups" 等功能，我们就能十分方便地实现对基本特征和网络凝聚度的计算。这一章我们将介绍这些具体的实操过程，包括：

（1）如何在 UCINET 中计算整体网络的多项基本特征；

（2）如何在 UCINET 中计算及呈现小团体 / 派系（cliques）；

（3）如何在 UCINET 中计算及呈现 N-cliques；

（4）如何在 UCINET 中计算及呈现 K-cores；

（5）如何在 UCINET 中计算及呈现 三元结构；

（6）如何在 UCINET 中计算及呈现 结构洞（structural holes）。

在阅读本章之前，建议首先阅读第五章及第六章的内容。

13.1　使用UCINET计算网络基本特征及凝聚度

在我们研究一个整体网络时，常常希望能首先在其大体情况上建立一些基本认知，例如了解其网络规模、密度、直径等情况。UCINET 能帮我们很方便地一次性计算出多种重要的网络特征，这个功能的打开路径是 "Network—>Multiple Measures—>Network level (e.g., cohesion)"。该功能的特点是一次性计算出多种整体网络的指标，从而能轻松地对比不同整体网络的区别，这些指标包括连带数量、网络规模、平均最短路径、网络密度、网络直径等。

接下来我们通过一个实操的例子了解该功能。我们会在 UCINET 下对比两个由相同的 22 个科学家所组成的矩阵数据组，这两个数据集分别是 "Beginningwinter" 和

“Endwinter”——前者反映的是某一年冬天开始时这 22 个在南极考察的科学家之间的个人互动网络，后者反映的是这 22 个科学家在冬天结束时的互动网络。从这两张网络的特征对比中，我们将能看出这些科学家之间关系的演进和变换。

接下来我们展示实操步骤。

（1）首先，用矩阵编辑器打开这两个矩阵数据集。我们会发现，这两个矩阵数据集都是二值网络，只有“1”和“0”这两个数值。具体来说，$X_{ij}=1$ 表示 i 节点与 j 节点有互动；$X_{ij}=0$ 表示 i 节点与 j 节点无互动。图 13-1 和图 13-2 分别展示了“Beginningwinter”和“Endwinter”这两个矩阵数据集在 UCINET 中打开后的样子。

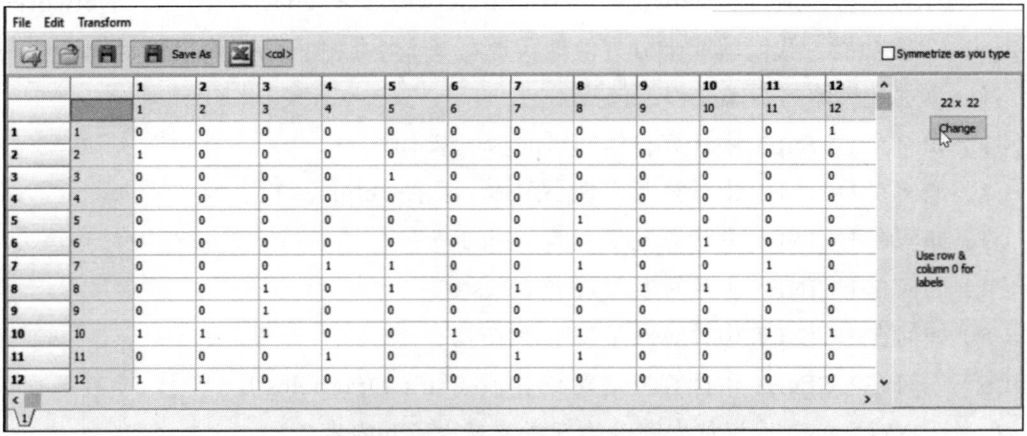

	1	2	3	4	5	6	7	8	9	10	11	12
1	0	0	0	0	0	0	0	0	0	0	0	1
2	1	0	0	0	0	0	0	0	0	0	0	0
3	0	0	0	0	1	0	0	0	0	0	0	0
4	0	0	0	0	0	0	0	0	0	0	0	0
5	0	0	0	0	0	0	0	1	0	0	0	0
6	0	0	0	0	0	0	0	0	0	1	0	0
7	0	0	0	1	1	0	0	1	0	0	1	0
8	0	0	1	0	1	0	1	0	1	1	1	0
9	0	0	1	0	0	0	0	0	0	0	0	0
10	1	1	1	0	0	1	0	1	0	0	1	1
11	0	0	0	1	0	0	1	1	0	0	0	0
12	1	1	0	0	0	0	0	0	0	0	0	0

图13-1 “Beginningwinter”数据集

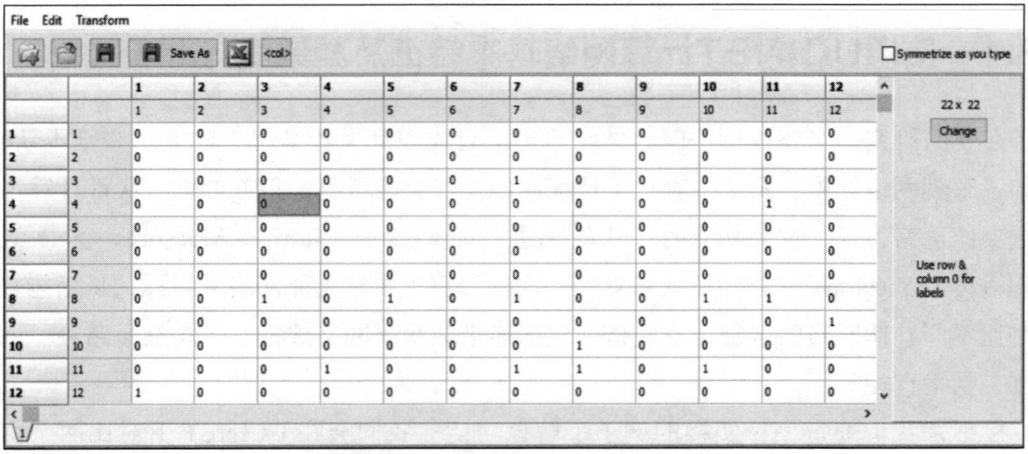

	1	2	3	4	5	6	7	8	9	10	11	12
1	0	0	0	0	0	0	0	0	0	0	0	0
2	0	0	0	0	0	0	0	0	0	0	0	0
3	0	0	0	0	0	0	1	0	0	0	0	0
4	0	0	0	0	0	0	0	0	0	0	1	0
5	0	0	0	0	0	0	0	0	0	0	0	0
6	0	0	0	0	0	0	0	0	0	0	0	0
7	0	0	0	0	0	0	0	0	0	0	0	0
8	0	0	1	0	1	0	1	0	0	1	1	0
9	0	0	0	0	0	0	0	0	0	0	0	1
10	0	0	0	0	0	0	0	1	0	0	0	0
11	0	0	0	1	0	0	1	1	0	1	0	0
12	1	0	0	0	0	0	0	0	0	0	0	0

图13-2 “Endwinter”数据集

（2）接下来分别计算两个网络的基本网络特征值，点击"Network—>Multiple Measures—>Network level (e.g., cohesion)"，如图 13-3 所示。

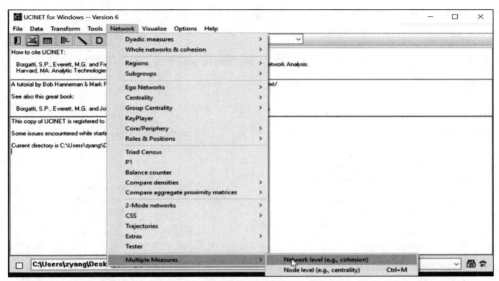

图13-3　计算网络基本特征的路径

（3）在"Input Dataset"（输入数据集）一项选择数据集"Beginningwinter"，在"Output Data"（输出数据集）下系统会自动将输出文件命名为"Beginningwinter-coh"（注："coh"是"cohesion"的简写），如图 13-4 所示。

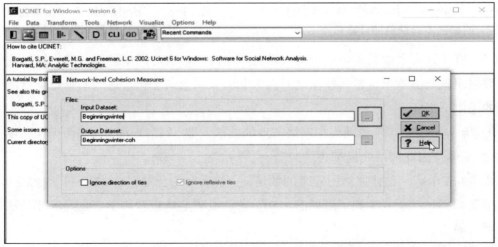

图13-4　"Network-Level Cohesion Measures"（网络层面的凝聚度量测）功能窗口

（4）这里也可以点击"help"（帮助）按钮寻找对此功能及其输出结果的详细解释，此时会出现一个新的解释窗口（图略）。

（5）点击"OK"键，输出日志会弹出计算结果，提示网络基本特征已经计算完毕，如图 13-5 所示。

（6）接下来，再通过以上的步骤为数据集"Endwinter"计算上述网络特征（过程略）。我们会得出以下数值结果，如图 13-6 所示。

```
Whole network measures

                                  1
                            Beginni
                            ngwinte
                                  r
                            -------
1            # of nodes         22
2            # of ties          96
3            Avg Degree      4.364
4         Indeg H-Index          6
5          K-core index          5
6      Deg Centralization    0.352
7     Out-Centralization     0.381
8      In-Centralization     0.281
9            Indeg Corr      0.102
10          Outdeg Corr      0.186
11              Density      0.208
12           Components          2
13       Component Ratio     0.048
14        Connectedness      0.955
15        Fragmentation      0.045
```

图13-5　"Beginningwinter"数据集整体
网络基本特征量测计算结果

```
Whole network measures

                                  1
                            Endwinter
                            ---------
1            # of nodes         22
2            # of ties          56
3            Avg Degree      2.545
4         Indeg H-Index          4
5          K-core index          3
6      Deg Centralization    0.314
7     Out-Centralization     0.372
8      In-Centralization     0.122
9            Indeg Corr     -0.087
10          Outdeg Corr      0.119
11              Density      0.121
12           Components          7
13       Component Ratio     0.286
14        Connectedness      0.693
15        Fragmentation      0.307
16              Closure      0.350
17         Avg Distance      3.622
```

图13-6　"Endwinter"数据集整体
网络基本特征量测计算结果

（7）鉴于这两个数据集是关于同一批科学家前后两次的网络数据，我们通过比较这两个数据组就能够看出这些科学家之间在人和人关系上的变化。这些基本特征量测中最常用的是以下指标：

①"# of nodes"：整体网络中网络节点的数量，即"网络规模"——两个网络中都含有 22 个主体，因此网络规模都为"22"。

②"# of ties"：整体网络中连带的数量——前后对比会发现这 22 个科学家之间的连带从早期的"96"条减少到了后期的"56"条，说明整体来看科学家之间的互动随着时间发展变弱了。

③"Avg Degree"：连带数量与节点数量的比例——在两个数据集里从"4.364"降到

"2.545"，即对于前期网络而言，平均每一个人连接着"4.364"个其他人；而对于后期网络而言，平均每个人连接着"2.545"个。这同样体现出这些科学家之间的互动从时间上来看整体下降了。

④ 中心势指标：计算结果中呈现了3种中心势指标，如果我们的网络是有向网络，那么应该使用"Out-centralization"（出中心势）和"In-centralization"（入中心势）这两个指标；如果我们的网络是无向网络，则应该使用"Deg centralization"（点度中心势）。由于本例中这两个数据组是有方向性的，因此我们应该比较出中心势和入中心势的量测数值。我们发现，两个数值都在后期网络体现出降低的趋势，而入中心势降低的幅度更高，从"0.281"降到了"0.122"。

⑤ "Density"：整体网络的网络密度指标——该量测从前期网络的"0.208"降低为后期网络的"0.121"，这同样指示出科学家之间的关系随着时间发展而变得更稀疏。

⑥ "Avg distance"：整体网络的平均最短路径——该数值从前期网络的"2.256"升高到了后期网络的"3.622"，也就是说，网络中的信息传递、人和人之间的接触变得更困难了。

⑦ "Diameter"：网络直径——该数值从前期网络中的"6"增加到了后期网络中的"10"，即离得最远的两个节点距离从"6"增加到了"10"。

以上是此次练习的全部内容。总结来看，上述的例子让我们看到，"Network—>Multiple Measures—>Network level (e.g., cohesion)"这个方式可以一次性地为我们提供多种量测的结果，使用起来比较方便、快捷。在我们初观网络特征、考察整体网络的变化、对比网络之间的区别时是非常有用的工具。

13.2 使用UCINET计算小团体/派系

UCINET 能帮助我们方便地计算出一个整体网络中的派系（cliques）情况，从而分析网络凝聚度。我们在第 6 章介绍过，当 3 个及 3 个以上节点组成的子群内部的所有主体都 100% 地充分互相连接时，我们把这种凝聚子群叫做"派系"。在 UCINET 中，派系的计算通过"Network—>Subgroup—>Cliques"完成。

在使用 UCINET 进行派系分析之前，我们要注意该功能只适用于"对称网络"（symmetric network），也就是无向网络。因此，如果我们的网络是有向网络，可以首先使用 UCINET 的对称化功能将其进行转化，然后再使用派系分析的功能。

接下来我们以"Beginningwinter"和"Endwinter"这两个矩阵数据为例来展示派系分析的操作步骤。

（1）由于两个矩阵数据都是有向的，我们首先将其对称化。点击"Transform—>Symmetrize"，如图 13-7 所示。

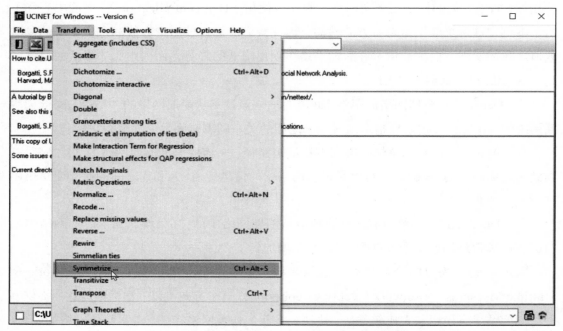

图13-7　对称化（symmetrize）功能的打开路径

（2）在弹出的对话框"Input dataset"（输入数据集）一项里找到并选择"Beginningwinter"数据集，系统会自动为输出文件（output dataset）命名为"Beginningwinter-maxsym"。在"Symmetrizing method"（对称方法）一项里，可以选择自己要使用的对称化方法，我们在这里选择系统默认的"Maximum"（最大值）选项，即在我们的数据组中，只要 A 和 B 双方有一人的数值是"1"（表示自己跟对方有互动），我们就会把 1 对称化，把他们的关系看成双向互动，如图 13-8 所示。（注意，研究者应根据自己的需要，去选择针对所研究的连带关系类型和研究情境最合理的对称化方式）

（3）点击"OK"后，输出日志会提示数据已经对称化完毕，如图 13-9 所示。

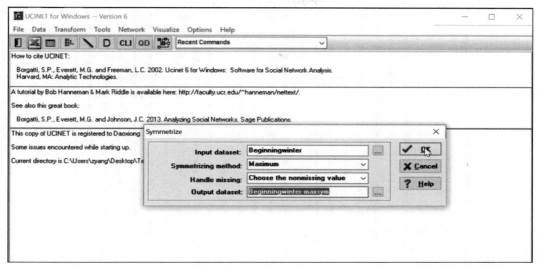

图13-8　对称化（symmetrize）窗口

```
          1  2  3  4  5  6  7  8  9 10 11 12 13 14 15 16 17 18 19 20 21 22
          1  2  3  4  5  6  7  8  9 10 11 12 13 14 15 16 17 18 19 20 21 22
         -- -- -- -- -- -- -- -- -- -- -- -- -- -- -- -- -- -- -- -- -- --
 1  1     0  1  0  0  0  0  0  0  0  1  0  1  0  0  0  0  0  0  0  1  0  0
 2  2     1  0  0  0  0  0  0  0  0  1  0  1  0  0  0  0  1  1  0  1  0  0
 3  3     0  0  0  0  0  1  0  0  1  1  0  0  0  0  0  1  1  0  0  0  0  1
 4  4     0  0  0  0  0  0  1  0  0  1  0  1  0  1  0  1  0  0  0  0  0  0
 5  5     0  0  1  0  0  0  1  1  0  0  0  0  1  0  0  0  1  0  0  0  1  0
 6  6     0  0  1  0  0  0  0  0  0  0  0  0  0  0  0  0  0  0  0  0  0  0
 7  7     0  0  0  1  1  0  0  1  0  1  0  1  0  1  0  1  0  0  0  0  0  0
 8  8     0  0  1  0  1  0  1  0  1  1  1  0  1  0  1  0  1  0  1  1  1  1
 9  9     0  0  1  0  0  0  0  1  0  0  0  0  0  1  0  1  0  0  0  0  0  0
10 10     1  1  1  1  0  0  1  1  0  0  1  1  1  0  0  1  1  0  0  1  0  1
11 11     0  0  0  1  0  0  1  1  0  0  0  1  0  0  0  0  0  0  0  0  0  0
12 12     1  1  0  0  0  0  0  0  0  1  0  0  1  0  0  0  1  0  1  0  0  0
13 13     0  0  0  1  1  0  1  1  0  1  1  1  0  1  1  0  1  1  0  1  0  0
14 14     0  0  0  0  0  0  0  0  0  0  0  0  0  0  0  0  1  0  1  0  0  0
15 15     0  0  0  1  0  0  1  1  1  0  0  0  1  0  0  1  0  0  0  0  0  0
16 16     0  0  0  0  0  0  0  0  0  1  0  1  0  0  0  0  0  0  0  1  1  0
17 17     0  1  1  0  1  0  1  1  1  1  0  0  1  1  1  0  0  1  0  0  1  0
18 18     0  1  1  0  0  0  0  0  0  0  0  0  1  0  0  1  0  0  0  0  0  0
19 19     0  0  0  0  0  0  1  0  0  0  0  1  1  0  0  1  0  0  0  0  0  0
20 20     1  1  0  0  0  0  0  1  0  1  0  0  1  0  0  1  0  0  0  0  1  0
21 21     0  0  0  0  1  0  0  1  0  0  0  0  1  0  0  1  1  0  0  1  0  0
22 22     0  0  1  0  0  0  1  0  1  0  0  0  0  0  0  0  0  0  0  0  0  0

22 rows, 22 columns, 1 levels.

Density of the symmetrized matrix: 0.298701298701299
Correlation with un-symmetrized matrix: 0.784744057590131
```

图13-9　将"Beginningwinter"数据集对称化的结果

（4）再次通过以上步骤将数据集"Endwinter"对称化（过程略），输出文件保存为"endwinter-maxsym"。其输出的日志如图 13-10 所示。

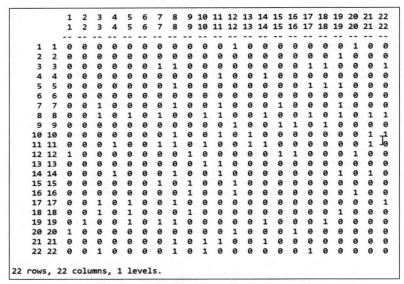

图13-10 "Endwinter"数据集对称化的结果

（5）接下来，我们开始进行派系分析。点击"Network—>Subgroup—>Cliques"，如图13-11所示。

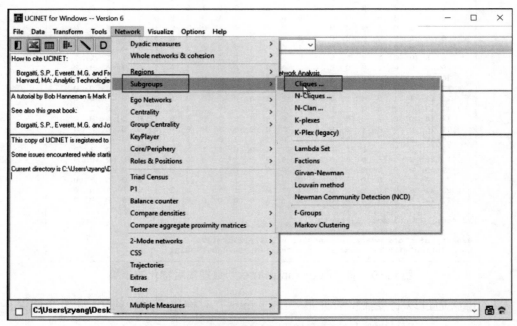

图13-11 派系分析（Cliques）的打开路径

（6）在弹出的窗口中选择输入"Beginningwinter-maxsym"文件，并选择派系的最小规模、图表类型（通常使用默认设置）。注意，在下方要把4个"output"文件单独命名（加上后缀），否则相同的输出文件将自动覆盖此前的文件。

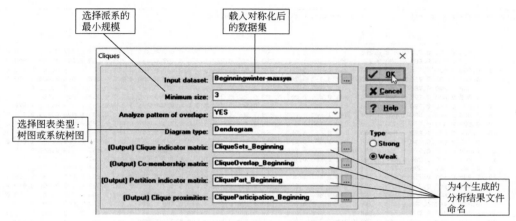

图13-12 派系分析（Cliques）窗口介绍

（7）点击"OK"后，输出日志会弹出（见图13-13），最上面的第一部分会呈现所分析出的派系及其数量——在这个网络中，UCINET一共找到了28个符合要求的派系（最小的规模为3，即含有3个主体，例如第7行中的3个），并为我们列出了组成每个派系的节点组合。

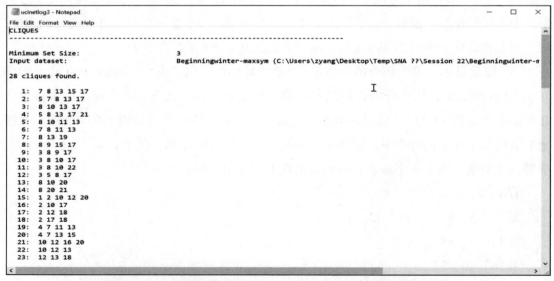

图13-13 派系分析（Cliques）的生成日志：派系及其数量

输出日志中的第二部分是一张“派系参与指数”列表（见图 13-14），每一横行为一个节点，每一纵列为一个派系。因此在这张表里会有 22 个横行和 28 个纵列（22 × 28）。表中的 X_{ij} 表示的是“第 i 行的节点与第 j 列的派系中百分之多少的节点直接相连”。

Clique Participation Scores: Prop. of clique members that each node is adjacent to

	1	2	3	4	5	6	7	8	9	10	11	12	13	14	15	16	17	18	19	
1	0.000	0.000	0.250	0.000	0.250	0.000	0.000	0.000	0.000	0.250	0.250	0.000	0.667	0.333	1.000	0.667	0.667	0.333	0.000	0.
2	0.200	0.200	0.500	0.200	0.250	0.000	0.000	0.250	0.250	0.500	0.250	0.250	0.667	0.333	1.000	1.000	1.000	1.000	0.000	0.
3	0.400	0.600	0.750	0.600	0.500	0.250	0.333	0.750	1.000	1.000	1.000	1.000	0.667	0.333	0.200	0.667	0.333	0.667	0.000	0.
4	0.600	0.400	0.250	0.200	0.500	0.750	0.333	0.250	0.000	0.000	0.000	0.000	0.000	0.000	0.000	0.000	0.000	0.000	1.000	1.
5	0.800	1.000	0.750	1.000	0.500	0.750	0.667	0.500	0.750	0.750	0.500	1.000	0.333	0.667	0.000	0.333	0.000	0.333	0.500	0.
6	0.000	0.000	0.250	0.000	0.250	0.000	0.000	0.000	0.000	0.250	0.250	0.000	0.333	0.000	0.200	0.333	0.000	0.000	0.000	0.
7	1.000	1.000	0.750	0.800	0.750	1.000	0.667	0.750	0.500	0.500	0.250	0.750	0.333	0.333	0.000	0.333	0.000	0.333	1.000	1.
8	1.000	1.000	1.000	1.000	1.000	1.000	1.000	1.000	1.000	1.000	1.000	1.000	1.000	1.000	0.400	0.667	0.000	0.333	0.750	0.
9	0.600	0.400	0.500	0.400	0.250	0.250	0.333	1.000	1.000	0.750	0.500	0.750	0.333	0.333	0.000	0.333	0.000	0.333	0.000	0.
10	0.600	0.600	1.000	0.600	1.000	0.750	0.667	0.500	0.750	1.000	1.000	0.750	1.000	0.667	1.000	1.000	0.667	0.667	0.500	0.
11	0.600	0.600	0.750	0.400	1.000	1.000	0.667	0.250	0.250	0.500	0.500	0.250	0.667	0.333	0.200	0.333	0.000	0.000	1.000	0.
12	0.200	0.200	0.500	0.200	0.500	0.250	0.333	0.000	0.000	0.250	0.250	0.000	0.667	0.333	1.000	0.667	1.000	0.667	0.250	0.
13	1.000	1.000	1.000	1.000	1.000	1.000	1.000	0.750	0.500	0.750	0.500	0.750	0.667	0.667	0.400	0.667	0.667	0.667	1.000	1.
14	0.400	0.400	0.500	0.400	0.250	0.250	0.667	0.250	0.250	0.250	0.000	0.250	0.000	0.000	0.000	0.333	0.000	0.333	0.250	0.
15	1.000	0.800	0.750	0.600	0.500	0.750	0.667	1.000	0.750	0.500	0.250	0.500	0.333	0.333	0.000	0.333	0.000	0.333	0.750	1.
16	0.000	0.000	0.250	0.200	0.250	0.000	0.000	0.000	0.000	0.250	0.250	0.000	0.667	0.667	0.600	0.333	0.333	0.000	0.000	0.
17	1.000	1.000	1.000	1.000	0.750	0.750	0.667	1.000	1.000	1.000	0.750	1.000	0.667	0.667	0.400	1.000	0.667	1.000	0.500	0.
18	0.400	0.400	0.500	0.400	0.250	0.250	0.333	0.250	0.500	0.500	0.250	0.500	0.000	0.000	0.400	0.667	1.000	1.000	0.250	0.
19	0.400	0.400	0.500	0.400	0.500	0.500	1.000	0.250	0.250	0.250	0.250	0.250	0.333	0.333	0.000	0.000	0.000	0.000	0.250	0.
20	0.200	0.200	0.500	0.400	0.500	0.250	0.333	0.250	0.250	0.500	0.500	0.250	1.000	1.000	1.000	0.667	0.667	0.333	0.000	0.
21	0.600	0.800	0.750	1.000	0.500	0.500	0.667	0.500	0.500	0.500	0.250	0.750	0.667	1.000	0.200	0.333	0.000	0.333	0.250	0.
22	0.200	0.200	0.500	0.200	0.500	0.250	0.333	0.250	0.500	0.750	1.000	0.500	0.667	0.333	0.200	0.333	0.000	0.000	0.000	0.

图13-14　派系分析（Cliques）的生成日志：派系参与指数列表

例如，2 号节点跟 3 号派系中 50% 的节点相连；10 号节点跟 1 号派系中的 60% 节点直接相连；7 号节点跟 1 号派系 100% 的节点直接相连，也就是说 7 号节点包含于 1 号派系之中（我们知道，根据“派系”的定义，派系内部的节点是“百分之百彼此直接相连”的，因此在此列表中，当 $X_{ij} = 1$ 时，说明 i 节点包含于 j 派系之中）。

（8）输出日志中第三部分的表格是“重叠矩阵的层次聚类表”（hierarchical clustering of overlap matrix)，该部分能帮我们便捷地看出在不同标准之下，一个网络中大体包含几个派系（见图 13-15）。该图表中纵向空格的每一列将所有节点分成了几个大组，在视觉上呈现出了在不同标准下，哪些节点被视为处于同一个派系。例如，从“1.000”的标准看，该网络呈现出 4 个派系，分别是由以下节点组成的：

① 4、7、11。

② 9、15、5、3、10、13、17、8。

③ 2、12、18。

④ 16、20、21。

从图 13-15 中可以看出，6 号节点和 22 号节点是两个“孤立节点”（isolates），它们与其他节点的关系非常疏离。根据派系分析，我们可以进一步确定派系个数，以及节点之间的关系紧密程度。

```
HIERARCHICAL CLUSTERING OF OVERLAP MATRIX

        1 1         1   1       1 1 1     1 1 1 2 2
        6 4 9 1 4 7 1 9 5 5 3 0 3 7 8 2 2 8 6 0 1 2

        1 1         1   1       1 1 1     1 1 1 2 2
Level   6 4 9 1 4 7 1 9 5 5 3 0 3 7 8 2 2 8 6 0 1 2
-----
8.000   . . . . . . . . . . . . . XXX . . . . . . .
6.333   . . . . . . . . . . . . XXXXX . . . . . . .
3.500   . . . . . . . . . . . XXXXXXX . . . . . . .
2.800   . . . . . . . . . . XXXXXXXXX . . . . . . .
2.000   . . . XXX . . . XXXXXXXXXX XXXXX XXX . .
1.667   . . . XXXXX . . XXXXXXXXXXXX XXXXX XXXXX .
1.143   . . . XXXXX . XXXXXXXXXXXX XXXXX XXXXX .
1.000   . . . XXXXX XXXXXXXXXXXX XXXXX XXXXX .
1.000   . XXX . XXXXX XXXXXXXXXXXX XXXXX XXXXX .
0.889   . XXX . XXXXXXXXXXXXXXX XXXXX XXXXX .
0.658   . XXX . XXXXXXXXXXXXXXXXX XXXXX XXXXX .
0.314   . XXX . XXXXXXXXXXXXXXXXXXXXXXXXX XXXXX .
0.265   . XXX XXXXXXXXXXXXXXXXXXXXXXXXXXXXX .
0.055   . XXXXXXXXXXXXXXXXXXXXXXXXXXXXXXXXX .
0.045   . XXXXXXXXXXXXXXXXXXXXXXXXXXXXXXXXXXX
0.000   XXXXXXXXXXXXXXXXXXXXXXXXXXXXXXXXXXXXX
```

图13-15 "重叠矩阵的层次聚类表"（hierarchical clustering of overlap matrix）

（9）相似地，UCINET 还会以系统树图（Dendrogram）的形式呈现相同的信息（见图 13-16），它的作用也是用图像的形式展现出节点之间关系远近、活跃度，以及哪些节点可以被划分到同一个派系。

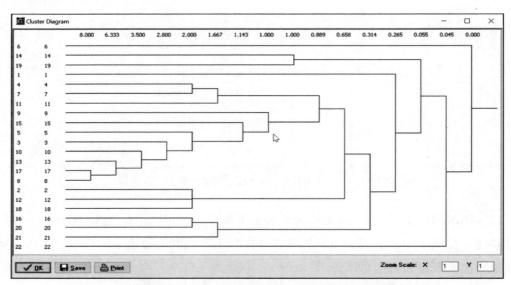

图13-16 派系分析（Cliques）生出的系统树图（Dendrogram）

此外，派系分析还会以UCINET数据格式生成两个没有在输出日志中呈现但是很有用的数据组，一个是“派系与派系之间关系”的矩阵（在此例子中自动被存为“CliqueOverlap_Beginning”文件），另一个是“派系和参与度之间关系”的矩阵（在此例子中自动被存为“CliqueSets_Beginning”文件）。

我们接下来看一下如何对这两个生成的数据集进行使用。

（1）首先，在UCINET矩阵编辑器中打开刚刚生成的文件“CliqueOverlap_Beginning”，即会呈现出一个22×22的矩阵，这张矩阵呈现的是网络中22个主体中“任何两个主体共同处于同一个派系的次数”（见图13-17）。例如，7号科学家与4号科学家同在2个相同的派系中，而10号科学家和12号科学家同在3个相同的矩阵中（注：对角线的数值则体现该主体出现在多少个不同的派系中）。根据研究问题和研究假设的需要，这张矩阵数据表可以被应用在QAP、MR-QAP（详见第15章讲解）以及其他种类进一步的数据分析里。

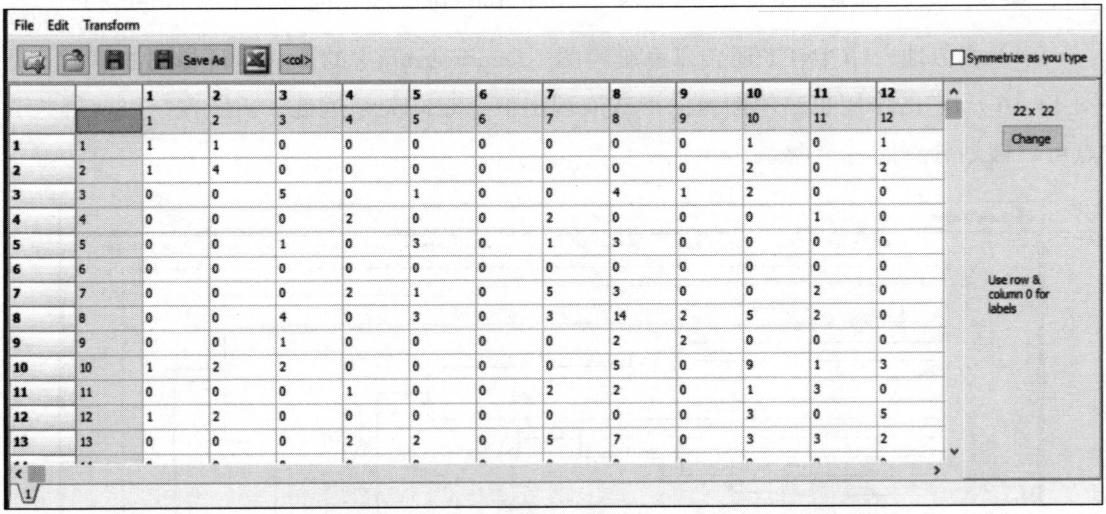

		1	2	3	4	5	6	7	8	9	10	11	12
		1	2	3	4	5	6	7	8	9	10	11	12
1	1	1	1	0	0	0	0	0	0	0	1	0	1
2	2	1	4	0	0	0	0	0	0	0	2	0	2
3	3	0	0	5	0	1	0	0	4	1	2	0	0
4	4	0	0	0	2	0	0	2	0	0	0	1	0
5	5	0	0	1	0	3	0	1	3	0	0	0	0
6	6	0	0	0	0	0	0	0	0	0	0	0	0
7	7	0	0	0	2	1	0	5	3	0	0	2	0
8	8	0	0	4	0	3	0	3	14	2	5	2	0
9	9	0	0	1	0	0	0	0	2	2	0	0	0
10	10	1	2	2	0	0	0	0	5	0	9	1	3
11	11	0	0	0	1	0	0	2	2	0	1	3	0
12	12	1	2	0	0	0	0	0	0	0	3	0	5
13	13	0	0	0	2	2	0	5	7	0	3	3	2

图13-17 “CliqueOverlap_Beginning”数据集

（2）用NetDraw为“CliqueOverlap_Beginning”绘制网络图。通过NetDraw右方的筛选功能（见图13-18），可以查找同处在3个以上（或其他数值）的派系的主体，从而方便地找出关系更紧密的主体。

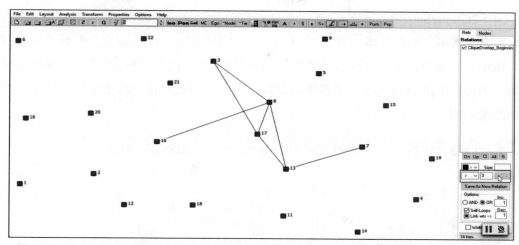

图13-18 在"CliqueOverlap_Beginning"的网络图中筛选主体共同参与的派系个数

（3）接下来，我们来看如何使用另一个数据集，即派系和参与度之间关系的矩阵。在 UCINET 矩阵编辑器打开刚刚系统生成的文件"CliqueSets_Beginning"，即会呈现出一个 22×28 的矩阵，这张矩阵呈现的是网络中的 22 个主体是否属于这 28 个派系中的一员（见图 13-19）。当 $X_{ij}=1$，表示第 i 行的主体是第 j 列的派系中的一员；当 $X_{ij}=0$，表示第 i 行的主体不是第 j 列的派系中的一员。例如，第 3 号科学家不属于第 1～8 号派系，但属于第 9、10、11、12 号派系。

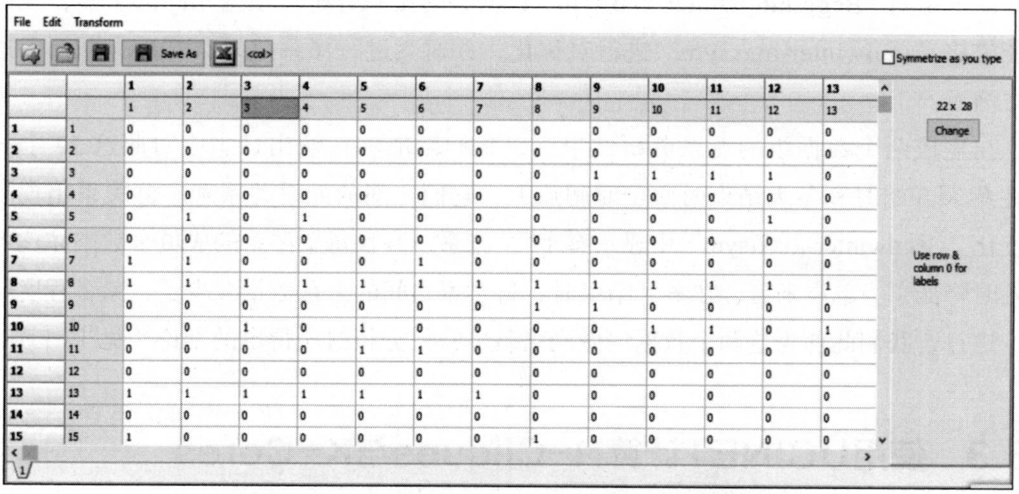

图13-19 "CliqueSets_Beginning"数据集

（4）"CliqueSets_Beginning"这张表格本质上是一个"二模网络"，即呈现出了"科学家"和"派系"两种主体。打开 NetDraw 为"CliqueSets_Beginning"数据集制作网络图，图中会呈现蓝色方框（代表"派系"）和红色圆点（代表"科学家"）这两种不同的主体。当带箭头的直线从某个圆点指向方框，表示该圆点所代表的主体属于该方框所代表的派系中的一员。

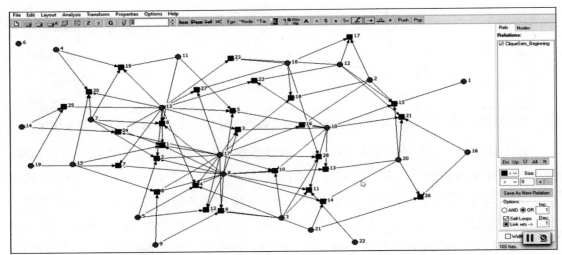

图13-20　"CliqueSets_Beginning"的网络图

以上是对"Beginningwinter-maxsym"数据集的派系分析。根据相同的步骤，我们同样能够将"Endwinter-maxsym"进行对称化，并对其进行派系分析，其过程同上，这里不再演示。

在生成两个数据组的派系分析结果后，我们则能够在输出日志中对照这 22 个科学家在冬天开始时和冬天结束时两个时间点上，它们之间的派系关系和子群关系出现了哪些变化。"endwinter-maxisym"中显示有 17 个派系，并且每个派系的成员个数整体比冬天开始时降低了。总体来看，在冬天结束时，科学家之间的派系数量减少了，紧密程度降低了，这符合我们此前为这两个数据组做网络基本特征分析时所得出的结论（见 13.1 节）。

13.3　使用UCINET计算N-Cliques与K-Cores

在 6.4 节我们详细介绍了"N-Clique"和"K-Cores"这两种结构。从某种意义来说，它们都是"派系"结构（cliques)的一种变形，是放松了对派系定义中"所有节点间距离必须等于1"这个条件的凝聚性结构。在本节中，我们将分别展示如何通过 UCINET 来分析这两种结构。

1. N-Cliques

在 UCINET 中分析 N-Clique 的方法如下：

（1）点击"Network—>Subgroups—>N-Cliques…"，如图 13-21 所示。

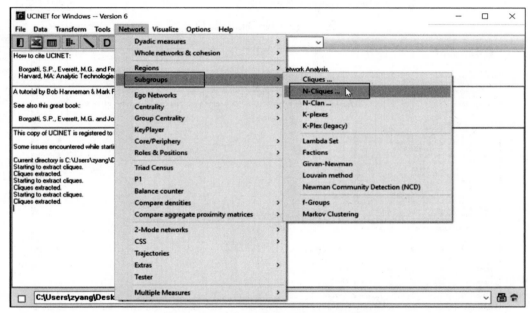

图13-21　"N-Cliques"的打开路径

（2）在弹出的窗口选择"Beginningwinter-maxsym"为输入数据集（注意，这里依然需要输入对称型的矩阵数据）。在"Value of N"一项中可以填入想要计算的 N-clique 种类，常用的是 2-clique 和 3-clique(通常，当"N"的数值被设置得过大，就不再能体现网络中节点间的凝聚度，因此并不常这样设置）。在这里我们选择 N 的数值为"2"。在最下方三行输出矩阵中，系统会分别命名 3 个输出结果文件，如图 13-22 所示。

（3）点击"OK"后，输出日志会呈现以下结果（见图 13-23）。该结果显示，在网络"Beginningwinter-maxsym"中，UCINET 一共找到了 13 个"2-cliques"结构，并且将每一个这样的"2-clique"结构的组成成员都列了出来。

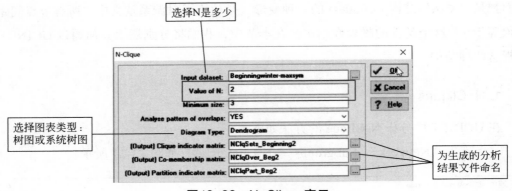

图13-22　N-Clique窗口

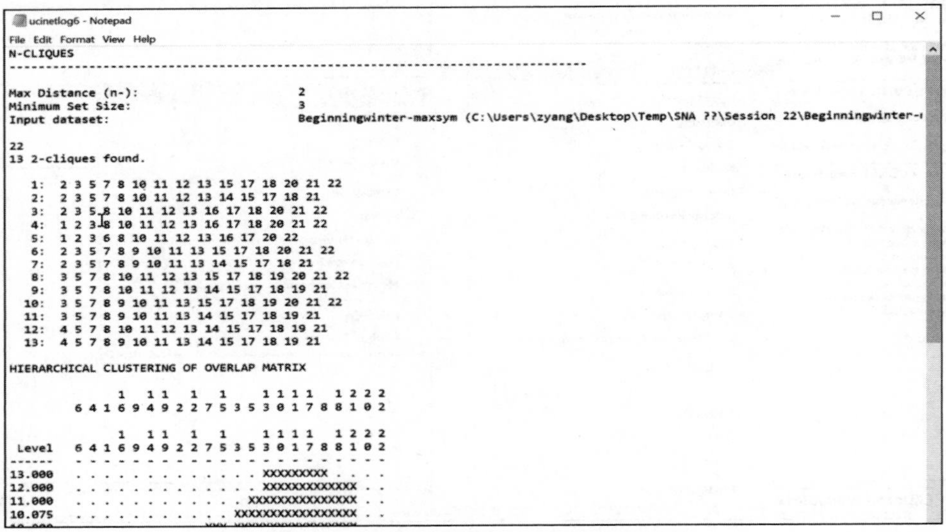

图13-23　N-Clique分析结果的日志

在该分析中 UCINET 生成的其他文件与 13.2 中介绍 "派系分析" 时相同，这里不再赘述，参见 13.2 的讲解。

2. K-Cores

在 UCINET 中分析 K-Cores 的方法如下：

（1）点击 "Network—>Regions—>K-Cores..."，如图 13-24 所示。

（2）在弹出的窗口选择 "Beginningwinter" 为输入数据集，并重新命名输出数据集，然后点击 "OK"，如图 13-25 所示。

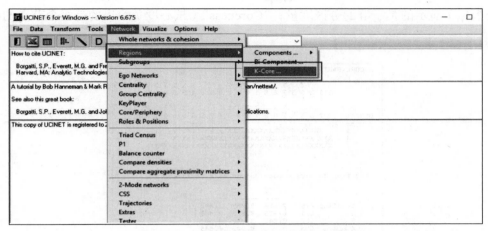

图13-24　K-Cores分析的打开路径

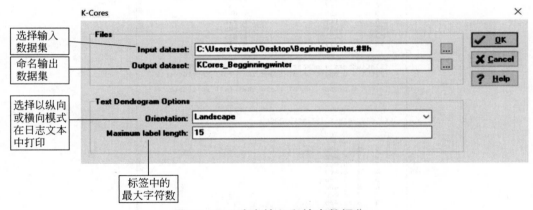

图13-25　确定输入和输出数据集

（3）此时，生成的文本结果将显示在日志文本中（见图 13-26）。如何解读分析结果呢？首先，我们注意到，"warning"（警告信息）提醒我们，输入的数据集已经被自动做了"对称化"处理（如果我们的数据集是有向网络数据，应提前考虑这种对称化是否更改或影响了数据的准确性）。其次，"K-CORE PARTITIONING"（K-Core 划分）为我们显示出 K-Cores 的层次聚类图。最左面"Degree"下面的"5""4""3"，表示的是分别在"5-cores""4-cores""3-cores"中涵盖哪些节点，在该子集中的节点被标记为"X"，否则被标记为"."。例如，"5-cores"这个凝聚子集中包含 11 个节点，即该行所对应的标记为"X"的节点"2、3、20、5、…、13、12"。而在 3-cores 和 4-cores 中的节点数量更大。从这些结果能初步看出，该整体网络的连接性是比较高的。"Partition Metrics"

（划分指标）显示的是子群的分区度量；"Coreness"（核心度）给出的是每个节点的核心度数。

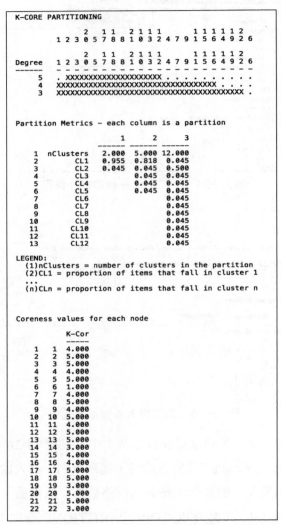

图13-26　K-Cores分析结果日志示例

13.4　使用UCINET分析三元结构

我们在 6.3 节中介绍了三元结构（triad census），它是以 3 个节点为单位来观察一个网络内子群特征的结构。UCINET 为我们提供了为社会网络计算不同种类的三元结构的方法——三元组普查。本节以两个数据组"Beginningwinter"和"Endwinter"为例展示三元组普查的操作。

（1）在 UCINET 子菜单点击"Network—>Triad Census"，如图 13-27 所示。

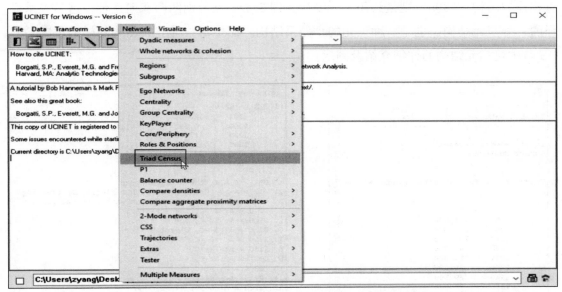

图13-27 三元组普查（Triad Census）的打开路径

（2）在弹出的"三元组普查"（Triad Counts）窗口的"Input Network"（输入网络）选择"Beginningwinter"矩阵数据组，系统会将输出的矩阵自动命名为"Beginningwinter - Tri"，点击"OK"完成三元组普查分析，如图 13-28 所示。

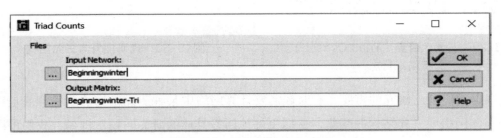

图13-28 Triad Counts窗口

（3）这时，在所生成的输出日志的上端会呈现出在该网络中找到了多少个不同种类的三元结构，如图 13-29 所示。例如，从结果中我们看出，"003"型的三元结构在该网络中有 571 个，"012"型的三元结构有 373 个，"111D"型的三元结构有 29 个等。

（4）而在输出日志的下端，则列出了这些不同的代码型号分别指代的是怎样的三元结构，如图 13-30 所示。例如，"003"指代的三元结构是 3 个主体之间完全不相连的结构；"012"是 3 个节点中有一个节点指向另一个节点，但第 3 个节点不与任何其他两节点相连的结构；"300"则是封闭三元结构，即 3 个节点分别两两双向连带，这是关系最强的一种三元结构，也是一种三元的小派系结构。图中每一种三元结构的样式可以参照6.3 节中对三元结构的详细介绍及图示。

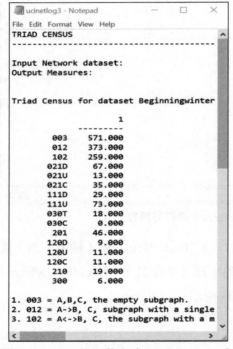

图13-29　三元组普查（Triad Census）
分析结果日志

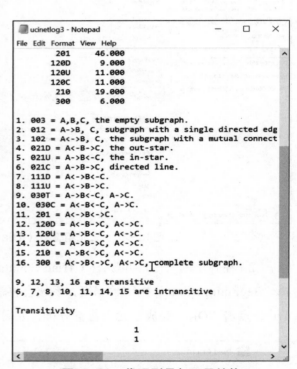

图13-30　代码型号与三元结构

　　根据我们自己研究的需要，有时候需要计算网络中某种三元结构的数量，或是比较两个整体网络中三元结构的变化，从而更好地回答具体的研究问题。例如，我们可以通过三元组普查的分析结果进一步比较"Beginningwinter"数据组和"Endwinter"数据组中，科学家之间关系凝聚度的变化。接下来进行这项操作。

　　（5）重复刚才的三元组普查操作，再次点击"Network—>Triad Census"，并选择

"Endwinter"为输入数据集，为其生成三元组普查分析，如图 13-31 所示。

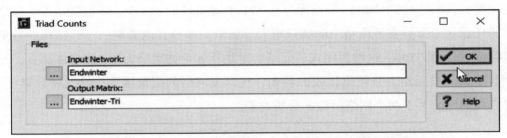

图13-31 在三元组普查窗口输入"Endwinter"数据集

（6）将两个刚刚生成的输出日志文本放在一起对比。我们能看出，这 22 个科学家在冬天开始时（"Beginningwinter"数据组）和冬天结束时（"Endwinter"数据组），两个网络中的三元结构在不同层面发生了明显变化。我们可以将它们放在一起进行对比，如图 13-32 所示。（该图左侧为"Beginningwinter"的三元组分析结果，右侧为"Endwinter"的三元组分析结果。）

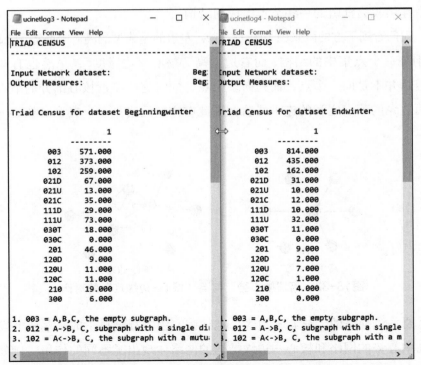

图13-32 通过三元组普查结果对比"Beginningwinter"网络与"Endwinter"网络

从图 13-32 的对比中，我们能发现这 22 个科学家的网络在凝聚度特征上出现了怎样的变化呢？我们注意到，"003"号三元组从 571 个增加到了 814 个——也就是说，完全不相连的任意 3 个节点在该网络中的数量增大了。但大部分其他类型的三元结构的数量都明显降低了。而"300"这种封闭式三元结构更是从 6 个彻底降为了 0。总体而言，对比两个数据集的三元组普查结果让我们看到，科学家网络的凝聚度和连结紧密度降低了，这符合我们此前关于两个网络所做的分析判断。

13.5 使用UCINET计算网络的"核心-边缘"结构

我们在第 6 章介绍了网络的中心势（centralization）和凝聚度（cohesion）的概念，网络学者经常通过这两个量测来对比社会网络的结构特征，我们已经在 13.1 节介绍了使用 UCINET 计算其量测的操作方法。网络中除了会出现中心化结构以外，还可能呈现"核心-边缘"（core-periphery）结构，即一个网络核心部分由密集连结的一些节点组成，而边缘部分由连结较为稀疏的一些节点组成的结构。

例如，我们看到下方的两张图（图 13-33），左边的是典型的高"中心势"（centralized），即多个点围绕一个点集中的结构；而右边是高"核心-边缘度"，虽然也有向中心集中的趋势，但是并不是向一个点，而是向多个点，同时这些靠近核心部分的节点之间的连带密集，而边缘的节点之间的连带稀疏，因此右方的网络是一个典型的核心-边缘结构网络。

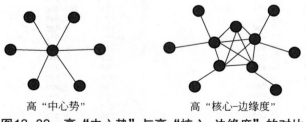

高"中心势"　　　　　　　　高"核心-边缘度"

图13-33　高"中心势"与高"核心-边缘度"的对比

为什么要关注网络的"核心-边缘"结构呢？因为社会科学的一些研究发现，在有些情境下高中心势的网络和核心-边缘结构的网络体现出了不同的作用。例如，在近年发表的关于灾害响应的研究表明，"核心-边缘"结构的网络可能比高中心势的网络更适合作为组织间合作救援的网络结构（详见 Nowell et al., 2018）。无论我们的研究重点是个人、团体、还是组织、国家，都可以使用核心－边缘的结构来判断和关联网络的具体特征和结果，比如比较不同网络结构的效能、不同网络里信息的传递速度、不同网络里人和人的信任度、不同组织间合作的绩效等。

接下来我们以"RDGAM"数据集为例介绍使用 UCINET 计算"核心－边缘"结构的方法。

UCINET 中计算"核心－边缘"度的方法有两种：一种是从分类变量（categorial）的视角把所有节点划分为"核心节点"和"边缘节点"这两类；另一种则是从连续变量（continuous）的视角计算出每一个节点靠近核心位置的量化程度。我们先来看第一种。

（1）在 UCINET 子菜单点击"Network—>Core/Periphery—>Categorical"，如图 13-34 所示。

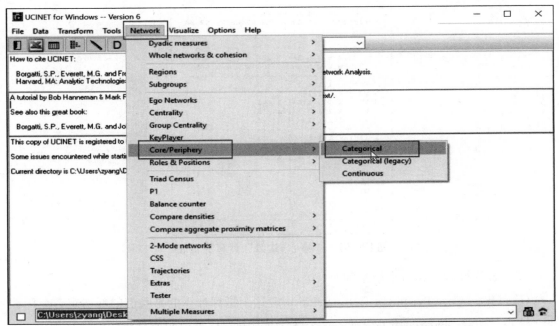

图13-34　计算"核心－边缘"度（分类变量）的打开路径

（2）在弹出窗口的"Input network dataset"一项载入矩阵数据集（"RDGAM"），系统会自动在"output partition"一项为输出文件命名（见图 13-35）。

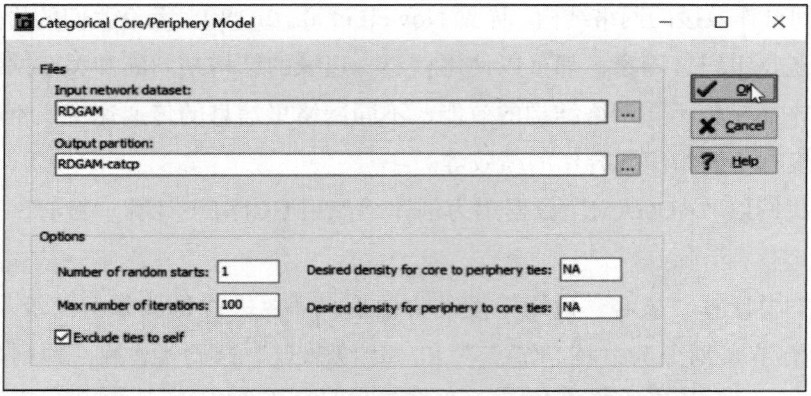

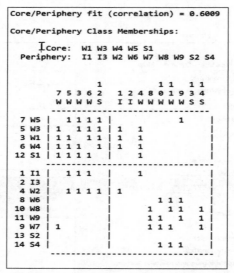

图13-35　“核心-边缘”计算功能窗口（分类变量法）

（3）其他选项保持不变，点击“OK”，输出日志会显示分析结果，如图 13-36 所示。

```
Core/Periphery fit (correlation) = 0.6009

Core/Periphery Class Memberships:

      Core:  W1 W3 W4 W5 S1
 Periphery:  I1 I3 W2 W6 W7 W8 W9 S2 S4


                1           1 1   1 1
        7 5 3 6 2   1 2 4 8 0 1 9 3 4
        W W W W S   I I W W W W W S S
       -------------------------------
 7 W5 |   1 1 1 1 |             1     |
 5 W3 | 1   1 1 1 | 1   1             |
 3 W1 | 1 1   1 1 | 1   1             |
 6 W4 | 1 1 1   1 | 1   1             |
12 S1 | 1 1 1 1   |     1             |
      ---------------------------------
 1 I1 |   1 1 1   |     1             |
 2 I3 |           |                   |
 4 W2 |   1 1 1 1 | 1                 |
 8 W6 |           |         1 1 1     |
10 W8 |           |       1   1 1   1 |
11 W9 |           |       1 1   1   1 |
 9 W7 | 1         |       1 1 1     1 |
13 S2 |           |                   |
14 S4 |           |         1 1 1     |
       -------------------------------
```

图13-36　“核心-边缘”计算的日志

如何解读该分析的日志结果呢？

① 首先，“Core/Periphery fit (correlation)”这个指标计算的是我们的网络跟一个标准的“核心－边缘”网络的相关程度，这个数字越接近“1”，说明所分析的网络呈现出“核心－边缘”的结构特征越显著。结果中的“0.6”体现出中等偏高的核心－边缘度结构。

② 其次，下方的“Core/Periphery Class Memberships”列出哪些节点被 UCINET 划分为“Core”（核心），而哪些节点被划分为“Periphery”（边缘），这里非常一目了然地

看到这个网络中有 5 个核心节点和 9 个边缘节点。在下方的表格里，我们还看到了每一个节点跟其他节点的连带情况，其中 $X_{ij}=1$ 表示节点 i 和节点 j 相连。这张矩阵通过把核心节点放在左侧、边缘节点放在右侧的方法，呈现出两组节点互相之间的连带程度。可以很明显地看出，处于"Core"里的 5 个节点是充分互相连接的，而处于"Periphery"里的节点互相之间连带明显稀疏很多，这是符合"核心－边缘"结构定义的体现。

有了这些指标，就可以比较不同网络的核心－边缘度，以及核心－边缘度与不同网络结果的相关性。

第二种计算核心－边缘度的方法是通过将其看成"连续型"（continuous）的变量，下面是操作的具体方法。

（1）在 UCINET 子菜单点击"Network—>Core/Periphery—>Continuous"，如图 13-37 所示。

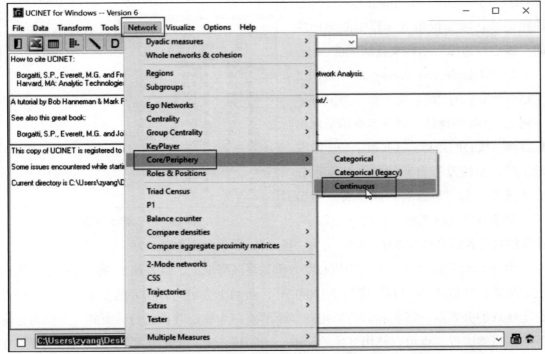

图13-37　计算"核心－边缘"度（连续变量）的打开路径

（2）在弹出窗口的"Input dataset"一项载入矩阵数据集（"RDGAM"），其他选项保持不变，点击"OK"，如图 13-38 所示。

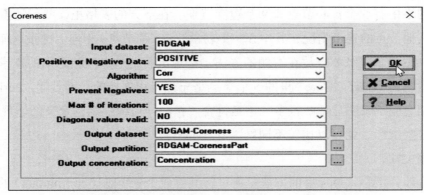

图13-38 "核心-边缘"计算功能窗口（连续变量）

（3）此时，输出日志中会显示分析结果，如图 13-39 所示。

该分析结果的解读方法如下：

① "Initial fit" 和 "Final fit" 提供了该网络从连续变量角度计算出的与标准的"核心－边缘"结构契合的程度。

② "Multiplicative Coreness" 下方列出了每一个节点的"核心度指数"（"Corene"一列），该数字越高，则该节点越呈现出靠近网络核心的趋势。这些数字是连续变量型的，系统没有自动把所有节点划分成"核心"和"边缘"两类，而是给出了每个节点在连续型维度上的一个数字，

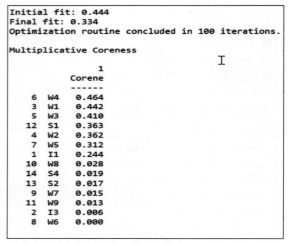

图13-39 输出日志

让我们自行判断哪些节点应该被定义为"核心"，哪些应该被定于为"边缘"。

③ 我们看到前 7 行的节点的核心度数值是逐渐降低的，但是从 I1 到 W8 有一个比较大的跳跃，数值从 "0.244" 降为了 "0.028"，当两个数字间有较大的差距时，这里往往是比较好的分界点。因此我们可以把前 7 个节点归为核心节点，而后面的 7 个归为边缘节点。当然，我们也可以使用其他的标准，比如核心度"大于 0.3"、"大于 0.4"等。在具体写论文的时候，应该对标准的选择给予合理的说明。

以上介绍了两种对"核心－边缘"结构进行分析的方法。研究者在实际操作中，应根据自己研究的具体特点来选择最合适的方法。

13.6   使用UCINET计算结构对等性

在 6.7 节中我们介绍了结构对等性（structural equivalence）的概念，网络学者认为结构对等的两个主体在其行为特征和态度特征上可能会有同质性，因此对于社会科学的研究具有实际的意义。那么我们如何计算和体现结构对等性呢？ UCINET 为此提供了便捷的工具。

在下文的操作演示中，我们将使用此前用过的一个矩阵数据组 "RDGAM"，这个数据组显示的是 14 个人之间是否一起玩过游戏的人际网络关系，这个数据集为一个对称的二值网络，即如果 $X_{ij} = 1$，则 i 和 j 一起玩过游戏；若 $X_{ij} = 0$，则 i 和 j 没有一起玩过游戏。图 13-40 是使用 NetDraw 为 "RDGAM" 数据组制出的网络图。

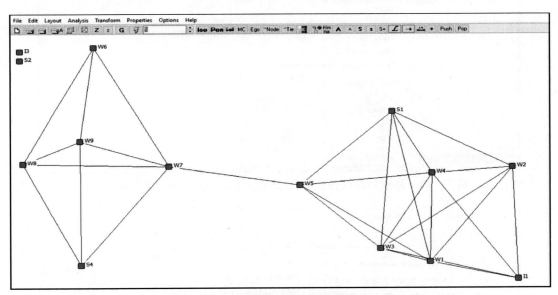

图13-40   "RDGAM" 数据组的网络图

从网络图中我们很难一眼看出哪些节点具有 "结构对等性"。接下来我们介绍如何在 UCINET 中使用其结构对等性功能对该方面特征进行分析：

（1）点击 UCINET 子菜单 "Network—>Roles & Positions—>Structural—>Profile"，如图 13-41 所示。

（2）在弹出窗口的 "Input dataset" 一项载入要分析的矩阵数据（"RDGAM"）。在 "Measure of profile similarity/distance"（特征相似度 / 距离的测量）一项里，我们有多

种方式来定义如何计算结构对等性，例如采用欧氏距离、相关性、匹配性等方式（见图 13-42）。我们首先来看"欧氏距离"的例子。

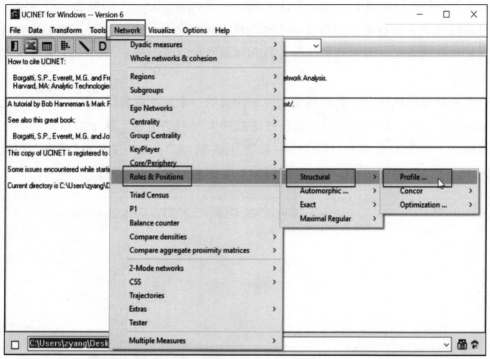

图13-41　结构对等性分析（Structural Equivalence）的打开路径

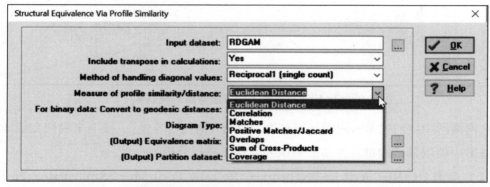

图13-42　结构对等性分析（Structural Equivalence）窗口（1）

（3）其他选项保持不变，点击"OK"，如图 13-43 所示（可以选择更改输出文件的命名，默认文件名为"SE"和"SEPart"）。

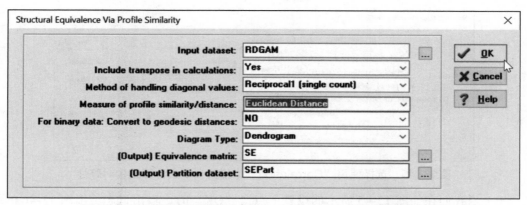

图13-43　结构对等性分析（Structural Equivalence）窗口（2）

（4）此时，输出日志会显示以下的结果（见图13-44），同时在默认目录下生成新的矩阵数据集。这个矩阵中展示的是任何两个节点之间以欧氏距离为计算标准的结构对等性程度，表中数字越小，说明两个节点的结构对等性越高；数字越大，说明两个节点的结构对等性越低。当 $X_{ij} = 0$ 时，说明 i 节点和 j 节点是结构对等的（$i=j$ 的情况除外）。例如，从这个结果中我们看到，W1 和 W3 是对等的，W1 和 W4 是对等的，S2 跟 I3 是对等，S4 和 W6 是对等的。

```
Structural Equivalence Matrix

              1     2     3     4     5     6     7     8     9    10    11    12    13    14
             I1    I3    W1    W2    W3    W4    W5    W6    W7    W8    W9    S1    S2    S4
            ----- ----- ----- ----- ----- ----- ----- ----- ----- ----- ----- ----- ----- -----
   1  I1    0.00  2.83  2.00  1.41  2.00  2.00  2.45  3.74  4.24  4.00  4.00  1.41  2.83  3.74
   2  I3    2.83  0.00  3.46  3.16  3.46  3.46  3.16  2.45  3.16  2.83  2.83  3.16  0.00  2.45
   3  W1    2.00  3.46  0.00  1.41  0.00  0.00  2.45  4.24  4.24  4.47  4.47  1.41  3.46  4.24
   4  W2    1.41  3.16  1.41  0.00  1.41  1.41  2.00  4.00  4.47  4.24  4.24  2.00  3.16  4.00
   5  W3    2.00  3.46  0.00  1.41  0.00  0.00  2.45  4.24  4.24  4.47  4.47  1.41  3.46  4.24
   6  W4    2.00  3.46  0.00  1.41  0.00  0.00  2.45  4.24  4.24  4.47  4.47  1.41  3.46  4.24
   7  W5    2.45  3.16  2.45  2.00  2.45  2.45  0.00  3.46  4.00  3.74  3.74  2.00  3.16  3.46
   8  W6    3.74  2.45  4.24  4.00  4.24  4.24  3.46  0.00  2.00  1.41  1.41  4.00  2.45  0.00
   9  W7    4.24  3.16  4.24  4.47  4.24  4.24  4.00  2.00  0.00  1.41  1.41  4.00  3.16  2.00
  10  W8    4.00  2.83  4.47  4.24  4.47  4.47  3.74  1.41  1.41  0.00  0.00  4.24  2.83  1.41
  11  W9    4.00  2.83  4.47  4.24  4.47  4.47  3.74  1.41  1.41  0.00  0.00  4.24  2.83  1.41
  12  S1    1.41  3.16  1.41  2.00  1.41  1.41  2.00  4.00  4.00  4.24  4.24  0.00  3.16  4.00
  13  S2    2.83  0.00  3.46  3.16  3.46  3.46  3.16  2.45  3.16  2.83  2.83  3.16  0.00  2.45
  14  S4    3.74  2.45  4.24  4.00  4.24  4.24  3.46  0.00  2.00  1.41  1.41  4.00  2.45  0.00
```

图13-44　结构对等性分析（Structural Equivalence）输出日志

（5）当然，在选择"Measure of profile similarity/distance"时，我们也可以选择"Correlation"，即"相关性"，如图13-45所示。

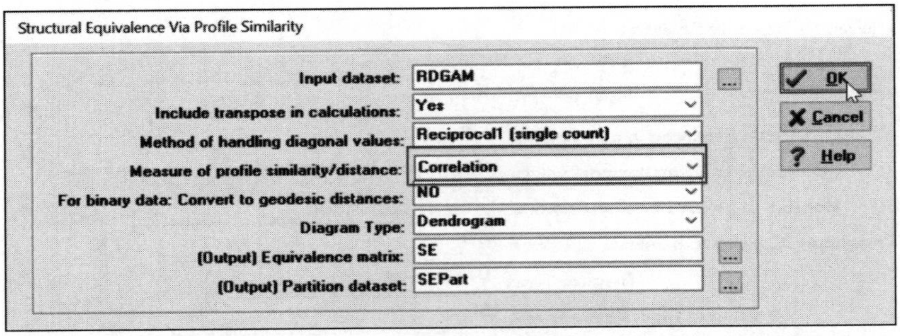

图13-45　选择使用"Correlation"（相关性）来计算结构对等性

（6）当我们在如图13-45所示的设置下点击"OK"时，输出日志给出图13-46的结果。在这张表中，X_{ij}的值越接近"1"，则说明i点和j点的结构对等性越高。例如，W1和W3、W1和W4、S2和I3、S4和W6的相关性为"1"，即说明这些节点互相之间结构——对等（structurally equivalent）。

```
Structural Equivalence Matrix

            1      2      3      4      5      6      7      8      9     10     11     12     13     14
            I1     I3     W1     W2     W3     W4     W5     W6     W7     W8     W9     S1     S2     S4
          -----  -----  -----  -----  -----  -----  -----  -----  -----  -----  -----  -----  -----  -----
  1  I1    1.00   0.00   0.71   0.83   0.71   0.71   0.50  -0.37  -0.53  -0.44  -0.44   0.84   0.00  -0.37
  2  I3    0.00   1.00   0.00   0.00   0.00   0.00   0.00   0.00   0.00   0.00   0.00   0.00   1.00   0.00
  3  W1    0.71   0.00   1.00   0.85   1.00   1.00   0.52  -0.51  -0.41  -0.62  -0.62   0.85   0.00  -0.51
  4  W2    0.83   0.00   0.85   1.00   0.85   0.85   0.68  -0.43  -0.63  -0.53  -0.53   0.66   0.00  -0.43
  5  W3    0.71   0.00   1.00   0.85   1.00   1.00   0.52  -0.51  -0.41  -0.62  -0.62   0.85   0.00  -0.51
  6  W4    0.71   0.00   1.00   0.85   1.00   1.00   0.52  -0.51  -0.41  -0.62  -0.62   0.85   0.00  -0.51
  7  W5    0.50   0.00   0.52   0.68   0.52   0.52   1.00  -0.06  -0.36  -0.18  -0.18   0.66   0.00  -0.06
  8  W6   -0.37   0.00  -0.51  -0.43  -0.51  -0.51  -0.06   1.00   0.67   0.80   0.80  -0.43   0.00   1.00
  9  W7   -0.53   0.00  -0.41  -0.63  -0.41  -0.41  -0.36   0.67   1.00   0.83   0.83  -0.30   0.00   0.67
 10  W8   -0.44   0.00  -0.62  -0.53  -0.62  -0.62  -0.18   0.80   0.83   1.00   1.00  -0.53   0.00   0.80
 11  W9   -0.44   0.00  -0.62  -0.53  -0.62  -0.62  -0.18   0.80   0.83   1.00   1.00  -0.53   0.00   0.80
 12  S1    0.84   0.00   0.85   0.66   0.85   0.85   0.66  -0.43  -0.30  -0.53  -0.53   1.00   0.00  -0.43
 13  S2    0.00   1.00   0.00   0.00   0.00   0.00   0.00   0.00   0.00   0.00   0.00   0.00   1.00   0.00
 14  S4   -0.37   0.00  -0.51  -0.43  -0.51  -0.51  -0.06   1.00   0.67   0.80   0.80  -0.43   0.00   1.00
```

图13-46　选择使用"Correlation"（相关性）来计算结构对等性的日志结果

13.7　使用UCINET进行二模网络分析的基本方法

当我们面临一个二模网络（two-mode network)时，既可以通过将其转化成一模网络格式的方法进行分析（见10.6节的介绍），也可以通过"二部图"的方式进行分析。所谓"二部图"（bipartite，也译作"二分图"），是通过把二模网络中两种不同的主体列在同一个矩阵表格中进行分析，而不分开成两个矩阵。本节介绍UCINET中的两个针对二模网络的分析：中心度和凝聚度。

我们使用"davis"这个二模网络的数据集展示这部分 UCINET 操作。打开"davis"数据集（见图 13-47），我们看到它包含了 18 个人参加 14 个活动的信息，是一个二值网络。在这个矩阵中当 $X_{ij} = 1$ 时，表示第 i 行的个人参加了第 j 列的活动；$X_{ij} = 0$ 时，表示第 i 行的个人没有参加第 j 列的活动。我们在 10.6 节中曾使用过该数据集。

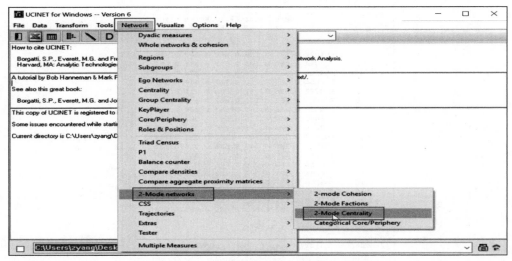

图13-47　"davis"数据集

接下来，我们通过 UCINET 中二部图的方法直接计算 davis 这个二模网络中主体的网络中心度：

（1）点击"Network—>2-Mode networks—>2-Mode Centrality"，如图 13-48 所示。

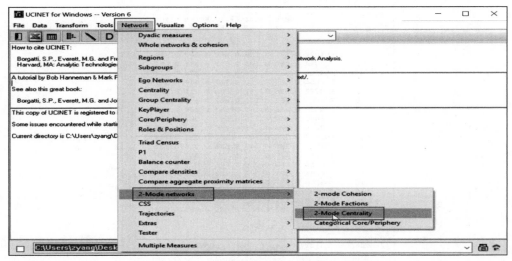

图13-48　二模网络中心度计算的打开路径

（2）在弹出窗口的"Input 2-mode matrix"一项载入数据集"davis"，如图 13-49 所示。

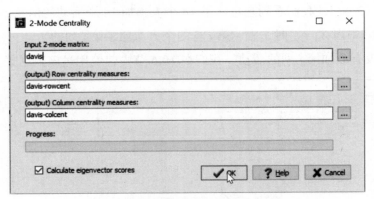

图13-49　二模网络中心度计算窗口设置

（3）点击"OK"，输出日志会呈现以下的分析结果（见图 13-50、图 13-51），将所有"个人"的不同中心度呈现在一个表格里，然后将所有"活动"的中心度呈现在另一个表格里，并且计算出多种不同的中心度指标，方便我们选择和使用。这两种主体的中心度数据同时已经在默认目录下存为"##h"格式，可以通过 Excel 格式打开并转移至其他数据集进行使用。

"个人"作为网络主体的中心度，如图 13-50 所示。

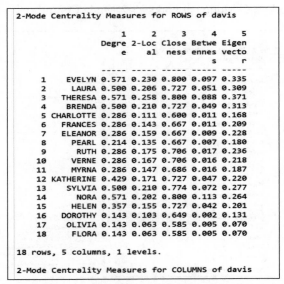

图13-50　"davis"中主体的中心度计算结果：不同个人的中心度

"活动"作为网络主体的中心度，如图13-51所示。

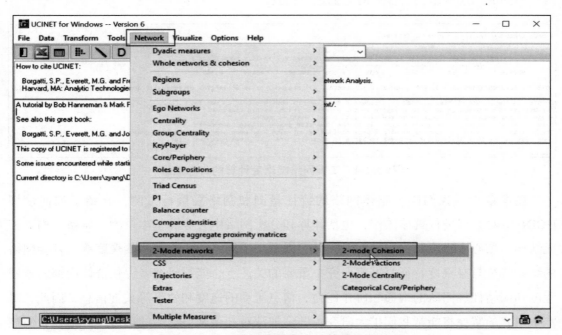

```
2-Mode Centrality Measures for COLUMNS of davis

            1     2     3     4     5
          Degre 2-Loc Close Betwe Eigen
          e     al    ness  ennes vecto
                            s     r
          ----- ----- ----- ----- -----
    1  E1  0.167 0.087 0.524 0.002 0.142
    2  E2  0.167 0.091 0.524 0.002 0.150
    3  E3  0.333 0.151 0.564 0.018 0.253
    4  E4  0.222 0.107 0.537 0.008 0.176
    5  E5  0.444 0.183 0.595 0.038 0.322
    6  E6  0.444 0.194 0.688 0.065 0.328
    7  E7  0.556 0.230 0.733 0.130 0.384
    8  E8  0.778 0.290 0.846 0.244 0.507
    9  E9  0.667 0.230 0.786 0.226 0.379
   10 E10  0.278 0.119 0.550 0.011 0.170
   11 E11  0.222 0.067 0.537 0.020 0.090
   12 E12  0.333 0.135 0.564 0.018 0.203
   13 E13  0.167 0.083 0.524 0.002 0.113
   14 E14  0.167 0.083 0.524 0.002 0.113

14 rows, 5 columns, 1 levels.
```

图13-51   "davis"中主体的中心度计算结果：不同活动事件的中心度

（4）在计算二模网络的凝聚度时，点击"Network—>2-Mode networks—>2-mode Cohesion"，如图13-52所示。

图13-52   二模网络凝聚度计算的打开路径

（5）在弹出窗口的"Input 2-mode incidence matrix"（输入二模关联矩阵）一项载入

二模数据"davis"，如图 13-53 所示。

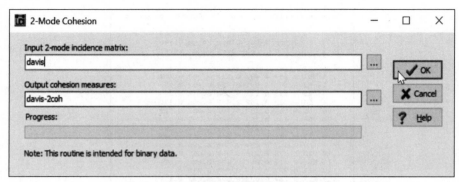

图13-53 二模网络凝聚度计算的窗口

（6）点击"OK"后，输出日志会呈现出以下结果（见图 13-54），其中显示了"davis"这个二模网络的"Density"（网络密度）、"Avg Dist"（平均最短距离）、"Diameter"（网络直径）等指标，并在下方提供了每种指标的解读方式。依据这些指标，我们可以比较两个不同的二模网络的特征并对它们进行描述。

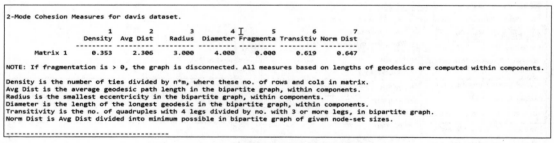

图13-54 二模网络凝聚度计算的日志结果

在本章中，我们围绕整体网络的特征量测和网络凝聚行量测，介绍了如何使用 UCINET 对数据进行具体操作，包括计算和分析网络中心势等基本量测、派系结构、三元结构、核心－边缘结构、结构对等性，以及二模网络的中心度和凝聚度等。社会网络的结构特征与凝聚度特征是网络研究中重要的关注点，能帮研究者评估群体内部的紧密程度和团结性、团队的沟通和协作能力、信息流动的速度和效果等关键信息，因此，对本章内容的掌握将能帮我们扩大研究主题，加深对社会网络动态的理解，并增强我们在不同研究领域的应用能力。

第 14 章

UCINET 操作：个体网络

个体网络（ego network）是指由一个焦点节点（"ego"，也称作"中心节点"）和与其直接相连的节点（称为"alter"，密友），加上每个密友之间的连带所组成的网络，我们在本书的 3.1 节和 3.2 节分别介绍了个体网络和整体网络。大部分 UCINET 的功能都是针对整体网络的分析，但 UCINET 也具有个体网络分析的功能。

个体网络的分析能够揭示出以不同主体为中心的网络之间的差异，例如不同人的家庭网络、亲属网络、朋友网络、同事网络的大小、联系密度、多元化程度等；另外 UCINET 还能够计算出个体网络中密友的基本特征，为我们验证基于个体网络数据的研究假设提供帮助。

14.1 从整体网络中提取/抽离个体网络

当我们手中有一个整体网络的数据集（Matrix data）时，可以根据需求将其拆分成多个个体网络的数据集，从而聚焦于个体网络层面的分析。UCINET 为我们提供了提取个体网络的功能。以下用"Krack-High-Tec"这个数据集为例讲解该功能。该数据集是一个有向网络，展示的是某个公司内部 21 个职员之间的 3 种不同关系："ADVICE"（建议）、"FRIENDSHIP"（友情）、"REPORT TO"（报告）。

（1）由于"Krack-High-Tec"中含有多个数据集，而我们在本练习中只关心"FRIENDSHIP"（友情关系），因此我们首先要将"Krack-High-Tec"进行解包（见 9.7 节），并将其第 2 页数据单独存为名为"FRIENDSHIP"的数据集。

接下来，从顶端子菜单点击"Data—>Filter/Extract—>Ego-netwrok"，如图 14-1 所示。

（2）在弹出的窗口中选择要提取个体网络的数据集（"FRIENDSHIP"）。在"Focal node(s)"（焦点节点）一项中填写要提取哪一个主体的个体网络，如图 14-2 所示。

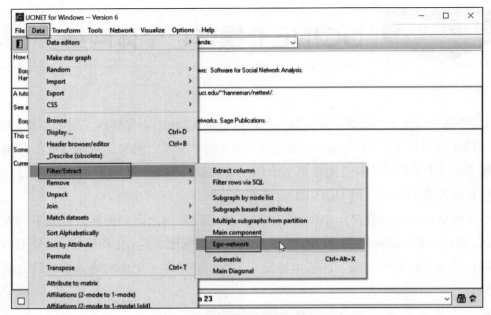

图14-1　提取个体网络功能的打开路径

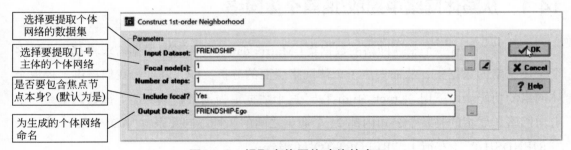

图14-2　提取个体网络功能的窗口

（3）点击"OK"，输出日志会显示以下内容（见图 14-3）。可以看到，1 号主体的个体网络一共含有 10 个节点（包括它自己），这涵盖了整个"FRIENDSHIP"网络中 47.6%的节点（已知该网络共有 21 个节点）。下面的矩阵列出的是处于 1 号主体的个体网络之中的节点，以及这些不同节点之间是否存在连带关系（1= 相连；0 不相连）。例如，4 号主体与 2 号主体存在连带关系，15 号主体与 8 号主体不存在连带关系。由于该网络是有向网络，因此所提取出来的个体网络包含了所有"被 1 号主体提命为朋友"或 / 和"提名 1 号主体为朋友"的节点。例如，从矩阵数据上可以看出，虽然 1 号主体并没有提名 11 号主体为朋友，但 11 号主体提名了 1 号主体为朋友，因此，UCINET 在提取个体网络时，会将 11 号主体也纳入 1 号主体的个体网络之中。

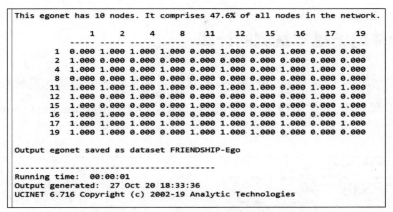

```
This egonet has 10 nodes. It comprises 47.6% of all nodes in the network.

              1     2     4     8    11    12    15    16    17    19
            ----- ----- ----- ----- ----- ----- ----- ----- ----- -----
        1   0.000 1.000 1.000 1.000 0.000 1.000 0.000 1.000 0.000 0.000
        2   1.000 0.000 0.000 0.000 0.000 0.000 0.000 0.000 0.000 0.000
        4   1.000 1.000 0.000 1.000 0.000 1.000 0.000 1.000 1.000 0.000
        8   0.000 0.000 1.000 0.000 0.000 0.000 0.000 0.000 0.000 0.000
       11   1.000 1.000 1.000 1.000 0.000 1.000 1.000 0.000 1.000 1.000
       12   1.000 0.000 1.000 0.000 0.000 0.000 0.000 0.000 0.000 0.000
       15   1.000 0.000 0.000 0.000 1.000 0.000 0.000 0.000 0.000 1.000
       16   1.000 1.000 1.000 0.000 0.000 0.000 0.000 0.000 0.000 0.000
       17   1.000 1.000 1.000 1.000 1.000 1.000 1.000 1.000 0.000 1.000
       19   1.000 1.000 0.000 0.000 1.000 1.000 1.000 0.000 0.000 0.000

Output egonet saved as dataset FRIENDSHIP-Ego

-----------------------------------------
Running time:  00:00:01
Output generated:   27 Oct 20 18:33:36
UCINET 6.716 Copyright (c) 2002-19 Analytic Technologies
```

图14-3　提取1号主体的个体网络后生成的日志结果

（4）UCINET 已经将 1 号主体的个体网络存为一个独立的矩阵数据集，即命名为"FRIENDSHIP-Ego"的文件。通过矩阵编辑器打开该新生成的数据集，查看是否完整，如图 14-4 所示。这样，我们就从一个整体网络中提取了一个具体节点（1 号主体）为焦点节点（focal node）的个体网络。提取以其他节点为焦点的主体网络的方法与此相同，此处不再赘述。

		1	2	3	4	5	6	7	8	9	10
		1	2	4	8	11	12	15	16	17	19
1	1	0	1	1	1	0	1	0	1	0	0
2	2	1	0	0	0	0	0	0	0	0	0
3	4	1	1	0	1	0	1	0	1	1	0
4	8	0	0	1	0	0	0	0	0	0	0
5	11	1	1	1	1	0	1	1	0	1	1
6	12	1	0	1	0	0	0	0	0	0	0
7	15	1	0	0	0	1	0	0	0	0	1
8	16	1	1	0	0	0	0	0	0	0	0
9	17	1	1	1	1	1	1	1	1	0	1
10	19	1	1	0	0	1	1	1	0	0	0

图14-4　提取1号主体的个体网络后生成矩阵数据："FRIENDSHIP-Ego"

（5）在一个整体网络的地图上，我们可以利用 NetDraw 的"Ego network Viewer"功能对某一个具体节点的个体网络进行可视化操作（详见 11.5 节的介绍）。

14.2 个体网络基本量测的计算

跟整体网络类似，UCINET 也提供对个体网络基本特征的分析。具体操作如下。

（1）在子菜单中点击 "Network—>Ego Networks—>Egonet basic measures"，如图 14-5 所示。

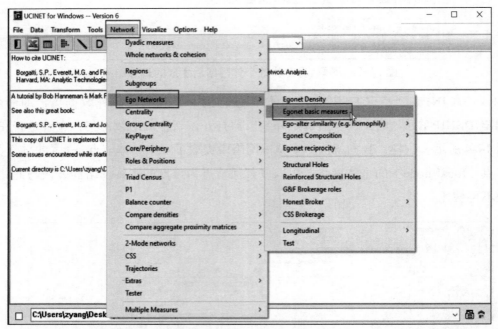

图14-5　个体网络基本量测计算（Egonet basic measures)功能的打开路径

（2）在弹出窗口的 "Input network" 一项里载入要进行分析的矩阵数据集 "FRIENDSHIP"。在 "Type of ego neighborhood" 里选择要查看的网络连带及特征——网络是无向网络时，选择 "Undirected" 一项；网络是有向网络时，需要分成 "出向邻里关系"（Out-neighborhood）和 "入向邻里关系"（In-neighborhood）这两类情况分别进行分析。当选择 "出向邻里关系" 的选项，UCINET 会针对 "从焦点节点向外指向的连带" 进行分析；当选择 "入向邻里关系" 的选项，UCINET 则会针对 "从其他节点指向焦点节点的连带" 进行分析。当然，可以选择两种分析都做，只不过需要分开进行。

这里我们选择"IN-NEIGHBORHOOD"。将输出数据集命名为"EgoNet_Frienship_IN"，如图 14-6、图 14-7 所示。

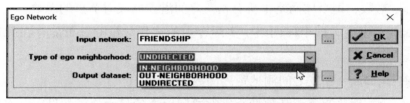

图14-6 个体网络基本量测计算的窗口（1）

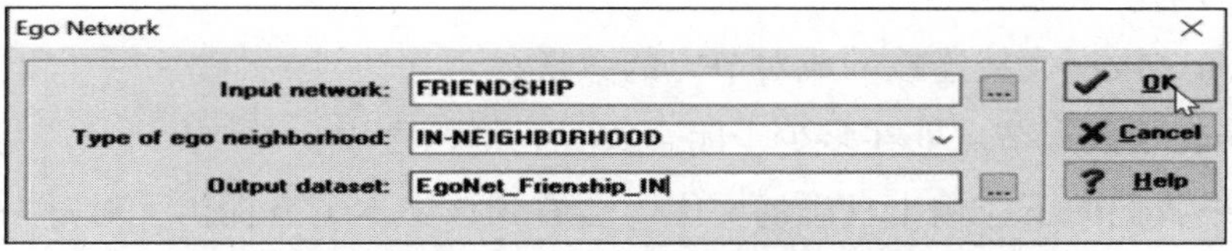

图14-7 个体网络基本量测计算的窗口（2）

（3）点击"OK"后，系统会弹出输出日志，显示分析结果，如图 14-8 所示。在该输出日志中，每一行显示的是以该主体为焦点节点的个体网络，每一列是一种类型的网络特征。例如，第一行显示的是以"1 号节点"为焦点节点所形成的个体网络的特征（以入向邻里关系为连带选项来确定个体网络）。

```
Density Measures
         1      2      3      4      5      6      7      8      9     10     11     12     13     14     15     16
        Size   Ties  Pairs Densit AvgRec Diamet nWeakC pWeakC 2StepR 2StepP ReachE Broker nBroke nClose EgoBet nEgoBe
       ------ ------ ------ ------ ------ ------ ------ ------ ------ ------ ------ ------ ------ ------ ------ ------
    1   8.00  26.00  56.00  46.43   0.61          1.00  12.50  20.00 100.00  24.69  15.00   0.54  26.00  17.50  31.25
    2  10.00  31.00  90.00  34.44   0.59          1.00  10.00  20.00 100.00  22.22  29.50   0.66  31.00  20.75  23.06
    3   5.00  11.00  20.00  55.00   0.66          1.00  20.00  20.00 100.00  33.90   4.50   0.45  11.00   4.00  20.00
    4   5.00  12.00  20.00  60.00   0.69          1.00  20.00  20.00 100.00  37.04   4.00   0.40  12.00   5.33  26.67
    5   6.00  13.00  30.00  43.33   0.62          1.00  16.67  20.00 100.00  32.79   8.50   0.57  13.00   8.50  28.33
    6   2.00   1.00   2.00  50.00   0.50          1.00  50.00  18.00  90.00  66.67   0.50   0.50   1.00   1.00  50.00
    7   3.00   3.00   6.00  50.00   0.58          1.00  33.33  18.00  90.00  58.06   1.50   0.50   3.00   0.00   0.00
    8   5.00  10.00  20.00  50.00   0.63          1.00  20.00  20.00 100.00  35.71   5.00   0.50  10.00   4.00  20.00
    9   6.00  15.00  30.00  50.00   0.73   3.00   1.00  16.67  20.00 100.00  30.30   7.50   0.50  15.00   0.00   0.00
   10   1.00   0.00   0.00          0.00   0.00   1.00 100.00  18.00  90.00 100.00   0.00          0.00   0.00
   11   6.00  12.00  30.00  40.00   0.54          1.00  16.67  20.00 100.00  37.04   9.00   0.60  12.00  12.83  42.78
   12   8.00  19.00  56.00  33.93   0.58          1.00  12.50  20.00 100.00  25.32  18.50   0.66  19.00  16.33  29.17
   13   1.00   0.00   0.00          0.00   0.00   1.00 100.00  14.00  70.00 100.00   0.00          0.00   0.00
   14   5.00  13.00  20.00  65.00   0.82   3.00   1.00  20.00  19.00  95.00  35.85   3.50   0.35  13.00   0.83   4.17
   15   4.00   7.00  12.00  58.33   0.67          1.00  25.00  20.00 100.00  41.67   2.50   0.42   7.00   3.33  27.78
   16   4.00   6.00  12.00  50.00   0.61          1.00  25.00  18.00  90.00  42.86   3.00   0.50   6.00   3.00  25.00
   17   6.00  11.00  30.00  36.67   0.47          1.00  16.67  20.00 100.00  38.46   9.50   0.63  11.00  15.67  52.22
   18   4.00   4.00  12.00  33.33   0.44          1.00  25.00  18.00  90.00  51.43   4.00   0.67   4.00   1.00   8.33
   19   5.00  13.00  20.00  65.00   0.73          1.00  20.00  20.00 100.00  35.09   3.50   0.35  13.00   4.67  23.33
   20   3.00   2.00   6.00  33.33   0.33          1.00  33.33  18.00  90.00  50.00   2.00   0.67   2.00   0.00   0.00
   21   5.00  10.00  20.00  50.00   0.65          1.00  20.00  20.00 100.00  37.74   5.00   0.50  10.00   5.00  25.00

1. Size. Size of ego network.
2. Ties. Number of directed ties.
3. Pairs. Number of ordered pairs.
4. Density. Ties divided by Pairs.
```

图14-8 个体网络基本量测计算的日志结果

输出日志的每一列为个体网络具体列出了一种特征值，以下是几个最有用的量测。

① Size：规模，即该个体网络中一共有多少个节点（不包括焦点节点在内）；

② Ties：连带的数量，即个体网络中所有连带的总数（不包括焦点节点所涉及的连带）；

③ Pairs：对数，即个体网络中所有密友之间潜在的成对节点的总数；

④ Density：密度，即个体网络中实际存在的连带数量除以可能存在的连带数量的百分比；

⑤ AvgRecipDist：密友之间测地距离倒数的平均值；

⑥ Diameter：网络直径，任何两个密友之间距离的最大值。如果密友有缺失则在数据表中显示为空；

⑦ Broker：没有直接连接的成对节点的数量；

⑧ nClosed：焦点节点处在多少个闭合式三元结构之中。

（4）如果我们向下拉输出日志的文本，会看到该文本下方提供了对每一列具体量测的说明，这可以方便我们进行理解和使用，如图 14-9 所示。

```
1.  Size. Size of ego network.
2.  Ties. Number of directed ties.
3.  Pairs. Number of ordered pairs.
4.  Density. Ties divided by Pairs.
5.  AvgRecipDist. Average of the reciprocal of geodesic distances between alters.
6.  Diameter. Longest distance in egonet. Missing if disconnected.
7.  nWeakComp. Number of weak components.
8.  pWeakComp. NWeakComp divided by Size.
9.  2StepReach. # of nodes within 2 links of ego.
10. 2StepPct. 2stepreach/(N-1).
11. ReachEffic. 2StepReach divided max possible given degrees of alters.
12. Broker. # of pairs not directly connected.
13. Normalized Broker. Broker divided by number of pairs.
14. nClosed. The number of closed triads ego is involved in.
15. Ego Betweenness. Betweenness of ego in own network.
16. Normalized Ego Betweenness. Betweenness of ego in own network.

Ego network measures saved as dataset   EgoNet_Frienship_IN (C:\Users\zyang\Desktop\Temp\SNA ??\Session 23\EgoNet_Frienship_IN)
```

图14-9 个体网络基本量测计算的日志文本：对属性的介绍

UCINET 已经自动生成了包含以上矩阵结果的文件，当我们想要复制粘贴这些数据时，使用矩阵编辑器打开该文件并使用 Excel 表格打开即可方便操作。

我们得到了这些对个体网络的分析结果，这些数据可以如何使用呢？有两种主要的方式：①当我们比较不同的个体网络时，通过比较这些个体网络的特征，可以揭示出以不同主体为中心的网络之间的差异，比如对比不同人的家庭网络、友情网络、同学网络的区别。②以此为自变量，可以验证以主体为分析单位的一些研究问题。例如，"友情网络规模越高、密度越大的人，是不是更容易感到快乐？""家庭网络中密度较高的个体，是不是有更强的抵御风险能力？"这样的研究问题很多，在这类问题中的因变量是焦点主体的某种行为、表现、绩效、结果等，而自变量即其个体网络的特征。

同样，个体网络分析也可以帮我们验证关于组织、城市、国家等不同分析单位的研究假设，方法同样是将其个体网络的特征作为自变量，去解释关于焦点主体的某个因变量。例如，"其合作网络中个体网络密度更高的组织是不是业绩更好？""其经济结盟网络中个体网络规模更大的国家是不是 GDP 越高？"等。

14.3　个体网络的组成分析

当我们想要比较不同人、组织、国家的个体网络时，除了比较他们的网络特征，还可以比较他们的密友特征。例如，张三的友情网络中的人都是什么职业、年龄、性别，是否跟李四的友情网络中的人有可比性？这一点对理解不同的个体网络十分重要。

UCINET 的"网络组成分析"（composition analysis）功能能帮助我们对某一个主体的所有密友提供关于某一个变量上的描述性统计分析。例如，图 14-10 是以中心节点为焦点节点（focal node）的个体网络，在收集到这些节点的属性数据的前提下，我们就可以分析该焦点节点的密友（alters）的平均年龄、平均学历、平均工资、性别比例、祖籍等多种属性信息。由于不同节点的个体网络中所包含的密友不同，他们密友的组成分析往往能体现出焦点节点能动用的资源、获得的信息、具有的社会资本等。

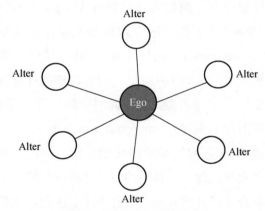

图14-10　个体网络示例

在进行网络组成分析时，我们需要向 UCINET 中载入一个矩阵型数据（整体网络数据）和与之相对应的一个属性型数据集。该属性型数据中都涵盖哪些变量（即主体特征）决定了我们能对哪些变量进行组成分析。

在本节的展示中，我们使用矩阵型数据"FRIENDSHIP"和与之对应的属性型数据集"High-Tec-Attributes"数据集来展示操作过程。"FRIENDSHIP"数据集是一个关于同一公司内 21 名员工之间友情关系的二值网络，由解包"Krack-High-Tec"数据集而得到（解包数据集方法详见 9.7 节）。我们在 11.3 节中已经展示过"FRIENDSHIP"数据集的 NetDraw 网络图（见图 11-16）。"High-Tec-Attributes"是专门对应"FRIENDSHIP"而制作的属性型数据集，其中包含了这21个员工的一些属性信息，包括“AGE”（年龄）、“TENURE”（工作年限）、“LEVEL”（公司等级）、“DEPT”（公司部门）这4个变量。

我们首先来看“High-Tec-Attributes”这个属性数据集。打开“High-Tec-Attributes”，我们能看到每名员工在上述这4个方面的情况(见图14-11)，例如1号主体33岁，工作了9.33年，是第3等级，在第4部门工作；6号主体59岁，工作了28年，是第3等级，在第1部门工作。

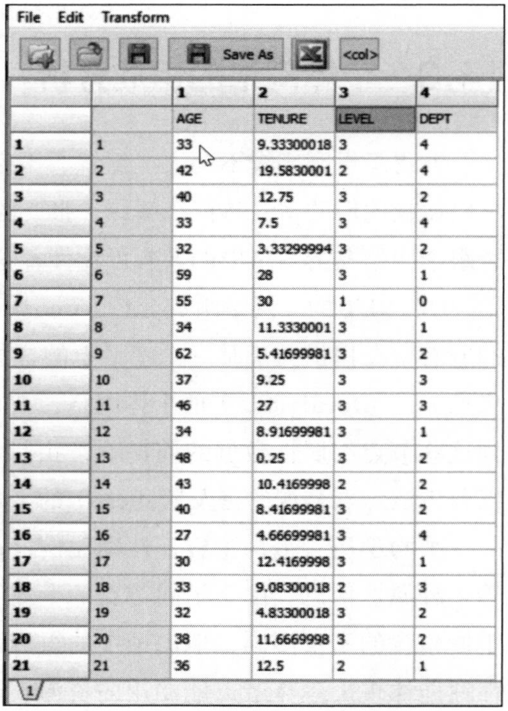

		1	2	3	4
		AGE	TENURE	LEVEL	DEPT
1	1	33	9.33300018	3	4
2	2	42	19.5830001	2	4
3	3	40	12.75	3	2
4	4	33	7.5	3	4
5	5	32	3.33299994	3	2
6	6	59	28	3	1
7	7	55	30	1	0
8	8	34	11.3330001	3	1
9	9	62	5.41699981	3	2
10	10	37	9.25	3	3
11	11	46	27	3	3
12	12	34	8.91699981	3	1
13	13	48	0.25	3	2
14	14	43	10.4169998	2	2
15	15	40	8.41699981	3	2
16	16	27	4.66699981	3	4
17	17	30	12.4169998	3	1
18	18	33	9.08300018	2	3
19	19	32	4.83300018	3	2
20	20	38	11.6669998	3	2
21	21	36	12.5	2	1

图14-11 “High-Tec-Attributes”属性型数据集

UCINET的个体网络组成分析功能提供了两种不同的分析方法：对“连续型密友属性”（Continuous alter attributes）的分析和对“分类型密友属性”（Categorical alter attributes）的分析。这样的分类是针对属性数据中具体属性变量的特征而言的——例如，“年龄”“工作年限”这两个变量是连续变量（continuous variable），我们显然可以计算其平均数（mean）等特征，因为这样的计算针对连续变量是有意义的；而“等级”和“部门”则为分类变量（categorial variables），更细致地分，“等级”是顺序变量，而“部门”是名义变量，像“计算平均数”这样的分析对于分类变量则并没有意义。由于以上区别，我们在进行个体网络的组成分析时应首先确定好所分析的属性属于哪一种变量。下面我们分别介绍这两种分析在UCINET中的操作方法。

1. 对连续型密友属性的网络组成分析

（1）在UCINET子菜单点击“Ego Network—>Egonet Composition—>Continuous alter attributes”，如图14-12所示。

（2）在弹出的窗口中载入要分析的矩阵数据、其对应的属性型数据，以及具体要分析的属性特征（选择“AGE”），如图14-13所示。（注意，这里不应选择分类变量进行，否则分析结果将不具有意义。）

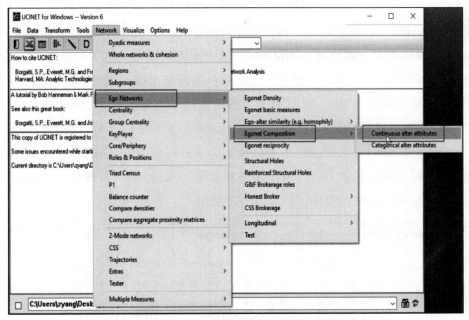

图14-12　连续型密友属性分析的打开路径

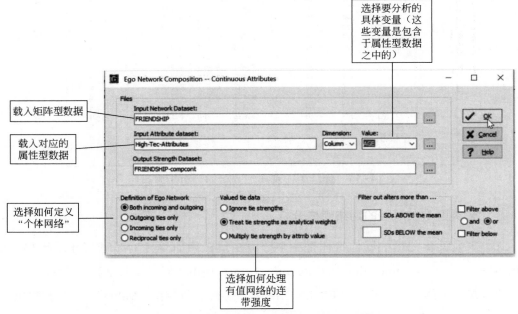

图14-13　连续型密友属性分析的窗口设置

（3）点击"OK"，输出日志会显示分析结果，如图 14-14 所示。在该表中，21 个横行表示的是分别以网络中的 21 个主体为焦点节点的个体网络，而右边则描述了该主体网络中"密友"的相关特征，包括他们的"Avg"（年龄的平均值）、Sum（年龄的总和）、Min（年龄的最小值）、Max（年龄的最大值）、StdDev（年龄的标准差）等。这 5 个是最常用的测量。

由此，我们通过数据得以比较不同主体的个体网络组成，例如，1 号节点这个人的密友的平均年龄是 35.333 岁，而 15 号节点的密友的平均年龄是 41.889 岁，这是因为两个人的年龄不同吗？还是因为年龄更大的人，他的朋友的平均年龄也越大？我们可以把这作为一个研究假设，利用刚刚得出的分析结果来进行验证。含有该结果的数据集已经被 UCINET 保存在默认目录下，打开该文件并点击上方的 Excel 表格键，就可以在 Excel中对数据进行复制、粘贴、转移，以及进一步分析。

```
Ego Net Composition - Continuous Attribute measures
            1       2      3      4       5       6      7     8       9
           Avg     Sum    Min    Max   StdDev   EstSD    CV   Num   WtdNum
         -------  -----  -----  -----  ------  ------  -----  ---   ------
      1   35.333   318    27     46     5.754   6.103  0.163   9       9
      2   36.100   361    27     59     8.972   9.457  0.249  10      10
      3   38       228    30     46     5.686   6.229  0.150   6       6
      4   35.143   246    27     46     6.151   6.644  0.175   7       7
      5   41.600   416    30     62     8.720   9.192  0.210  10      10
      6   42.714   299    30     62    10.780  11.644  0.252   7       7
      7   44       132    30     59    11.860  14.526  0.270   3       3
      8   35.800   179    30     46     5.564   6.221  0.155   5       5
      9   40.667   244    30     59     9.724  10.652  0.239   6       6
     10   37.125   297    27     62    10.167  10.869  0.274   8       8
     11   37.929   531    30     62     8.207   8.517  0.216  14      14
     12   38.250   306    30     59     9.080   9.706  0.237   8       8
     13   39        78    32     46     7       9.899  0.179   2       2
     14   38.167   229    30     55     8.493   9.304  0.223   6       6
     15   41.889   377    30     62    11.229  11.911  0.268   9       9
     16   35       175    30     42     4.147   4.637  0.118   5       5
     17   40.167   723    27     62     9.471   9.745  0.236  18      18
     18   40.500   162    36     46     3.841   4.435  0.095   4       4
     19   37.800   378    30     46     5.036   5.308  0.133  10      10
     20   35.600   178    30     46     5.678   6.348  0.159   5       5
     21   38.333   230    30     59     9.978  10.930  0.260   6       6

21 rows, 9 columns, 1 levels.
```

图14-14　连续型密友属性分析的分析结果日志

2. 对分类型密友属性的网络组成分析

（1）当我们要分析的属性特征是一个分类变量，例如"员工部门"时，点击"Ego Network—>Egonet Composition—>Categorical alter attributes"，如图 14-15 所示。

（2）在弹出的窗口中载入"FRIENDSHIP"数据集，并在"Value"里选择"DEPT"变量（部门），如图 14-16 所示。

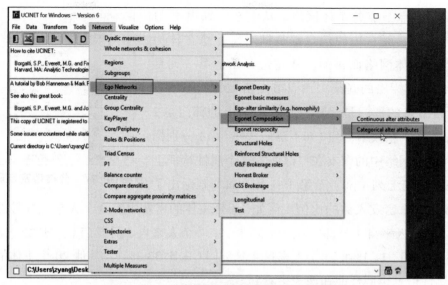

图14-15　分类型密友属性分析的打开路径

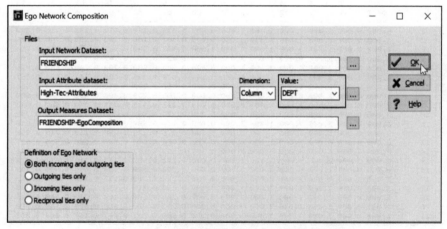

图14-16　分类型密友属性分析的窗口设置

（3）点击"OK"，输出日志显示出分析结果。首先，我们会看到一个对 21 个节点的"部门"特征的频次分布（见图 14-17），它列出了分别隶属于第 0 ～ 5 号部门的主体的数量，以及其所占比例。从这部分结果中可以看出，该网络中只有 1 名员工是隶属于"0"号部门的，占所有主体的 4.8%；而来自"2"号部门的人最多，有 8 个人，占了所有主体的 38.1%。

其次，我们会看到一个新的分析结果列表（见图 14-18），这个列表中的每一行代表以该节点为焦点节点的个体网络，从上至下列出了 21 个编号的主体，而右边的信息都是针对每一个主体为焦点节点的个体网络而言的。从左边开始，第一列是"DEPT"，该列标出的是某一焦点节点所在的"部门"，例如，1 号节点的部门是"4"号，3 号节点的部门是 2 号，以此类推。左数第二列（f0）至第六列（f4）分别标出了每个个体网络中的密友在"部门"这个属性特征上分布的频次；第七列（p0）至第十一列（p4）则标出了

```
Frequencies

           1      2
         Freq   Prop

         -----  -----
1 0        1    0.048
2 1        5    0.238
3 2        8    0.381
4 3        3    0.143
5 4        4    0.190

5 rows, 2 columns, 1 levels.
```

图14-17　分类型密友属性分析

相应人数占所有密友人数的比例。例如，1 号主体的密友中有 0 个人来自 0 号部门（占比 0.00），3 个人来自 1 号部门（占比 33.3%），2 个人来自 2 号部门（占比 22.2%），1 个人来自 3 号部门（11.1%），3 个人来自 4 号部门（占比 33.3%）。其他 20 个主体的密友的"部门"属性信息也同样能在该表中看到。

I	1 DEPT	2 f0	3 f1	4 f2	5 f3	6 f4	7 p0	8 p1	9 p2	10 p3	11 p4	12 Heter	13 IQV
1	4.000	0.000	3.000	2.000	1.000	3.000	0.000	0.333	0.222	0.111	0.333	0.716	0.895
2	2.000	0.000	3.000	2.000	2.000	3.000	0.000	0.300	0.200	0.200	0.300	0.740	0.925
3	2.000	0.000	1.000	3.000	2.000	0.000	0.000	0.167	0.500	0.333	0.000	0.611	0.764
4	4.000	0.000	3.000	0.000	1.000	3.000	0.000	0.429	0.000	0.143	0.429	0.612	0.765
5	2.000	0.000	2.000	5.000	2.000	1.000	0.000	0.200	0.500	0.200	0.100	0.660	0.825
6	1.000	1.000	3.000	2.000	0.000	1.000	0.143	0.429	0.286	0.000	0.143	0.694	0.867
7	2.000	0.000	2.000	1.000	0.000	0.000	0.000	0.667	0.333	0.000	0.000	0.444	0.556
8	1.000	0.000	1.000	0.000	2.000	2.000	0.000	0.200	0.000	0.400	0.400	0.640	0.800
9	2.000	0.000	2.000	2.000	2.000	0.000	0.000	0.333	0.333	0.333	0.000	0.667	0.833
10	3.000	0.000	3.000	4.000	0.000	1.000	0.000	0.375	0.500	0.000	0.125	0.594	0.742
11	3.000	0.000	3.000	7.000	1.000	3.000	0.000	0.214	0.500	0.071	0.214	0.653	0.816
12	1.000	0.000	1.000	1.000	2.000	2.000	0.000	0.375	0.125	0.250	0.250	0.719	0.898
13	2.000	0.000	2.000	0.000	2.000	0.000	0.000	0.000	0.500	0.500	0.000	0.500	0.625
14	2.000	1.000	1.000	4.000	0.000	0.000	0.000	0.167	0.167	0.667	0.000	0.500	0.625
15	2.000	0.000	2.000	5.000	1.000	1.000	0.000	0.222	0.556	0.111	0.111	0.617	0.772
16	4.000	0.000	1.000	0.000	3.000	1.000	0.000	0.200	0.000	0.600	0.200	0.560	0.700
17	1.000	1.000	4.000	7.000	2.000	4.000	0.056	0.222	0.389	0.111	0.222	0.735	0.918
18	3.000	0.000	1.000	1.000	1.000	1.000	0.000	0.250	0.250	0.250	0.250	0.750	0.938
19	2.000	0.000	2.000	5.000	1.000	0.000	0.000	0.200	0.500	0.100	0.000	0.660	0.825
20	2.000	0.000	1.000	1.000	3.000	0.000	0.000	0.200	0.200	0.600	0.000	0.560	0.700
21	1.000	0.000	3.000	1.000	1.000	1.000	0.000	0.500	0.167	0.167	0.167	0.667	0.833

图14-18　FRIENDSHIP网络中21个个体网络的节点在"部门"属性上的分布

该表最右边的两列是对密友们来自不同部门的情况所做的多样化指数分析，"IQV"是对"Heter"的标准化处理，这两个数值越大，说明该网络中的密友在"部门"这一特征的多样性越大。例如，13 号个体的密友在"部门"这一特征的多样性就没有 1 号主体的密友高，后者的密友主要集中在 2 号部门和 3 号部门。我们知道一个人所接触的个体的同质性可能导致他的行为和观念也受到局限的影响，因此这两个指数同样能够帮我们发展一些有意义的研究问题，尤其是在验证同质性、多样性等方面。

以上就是对个体网络中组成分析的操作介绍。掌握了这个功能，就可以验证大量的关于主体特征、绩效、行为、结果的研究假设。请读者自行利用相同的数据集和以上讲解的操作过程，对"Tenure"和"Level"两个变量做组成分析的练习，并对输出结果进行解读。

14.4　个体网络结构洞分析的演示

在 6.5 节和 7.3 节中，我们对结构洞（structural holes）的概念和相关理论进行了讲解。结构洞可以用来分析许多不同类型的研究问题，例如，在心理学上，一个人的友情网络中的结构洞越多，是不是就有更高的自我价值感和自信？在公司管理上，一个组织的合作网络中的结构洞越多，该组织的绩效是不是就越高？在国际关系研究中，一个国家在政治联盟中的结构洞越多，是不是就越容易做出有利于自己的经济政策？……这些问题都可以通过量化的网络数据来验证。

接下来，我们再次以关系数据集"FRIENDSHIP"为例，介绍在 UCINET 软件中分析结构洞指标的方法：

（1）在 UCINET 子菜单点击"Network—>Ego Networks—>Structural Holes"，如图 14-19 所示。

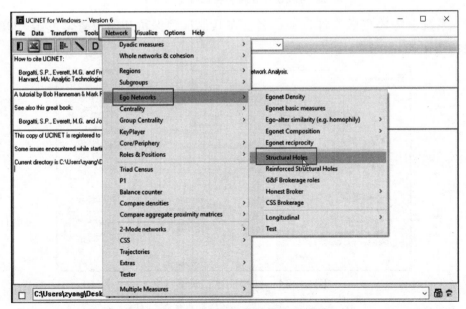

图14-19　结构洞功能的打开路径

（2）在弹出的窗口载入数据集"FRIENDSHIP"，并在"Method"一项中选择"Ego network model—ties beyond egonet have no effect"（"个体网络模型 - 外围连带不产生影响"），如图 14-20 所示。（注：在此选项中，研究者可以选择为"整体网络"或"个体网络"进行结构洞分析。下面以"个体网络结构洞"为例。）

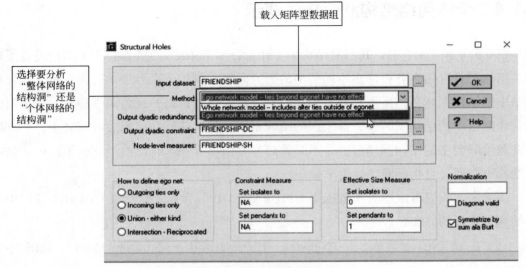

图14-20　结构洞窗口设置（1）

（3）系统会为输出的文件自动命名，在其他选项保留初始设置，点击"OK"，如图 14-21 所示。

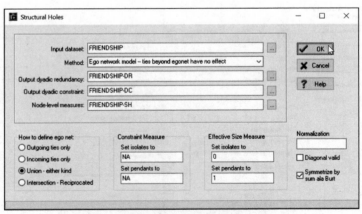

图14-21　结构洞窗口设置（2）

（4）输出日志会显示标题为"Structural Hole Measures"的分析结果，如图 14-22 所

示。该结果中左侧的 3 列是最常用的 3 个指标：

① "Degree"：显示该主体为焦点节点时，一共连接着多少个密友。

② "EffSize"：焦点节点所拥有的密友数量（即 "degree" 数值）减去其密友在该网络中所拥有的平均连带数量。这个值越高，说明该主体作为焦点节点时所在的个体网络的结构洞越多，也就是该主体的主动性、控制性越高、影响力越大。（参见 6.5 节关于结构洞的讲解。）

③ "Efficiency"：等于 "EffSize" 除以 "Degree" 的值，得出的是控制了网络规模后的结构洞的指标，因此更有可比性。（在不控制网络规模的情况下，比较大的个体网络会倾向于有更多的结构洞。）

```
Structural Hole Measures

              1        2        3        4        5        6        7        8        9       10       11
          Degree  EffSize Efficien Constrai Hierarch   EgoBet Ln(Const Indirect  Density   AvgDeg Numholes
                            cy       nt       y                raint)    s
          -------- -------- -------- -------- -------- -------- -------- -------- -------- -------- --------
    1        9      5.808    0.645    0.378    0.063   20.833   -0.974    0.777    0.417    3.333       42
    2       10      7.077    0.708    0.336    0.062   20.750   -1.092    0.766    0.344    3.100       59
    3        6      3.357    0.560    0.560    0.071    5.250   -0.580    0.770    0.500    2.500       15
    4        7      4.045    0.578    0.481    0.084   10.333   -0.731    0.760    0.476    2.857       22
    5       10      6.462    0.646    0.379    0.134   19.583   -0.971    0.796    0.311    2.800       62
    6        7      4.375    0.625    0.520    0.210        5   -0.653    0.730    0.310    1.857       29
    7        3      1.833    0.611    0.945    0.098        0   -0.056    0.639    0.500        1        3
    8        5      2.833    0.567    0.655    0.101        4   -0.423    0.731    0.500        2       10
    9        6      3.333    0.556    0.576    0.060        0   -0.552    0.809    0.500    2.500       15
   10        8      6.375    0.797    0.480    0.379        0   -0.735    0.623    0.179    1.250       46
   11       14     10.211    0.729    0.261    0.110   42.033   -1.345    0.773    0.253    3.286      136
   12        8      5.333    0.667    0.444    0.170   16.333   -0.812    0.721    0.339    2.375       37
   13        2          1    0.500    1.235    0.057        0    0.211    0.556        1        1        0
   14        6      3.571    0.595    0.551    0.071    4.333   -0.595    0.756    0.467    2.333       16
   15        9      5.333    0.593    0.398    0.090   11.533   -0.920    0.795    0.389    3.111       44
   16        5      2.833    0.567    0.645    0.081        4   -0.439    0.733    0.500        2       10
   17       18     13.438    0.747    0.204    0.061  111.150   -1.587    0.829    0.229    3.889      236
   18        4      2.500    0.625    0.705    0.127        1   -0.349    0.607    0.333        1        8
   19       10      6.464    0.646    0.364    0.096   13.233   -1.012    0.796    0.367    3.300       57
   20        5      3.400    0.680    0.610    0.098        5   -0.494    0.677    0.350    1.400       13
   21        6      3.833    0.639    0.544    0.115   11.500   -0.610    0.711    0.400        2       18

21 rows, 11 columns, 1 levels.
```

图14-22　结构洞分析的日志结果

与其他分析功能相同，UCINET 为我们保存了该分析文件到根目录，打开该文件即可以复制、粘贴结构洞的数据，并将其整合到其他数据组中，进行相关性、回归性等进一步的量化分析。

在本章中，我们介绍了使用UCINET进行个体网络分析时的基本操作方法，包括如何从整体网络中提取个体网络的数据、如何分析个体网络基本量测、如何分析个体网络的组成特征、以及如何分析个体网络中的结构洞。当我们的分析单位是"个体网络"或"主体"时，本章中介绍的操作方法能帮我们发展研究问题、深入理解个体行为、对比不同节点的个体网络之间的差异，并用其作为自变量来预测自己研究中所关注的其他重要的因变量。

第15章　UCINET 操作：二元体关系分析方法

如果把社会网络分析研究按其分析单位来分类，那么有三类是最常见的：整体网络问题、个体网络问题、二元体关系（dyadic relationship）问题。

整体网络研究把关注点放在网络的整体结构、演变、效果、特征等方面；个体网络研究把关注点放在个体网络特征以及分析和理解单个主体上；而二元体关系研究，则把重点放在"点对点"的关系上。

在本书此前的章节我们探讨了前两种研究的特征及 UCINET 操作方法，本章我们详细讨论二元体关系分析的特点、用处和在 UCINET 中的操作步骤。

15.1　二元体关系网络分析的特点和分析单位

二元体关系（dyadic relationship），也被译为"成对关系""组关系"等，而二元体关系分析是把研究重点放在社会网络中两个节点之间的关系的分析，也可简称为"二元体分析"。在二元体分析中，分析单位是"一对节点"，而不是一个节点或整个网络。

二元体分析是非常有用的分析关系的方法，例如，它可以帮助我们回答以下研究问题：

（1）在一个班级里，为什么有的学生之间是好朋友，而有的同学之间不是？

（2）在一个公司里，为什么有的同事之间会一起吃饭，而有的不会？

（3）在一个大学的学院里，为什么有些老师会合作发论文，而有些老师不会？

（4）如果两个公司的部分董事会成员相同，那么他们更容易采取相同的公司管理策略吗？

（5）如果两个国家的政治体制相似，那么他们会有更多的贸易往来吗？

当我们的关注点是主体和主体之间成对的关系时，这种研究就适合采用二元体关系的分析视角。

在二元体关系的研究中，我们尤其要注意，其分析单位是"一对节点"（a pair of nodes），而不是"一个节点"（node）。因此，我们的样本量并不等于网络中的节点数量。

让我们来看一个例子。下图是同一个班级中的19个学生之间的友情关系图，如图15-1所示。假设我们要研究的问题是"相同性别的两个学生更容易成为朋友吗？"。首先，让我们确定一下，在该研究问题下，"分析单位"（unit of analysis）应该是什么？自变量和因变量又是什么呢？

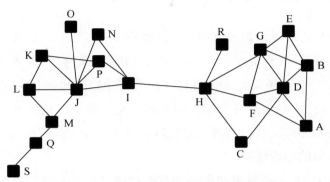

图15-1　19个学生组成的友情网络图

使用变量梳理法，我们可以得到如下信息：

（1）该问题的因变量（dependent variable）是"任何两个学生之间是不是朋友关系"。[该变量是一个二进制变量（binary variable），其数值只有"是"或"否"两种选项。]

（2）该问题的自变量（independent variable）是"任何两个学生之间是不是同一个性别"。[该变量是一个二进制变量（binary variable），其数值只有"是"或"否"两种选项。]

为了验证"相同性别的两个学生更容易成为朋友吗？"这个研究问题，我们需要将每一对学生"性别的同一性"跟每一对学生"是不是朋友关系"这两组变量做相关性分析——例如，我们在该数据集中看到的情况可能是"A和B两个人的性别相同，并且他们是朋友""A和C这两个人的性别不相同，并且他们不是朋友""H和I这两个人性别不相同，并且他们是朋友"……那么，我们需要收集的成对的数据有多少个呢？在本例子中，一共有

$$(19 \times 19 - 19)/2 = 171（个）$$

我们看到，虽然在这个网络里只有19个节点，但是他们之间能构成171条不同的二元体（或成对）关系。由于二元体分析的这个特点，做二元体分析的一个优势是比较容易获得足够大的样本量，而能够在回归分析中验证更多的自变量及其交互效应。

接下来，我们首先介绍什么是 QAP（二次指派程序）相关分析和 QAP 回归分析，然后介绍如何通过 UCINET 软件运行二次指派程序，从而对二元体关系进行量化分析。

15.2　二次指派程序的介绍：QAP相关分析和QAP回归分析

在分析二元体关系时，最重要的一个分析工具就是二次指派程序（Quadratic Assignment Procedure，简称 QAP）。QAP 相关分析用于研究两个或多个矩阵之间的相关性关系，QAP 回归分析（简称 MR-QAP）研究多个矩阵和一个矩阵之间的回归关系。QAP 分析会在具体计算时先对自变量矩阵和因变量矩阵中的对应元素进行标准化的回归分析，再对因变量矩阵的各行和各列进行随机置换并重新计算回归，重复该步骤几百次，从而算出统计量的标准误差。

我们初次接触 QAP 分析时可能会感到难以理解，但是当我们把它类比到线性相关分析和线性回归分析时就容易理解得多。QAP 和 MR-QAP 的关系类似于相关性分析与线性回归分析的关系。

我们知道线性分析（linear correlation）是对两个或多个"变量"之间是否有相关性关系的分析，而线性回归（linear regression）是对两个或多个自变量能不能解释因变量的回归分析。例如，在"一个人的受教育程度、年龄、性别能否解释他的工资高低？"这个问题里，我们使用"教育程度""年龄""性别"这 3 个变量来解释"个人工资"这个变量，看这几个变量（variable）之间是否存在线性关系。图 15-2 列出了该研究问题中这4 个变量之间的变量梳理图。

而 QAP 分析则是对"矩阵"关系的分析，"QAP 相关分析"是对两个或多个"矩阵"（matrix）之间是否有相关性关系的分析；"QAP 回归分析"则是对两个或多个自变量"矩阵"是否能解释因变量"矩阵"的回归分析。例如，假如我们想解释

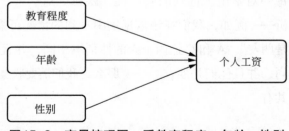

图15-2　变量梳理图：受教育程度、年龄、性别是否能解释工资高低

"A、B、C、D、E、F 这 5 个人中任何两个人之间友情程度的高低"（因变量），我们可以用这 5 个人的另外 3 种网络关系作为自变量矩阵：任何两个人一起吃过饭的次数；任何两个人共同参加社会活动的次数；任何两个人的年龄差来解释该因变量，如图 15-4 所示。

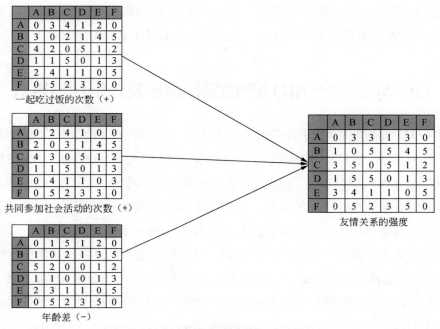

图15-3 数据关系梳理示例

据此，我们可以根据 5 个人的关系做出如下研究假设。

假设 1：任何两个人一起吃过饭的次数越多，他们之间的友情程度越高。

假设 2：任何两个人共同参加的社会活动次数越多，他们之间的友情程度越高。

假设 3：任何两个人的年龄差越小，他们之间的友情程度越高。

我们注意到，在这个例子中，我们所做的 3 个研究假设所关注的都是不同的"二元关系"之间的关系，换言之，我们关注的分析单位是"任何两个人之间的关系"，而不是单个变量。例如，假设 1 所关注的两个变量分别是"任何两个人一起吃过饭的次数"和"任何两个人之间的友情程度"；假设 2 关注的两个变量是"任何两个人共同参加的社会活动次数"和"任何两个人之间的友情程度"。

当分析单位是二元关系而不是单独个体，使用 QAP 和 MR-QAP 进行分析便是合适的方法。从其本质作用来看，我们可以将 QAP 和 MR-QAP 的关系，类比"相关分析"和"回归分析"的关系；但其区别在于 QAP 和 MR-QAP 是用来分析二元关系的工具，它所进行关联和回归的并不是普通变量，而是类似于图 15-3 中的关系矩阵。另外，QAP 和 MR-QAP 分析的数据应该是相同主体之间的不同关系，因此，在导入不同的矩阵进行分析时（见 15.3 节和 15.4 节），节点的编号、节点的数量、节点的顺序都应该完全相同和对应。

15.3 UCINET中使用QAP的操作演示及分析结果讲解

介绍完 QAP 分析的基本作用，在本节中我们介绍在 UCINET 中 QAP 分析的操作方法。

在下面的演示中我们继续使用上一章使用过的矩阵数据组："FRIENDSHIP""ADVICE""REPORTS_TO"。这 3 个数据组分别是某公司 21 个员工之间的友情网络关系、提建议的关系、报告工作的关系。我们接下来想要验证的问题是人和人之间的友情网络、提建议网络和报告工作网络之间是否有相关性的关系呢？换句话说，如果人和人之间本身存在工作上提供建议和报告的互动，那么他们是不是更容易成为朋友呢？

当我们有了这样的研究问题，通常先使用 QAP 进行相关性的分析，然后使用 MR-QAP 进行回归性的分析，其背后的逻辑与普通定量研究中对相关性和回归性分析的使用是类似的。

（1）在 UCINET 的子菜单点击"Tools—>Testing Hypotheses—>Dyadic(QAP)—>QAP Correlation"，如图 15-4 所示。

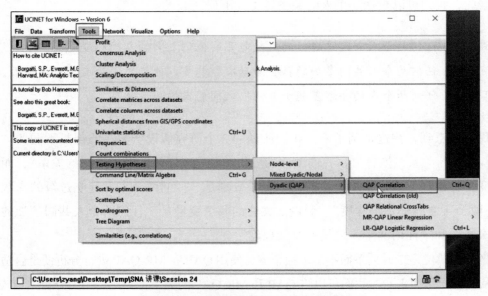

图15-4　QAP相关性分析的打开路径

（2）在弹出窗口分别载入要进行 QAP 分析的矩阵数据组（点击"Browse"按钮），如

图15-5所示。注意，我们在这里载入的是节点数量和节点ID完全对应的矩阵数据集，不可以是节点数量不同的矩阵数据集，否则UCINET会提示该矩阵不符合要求，无法进行分析。

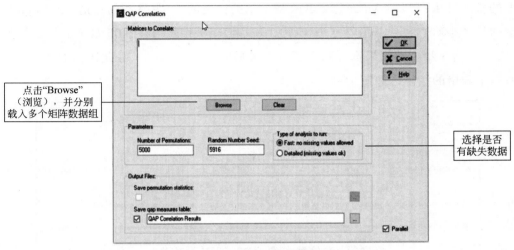

图15-5　QAP相关性分析窗口

（3）在"Matrices to Correlate"（用于相关分析的矩阵）方框下分别找到并选取"FRIENDSHIP""ADVICE""REPORTS_TO"这3个矩阵数据集，此时方框内会列出即将用于QAP相关分析的具体数据组，如图15-6所示。

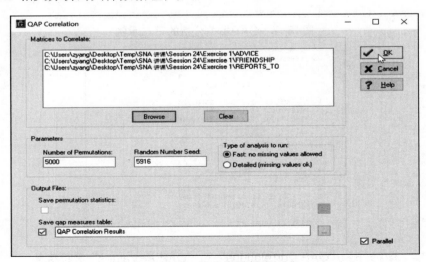

图15-6　选定矩阵数据组

（4）其他选项保持不变，点"OK"，输出日志会弹出分析结果（见图15-7），同

时把该分析结果以 UCINET 数据集的形式保存在根目录。输出日志上端部分显示的是
"FRIENDSHIP""ADVICE""REPORTS_TO"这 3 个矩阵数据集里两两数据集之间相关
程度的检验结果："Obs Value"显示的是（相关程度的）"观察到的数值"；"Significa"
显示的是"显著程度"，当它小于 0.05 时，表示该相关性数值在 0.05 水平上是显著的[1]。
（事实上，这 3 张表的结果都反映在了日志最后的两个表格中，因此我们通常直接分析
最后两个表格的结果，如图 15-8 所示。）

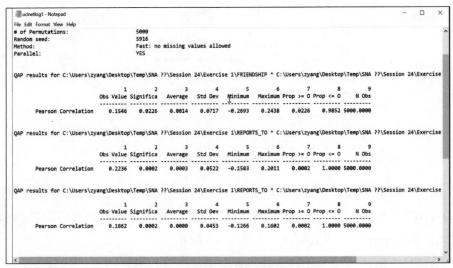

图15-7　QAP相关分析的日志示例

```
QAP Correlations

                  1     2     3
              ADVIC FRIEN REPOR
              ----- ----- -----
    1  ADVICE 1.000 0.155 0.224
    2 FRIENDSHIP 0.155 1.000 0.186
    3 REPORTS_TO 0.224 0.186 1.000


QAP P-Values

                  1     2     3
              ADVIC FRIEN REPOR
              ----- ----- -----
    1  ADVICE 0.000 0.023 0.000
    2 FRIENDSHIP 0.023 0.000 0.000
    3 REPORTS_TO 0.000 0.000 0.000

QAP statistics saved as datafile QAP Correlation Results

---------------------------------------------
```

图15-8　"QAP Correlations"和"QAP P-Values"分析结果

[1] 同其他常见的统计推断一样，小于"0.05"在这里被默认为是显著性的阈值，即意味着我们在 95%
的置信度上推知相关性存在。

（5）日志的下半部分显示的是"QAP Correlations"和"QAP P-Values"这两个表格："QAP Correlations"列出了任何两个矩阵表之间的相关性数值；"QAP P-Values"列出了任何两个矩阵表之间相关性检测的显著程度。

这两个表格的每一数值是互相对应的关系，因此要——对应着进行解读。例如，研究结果是否验证了"是友情关系的两个人更容易形成提建议的关系？"我们看到"QAP Correlations"下第一行第二列的值是"0.155"，即两者是正相关的关系，同时我们看到"QAP P-Values"下第一行第二列的值是"0.023"，小于0.05，说明"0.155"这个正向关系是显著的——因此，我们的数据显示，是友情关系的两个人确实更容易形成提建议的关系。同理，在"QAP Correlations"下我们看到"ADVICE"关系和"REPORTS_TO"的皮尔逊相关系数是"0.224"，在"QAP P-Values"对应的显著值是"0.000"，小于0.05，这说明"提建议"和"报告工作"这两个关系也是显著正相关的，即证明了互相报告的两个人也更可能拥有提建议的关系里。

因此在这个例子中，我们发现了3对显著关系，"ADVICE"与"FRIENDSHIP"正相关，"ADVICE"与"REPORTS_TO"正相关，"REPORTS_TO"与"FRIENDSHIP"正相关。也就是说，我们的结果发现，在这21个人当中，任何两个人如果是朋友关系，就更可能出现提建议的关系或报告的关系，反之亦然；任何两个人是建议的关系，就更可能出现朋友关系或报告关系，反之亦然；任何两个人如果是报告的关系，就更可能出现朋友关系或建议关系，反之亦然。

要注意的是，由于QAP Correlation是"相关分析"，所以我们无法从其结果中得出"是哪种关系导致了哪种关系"这种结论，而只能描述为两种关系的相关性——也就是说，如果只是根据该分析结果而做出"两个人如果有互相汇报工作的关系就更容易形成友情关系"的结论，这个结论描述就是有误导性的，因为QAP Correlation得出的分析结果无法提供"因果关系"的结论，只能提供相关性的结论。要得出更严谨的解释性结论，我们需要使用接下来要介绍的MR-QAP回归分析。

15.4 UCINET中使用MR-QAP回归分析的操作

接下来我们将演示MR-QAP回归分析的操作步骤。为了便于理解，在本节中，我们将使用MR-QAP来验证以下两个研究假设。

假设 1：如果人和人之间本身存在在工作上提供建议的互动，那么他们就更容易形成友情关系。

假设 2：如果人和人之间本身存在在工作上汇报工作的互动，那么他们就更容易形成友情关系。

我们将继续使用上一节中用到的三个矩阵数据集。以下是在 UCINET 中使用 MR-QAP 的操作步骤：

（1）在 UCINET 子菜单点击 "Testing Hypotheses—>Dyadic(QAP)—>MR-QAP Linear Regression"，如图 15-9 所示。

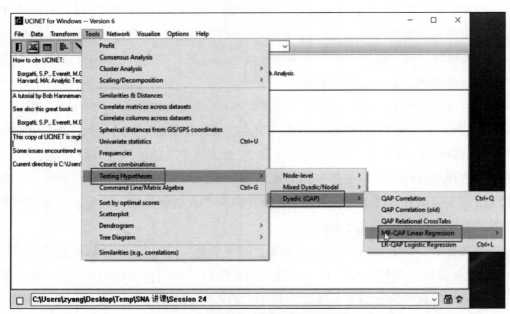

图15-9　MR-QAP回归分析的打开路径

（2）此时会弹出 MR-QAP 回归分析的窗口，如图 15-10 所示。在该窗口中的 "Dependent variable"（因变量）一项载入作为因变量的矩阵数据集（即研究者想要解释的矩阵数据集），在 "Independent Variable"（自变量）一项分别载入每一个作为自变量的矩阵数据集（即用于解释因变量的矩阵数据集）。载入数据集后，UCINET 会在窗口下半部分自动为输出的不同文件进行命名。

（3）在本例子中，为了验证前文提到的两个假设，我们用每两个人之间 "提建议的关系"（"ADVICE" 矩阵）和 "汇报工作的关系"（"REPORTS_TO" 矩阵）来解释因变量矩阵"友谊关系"（"FRIENDSHIP"矩阵），因此数据集载入的位置如图15-11所示。

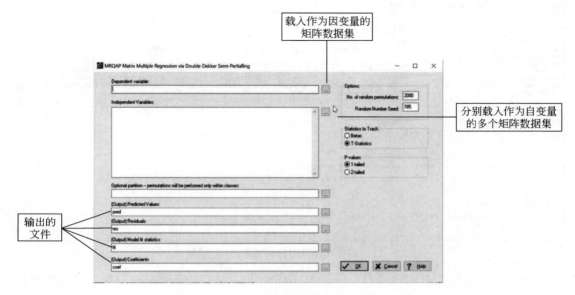

图15-10　MR-QAP回归分析的窗口（1）

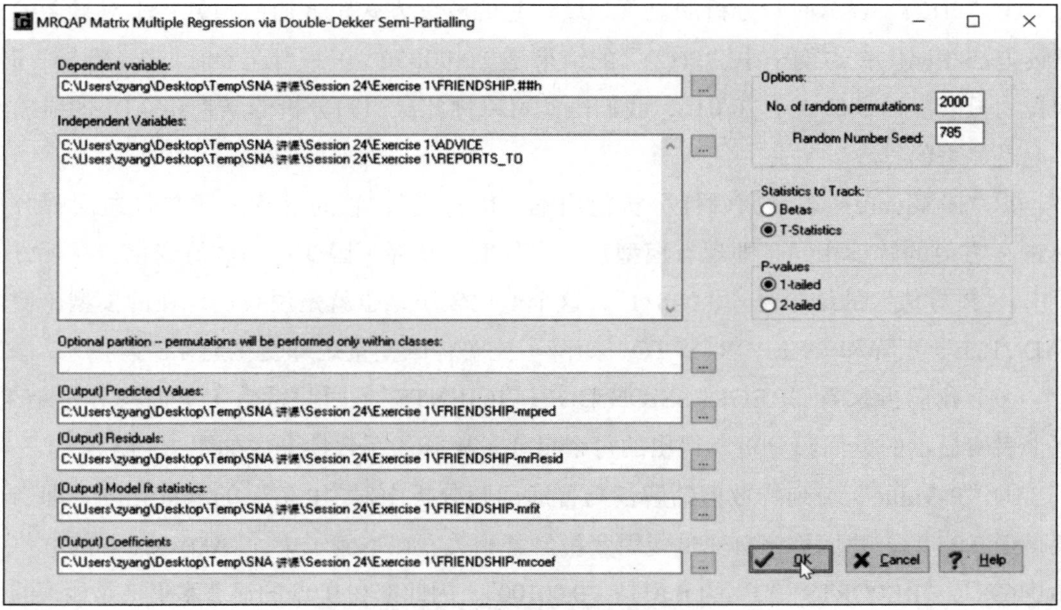

图15-11　MR-QAP回归分析的窗口（2）

（4）点击"OK"，输出日志会显示以下内容（见图15-12）。

```
ucinetlog2 - Notepad                                                                    —    □    ×
File  Edit  Format  View  Help
MULTIPLE REGRESSION QAP VIA DOUBLE DEKKER SEMI-PARTIALLING
--------------------------------------------------------------------------------

# of permutations:                    2000
Diagonal valid?:                      NO
Random seed:                          785
Dependent variable:                   C:\Users\zyang\Desktop\Temp\SNA 讲课\Session 24\Exercise 1\FRIENDSHIP
Partition variable (if any):
Predicted values:                     FRIENDSHIP-mrpred (C:\Users\zyang\Desktop\Temp\SNA 讲课\Session 24\Exercise 1\FRIENDSHIP-mrpred
Residual values:                      FRIENDSHIP-mrResid (C:\Users\zyang\Desktop\Temp\SNA 讲课\Session 24\Exercise 1\FRIENDSHIP-mrResid
Model fit stats:                      FRIENDSHIP-mrfit (C:\Users\zyang\Desktop\Temp\SNA 讲课\Session 24\Exercise 1\FRIENDSHIP-mrfit
Model coefficients:                   FRIENDSHIP-mrcoef (C:\Users\zyang\Desktop\Temp\SNA 讲课\Session 24\Exercise 1\FRIENDSHIP-mrcoef
Independent variables:                C:\Users\zyang\Desktop\Temp\SNA 讲课\Session 24\Exercise 1\ADVICE
                                      C:\Users\zyang\Desktop\Temp\SNA 讲课\Session 24\Exercise 1\REPORTS_TO


P(r2) = :                             0.00050

MODEL FIT

              R-Square    Adj R-Sqr      Obs        Perms
            ----------  ----------  ----------  ----------
    Model     0.04811      0.04355   420.00000  2000.00000



REGRESSION COEFFICIENTS

              Un-Stdized Stdized Coef    P-value    As Large   As Small  As Extreme   Perm Avg    Std Err
            ----------  ----------  ----------  ----------  ----------  ----------  ----------  ----------
```

图15-12　MR-QAP回归分析的日志结果示例

（5）首先来看"MODEL FIT"下面显示的结果，这个表格给出的是我们现在所检验的模型的拟合度。

①"P(r2)"表示回归分析的显著程度，它的解读方式跟普通回归分析中对显著值的解读方法相同。在本例子中，"P(r2)"的结果是"0.00050"——当这个值小于"0.05"时，即视为显著。而该值小于"0.01"，我们因此可以称此次回归分析的结果在 0.01 的显著水平上是显著的[①]。

②"R-Square"表示回归性分析得出的"R 方值"，它的解读方式与普通回归分析中对 R 方值的解读相同，即现有模型在多大程度上解释了因变量的数值变化。在下方例子中，"R 方值"的结果是"0.04811"，这个值比较小，也就是说我们现在的模型（使用"ADVICE"矩阵和"REPORTS_TO"矩阵）能解释因变量矩阵变化的 4.8%。

（6）我们再来看"REGRESSION COEFFICIENTS"（回归系数）下面的分析结果，这个表格显示的是回归分析所得出的每个自变量矩阵的系数情况，如图 15-13 所示。

①"P-Value"一列的数值的解读与普通回归分析中对"P 值"的解读相同，即当该值小于 0.05 时，我们称该自变量与因变量显著相关。在本例子中，"ADVICE"的 P 值是"0.04698"，"REPORTS_TO"的 P 值是"0.00100"，因此都在 0.05 的显著水平上是显著的。

②"Un-Stdized"为未标准化的系数，"Stdized Coef"是标准化后的系数。两者的解

----

① 此处对显著性的解读与一般的统计推断相同。

读方式也与普通多元回归的系数解读相同。因为 ADVICE 和 REPORTS_TO 的系数都大于 0，因此我们得出，两个自变量跟因变量的关系都是正向相关（如果回归系数是负数，则为负相关关系）。比较两者的"Stdized Coef"，我们看到"REPORTS_TO"这个变量在解释因变量时的权重（0.15965）要略大于"ADVICE"这个变量（0.11889）。

```
P(r2) = :                        0.00050
MODEL FIT

             R-Square  Adj R-Sqr       Obs      Perms
           --------- --------- --------- ---------
   Model    0.04811    0.04355  420.00000 2000.00000



REGRESSION COEFFICIENTS
|
           Un-Stdized Stdized Coef   P-value   As Large   As Small  As Extreme  Perm Avg   Std Err
           --------- --------- --------- --------- --------- --------- --------- ---------
     ADVICE   0.10243   0.11889   0.04698   0.04698   0.95352   0.10845  -0.00167   0.06341
 REPORTS_TO   0.32148   0.15966   0.00100   0.00100   0.99950   0.00100  -0.00339   0.09489
  Intercept   0.24286   0.00000   0.00000   0.00000   0.00000   0.00000   0.00000   0.00000


--------------------------------------
```

图15-13　MR-QAP回归分析的结果："REGRESSION COEFFICIENTS"

因此，根据 MR-QAP 的结果，我们现有的数据支持了本节开头所提出的两个假设，即：

① 现有数据显示，两个人之间如果存在"提建议"的关系，这两个人就更容易成为朋友。

② 现有数据显示，两个人之间如果存在"汇报工作"的关系，这两个人就更容易成为朋友。

15.5　在UCINET中如何生成交互项

在使用 UCINET 的 MR-QAP 做矩阵的回归分析时，有时候我们会猜测某一个自变量矩阵对因变量的影响取决于另一个自变量矩阵的值，这个时候就需要在回归分析中加入一个由这两个自变量矩阵所组成的"交互项"（interaction term）矩阵，来验证两个自变量矩阵之间的交互作用。

MR-QAP 中对于交互项矩阵的定义和使用，类似于在普通回归分析中对交互项的定义和使用。我们先看一个常规回归分析中使用交互项的例子，用"性别"和"身高"来解释"体重"：

$$Y_{体重} = a + \beta_1 X_1（性别）+ \beta_2 X_2（身高）+ \beta_3 X_1（性别）\times X_2（身高）$$

假设我们想要用"性别"这个自变量和"身高"这个自变量来预测"体重"这个因变量，但同时猜测"身高"又会跟"性别"相关，这时候就可以在独立自变量之外增加"$\beta_3 X_1$（性别）*X_2（身高）"这个交互项到回归分析的公式之中，即上面公式中的画线部分。增加交互项的好处是，如果自变量之间确实存在交互项的作用，那么新的回归模型将能够有更好的拟合度（反映在更高的 R 方值）。如果交互项的作用并不存在，那么在回归结果中交互项即会显示为"不显著"。

在 MR-QAP 回归中，我们同样可以在矩阵的回归分析中加入交互项矩阵。如果猜测两个自变量矩阵之间可能有互相影响的关系，这时候就可以生成一个交互项的矩阵，把它放到回归分析中。

例如，在上一节的 MR-QAP 演示中，我们已经发现员工之间的"友情关系"（FRIENDSHIP）可以被他们之间的"提建议关系"（ADVICE）和"相互报告关系"（REPORTS_TO）所解释；那么有没有可能 ADVICE 和 REPORTS_TO 这两个自变量矩阵也有互相影响的关系呢？即：

[FRIENDSHIP]= $a + \beta_1 \times$ [ADVICE] $+ \beta_2 \times$ [REPORTS_TO]$+ \beta_3 \times$ [ADVICE] $\times$ [REPORTS_TO]

上式中的"[ ]"部分代表矩阵数据。利用 UCINET 的"Make Interaction Term for Regression"（为回归生成交互项）功能可以很方便地生成"[ADVICE]*[REPORTS_TO]"这个交互项矩阵，从而以此来验证回归中是否有这两个自变量矩阵的交互作用。以下继续使用上节里使用过的矩阵数据集"FRIENDSHIP""ADVICE""REPORTS_TO"3 个数据集进行展示。

（1）在 UCINET 子菜单点击"Transform—>Make Interaction Term for Regression"，如图 15-14 所示。

（2）在弹出窗口的"Input dataset 1"（输入数据集 1）和"Input dataset 2"（输入数据集 2）中分别载入我们要生成其交互项的两个自变量矩阵，在这个例子中分别是

"ADVICE"矩阵和"REPORTS_TO"矩阵。载入后，"(Output)Interaction Matrix"一项下面系统会自动命名新生成的交互项矩阵，为了让其更清楚，我们可以将其重新命名为"Interaction_ADVICEXREPORTS_TO"（这里的"X"代表"乘号"的意思，交互项即两个自变量的乘积，因此命名为"矩阵1X矩阵2"的格式），如图15-15所示。（注意，我们新生成的交互项矩阵会被自动保存在默认文件夹里。）

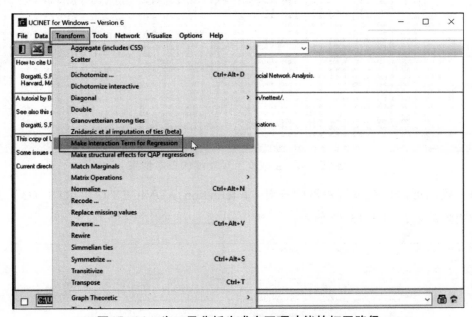

图15-14　为二元分析生成交互项功能的打开路径

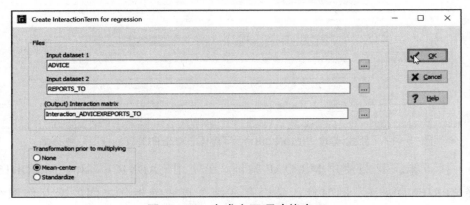

图15-15　生成交互项功能窗口

（3）点击"OK"，会弹出以下输出日志（见图15-16），显示新生成的交互项矩阵数据。

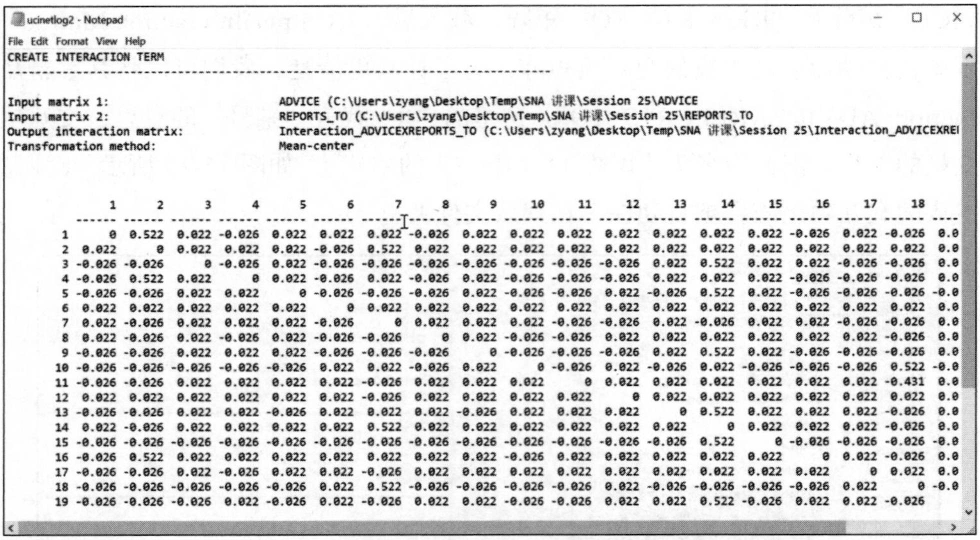

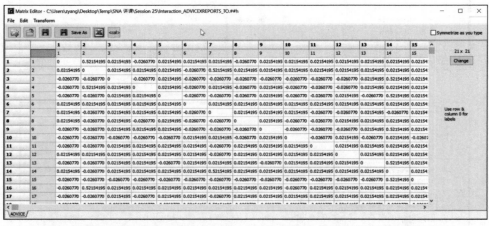

图15-16 生成交互项功能的日志结果

（4）我们可以在矩阵编辑器中查看"Interaction_ADVICEXREPORTS_TO"这个新生成的矩阵数据，如图 15-17 所示。

图15-17 新生成的"Interaction_ADVICEXREPORTS_TO"数据集

（5）接下来，我们使用 MR-QAP 验证：在使用"ADVICE"和"REPORTS_TO"来解释"FRIENDSHIP"的时候，是否存在两个自变量矩阵之间的交互作用？此处 MR-QAP 的操作过程与 15.4 节中展示的相同，唯一的不同是另加入了"Interaction_ADVICEXREPORTS_TO"这个新生成的数据集，如图 15-18 所示。

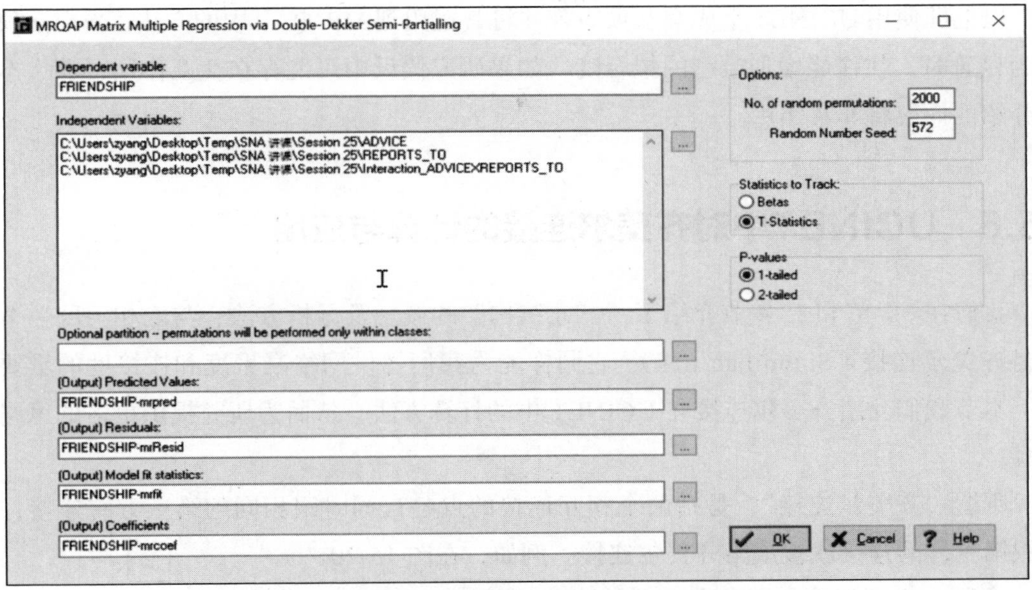

图15-18 加入交互项矩阵后的MR-QAP二元回归分析

点击“OK”，输出日志会提示分析结果，如图 15-19 所示。交互项的作用是否存在呢？在“REGRESSION COEFFICIENTS”这一项下面，我们去找“Interaction_ADVICEXREPORTS_TO”这个矩阵是否显著——这一项的 P 值显示为“0.21889”，显然是大于 0.05 的，因此该交互项不显著，即在这个 MR-QAP 回归中，不应该加入“ADVICE”和“REPORTS_TO”这两个矩阵的交互项。

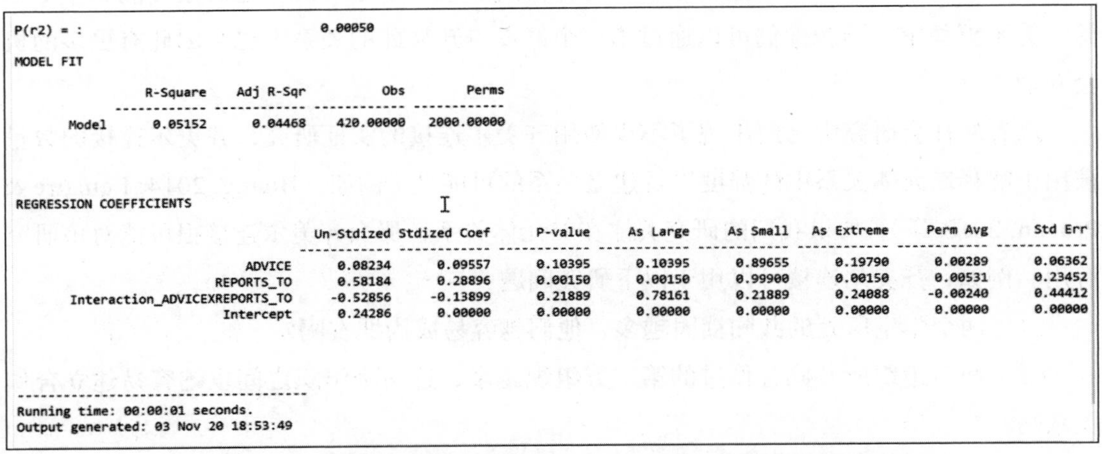

P(r2) = : 0.00050

MODEL FIT

	R-Square	Adj R-Sqr	Obs	Perms
Model	0.05152	0.04468	420.00000	2000.00000

REGRESSION COEFFICIENTS

	Un-Stdized	Stdized Coef	P-value	As Large	As Small	As Extreme	Perm Avg	Std Err
ADVICE	0.08234	0.09557	0.10395	0.10395	0.89655	0.19790	0.00289	0.06362
REPORTS_TO	0.58184	0.28896	0.00150	0.00150	0.99900	0.00150	0.00531	0.23452
Interaction_ADVICEXREPORTS_TO	-0.52856	-0.13899	0.21889	0.78161	0.21889	0.24088	-0.00240	0.44412
Intercept	0.24286	0.00000	0.00000	0.00000	0.00000	0.00000	0.00000	0.00000

Running time: 00:00:01 seconds.
Output generated: 03 Nov 20 18:53:49

图15-19 加入交互项矩阵后的MR-QAP二元回归分析日志结果

以上即使用 UCINET 生成交互项矩阵并将其运用到 MR-QAP 中的方法。当交互项矩阵为显著时，往往能增加模型的拟合度。如果研究假设中可能存在交互作用，那么本节所介绍的内容将非常实用。

15.6　UCINET中对齐美尔连接的计算与应用

我们在 6.3 节和 13.4 节介绍了"三元结构"的概念及分析方法，与之相关的一个概念是齐美尔连接（Simmilian ties），它同样能为我们提供网络凝聚度和连接度的重要信息。本节我们介绍齐美尔连接在 UCINET 中的计算方法，从而为研究提供更多的思路和工具。

所谓"齐美尔连接"，是指两个相互连接的点各自同时跟相同的第三方有连接，这条跟第三方的连接就被成为齐美尔连接。例如，在图 15-20 中，A 和 B 之间拥有 3 条齐美尔连接，分别是通过 D、C、E 连接；A 和 C 之间有一条齐美尔连接，是通过 B 连接……

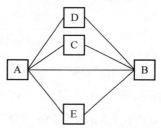

图15-20　"齐美尔连接"（Simmilian ties）示例图

计算齐美尔连接能够帮助我们更好地解释、预测、分析二元体之间的关系。齐美尔连接的理论告诉我们，当 A 和 B 与共同的第三方相连接时，他们之间的关系可能比单纯地彼此连接更加稳固、持久、紧密。想一想我们生活中的例子就不难理解——当一个人和他的好朋友拥有共同的第三个好友时，他们很可能联系更频繁、关系更稳定，因为他们可以通过第三个好友得知彼此的关系，也会因此有更多的机会互动。

现有的社会研究中已经出现了不少使用齐美尔连接的实证研究，齐美尔连接的数量被用于解释二元体关系中的强度以及建立关系的可能性（例如，Huang, 2014; Lemaire & Provan, 2018 等）。如果我们的研究关注在二元体关系，那么齐美尔连接很可能对该研究有用。例如，齐美尔连接可以用于以下研究问题：

（1）两个学生所处的共同社团越多，他们越容易成为朋友吗？

（2）两个组织所共同合作过的第三方组织越多，这两个组织之间也越容易建立合作关系吗？

（3）一栋居民楼里的两个人如果认识的相同的邻居越多，他们越可能认识吗？

（4）两个微信好友在微信上拥有的共同好友越多，他们在现实中的关系越好吗？

（5）两名记者报道的相同新闻越多，他们越可能成为朋友吗？

……

总之，一个网络中任何两个节点之间的齐美尔连接的数量，能够帮我们通过齐美尔连接及三元分析的相关理论，解释二元体关系为什么存在，以及不同二元体之间关系强度的差别，因此掌握如何用 UCINET 计算齐美尔连接将有助于进行二元体关系的假设检验。

接下来我们讲解使用 UCINET 计算一个现有网络中的齐美尔连接数量。在这个演示中我们使用此前用过的一个矩阵数据组 "RDGAM"，这个数据组显示的是 14 个人之间是否一起玩过游戏的网络关系，这个数据集为一个对称的二值网络，即如果 $X_{ij} = 1$，则 i 和 j 一起玩过游戏；若 $X_{ij} = 0$，则 i 和 j 没有一起玩过游戏。

（1）从 UCINET 的矩阵编辑器打开 "RDGAM"，并使用 NetDraw 为其制图的结果，如图 15-21、图 15-22 所示。我们从 NetDraw 制成的网络图可以看出，某些节点之间显然有共同的第三方连接，即齐美尔连接，例如 W8 和 W7 这两个人显然同时跟 W6、W9 和 S4 相连。但是如果用肉眼去数每两个节点的齐美尔连接数量则难度太大。这时候我们就可以使用 UCINET 提供的计算齐美尔连接的功能。

		1 I1	2 I3	3 W1	4 W2	5 W3	6 W4	7 W5	8 W6	9 W7	10 W8	11 W9	12 S1	13 S2	14 S4
1	I1	0	0	1	1	1	1	0	0	0	0	0	1	0	0
2	I3	0	0	0	0	0	0	0	0	0	0	0	0	0	0
3	W1	1	0	0	1	1	1	1	0	0	0	0	1	0	0
4	W2	1	0	1	0	1	1	1	0	0	0	0	1	0	0
5	W3	1	0	1	1	0	1	1	0	0	0	0	1	0	0
6	W4	1	0	1	1	1	0	1	0	0	0	0	1	0	0
7	W5	0	0	1	0	1	1	0	0	1	0	0	1	0	0
8	W6	0	0	0	0	0	0	0	0	1	1	1	0	0	0
9	W7	0	0	0	0	0	0	1	1	0	1	1	0	0	1
10	W8	0	0	0	0	0	0	0	1	1	0	1	0	0	1
11	W9	0	0	0	0	0	0	0	1	1	1	0	0	0	1
12	S1	0	0	1	1	1	1	1	0	0	0	0	0	0	0
13	S2	0	0	0	0	0	0	0	0	0	0	0	0	0	0
14	S4	0	0	0	0	0	0	0	1	1	1	0	0	0	0

图15-21　"RDGAM" 数据集

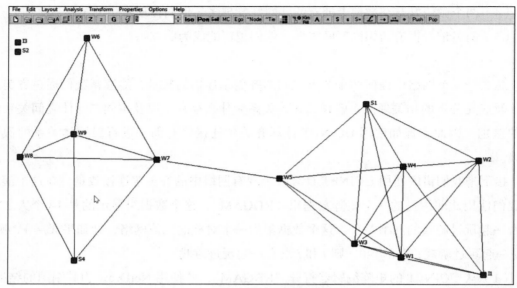

图15-22　"RDGAM"数据集的网络图

（2）点击 UCINET 子菜单 "Transform—>Simmelian ties"，如图 15-23 所示。

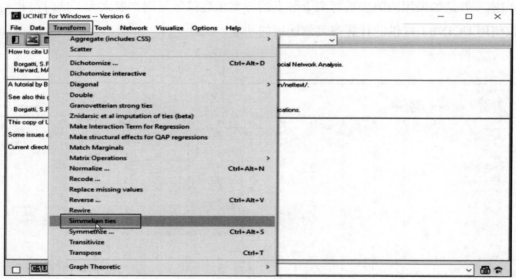

图15-23　"齐美尔连接"（Simmilian ties）分析的打开路径

（3）在弹出窗口的 "Input Dataset" 一项载入要计算齐美尔连接的数据集（"RDGAM"），如图 15-24 所示。

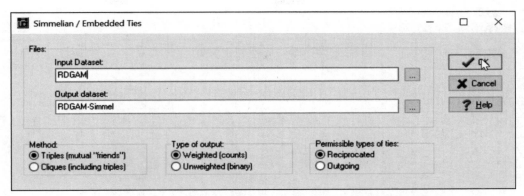

图15-24　"齐美尔连接"（Simmilian ties）分析功能窗口

（4）点击"OK"，输出日志会显示如图 15-25 所示的矩阵输出结果，该矩阵显示的不再是此前的二值矩阵，而是任何两个节点之间所拥有的齐美尔连接的数量（即拥有相同第三方连接的数量）。例如，I1 和 I3 这两个人没有任何的齐美尔连接，而 I1 与 W1 有 3 条齐美尔连接。W4 与 W1 有 5 条齐美尔连接，W4 与 S1 有 4 条齐美尔连接。

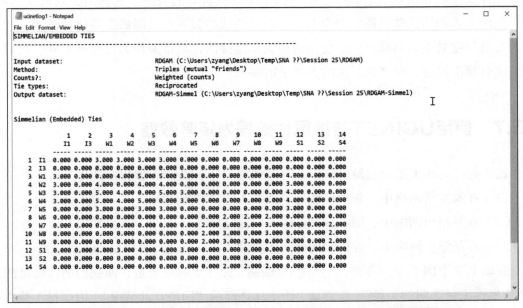

图15-25　"齐美尔连接"（Simmilian ties）分析日志结果示例

（5）UCINET 同时在默认目录下生成了 ##h 格式的数据，可以用矩阵编辑器打开进行查看（文件名为"Simmel-RDGAM"），如图 15-26 所示。

		1	2	3	4	5	6	7	8	9	10	11	12	13	14
		I1	I3	W1	W2	W3	W4	W5	W6	W7	W8	W9	S1	S2	S4
1	I1	0	0	3	3	3	3	0	0	0	0	0	0	0	0
2	I3	0	0	0	0	0	0	0	0	0	0	0	0	0	0
3	W1	3	0	0	4	5	5	3	0	0	0	0	4	0	0
4	W2	3	0	4	0	4	4	0	0	0	0	0	4	0	0
5	W3	3	0	5	4	0	5	3	0	0	0	0	4	0	0
6	W4	3	0	5	4	5	0	3	0	0	0	0	4	0	0
7	W5	0	0	3	0	3	3	0	0	0	0	0	3	0	0
8	W6	0	0	0	0	0	0	0	0	2	2	2	0	0	0
9	W7	0	0	0	0	0	0	0	2	0	3	3	0	0	2
10	W8	0	0	0	0	0	0	0	2	3	0	3	0	0	2
11	W9	0	0	0	0	0	0	0	2	3	3	0	0	0	2
12	S1	0	0	4	3	4	4	3	0	0	0	0	0	0	0
13	S2	0	0	0	0	0	0	0	0	0	0	0	0	0	0
14	S4	0	0	0	0	0	0	0	0	2	2	2	0	0	0

图15-26 "齐美尔连接"（Simmilian ties）生成的数据集

有了这个数据集以后，研究者就可以把它用在此前介绍的 QAP 和 MR-QAP 中去检测二元体关系的相关假设。例如，如果两个人在玩游戏的关系中共同的游戏伙伴越多，是不是两个人的信任度越高？如果两个人在玩游戏的关系中共同的游戏伙伴越多，两个人的友情程度是不是越高？……使用该齐美尔连接的计算结果作为自变量矩阵，我们可以尝试解释不同的、有理论意义的因变量矩阵。

15.7 使用UCINET转换属性数据为矩阵数据

在进行二元体关系的假设验证中，有时候我们会需要验证如下的假设：

（1）在某友情网络中，年龄越相近的两个人友情程度越深。

（2）在某组织网络中，层级越接近的人交流越频繁。

（3）在某学生网络中，性别相同的个体更倾向于一起进行课外活动。

在以上 3 个例子中，"年龄""层级""性别"是 3 个属性变量，而我们的目标是测量"个体属性变量之间的关系"（自变量）跟个体之间的"网络互动情况"（因变量）是否存在一定的关系，如图 15-27 所示。

在这种情况下，最合适的假设验证工具是在第本章中介绍的 QAP 和 MR-QAP，这是因为研究假设中的分析单位是"一对关系"，更具体地说，是"任何一对主体的属性特征的相似性或差异性是否能解释该对主体之间的网络关系"这个问题。

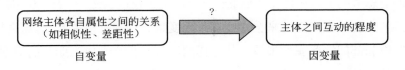

图15-27 使用转换属性数据情况示例

那么问题来了，QAP 和 MR-QAP 通常是用来检验两种不同互动连带之间是否有关系（例如，"经常一起吃饭的人更容易一起上自习吗？"），我们是否可以用它来检验属性变量跟互动连带之间的关系呢？

答案是肯定的。事实上，UCINET 的 "Attribute to Matrix" 功能可以非常方便地将属性型数据转化为有意义的矩阵型数据，然后将其应用于 QAP 和 MR-QAP 的程序中。以下我们就通过一个具体的例子来讲解实操步骤。

步骤 1：准备数据。"Krack-High-Tec" 矩阵数据集和 "High-Tec-Attributes" 属性数据集。"Krack-High-Tec"包含 3 个数据集，分别描述 21 个经理之间互相提供建议的关系（"ADVICE"数据集）、友情关系（"FRIENDSHIP" 数据集）和汇报关系（"REPORTS_TO" 数据集）。"High-Tec-Attributes" 则是与该矩阵数据集相对应的属性型数据，它包含了 4 个关于经理特征的变量，分别是年龄（age）、工作的年限（tenure）、等级（level），以及部门（department）（关于矩阵数据与属性数据的关系，详见 9.3 节讲解）。图15-28 为在 UCINET 中打开属性数据 "High-Tec-Attributes" 所看到的数据。

步骤 2：思考并建立关于属性数据与网络数据之间关系的研究假设。接下来我们要思考，手中的属性型数据能够允许我们验证哪些关于这

| | | 1 | 2 | 3 | 4 |
		AGE	TENURE	LEVEL	DEPT
1	1	33	9.33300018	3	4
2	2	42	19.5830001	2	4
3	3	40	12.75	3	2
4	4	33	7.5	3	4
5	5	32	3.33299994	3	2
6	6	59	28	3	1
7	7	55	30	1	0
8	8	34	11.3330001	3	1
9	9	62	5.41699981	3	2
10	10	37	9.25	3	3
11	11	46	27	3	3
12	12	34	8.91699981	3	1
13	13	48	0.25	3	2
14	14	43	10.4169998	2	2
15	15	40	8.41699981	3	2
16	16	27	4.66699981	3	4
17	17	30	12.4169998	3	1
18	18	33	9.08300018	2	3
19	19	32	4.83300018	3	2
20	20	38	11.6669998	3	2
21	21	36	12.5	2	1

图15-28 "High-Tec-Attributes" 属性型数据集

21 个经理之间关系的研究假设呢？如果因变量可选经理之间 3 种关系中的任意一种，那

么如何利用现有的属性数据形成有意义的研究假设呢？

这里我们要思考的是，在什么情形下经理之间提供建议、成为朋友、互相报告的概率会更高？为了讲解方便，我们接下来会专注一个因变量，即"友情关系"。那么从经理年龄、工作时长、等级和部门这些属性来看，什么样的经理互相之间成为朋友的概率更高呢？

结合同质性理论（homophily theory）及相关文献，我们可以得出以下的研究假设。

假设 1：在一个公司里，年龄越相近的经理越可能成为朋友。

假设 2：在一个公司里，工作年限越相近的经理越可能成为朋友。

假设 3：在一个公司里，等级相同的经理更可能成为朋友。

假设 4：在一个公司里，部门相同的经理更可能成为朋友。

依此，我们就实现了将"属性变量"（自变量）与"关系变量"（因变量）连在一起，即在研究假设中呈现出如图 15-27 所示的关系。

步骤 3：通过 UCINET 将属性型数据转化为矩阵型数据。我们知道，验证以上研究假设需要使用 QAP 和 MR-QAP（详见本章前几节），这个程序要求所有输入的数据格式都是矩阵数据，而且严格地一一对应。因为因变量（"友情关系"）已经是矩阵数据，所以我们需要做的就是将自变量中的属性型数据转化成矩阵型数据，这就说到了要介绍的重点：如何将属性型数据转化成矩阵数据。

接下来我们以"High-Tec-Attributes"数据集为例进行具体演示。

（1）首先，在 UCINET 点选"Data"选项，并在下拉菜单选择"Atribute to matrix"，如图 15-29 所示。

（2）在弹出的窗口中选择要转换的属性型数据集、具体的要转换的变量、转换的规则等选项。我们注意到，"Dimension"（维度）和"Value"（数值）这两个下拉菜单，实际上是引导我们列出需要转换的具体变量。在"Dimension"（维度）下，可以选择"Column"（列）或"Row"（行），这里通常我们都默认选"列"，因为在属性数据集里每个变量为一列。在"Value"的下拉菜单中，我们会看到该数据集里所包含的所有变量（例如，"AGE""TENURE""LEVEL""DEPT"这 4 个变量）。在这里我们选择"AGE"这个变量，来验证上面的假设 1。

在这个弹出的窗口中有一个重要的区域"Similarity Metric"，它为我们提供了一些可选的规则，从而对变量进行转化，其中包括精准匹配（Exact Matches）、数值差（Difference）、绝对值（Absolute Difference）、平方差（Squared Difference）、乘积（Product）、和（Sum）、恒等式系数（Identity Coefficient）等选项，常用的选项是完全匹配、数值差和绝对值。

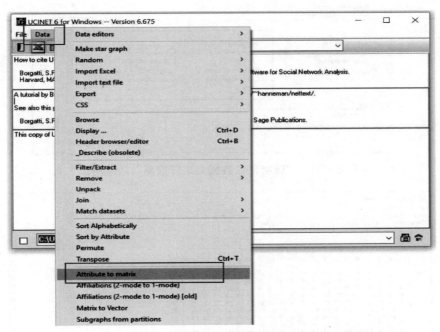

图15-29　"转换属性数据为矩阵数据"功能的打开路径

为了验证经理人年龄之间的差距（或相似性）跟他们的友情程度是否有关系，我们在这里勾选"Absolute Difference"（绝对值），让 UCINET 帮我们计算出任何两个网络主体之间"年龄差距的绝对值"。

点击"OK"确定，如图 15-30 所示。

（3）UCINET 会为我们弹出日志文本，显示出转换完成后的数据，如图 15-31 所示。同时，这份矩阵格式的 UCINET 数据已经被保存在默认的文件夹里。

在该生成的矩阵数据中，第 i 行第 j 列所呈现的数值表示的是 i 主体和 j 主体这两个经理之间年龄的绝对值。例如，第 6 行第 10 列的数值为"22"，即表示网络中的 6 号经理和 10 号经理之间的年龄差距是 22 岁。因为我们计算的是绝对值，所以该数据是对称型矩阵数据，即第 10 行第 6 列的数值也是"22"。

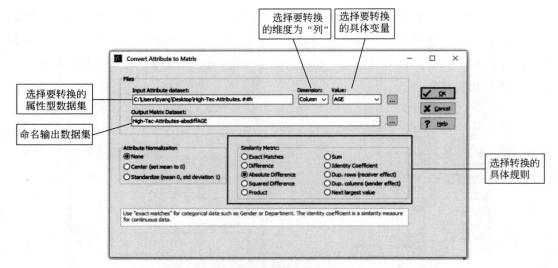

图15-30　"转换属性数据为矩阵数据"功能窗口

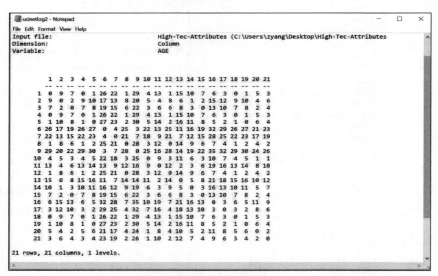

图15-31　"转换属性数据为矩阵数据"运行的日志结果

（4）用 Matrix Editor 找到并打开已经转化好的矩阵数据，进行检查。打开之后，我们应该看到跟上边日志文本中相同的矩阵数据，如图 15-32 所示。

这样，我们就生成了跟"Krack-High-Tec"矩阵数据集结构完全相同的一个关于年龄差距的矩阵数据集，由此我们就能使用第 13 章中所介绍的 QAP 和 MR-QAP 来验证前文中提到的假设 1（详见 13.3 节和 13.4 节，此处不再赘述）。

		1	2	3	4	5	6	7	8	9	
		1	2	3	4	5	6	7	8	9	
1	1	0	9	7	0	1	26	22	1	29	
2	2	9	0	2	9	10	17	13	8	20	
3	3	7	2	0	7	8	19	15	6	22	
4	4	0	9	7	0	1	26	22	1	29	
5	5	1	10	8	1	0	27	23	2	30	
6	6	26	17	19	26	27	0	4	25	3	
7	7	22	13	15	22	23	4	0	21	7	
8	8	1	8	6	1	2	25	21	0	28	
9	9	29	20	22	29	30	3	7	28	0	
10	10	4	5	3	4	5	22	18	3	25	
11	11	13	4	6	13	14	13	9	12	16	
12	12	1	8	6	1	2	25	21	0	28	
13	13	15	6	8	15	16	11	7	14	14	
14	14	10	1	3	10	11	16	12	9	19	
15	15	7	2	0	7	8	19	15	6	22	
16	16	6	15	13	6	5	32	28	7	35	

21 x 21
Change

Use row & column 0 for labels

图15-32　"转换属性数据为矩阵数据"功能生成的新数据集

（5）如果我们假设中的属性自变量是一个名义变量（nominal variable）而不是连续型变量（continuous variable），例如性别、部门等，这时去计算"绝对值"将不再有意义，我们需要在转化规则中选择"Exact Matches"（精准匹配）。例如，我们想验证前文中的假设4："在一个公司里，部门相同的经理更可能成为朋友"，这时使用本节介绍的程序并选择"Exact Matches"，就生成一个由 0 和 1 组成的二值矩阵集，显示出网络中任何两个主体是否是同一个部门，"1"代表在同一个部门，"0"代表不在同一个部门，如图 15-33 所示。

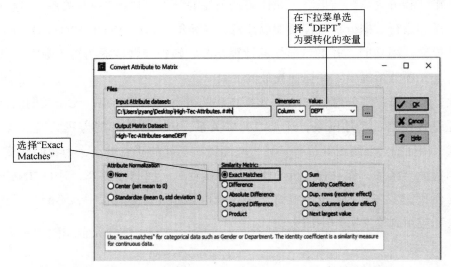

图15-33　"转换属性数据为矩阵数据"中选择"精准匹配"

生成数据格式应如图 15-34 所示。

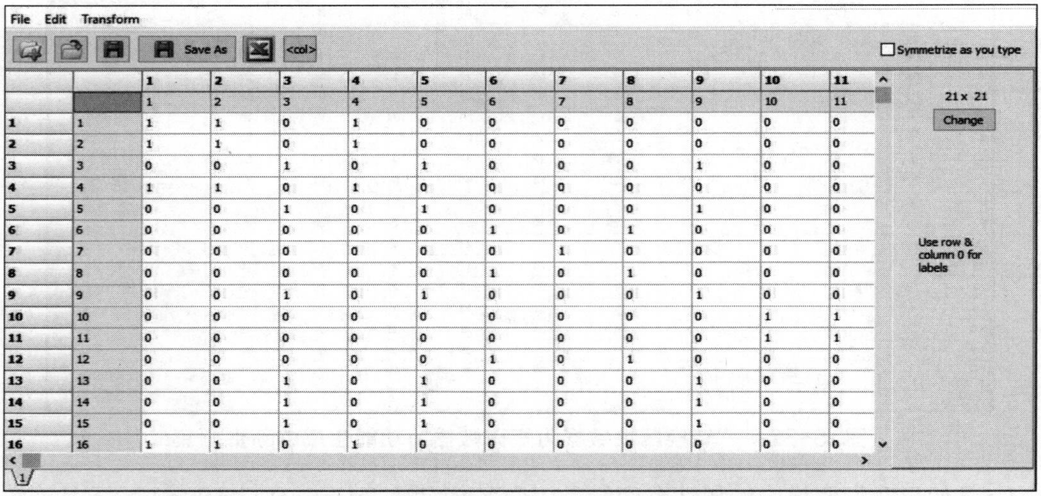

File Edit Transform												Symmetrize as you type
		1	2	3	4	5	6	7	8	9	10	11
		1	2	3	4	5	6	7	8	9	10	11
1	1	1	1	0	1	0	0	0	0	0	0	0
2	2	1	1	0	1	0	0	0	0	0	0	0
3	3	0	0	1	0	1	0	0	0	0	0	0
4	4	1	1	0	1	0	0	0	0	0	0	0
5	5	0	0	1	0	1	0	0	0	1	0	0
6	6	0	0	0	0	0	1	0	1	0	0	0
7	7	0	0	0	0	0	0	1	0	0	0	0
8	8	0	0	0	0	0	1	0	1	0	0	0
9	9	0	0	1	0	1	0	0	0	1	0	0
10	10	0	0	0	0	0	0	0	0	0	1	1
11	11	0	0	0	0	0	0	0	0	0	1	1
12	12	0	0	0	0	0	1	0	1	0	0	0
13	13	0	0	1	0	0	0	0	0	0	0	0
14	14	0	0	1	0	0	0	0	0	1	0	0
15	15	0	0	1	0	1	0	0	0	1	0	0
16	16	1	1	0	1	0	0	0	0	0	0	0

21 x 21　Change

Use row & column 0 for labels

图15-34　在"精准匹配"选项下转换属性数据为矩阵数据的结果

使用上面新生成的二值矩阵数据，我们则可以通过 QAP 和 MR-QAP 完成对假设 4 的检验，其步骤于本章第 3 节所介绍的操作步骤相同，此处不再赘述。

在本章，我们介绍了使用 UCINET 进行二元体分析的操作方法，其重点是首先理解二元分析所适用的研究问题和研究目的，然后发展出有意义的二元体研究假设，并正确输入数据矩阵和解读输出结果。二元体关系关注的分析单位是"一对关系"，这一点在构思研究假设和进行数据分析时都要加以注意。本章介绍的 UCINET 中的 QAP 与 MR-QAP 分析、生成交互项功能、齐美尔连接的计算功能、转换属性数据为矩阵数据等功能，为我们进行二元项分析提供了便捷而高效的工具。

至此，本书第三部分对 UCINET 实操方法的讲解已全部结束。无论我们的网络研究关注的是整体网络、个体网络，还是二元体关系，UCINET 都能为我们提供清理数据、转换格式、特征描述、制图等重要工具，并能针对不同的研究重点，为我们计算中心度、分析结构特征与派系、提取和分析个体网络、实现二元回归分析等。对 UCINET 的熟练掌握，需要我们多多上手，反复操练，并在分析具体数据的过程中，不断学习正确解读数据结果和应用到论文写作中的方法。

第 16 章

总结与整合：打造优质的社会网络分析研究

为了使读者能够系统地掌握并应用社会网络分析方法，本书的最后以总结和整合为目标，突出介绍如何将社会网络分析基础概念的理解、理论和实操结合起来，从而打造出高质量的社会网络论文。一篇好的论文既应问出一个有价值的研究问题，又应找到有指导性的理论视角，此外还需要使用恰当的研究方法，这 3 个部分环环相扣，缺一不可。因此，优秀的研究者不仅需要精通本书前几部分所介绍的基本功，还需要具备将多种能力进行整合、将"问题－理论－方法"合理连接、将社会网络分析的视角拿到自己领域下进行具体应用的能力。在本部分里，我们将结合此前介绍的内容，帮助大家学习思考如何打造一篇完整的社会网络分析论文，如何在自己的领域和研究兴趣上完整而有效地应用社会网络分析方法。

16.1 掌握社会网络分析研究的脉络与体系：拆解3篇文献综述

要想更好地设计出有意义的研究并与现有文献对话，阅读和了解关于网络研究分类和体系的文献综述型文章非常重要。本篇我们简要介绍 3 篇经典的网络分析类文献综述，为大家从宏观视角理解自己的研究属于哪种分类和体系提供参考。

1. 论文 1(Brass et al., 2004)

Brass 和同事所做的文献综述论文 "Taking stock of networks and organizations: A multilevel perspective" 按分析单位和网络视角的作用将社会网络研究进行归类，尤其对于管理学学者思考如何使用社会网络分析有很好的启发。以下简要概括本文的核心内容，如图 16-1 所示。

（1）从不同的分析单位来看，在管理学学科下的网络研究所关注的网络可以分为三大类，即组织间网络、部门间网络、人际间网络。

（2）从在研究中的角色来看，可以将研究分为"是什么因素解释了现有的网络特征？"（即关注形成现有网络的"前因"），以及"现有的网络导致了什么？"（即关注现有网络所引起的"后果"）。以人际网络为例，图16-2总结了两类研究下常见的研究主题，例如，关注"前因"的研究通过主体相似性、个性、所处位置的相似性、环境因素等来解释为什么人和人会发生互动，而关注"后果"的研究会考察人际关系影响下人们的态度、工作满意度、找工作的难易程度、员工离职行为等变量。

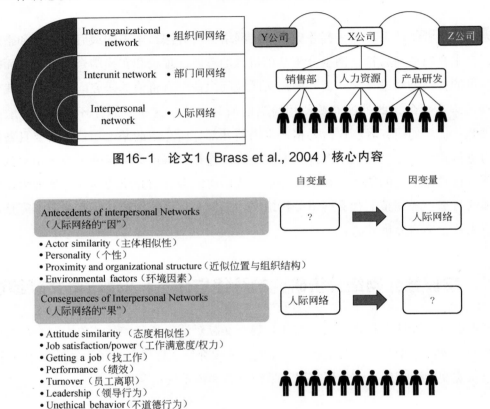

图16-1　论文1（Brass et al., 2004）核心内容

图16-2　人际网络下常见的研究主题[1]

由此我们应该思考：①自己的学科内常见的网络分析研究中所关注的分析单位有哪些？②自己的学科内关注网络的"前因"和"后果"的研究，所使用的常见变量分别有哪些？

2. 论文 2(Borgatti & Foster, 2003)

Borgatti 和 Foster 两位学者的文献综述论文"The network paradigm in organizational

---

[1] 资料来源：Brass et al., 2004

research: A review and typology"提出了以下核心内容：

（1）社会网络分析的研究从分析单位看可以分为三大类：二元体关系研究、网络主体研究、网络层面研究，如表16-1所示。"二元体关系层面"的研究关注的是网络中任意两个主体之间的关系，例如"是什么解释了两个人之间关系的亲疏远近""两个人之间的关系互动带来了什么结果"；"主体层面"的研究关注的是一个在网络中的主体其自身的互动行为和网络嵌入度如何与其自身的特征、行为、表现等因素发生关联；而"网络层面的研究"将重点放在整体网络上，去观察和解释整体网络的形成、发展、结果等因素。

表 16-1　三种分析单位下的网络研究分类 [①]

Dyadic level of analysis （二元体关系层面）	例如，对一个网络中任意两个主体之间的关系进行研究（如两个学生的友情程度、两个员工之间的邮件往来等）
Actor level of analysis （主体层面）	例如，对网络中任意主体的中心度进行计算，并检验其中心度与该主体的绩效表现是否相关
Network level of analysis （网络层面）	例如，对由50家非营利组织所组成的应急救援网络进行观察，并计算该整体网络的密度、结构等特征，解释在什么样的结构下应急网络能够发展出更好的合作绩效

（2）与论文1（Brass et al., 2004）一样，本文同样将网络研究根据对"前因"和"后果"的关注分为两大类（见图16-3）。

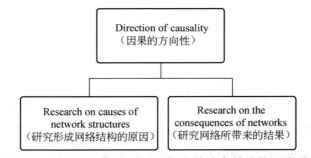

图16-3　以"前因"和"后果"为关注点的网络研究分类

（3）在此基础上，作者进一步对关注"后果"的网络研究进行了分类。由于相较而言有更多的研究在探讨网络关系或互动下所带来的结果（例如对人的行为、组织的绩效、公司的策略等方面的影响），所以将此类研究按两个维度分为了四大类，如表16-2所示。第一个维度区分了"社会资本"视角和"扩散现象"视角，第二个维度区分了"结构主

[①] 资料来源：Borgatti & Foster, 2003

义"视角和"连结主义"视角。

表 16-2　关注"后果"的网络研究再分类[①]

	社会资本（绩效高低）	扩散现象（社会同质性）
结构主义	结构性资本	环境成形
连结主义	社会资源的获取	散播

3. 论文 3(O'Malley & Marsden, 2008)

学者 O'Malley 和 Marsden 发表了题为"The analysis of social networks"的文献，从医学与卫生服务领域的视角进行了对社会网络分析方法的综述，文中提出了以下核心内容。

1）网络分析常见的描述性量测包括：

（1）Size and density（网络规模和密度）

（2）Degree and degree distribution（网络度数和度分布）

（3）Paths and geodesic distance（路径和测地距离）

（4）The dyad census and reciprocity（二元普查和互惠性）

（5）The triad census, transitivity, and closure（三元普查，传递性和网络闭合）

（6）Centrality（中心度）

（7）Cliques, components and clusters（派系、组成和群集）

（8）Homophily（同质性）

2）常见的分析模型

文中将常见的分析模型归为了两类："个体结果回归模型"（Individual outcome regression models）和"关系或二元级别模型"（relational or dyad-level models）。前者主要关注某个因变量的分布如何跟网络的特征或结构相关，例如一个外科医生的职业网络及其在网络中的中心度如何影响其向病人推荐使用某种新型治疗药物的概率；后者则同时考虑社交网络中可能存在的多重关系，并承认它们之间的相互依赖性，例如使用指数随机图模型（ERGM）、混合效应的二元独立模型（Mixed-effect dyad independence models）、固定效应二元独立模型等（Fixed-effect dyad independence models）。

3）常用的数据分析软件

本文还根据不同类型的研究目的罗列了常见的网络数据分析软件，如图 16-4 所示。

---

① 资料来源：Borgatti & Foster, 2003

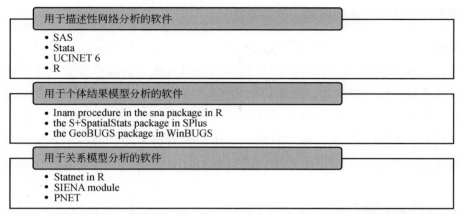

图16-4　论文3（O'Malley & Marsden, 2008）文中总结的常见网络数据分析软件[1]

从以上 3 篇文献综述可以看出，社会网络分析研究并没有完全标准化、统一化的分析范式或框架，而是随着理论和工具在不同学科的不断发展，社会网络分析研究也呈现出新的特点、用途、理论。虽然如此，阅读这些文献综述让我们建立起宏观视野，能更好地设计出结构完整而有意义的论文。

16.2　如何在自己学科内找到有价值的网络研究思路：以管理学为例

社会网络分析方法被广泛应用于社会学、教育学、心理学、管理学、政治学、传播学等社会科学的学科，而其在不同学科中所关注的重点问题又有所不同，这需要我们通过阅读文献、做文献笔记，以及阅读重要的文献综述来不断总结和提炼。

接下来，我们以管理学为例，展示社会网络分析最常关注的研究问题。文中所提炼归纳这些文献的体系与方法，同样可以被应用于概述社会科学其他学科中社会网络分析的研究重点。

管理学中使用社会网络分析的研究对象非常广泛，对员工层面、部门层面、组织层面及组织间合作层面的研究内容都非常丰富。本篇我们就对管理学中一些话题做举例。从分析单位上分类，社会网络分析方法在管理学中可以用于研究个体层面、组织层面和组织之外更大层面的社会现象。

———————————
① 资料来源：O'Malley & Marsden, 2008

1. 理解组织绩效、部门绩效、员工绩效

在管理学中，组织的"绩效"（performance）是一大关注重点，例如，许多管理学的研究会关注公司的盈利程度、用户的数量和满意度、学校毕业生的毕业率和就业率、政府服务的公民满意度等，这些研究其实都是在探讨如何能通过提高管理质量来提升一个组织的绩效。社会网络分析方法则为管理学拓展了一种新的思路，它倡导以开放系统的思路研究组织绩效，而不只是将一个组织看成封闭、静态的系统，因此要从组织与其他组织的关系，以及组织所处的更大的社会网络的位置去解释如何提升组织绩效。

与此类似，如何提高"员工绩效"（例如销售员的销售业绩、经理的带队业绩、公务员的执行力……）也是管理学的一大重点讨论，而社会网络分析把个体放到更大的社会网络中去探讨如何提高员工的工作绩效及哪些因素会影响员工绩效，例如使用个体的社会网络关系的密度，多人沟通、合作的强度和方式，个体所处的正式与非正式网络等因素来讨论如何提高员工绩效。

在 4.6 节中，我们具体讲解了两篇管理学中运用网络中心度来做的实证研究。类似的，在关注"绩效"的研究中，我们可以使用"网络中心度"作为自变量，来解释主体的绩效（performance），也就是因变量。其研究设计如图 16-5 所示。

自变量　　　　　　　　　　　　　　　因变量
IV　　　　　　　　　　　　　　　　　　DV

主体的网络中心度　　⟹　　主体的绩效

图16-5　使用"网络中心度"研究"绩效"的研究设计

这种研究设计既可以用于解释组织、部门的绩效，也可以用于解释经理、员工、职员等个人的绩效。例如，以下研究都是遵循"用中心度解释绩效"这样的研究结构，如表 16-3 所示。（读者可以在本书末尾提供的参考文献列表中找到具体文章进行详细阅读。）

表 16-3　使用"网络中心度"研究"绩效"的研究设计的研究举例

文章	研究问题	主体的网络中心度（自变量 IV）	主体的特征/行为/效果（因变量 DV）
Zaheer & Bell, 2005	投资公司在同行业协会中的网络中心度是否能解释其公司绩效和创新能力？	公司的中心度	公司创新能力指标

续表

文章	研究问题	主体的网络中心度（自变量 IV）	主体的特征 / 行为 / 效果（因变量 DV）
Powell et al., 1999	生物技术类公司的网络中心度是否能解释该公司的绩效？	公司的中心度	公司的绩效指标
Tsai, 2001	公司里一个部门的网络中心度是否能解释该部门的创新力与绩效指标？	部门的中心度	部门的创新力，部门的绩效指标
Shalk et al., 2010	一所高校在高校联盟中的网络中心度是否能解释该学校的绩效（体现为毕业生的满意度）？	高校的中心度	该学校的绩效
Li et al., 2021	员工在建议网络的中心性是否在员工谦逊度和员工目标绩效之间起到了中介作用？	自变量 = 员工谦逊度，中介变量 = 员工在建议网络中的中心度	员工的绩效

2. 理解组织（及员工）的特征、行为、决策效果指标

使用"网络中心度"为自变量不仅可以解释主体的"绩效"，还可以解释更多的主体行为、特征、效果指标，因此我们将这个研究设计扩展，如图 16-6 所示。

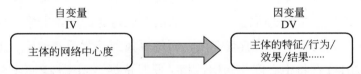

图16-6　使用"网络中心度"研究"主题特征、行为、效果"的研究设计

例如，以下研究（见表 16-4）依然以"网络中心度"为自变量，去解释了主体的其他特征、结果或行为。

表 16-4　使用"网络中心度"研究"主题特征、行为、效果"的研究举例

文章	研究问题	主体的网络中心度（自变量 IV）	主体的特征 / 行为 / 效果（因变量 DV）
Villadsen, 2011	一个城市市长在其个人社会网络中的中心度能否解释该城市在财政政策上跟其他城市的同构性（isomorphism)？	市长在由市长组成的社会网络中的中心度	因变量 = 市长所在城市财政政策的同构性
Davis, 1991	一个公司董事连锁的中心度能否解释该公司对"毒丸计划"（注：poison pill, 股东权益计划）的采纳？	公司在连锁董事中的中心度	该公司采纳毒丸计划的概率

文章	研究问题	主体的网络中心度（自变量 IV）	主体的特征 / 行为 / 效果（因变量 DV）
Hossain & Wu, 2009	某电力公司员工在电子邮件往来中的中心度能否解释其进行协调活动的程度？	员工在公司里邮件来往网络中的中心度	员工进行协调性活动的程度
Huang & Provan, 2007	一个组织在卫生与公众服务网络中的中心度是否能解释其声望、被信任程度、影响力？	组织在卫生与公众服务网络的中心度	组织的声望、被信任度、影响力
Chiu & et al., 2017	一个经理在公司中正式与非正式社交网络的中心度是否能解释其在下属眼中的领导力程度？	经理的中心度	经理在下属认知中的领导力

这里我们注意到，研究问题中的"自变量"可以随具体情境变换为多种不同的主体类型（如职员、经理、公司、政府、城市……）；在具体研究中，研究者也会根据具体的研究环境而选择不同种类的网络中心度（如点度中心度、中介中心度、紧密中心度……）；"因变量"则可以是研究者感兴趣的各种关于某一主体的特征、表现、行为、选择、绩效、结果等。由此思路来看，社会网络分析方法可以用来解释大量有意义的管理学研究问题，但要注意的是，在构建研究时使用合适的、说得通的理论非常重要，我们不能单纯地用"中心度"去关联个体的所有特征，而是要找到其背后的理论、道理、依据。例如，Villadsen (2011) 在将中心度与同构性相关联时依据了制度性理论；Tsai (2001) 将公司中心度与其创新能力相关联，其背后的逻辑是网络中心度所带来的扩大信息渠道、更快接受到新点子；Davis (1991) 将公司中心度与其对毒丸计划的采纳相关联，依托于社会资本理论；Huang & Provan (2009) 将组织中心度与组织声望等社会结果变量相关联，则是依据中心度对社会权利、社会影响力等文献的研究结果。由此应该看到，社会网络分析以及网络中心度是一种视角、一种工具，但它的正确使用依托于对领域内文献及相关理论的深度理解和恰当应用。

另外，我们还要注意，在设计研究时找对"分析单位"（unit of analysis）非常重要，因为我们既可以使用同一个分析单位的主体的中心度去解释该类主体的具体特征（例如，用个人的中心度解释个人态度，用组织的中心度解释组织绩效等），也可以使用 A 种分析单位的中心度去解释 B 种分析单位的特征（例如用组织的中心度解释员工的认知、用市长的中心度解释该城市的政策同构性等）。在构建研究假设时，我们要注意分清想验证的假设的分析单位到底是什么，是同一种分析单位还是多种分析单位，因变量到底是哪种主体的特征，这样将大大有助于后期设计问卷、清理数据、分析数据。

3. 使用"个体网络"（ego network）指标解释主体的绩效与其他特征

以上我们提到的研究设计是使用整体网络数据以及网络中心度为自变量。然而，有时候我们没办法获得整体网络的数据，此时可以使用个体网络的数据，以"个体网络的特征"为自变量来解释主体的特征、行为、绩效、结果等变量。这样的研究设计如图 16-7 所示。

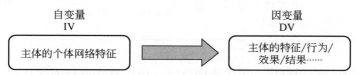

图16-7　使用"个体网络特征"研究"主体的特征、行为、结果"等的研究设计

因为个体网络的特征有许多种（见第 5 章及第 14 章），因此，我们在设计研究的时候也应该选用跟具体研究问题最相关的、有具体理论支持的个体网络特征来解释主体的具体指标。

以下是一些管理学领域使用个体网络解释主体结果变量的例子，如表 16-5 所示。

表 16-5　使用"个体网络特征"研究"主体的特征、行为、结果"的研究举例

文章	研究问题	个体网络的特征 （自变量 IV）	主体的特征 / 行为 / 效果（因变量 DV）
Yang & Lu, 2021	应急网络中组织所在的个体网络的连接度和组成能否解释其在应急救援中的声望？	组织的个体网络中的连接度（connectivity）；组织的个体网络中的组成	组织的声望（reputation）
Wang et al., 2020	智能手机企业所在的个体网络（合作网络）的稳定性能否解释其探索性创新的程度？	企业所在个体网络的稳定性（Ego-network stability）	企业的探索性创新（exploratory innovation）
Gulati & Higgins, 2002	对于初创公司来说，建立哪种类型的跨组织关系对于顺利 IPO（首次公开募服）更重要？	企业的背书关系；企业的联盟关系	企业成功 IPO
Wong & Boh, 2010	部门经理的个体网络的规模、密度、异质性能否解释其被信任程度？	部门经理的个体网络的规模、密度、异质性	部门经理的被信任程度

续表

文章	研究问题	个体网络的特征 （自变量 IV）	主体的特征 / 行为 / 效果（因变量 DV）
BarNir & Smith, 2002	公司高管社交的强度、范围等特征是否影响其所在公司与其他公司的结盟？	公司高管的社交强度、社交范围等特征	公司与其他公司之间的结盟关系
Ahuja, 2000	公司的个体网络中直接连带的多少、间接连带的多少、结构洞的多少是否能解释其创新能力？	公司的个体网络中直接连带的多少、间接连带的多少、结构洞的多少	公司创新能力

4. 探讨组织与组织间合作、员工之间合作，以及合作效果的提升

既然社会网络分析的优势是"关系视角"，那么它显然能够帮我们更好地探讨如何提升"合作关系"，促进人与人、组织与组织之间的合作效果。从一个社会系统上看，由于不能顺利沟通、协调、合作而造成的社会成本往往非常巨大，很多的管理问题其实是"关系问题"，因此社会网络分析为如何改善合作和关系带来了许多新的方向。

"跨组织合作"（inter-organizaitonal collaboration）及"组织间关系"（inter-organizational relationships）的研究一直是管理学中使用社会网络分析方法颇为常见的领域，它关注如何在更大的社会范围内构建不同目的、不同模式的合作网络，从而带来积极正向的合作效益和社会结果。

例如，以下题目都是近年来在跨组织合作研究领域，社会网络分析方法被广泛使用的方向。

（1）在应急救援、灾害管理中，什么样的沟通网络与合作网络能最好地把政府、社会组织、公司等组织凝聚起来，从而快速有效地投入到救援、重建、预防中？（例如，Kapucu et al., 2011; Kapucu & Hu, 2016; Nolte et al., 2012; Nowell & Steelman, 2014; Nobel et al., 2018）

（2）在扶贫、公益医疗、特殊教育、青少年支持……各类社会服务领域，什么样的社会网络结构、治理方式、网络特征能维持多个组织间保持更长期、稳定的合作关系，建立信任、保持沟通，而不会让合作过早瓦解？（例如，Baird et al., 2016; Bustos, 2020; Jones et al., 2017; Human & Provan, 2000; Milward et al., 2009; Provan & Milward, 1995;

Radcliff et al., 2018）

（3）为什么有些组织能够形成合作关系，而有些组织不能？组织如何挑选合作对象？什么样的公司更容易结盟？什么情况下组织会选择跨部门合作？在什么情况下组织之间更容易促成合作关系和成功的合作结果？（例如，Atouba, 2019; Atouba & Shumate, 2016; Feng et al., 2010; Gazley, 2010; Gazley, 2014; Guo & Acar, 2005）

（4）成功高效的公司之间的联盟（alliance）、同行业商会、地方商会、企业联合研发（R&D）等合作关系是如何形成和维系的？这样的合作关系对公司的管理、结构、绩效有什么影响？什么样的公司在联盟和商会中的影响力、决定权最大，为什么？（例如，Cammarano et al., 2017; Luo & Deng, 2009; Gulati, 1999; Koka & Prescott, 2008; Soda, 2011）

除了以上的题目之外，社会网络分析方法还可以应用于分析以下问题。

（1）组织内部员工层面或不同部门层面的沟通、合作、领导、建议关系（例如，Ghoshal & Bartlett, 1990。

（2）解释组织结构、市场策略、管理模式等特征的同质性（或异质性），以及同质性（或异质性）对绩效的影响（例如，Villadsen, 2011; Yang & Nowell, 2021）。

（3）公司或其他类型组织中，"小团体"的形成、发展及影响。

（4）社交媒体的使用对公司知名度、合作机会、绩效的影响。

（5）"关系"对个人找工作的影响；弱关系对找工作的影响（例如，Knoke, 2014）。

（6）对比公司或政府部门中正式关系网络（如上下级关系、同部门关系等）与非正式网络（如建议关系网络、友情关系网络）的异同，以及其对管理效果的影响（例如，Krackhardt, Nohria, Eccles, 2003）。

（7）为什么公司董事连锁会出现？它对公司的策略、结构、管理方式、领导方式、并购、绩效等方面有何影响（例如，Davis, 1991）。

总之，使用"关系视角"来研究个体、组织、组织间关系、社会性合作等各种分析单位，并通过管理方法和管理视角去探讨绩效提升和效果提升的研究，这些都是管理学里有意义的研究话题。

以上，我们以管理学为例来讨论了社会网络分析可以帮助我们探讨的诸多研究话题。类似的，还可以根据文中所展示的理论框架和研究分类对自己专业领域内的社会网络分析研究做出分类和归纳，从而在此基础上设计出有意义的研究问题。

16.3　将"问题—理论—数据"三者结合的核心技巧：以3篇社会网络分析论文为例

在本书中我们介绍了社会网络分析适用的研究问题、常见的社会网络分析理论以及如何收集和分析网络数据。而在论文的写作过程中，如何将以上三者有效地统一起来，从而呈现一篇完整的、有逻辑的、有贡献的高质量论文，这常常从根本上决定了整篇论文的质量以及期刊接收的可能性。因此除了具备对各个环节具体的理解和实操能力，我们还需要具有宏观设计的研究视角——只有当"研究问题—理论—数据"这三者合理地统一起来，我们在各个环节所做的努力才有意义。

接下来我们以几篇范文为例，来看一看在不同的研究问题之下，作者是如何将"研究问题—理论—数据"这三者结合起来，从而为读者呈现出一篇完整的学术论文的。以下3篇论文分别从二元分析、整体网络分析和个体网络分析这3种最常见的类别为出发点。建议大家首先找到原文进行阅读，然后利用本文来体会作者如何构建统一的研究设计架构。

1. 二元体分析案例（Lemaire & Provan, 2018）

学者 Robin Lemaire 和 Keith Provan 的题为 "Managing Collaborative Effort: How Simmelian Ties Advance Public Sector Networks" 的文章是一篇从二元体关系（详见第 15 章）角度展开数据分析的论文。以下简要概括本文的核心内容。

（1）研究问题：在公共目标导向的网络中，具有什么样特征的组织之间能够建立高质量的关系？

（2）理论框架：同质性理论、齐美尔连接理论。

（3）数据分析：研究对象是一个包含了 53 个组织的关注如何增强对青少年健康服务的合作网络。

作者是如何保证该论文的每个部分统一而符合逻辑呢？

首先，从研究问题可以看出，该研究关注的是"如何解释作为结果的网络关系"，即什么因素（自变量）能够解释网络关系或其质量（因变量）。我们知道，事实上很多因素都可以解释网络关系，那么在一篇论文中我们应该选取数据所能承载和反映的角度来建立研究假设，而不是贪大求全、不切实际。在本文中，作者选取了组织间的"规范相似性""领域相似性""与网络领袖的齐美尔连接的强度"这 3 个自变量为重点来提出研究假设。论文中已经罗列了具体的研究假设陈述，以下我们用变量梳理法把部分研究假设的关系画出来，如图 16-8 所示。

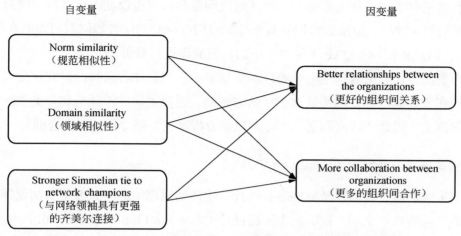

自变量　　　　　　　　　　　　　　　　　　　　　　　　　　因变量

图16-8　"Lemaire & Provan，2018"论文中的核心变量梳理

其次，这些研究假设是从哪里来的呢？有没有理论支撑和现有文献支持呢？这是"理论"环节中一个重要的问题。高质量论文中的研究假设一定要有扎实的理论基础，即提供出合理的逻辑链。例如，为什么作者可以假设组织间的规范相似性越高，组织之间的关系质量就越高呢？这就让我们想到第 7 章中所介绍的"同质性理论"，这也恰恰是作者在文章中所使用的理论——因为同质性理论告诉我们：①具有同质性特征的主体更容易出现互动、合作、结盟等连接行为；②具有同质性特征的主体之间的合作（或网络连接）更容易呈现某种表现或行动结果（如更高效、信任度更高等），因此在引用和论述了该逻辑链条后，提出该研究假设是有章可循、有理论依据的。同样的，作者为什么认为"与网络领袖有更强的齐美尔连接"的组织会呈现更好的组织间关系？这是依托于齐美尔连接理论（见 7.6 节）的底层逻辑。于是我们看到，作者从研究问题出发，基于两个理论视角，提出了自己想要验证的研究假设，这样就将研究问题和理论框架联系了起来。

最后，作者是如何使用数据来验证研究假设的呢？如果作者的数据内容和分析单位下的样本数量不足以支撑研究假设的验证，那么"研究问题—理论—数据"这三者就还是没有很好地结合起来。在体会本文中对"数据"的使用时我们应该注意到，文中的数据分析单位并不是"组织"或"网络"，而是二元体关系（dyadic ties），即"一对组织之间的关系"。这个设计非常重要，因为作者所收集的数据网络里事实上只有 53 个组织，如果用以进行个体网络或整体网络的分析，这个样本量都有些过小；但是，如果进行二元体关系分析，则呈现出上千对的组织间关系，样本量足够大（详见第 15 章讲解）。正是因为作者选择了二元体关系分析，才让研究问题和研究假设变得可以执行并且有意义起来。回到原文的研究方法和数据分析部分，我们可以看到作者如何利用我们在第 15 章中所介绍的 QAP 和 MR-QAP 工具对文中的研究假设进行分析。

总结来说，作者的数据中组织的样本量虽然小，但是作者选择的研究视角是二元体分析，而作者的研究假设也是从这个视角来做的，选择了同质性理论和齐美尔连带这两种合适的理论，因此让研究问题、理论和数据分析这三大部分得到了契合的统一。

2. 整体网络分析案例（Villadsen, 2011）

接下来我们看一篇通过整体网络数据计算主体的网络中心度，并结合制度理论来解释城市政策同构性的文章。这篇论文的题目是 "Structural Embeddedness of Political Top Executives as Explanation of Policy Isomorphism"，作者是 Anders Villadsen。以下简要概括本文的核心内容。

（1）研究问题：一个城市市长的网络中心度是否跟该城市政策的同质性有关？

（2）理论框架：网络嵌入性理论、制度理论。

（3）数据分析：研究对象是 268 个丹麦的城市。

首先，从研究问题的角度来说，我们看到本文关注到了两个层面的变量特征：市长层面（网络关系）及城市层面（政策同质性）。"网络关系"在研究问题中是以自变量出现来解释城市特征层面的因变量的。那么，为什么一个城市市长的个人网络关系可能会影响到他所在城市政策的同质性呢？这就需要找到合适的理论，能够将两者之间的关系明晰化、理论化。作者提出了 4 个研究假设，其中最重要的一个研究假设可用变量梳理法归纳如下（见图 16-9）。

自变量   因变量

图16-9 "Villadsen, 2011"论文中的核心变量梳理

其次，从理论的角度来看，作者在文中将社会网络理论中的嵌入性理论和组织行为

学中的制度理论相结合，从而得出了上面展示的这个研究假设——嵌入性理论的主张是个体的嵌入程度会影响到他们获得信息、被他人影响的程度，嵌入度越高（即中心度越高），被他人影响的概率也越大；而制度理论认为组织受到同辈组织的影响越多，就越容易在组织形态及策略上呈现出跟其他组织相似的特征（高同质性）。在文中作者简要介绍了这两种理论的主张，并根据这两种理论，解释了为什么该研究假设是成立的。如此，作者就将理论与研究问题有效地结合了起来。

最后，作者如何用合适的数据来检验研究假设呢？要想验证图 16-9 中的研究假设，就要测量出市长的网络中心度，以及其所在城市的政策同质性程度；而为了能测量出市长的网络中心度，就需要有一个"整体网络"。什么样的网络是不同城市的市长都会参加的呢？作者的办法是使用市长所在的"职业网络"的信息，例如不同市长共同参与的组织、委员会、协会等，然后将"共同参与"作为他们的网络连带。（作者在解释自变量的量测部分有具体的阐释参见原文。）由此，作者得到了一个包含 268 名市长的整体网络，从而能够完成对该研究假设的验证。

我们再次看到，一篇成功的论文，需要保证"研究问题—理论—数据"互相之间协调、合适、统一。

3. 个体网络分析案例（Yang & Lu, 2021）

最后，我们来看一篇个体网络分析的例文，这篇文章是笔者与合著者在 2021 年共同发表的，其题目为"Exploring Network Mechanisms to Organizations' Influence Reputation: A Case of Collaborative Disaster Response"。以下简要概括本文的核心内容。

（1）研究问题：在应急响应网络中，组织的个体网络特征及其组成如何解释组织的影响力声望？

（2）理论框架：个体网络文献中关于 Connectivity degree（连接度指标）和 compositional quality（组成指标）的框架。

（3）数据分析：研究对象是一个应急网络中的 74 个参与救援的组织。

在本研究中，我们调研了参加阜宁风灾救援的组织（政府机关及非营利组织），并研究了他们之间的信息沟通网络和协同救援网络。从研究问题的角度看，在这个研究中自变量是网络特征，因变量是组织在救援中的"影响力声望"，论文的焦点是研究组织在此次救援中跟其他组织之间的沟通和协作（即其个体网络的特征）是否影响该组织在本次协同救援中的声望。

论文中已详细列出了所有的研究假设，以下同样通过变量梳理法罗列（见图16-10）：

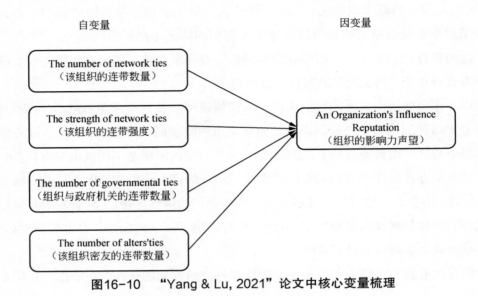

自变量   因变量

图16-10 **"Yang & Lu, 2021"论文中核心变量梳理**

我们再次从 3 个方面来分析全文的统一性。

首先，研究问题体现出分析单位是"组织"，而不是二元关系或整体网络的特征，论文关注的要解释的因变量是"组织的声望"。

其次，解释组织声望的自变量有很多，而本文专注于一个组织在应急网络里的个体网络的特征。为什么个体网络的特征会影响到因变量"组织声望"呢？这一点在个体网络相关的文献中已有了不少研究，因此本文引用了 Borgatti 等（1998）关于区分个体网络中"连接度指标"和"组成指标"的理论框架，如此一来，就可以发展出文中的研究假设———部分的研究假设是从"连接度指标为什么会影响到组织声望"而建立的，另一部分是通过"组成指标如何影响组织声望"而建立的。这样，研究假设就有了依据和意义，并跟研究问题相吻合。

最后，本研究的数据是参加同一次应急救援的 74 个合作的组织，那么也就意味着，有 74 个不同的个体网络。因为本研究的分析单位是"组织"，所以本文的样本数量即 74 个。我们看到样本数量并不是很大，但是在同一个组织合作网络中一般并不会出现大样本量的组织，所以这个数量的样本对于组织合作的网络来说也是常见的。通过计算每一个组织的个体网络的特征（即每个假设中的自变量），再通过回归分析，数据分析部分就能够有效地检验研究假设，并回答研究问题。

希望以上3篇论文的案例为大家提供将研究中各个核心部分统一起来的思路。总之，一篇好的社会网络分析论文不仅要求我们能够正确地使用网络分析的方法来分析数据，还要求我们把数据分析与研究问题、理论框架合理地进行统一和结合。不同的分析单位、不同的数据内容都使得某些研究问题及理论变得更合适一些，而另一些则不那么合适。例如，上面3篇文章中如果调换所使用的理论框架，那么就没有办法支撑起一篇有逻辑的论文。多读、多思考、多总结，我们就能不断地学会在不同的文章里实现对论文各个部分的统一，从而产出有贡献、有价值的论文。

至此，本书所有的内容已全部介绍完毕。希望通过对本书的阅读，读者不仅能掌握社会网络分析的思路、理论、数据实操等知识，也能更深入地理解如何进行社会研究和实证研究，并体验到从事科学研究和成为研究者的乐趣。社会网络分析的工具仍在日新月异地迅速发展和迭代，本书覆盖的内容只是这一广泛领域的一部分，更多的工具仍等待着读者进一步的探索和挖掘。愿读者始终保持探索的热情与好奇心，积极追踪并学习该领域的最新动态，运用这些强大的分析工具和分析视角来不断揭示社会现象中更深层次的洞见。

参 考 文 献

Aiello, L. M., Barrat, A., Schifanella, R., Cattuto, C., Markines, B., & Menczer, F. 2012. Friendship prediction and homophily in social media[J]. ACM Transactions on the Web (TWEB), 6(2): 1-33.

Ahuja, G. 2000. Collaboration networks, structural holes, and innovation: A longitudinal study[J]. Administrative Science Quarterly, 45(3): 425-455.

Alba, R. D. 1982. Taking stock of network analysis: A decade's results[J]. Research in the Sociology of Organizations, 1: 39-74.

Atouba, Y. C. 2019. Let's start from the beginning: Examining the connections between partner selection, trust, and communicative effectiveness in voluntary partnerships among human services nonprofits[J]. Communication Research, 46(2): 179-207.

Atouba, Y. C., & Shumate, M. 2015. International nonprofit collaboration: Examining the role of homophily[J]. Nonprofit and Voluntary Sector Quarterly, 44(3): 587-608.

Baird, J., Plummer, R., & Bodin, Ö. 2016. Collaborative governance for climate change adaptation in Canada: experimenting with adaptive co-management[J]. Regional Environmental Change, 16(3): 747-758.

BarNir, A., & Smith, K. A. 2002. Interfirm alliances in the small business: The role of social networks[J]. Journal of Small Business Management, 40(3): 219-232.

Bihari, A., & Pandia, M. K. 2015. Eigenvector centrality and its application in research professionals' relationship network[J]. 2015 International Conference on Futuristic Trends on Computational Analysis and Knowledge Management (ABLAZE) (pp. 510-514). IEEE.

Borgatti, S. P., Everett, M. G., & Johnson, J. C. 2013[M]. Analyzing social networks[M]. Sage.

Borgatti, S. P., & Foster, P. C. 2003. The network paradigm in organizational research: A review and typology[J]. Journal of management, 29(6): 991-1013.

Borgatti, S. P., & Halgin, D. S. 2011. On network theory[J]. Organization Science, 22(5): 1168-1181.

Borgatti, S. P., & Ofem, B. 2010. Social network theory and analysis[J]. Social Network Theory and Educational Change, 17-29.

Brands, R. A. 2013. Cognitive social structures in social network research: A review[J]. Journal of Organizational Behavior, 34(S1): S82-S103.

Brass, D. J., Galaskiewicz, J., Greve, H. R., & Tsai, W. 2004. Taking stock of networks and organizations: A multilevel perspective[J]. Academy of Management Journal, 47(6): 795-817.

Burt, R. S. 1983. Studying status/role-sets using mass surveys[J]. Applied Network Analysis.

Sage, London, UK, 100-118.

Burt, R. S. 1987. Social contagion and innovation: Cohesion versus structural equivalence[J]. American Journal of Sociology, 92(6): 1287-1335.

Burt, R. S. 2004. Structural holes and good ideas[J]. American Journal of Sociology, 110(2): 349-399.

Burt, R. S. 2017. Structural holes versus network closure as social capital[J]. Social Capital, 31-56.

Bustos, T. E. 2020. A scoping review of social network analyses in interorganizational collaboration studies for child mental health[J]. Children and Youth Services Review, 119: 105569.

Cammarano, A., Caputo, M., Lamberti, E., & Michelino, F. 2017. R&D collaboration strategies for innovation: An empirical study through social network analysis[J]. International Journal of Innovation and Technology Management, 14(01): 1740001.

Carolan, B. V. 2013. Social network analysis and education: Theory, methods & applications[M]. Sage Publications.

Carter, D. R., DeChurch, L. A., Braun, M. T., & Contractor, N. S. 2015. Social network approaches to leadership: An integrative conceptual review[J]. Journal of Applied Psychology, 100(3): 597.

Carter, C. R., Ellram, L. M., & Tate, W. 2007. The use of social network analysis in logistics research[J]. Journal of Business Logistics, 28(1): 137-168.

Cela, K. L., Sicilia, M. Á., & Sánchez, S. 2015. Social network analysis in e-learning environments: A preliminary systematic review[J]. Educational Psychology Review, 27(1): 219-246.

Chancellor, J., Layous, K., Margolis, S., & Lyubomirsky, S. 2017. Clustering by well-being in workplace social networks: Homophily and social contagion[J]. Emotion, 17(8): 1166.

Cheng, J., Romero, D. M., Meeder, B., & Kleinberg, J. 2011. Predicting reciprocity in social networks[J]. 2011 IEEE Third International Conference on Privacy, Security, Risk and Trust and 2011 IEEE Third International Conference on Social Computing (pp. 49-56). IEEE.

Chiu, C. Y. C., Balkundi, P., & Weinberg, F. J. 2017. When managers become leaders: The role of manager network centralities, social power, and followers' perception of leadership[J]. The Leadership Quarterly, 28(2): 334-348.

Choi, T. Y., & Kim, Y. 2008. Structural embeddedness and supplier management: a network perspective[J]. Journal of Supply Chain Management, 44(4): 5-13.

Constant, D., Sproull, L., & Kiesler, S. 1996. The kindness of strangers: The usefulness of electronic weak ties for technical advice[J]. Organization Science, 7(2): 119-135.

Croninger, R. G.Lee, V. E.2001.Social capital and dropping out of high school. Benefits to at-risk student of teachers'support and guidance[J]. Teachers College Record. 103, 548-581.

Cruz, Cesi; Labonne, Julien; Querubin, Pablo. 2017. Politician Family Networks and

Electoral Outcomes: Evidence from the Philippines[J]. American Economic Review. University of Chicago Press. 107 (10): 3006-37. doi:10.1257/aer.20150343.

Davis, G. F. 1991. Agents without principles? The spread of the poison pill through the intercorporate network[J]. Administrative Science Quarterly, 583-613.

De Nooy, W., Mrvar, A., & Batagelj, V. 2018. Exploratory social network analysis with Pajek: Revised and expanded edition for updated software (Vol. 46).

De Vaus, D. 2001. Research design in social research[J]. Research Design in Social Research, 1-296.

Ellison, N. B., Steinfield, C., & Lampe, C. 2007. The benefits of Facebook "friends" : Social capital and college students' use of online social network sites[J]. Journal of Computer-mediated Communication, 12(4): 1143-1168.

Falci, C., & McNeely, C. 2009. Too many friends: Social integration, network cohesion and adolescent depressive symptoms[J]. Social Forces, 87(4): 2031-2061.

Feng, B., Fan, Z. P., & Ma, J. 2010. A method for partner selection of codevelopment alliances using individual and collaborative utilities[J]. International Journal of Production Economics, 124(1): 159-170.

Galaskiewicz, J., & Burt, R. S. 1991. Interorganization contagion in corporate philanthropy[J]. Administrative Science Quarterly, 88-105.

Gargiulo, M., & Benassi, M. 2000. Trapped in your own net? Network cohesion, structural holes, and the adaptation of social capital[J]. Organization Science, 11(2): 183-196.

Gazley, B. 2010. Why not partner with local government? Nonprofit managerial perceptions of collaborative disadvantage[J]. Nonprofit and Voluntary Sector Quarterly, 39(1): 51-76.

Gazley, B. 2014. Intersectoral collaboration and the motivation to collaborate: Toward an integrated theory[M]. Big ideas in collaborative public management (pp. 46-64), Routledge.

Geletkanycz, M. A., Boyd, B. K., & Finkelstein, S. 2001. The strategic value of CEO external directorate networks: Implications for CEO compensation[J]. Strategic Management Journal, 22(9): 889-898.

Ghoshal, S., & Bartlett, C. A. 1990. The multinational corporation as an interorganizational network[J]. Academy of Management Review, 15(4): 603-626.

Graddy, E. A., & Chen, B. 2009. Partner selection and the effectiveness of interorganizational collaborations[J]. The collaborative public manager: New ideas for the twenty-first century, 53-70.

Granovetter, M. 1983. The strength of weak ties: A network theory revisited[J]. Sociological Theory, 201-233.

Granovetter, M. S. 1973. The strength of weak ties[J]. American Journal of Sociology, 78(6): 1360-1380.

Greve, H. R., Baum, J. A., Mitsuhashi, H., & Rowley, T. J. 2010. Built to last but falling apart: Cohesion, friction, and withdrawal from interfirm alliances[J]. Academy of Management Journal, 53(2): 302-322.

Gulati, R. 1999. Network location and learning: The influence of network resources and firm capabilities on alliance formation[J]. Strategic Management Journal, 20(5): 397-420.

Gulati, R. and Westphal, J.D. 1999. Cooperative or controlling? The effects of CEO-board relations and the content of interlocks on the formation of joint ventures[J], Administrative Science Quarterly, Vol. 44, No. 3, pp. 473-506.

Hammond, S. C., & Glenn, L. M. 2004. The ancient practice of Chinese social networking: Guanxi and social network theory[J]. EMERGENCE-MAHWAH-LAWRENCE ERLBAUM-, 6(1/2): 24.

Hansen, M. T. 1999. The search-transfer problem: The role of weak ties in sharing knowledge across organization subunits[J]. Administrative Science Quarterly, 44(1): 82-111.

Hatala, J. P. 2006. Social network analysis in human resource development: A new methodology[J]. Human Resource Development Review, 5(1): 45-71.

Haunschild, P. R. 1993. Interorganizational imitation: The impact of interlocks on corporate acquisition activity[J]. Administrative Science Quarterly, 564-592.

Ho, V. T., Rousseau, D. M., & Levesque, L. L. 2006. Social networks and the psychological contract: Structural holes, cohesive ties, and beliefs regarding employer obligations[J]. Human Relations, 59(4): 459-481.

Hoang, H., & Antoncic, B. 2003. Network-based research in entrepreneurship: A critical review[J]. Journal of Business Venturing, 18(2): 165-187.

Holland, P. W., & Leinhardt, S. 1976. Local structure in social networks[J]. Sociological Methodology, 7, 1-45.

Hollstein, B. 2011. Qualitative approaches[J]. The SAGE Handbook of Social Network Analysis, 404-416.

Hossain, L., & Wu, A. 2009. Communications network centrality correlates to organisational coordination[J]. International Journal of Project Management, 27(8): 795-811.

Huang, K. 2014. Knowledge sharing in a Third-Party-Governed health and human services network[J]. Public Administration Review, 74(5): 587-598.

Huang, K., & Provan, K. G. 2007. Structural embeddedness and organizational social outcomes in a centrally governed mental health services network[J]. Public Management Review, 9(2): 169-189.

Human, S. E., & Provan, K. G. 2000. Legitimacy building in the evolution of small-firm multilateral networks: A comparative study of success and demise[J]. Administrative Science Quarterly, 45(2): 327-365.

Jackson, Matthew O. 2010[J]. Social and Economic Networks. Princeton University Press.

doi:10.2307/j.ctvcm4gh1. ISBN 978-1-4008-3399-3. JSTOR j.ctvcm4gh1

Johnson, J. C., Boster, J. S., & Palinkas, L. A. 2003. Social roles and the evolution of networks in extreme and isolated environments[J]. Journal of Mathematical Sociology, 27(2-3): 89-121.

Jones, G. J., Edwards, M., Bocarro, J. N., Bunds, K. S., & Smith, J. W. 2017. Collaborative advantages: The role of interorganizational partnerships for youth sport nonprofit organizations[J]. Journal of Sport Management, 31(2): 148-160.

Kadushin, C. 2004. Introduction to social network theory. Boston, Ma.

Kavanaugh, A., Reese, D. D., Carroll, J. M., & Rosson, M. B. 2003. Weak ties in networked communities[J]. Communities and Technologies (pp. 265-286). Springer, Dordrecht.

Kapucu, N., Yuldashev, F., & Feldheim, M. A. 2011. Nonprofit organizations in disaster response and management: A network analysis[J]. European Journal of Economic and Political Studies, 4(1): 83-112.

Kapucu, N., & Hu, Q. 2016. Understanding multiplexity of collaborative emergency management networks[J]. The American Review of Public Administration, 46(4): 399-417.

Kiss, C., & Bichler, M. 2008. Identification of influencers—measuring influence in customer networks[J]. Decision Support Systems, 46(1): 233-253.

Knoke, D. 2014. Economic networks[M]. John Wiley & Sons.

Koka, B. R., & Prescott, J. E. 2008. Designing alliance networks: the influence of network position, environmental change, and strategy on firm performance[J]. Strategic management journal, 29(6): 639-661.

Krackhardt, D., & Kilduff, M. 2002. Structure, culture and Simmelian ties in entrepreneurial firms[J]. Social Networks, 24(3): 279-290.

Krebs, V.E.2001. Mapping Networks of Terrorist Cells, Connections 24, no. 3, 43-52. Krohn, M. D., & Thornberry, T. P. 1993. Network theory: A model for understanding drug abuse among African-American and Hispanic youth[J]. Drug Abuse among Minority Youth: Advances in Research and Methodology, 102-128.

Krackhardt, D., Nohria, N., & Eccles, B. 2003. The strength of strong ties[J]. Networks in the knowledge economy, 82.

Laumann, E. O., Marsden, P. V., & Prensky, D. 1989. The boundary specification problem in network analysis[J]. Research Methods in Social Network Analysis, 61(8).

Lee, J., & Kim, S. 2011. Exploring the role of social networks in affective organizational commitment: Network centrality, strength of ties, and structural holes[J]. The American Review of Public Administration, 41(2): 205-223.

Lemaire, R. H., & Provan, K. G. 2018. Managing collaborative effort: How Simmelian ties advance public sector networks[J]. The American Review of Public Administration, 48(5): 379-394.

Li, R., Zhang, H., Zhu, X., & Li, N. 2021. Does employee humility foster performance and promotability? Exploring the mechanisms of LMX and peer network centrality in China[J]. Human Resource Management, 60(3): 399-413.

Lubell, M., & Fulton, A. 2008. Local policy networks and agricultural watershed management[J]. Journal of Public Administration Research and Theory, 18(4): 673-696. Local policy networks and agricultural watershed management[J]. Journal of Public Administration Research and Theory, 18(4): 673-696.

Luo, X., & Deng, L. 2009. Do birds of a feather flock higher? The effects of partner similarity on innovation in strategic alliances in knowledge - intensive industries[J]. Journal of Management Studies, 46(6): 1005-1030.

Ma, H., Fang, C., Pang, B., & Wang, S. 2015. Structure of Chinese city network as driven by technological knowledge flows[J]. Chinese Geographical Science, 25, 498-510.

Makela, K., Kalla, H. K., & Piekkari, R. 2007. Interpersonal similarity as a driver of knowledge sharing within multinational corporations[J]. International Business Review, 16(1): 1-22.

Malik, P., & Lee, S. 2020. Follow Me Too: Determinants of Transitive Tie Formation on Twitter[J]. Social Media + Society, 6(3). https://doi.org/10.1177/2056305120939248

Martínez-López, B., Perez, A. M., & Sánchez-Vizcaíno, J. M. 2009. Social network analysis: Review of general concepts and use in preventive veterinary medicine[J]. Transboundary and Emerging Diseases, 56(4): 109-120.

Martino, F., & Spoto, A. 2006. Social Network Analysis: A brief theoretical review and further perspectives in the study of Information Technology[J]. PsychNology Journal, 4(1): 53-86.

McPherson, M., Smith-Lovin, L., & Cook, J. M. 2001. Birds of a feather: Homophily in social networks[J]. Annual Review of Sociology, 27(1): 415-444.

Milward, H. B., Provan, K. G., Fish, A., Isett, K. R., & Huang, K. 2010. Governance and collaboration: An evolutionary study of two mental health networks[J]. Journal of Public Administration Research and Theory, 20(suppl_1): i125-i141.

Mizruchi, M. S. 1990. Cohesion, structural equivalence, and similarity of behavior: An approach to the study of corporate political power[J]. Sociological Theory, 16-32.

Mizruchi, M. S. 1996. What do interlocks do? An analysis, critique, and assessment of research on interlocking directorates[J]. Annual Review of Sociology, 22(1): 271-298.

Montgomery, J. D. 1992. Job search and network composition: Implications of the strength-of-weak-ties hypothesis[J]. American Sociological Review, 586-596.

Moran, P. 2005. Structural vs. relational embeddedness: Social capital and managerial performance[J]. Strategic Management Journal, 26(12): 1129-1151.

Nolte, I. M., Martin, E. C., & Boenigk, S. 2012. Cross-sectoral coordination of disaster relief[J]. Public Management Review, 14(6): 707-730.

Norbutas, L., & Corten, R. 2018. Network structure and economic prosperity in municipalities: A large-scale test of social capital theory using social media data[J]. Social Networks, 52, 120-134.

Nowell, B., & Steelman, T. 2014. Communication under fire: the role of embeddedness in the emergence and efficacy of disaster response communication networks[J]. Journal of Public Administration Research and Theory, 25(3): 929-952

Nowell, B., Steelman, T., Velez, A. L. K., & Yang, Z. 2018. The structure of effective governance of disaster response networks: Insights from the field[J]. The American Review of Public Administration, 48(7): 699-715.

Nowell, B. L., Velez, A. L. K., Hano, M. C., Sudweeks, J., Albrecht, K., & Steelman, T. 2018. Studying networks in complex problem domains: Advancing methods in boundary specification[J]. Perspectives on Public Management and Governance, 1(4): 273-282.

Padgett, J. F., & Ansell, C. K. 1993. Robust Action and the Rise of the Medici[J], 1400-1434. American Journal of Sociology, 98(6): 1259-1319.

Palmer, D. A., Jennings, P. D., & Zhou, X. 1993. Late adoption of the multidivisional form by large US corporations: Institutional, political, and economic accounts[J]. Administrative Science Quarterly, 100-131.

Penuel, W., Riel, M., Krause, A., & Frank, K. 2009. Analyzing teachers' professional interactions in a school as social capital: A social network approach[J]. Teachers College Record, 111(1): 124-163.

Perez, C., & Germon, R. 2016. Graph creation and analysis for linking actors: Application to social data[J]. Automating Open Source Intelligence (pp. 103-129). Syngress.

Perry, B. L., Pescosolido, B. A., & Borgatti, S. P. 2018. Egocentric network analysis: Foundations, methods, and models (Vol. 44)[M]. Cambridge University Press.

Powell, W. W., Koput, K. W., Smith-Doerr, L., & Owen-Smith, J. 1999. Network position and firm performance: Organizational returns to collaboration in the biotechnology industry[J]. Research in the Sociology of Organizations, 16(1): 129-159.

Provan, K. G., & Milward, H. B. 1995. A preliminary theory of interorganizational network effectiveness: A comparative study of four community mental health systems[J]. Administrative Science Quarterly, 1-33.

Quatman, C., & Chelladurai, P. 2008. Social network theory and analysis: A complementary lens for inquiry[J]. Journal of Sport Management, 22(3): 338-360. [Sport management]]

Radcliff, E., Hale, N., Browder, J., & Cartledge, C. 2018. Building community partnerships: Using social network analysis to strengthen service networks supporting a South Carolina program for pregnant and parenting teens[J]. Journal of Community Health, 43(2): 273-279.

Rauch, J. E. 2010. Does network theory connect to the rest of us? A review of Matthew O. Jackson's social and economic networks[J]. Journal of Economic literature, 48(4): 980-86.

Schalk, J., Torenvlied, R., & Allen, J. 2010. Network embeddedness and public agency performance: The strength of strong ties in Dutch higher education[J]. Journal of Public Administration Research and Theory, 20(3): 629-653.

Scott, J. 2012. What is social network analysis? (p. 114)[M]. Bloomsbury Academic.

Shipilov, A. V., & Li, S. X. 2008. Can you have your cake and eat it too? Structural holes' influence on status accumulation and market performance in collaborative networks[J]. Administrative Science Quarterly, 53(1): 73-108.

Smångs, M. 2010. Delinquency, social skills and the structure of peer relations: Assessing criminological theories by social network theory[J]. Social Forces, 89(2): 609-631.

Spizzirri, L. 2011. Justification and application of eigenvector centrality[J]. Algebra in Geography: Eigenvectors of Network.

Soda, G. 2011. The management of firms'alliance network positioning: Implications for innovation[J]. European Management Journal, 29(5): 377-388.

Tan, J., Shao, Y., & Li, W. 2013. To be different, or to be the same? An exploratory study of isomorphism in the cluster[J]. Journal of Business Venturing, 28(1): 83-97.

Tsai, W. 2001. Knowledge transfer in intraorganizational networks: Effects of network position and absorptive capacity on business unit innovation and performance[J]. Academy of Management Journal, 44(5): 996-1004.

Ter Wal, A. L., & Boschma, R. A. 2009. Applying social network analysis in economic geography: Framing some key analytic issues[J]. The Annals of Regional Science, 43(3): 739-756.

Valente, T. W., & Pitts, S. R. 2017. An appraisal of social network theory and analysis as applied to public health: challenges and opportunities[J]. Annual Review of Public Health, 38, 103-118.

Varela, A. R., Pratt, M., Harris, J., Lecy, J., Salvo, D., Brownson, R. C., & Hallal, P. C. 2018. Mapping the historical development of physical activity and health research: a structured literature review and citation network analysis[J]. Preventive Medicine, 111, 466-472.

Villadsen, A. R. 2011. Structural embeddedness of political top executives as explanation of policy isomorphism[J]. Journal of Public Administration Research and Theory, 21(4): 573-599.

Wang, J., Mo, H., Wang, F., & Jin, F. 2011. Exploring the network structure and nodal centrality of China's air transport network: A complex network approach[J]. Journal of Transport Geography, 19(4): 712-721.

Wang, J., Yang, N., & Guo, M. 2020. Ego-network stability and exploratory innovation: the moderating role of knowledge networks[J]. Management Decision.

Wong, S. S., & Boh, W. F. 2010. Leveraging the ties of others to build a reputation for trustworthiness among peers[J]. Academy of Management Journal, 53(1): 129-148.

Yang, Z., & Lu, Y. 2022. Exploring network mechanisms to organizations'influence reputation: a case of collaborative disaster response[J]. Public Management Review, 24(12): 2004-2032.

Yang, Z., & Nowell, B. 2021. Network isomorphism?: A network perspective on the symbolic performance of purpose-oriented networks[J]. International Public Management Journal, 24(3): 350-377.

Yang, S., Yang, X., Zhang, C., & Spyrou, E. 2010. Using social network theory for modeling human mobility[J]. IEEE Network, 24(5): 6-13.

Yuan, Y. C., & Gay, G. 2006. Homophily of network ties and bonding and bridging social capital in computer-mediated distributed teams[J]. Journal of Computer-mediated Communication, 11(4): 1062-1084.

Zaheer, A., & Bell, G. G. 2005. Benefiting from network position: firm capabilities, structural holes, and performance[J]. Strategic Management Journal, 26(9): 809-825.

Zhang, S., De La Haye, K., Ji, M., & An, R. 2018. Applications of social network analysis to obesity: a systematic review[J]. Obesity Reviews, 19(7): 976-988.

Zheng, X., Le, Y., Chan, A. P., Hu, Y., & Li, Y. 2016. Review of the application of social network analysis (SNA) in construction project management research[J]. International Journal of Project Management, 34(7): 1214-1225.

Zuo, Z., Qian, H., & Zhao, K. 2019. Understanding the field of public affairs through the lens of ranked Ph. D. programs in the United States[J]. Policy Studies Journal, 47: S159-S180.

刀熊 . 2021. 做研究是有趣的：给学术新人的科研入门笔记 [M]. 北京：中国政法大学出版社 .

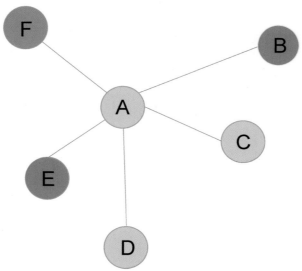

图2-13　用颜色表示节点特征
（例如，节点的不同颜色指代不同职业）

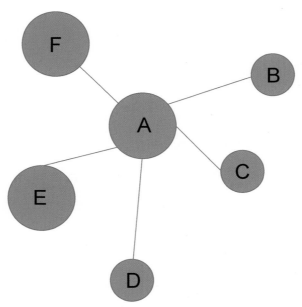

图2-14　用大小表示节点特征
（例如，节点的大小表示个人工资收入高低）

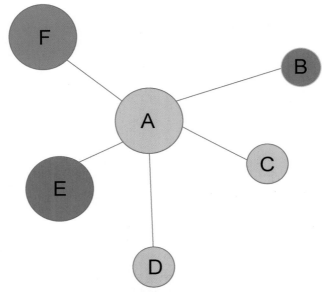

图2-15　同时使用颜色和大小来表示节点特征
（例如，节点的大小表示工资收入，节点的颜色表示主体的职业）

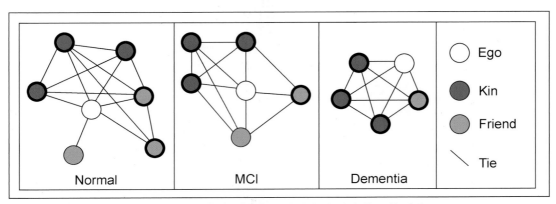

图3-3　老年痴呆患者与健康老年人的个体网络对比
（Perry et al., 2017）

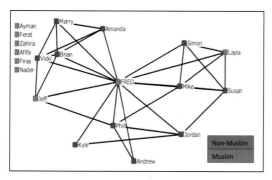
Fred 在改变宗教信仰前的社交网络

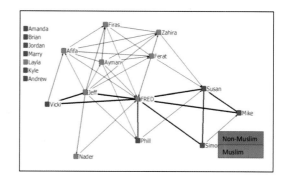
Fred 在改变宗教信仰后的社交网络

图3-4　宗教信仰改变后个体网络的变化
（Erin, 2015）

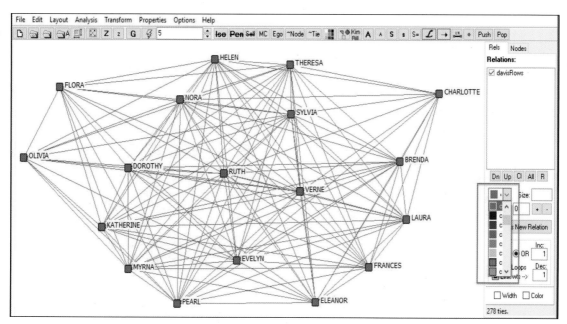

图11-19　davisRows网络图：连带颜色

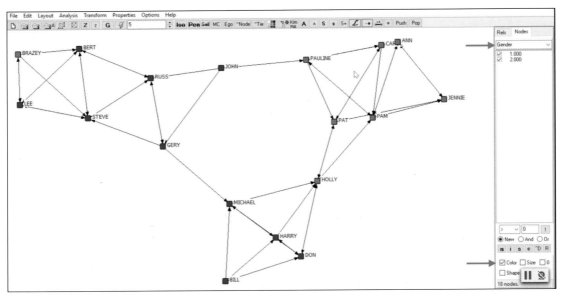

图11-25　NetDraw网络图：按颜色区分主体

图11-32　颜色选项

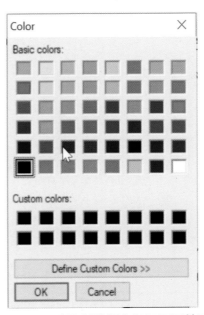

图11-33　选取新的颜色标记不同性别

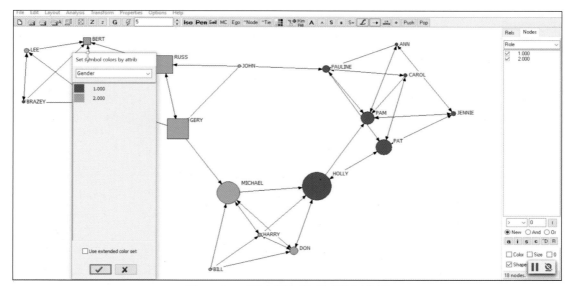

图11-34 更改颜色选项后的网络图

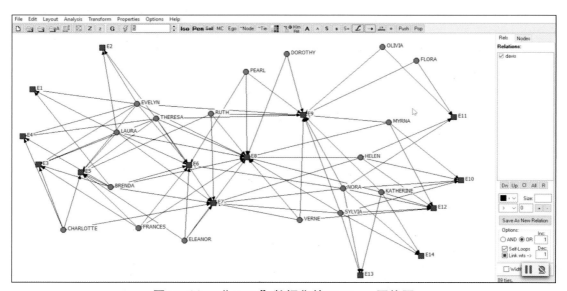

图11-39 "davis"数据集的NetDraw网络图

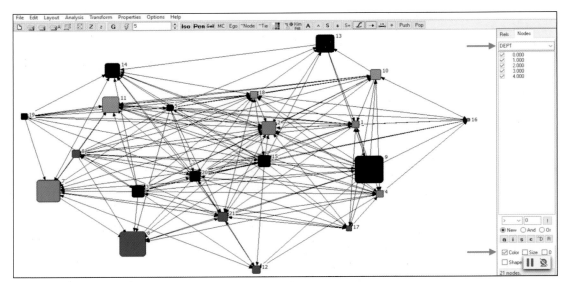

图11-57　用节点颜色表示主体所从属的部门

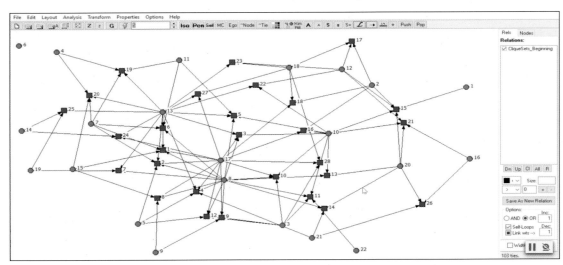

图13-20　"CliqueSets_Beginning"的网络图

6